U0449762

阴阳五要奇书

(晋)郭璞等 著
谢路军 整理

图书在版编目(CIP)数据

阴阳五要奇书/谢路军整理;(晋)郭璞等著. —北京:九州出版社,2019.3(2022.8重印)

ISBN 978－7－5108－7922－7

Ⅰ.①阴… Ⅱ.①谢… ②郭… Ⅲ.①阴阳五行说 Ⅳ.①B992.1

中国版本图书馆 CIP 数据核字(2019)第 037851 号

阴阳五要奇书

作　　者	(晋)郭璞　等著　谢路军　整理
责任编辑	王文湛
出版发行	九州出版社
地　　址	北京市西城区阜外大街甲 35 号(100037)
发行电话	(010)68992190/3/5/6
网　　址	www.jiuzhoupress.com
印　　刷	三河市九洲财鑫印刷有限公司
开　　本	710 毫米×1000 毫米　16 开
印　　张	31.25
字　　数	545 千字
版　　次	2019 年 8 月第 1 版
印　　次	2022 年 8 月第 2 次印刷
书　　号	ISBN 978－7－5108－7922－7
定　　价	88.00 元

★版权所有　侵权必究★

前　言

"道者，阴阳之理也。"阴阳学说是中国传统哲学文化中最早出现也最为根本的学说。《周易·系辞传》所云"一阴一阳之谓道"，即把阴阳视为宇宙间的根本规律和最高原则。宗白华先生曾明言，中国人最根本的宇宙观，正是《易传》上所说的"一阴一阳之谓道"。纵观中华五千余年的历史，不论在天文、地理、术数，还是在武术、军事、医学、农业等方面，阴阳学说都有着深刻的影响。

阴阳观念萌生于伏羲、尧舜时代，至战国时期大盛，出现了专门的阴阳学派及其代表人物邹衍。阴阳学说与五行生克诸说结合，遂奠定古代术数之根基。然而自汉代以降，尤其唐宋之后，阴阳方术家各祖其师说，"茫然捕风"，难得汉代以前原意；各家专著也藏之名山，秘而不宣。故明代江之栋（孟隆）裒辑五种"原本洛书"的方家典籍，包括《郭氏元经》《璇玑经》《阳明按索》《佐元直指》《三白宝海》，尊郭璞为鼻祖，以其门人赵载为嫡派，衍至刘、陈为正传，意在正本清源。这就是《阴阳五要奇书》之由来。

《郭氏元经》托名郭璞所著，其门人赵载注，共十卷，九九八十一篇，主要介绍了太岁、月建、年命、禄马贵人、刑害、金神等数十种神煞的用法及趋避，并首立吊替飞宫之说，可谓诸神煞之汇总。

《璇玑经》一卷，署名赵载所著，清代姑苏人顾沧筹（吾庐）作旁注。此书主要对《郭氏元经》进行补充和说明。

《阳明按索》四卷，首一卷，附一卷，元代陈复心编著，其孙陈汉卿补注，清顾沧筹作旁注。此书以图为主，将郭氏的干支神煞以八方九宫之图式逐年逐月标示出来，极便于查找使用。如将《郭氏元经》比作锁，《阳明按索》可谓解其锁之钥。

《佐元直指图解》九卷，首一卷，托名明代刘伯温所著，除增加若干选择神煞外，还增加了少量修报趋避等内容，其中五气金精图、五般会杀、金乌星等章，或明五气，或言五行，或论太阳月亮，均与天星、阴阳二气及五行生克相合，实为择吉学说中论述最为完善者之一。

《三白宝海》三卷，元代幕讲禅师著，主要内容亦为择吉之术。书名"三白"，出自九星之说，即认为九星之中一、六、八三元白星为吉，余皆为凶。此外，该书中"戊已都天临方"、"五黄在宫在方在村落"、"三瑞五不祥"诸论，有助于研究玄宫飞星法。

除以上五书，另附《八宅明镜》二卷，托名唐代著名术数家杨筠松所作。主要以游年变卦论八宅吉凶。所谓八宅，即坎离震巽东四宅，乾坤艮兑西四宅。宅须与命合，法以东四命宜住东四宅，西四命宜住西四宅，此为吉，反之则凶。且以变卦中的生气、太医、延年、伏位为四吉，以变卦中的五鬼、六煞、祸害、绝命为四凶，吉凶祸福均依此断。

此次整理，以故宫珍藏之乾隆庚戌年（1790年）姑苏乐真堂刊本为底本，参照康熙庚辰年（1700年）古歙丰南吴氏刊本等诸刻本和抄本合校而成。在参校之基础上，除修正明显的错讹、脱漏之处，绝不妄加一语、妄改一字，以保持原书原貌。

水平所限，错误在所难免，恳请广大读者指正。

谢路军
2019年7月

丛书集要序

　　夫戴九履一，洛书因以著数，征事向福，箕子藉以演畴。人则天地之心，事乃五行之本，故敬用五事，即所以验用庶征，向用五福。举凡休征咎征，曷不本于貌言视听思而类应者哉。汉世近古，犹明斯意。董仲舒、匡衡、京房、刘向之徒，颇能推本貌，言明征庶应而畴义不晦。逮德下衰，人罔克搏婉五行，致反听命于五行，繇是郭氏《青囊》、《元经》始作。延及唐宋，杨、曾、吴、廖遂操齐民祸福，绾坟宅吉凶。而赵氏《璇玑经》，陈氏《按索图》，刘氏《佐玄经》，释氏《宝海钩玄》诸篇，皆抉五行渊微，藏之名山秘籍。江山人孟隆，乃抽其扃，发其覆，以为是皆原本洛书、《洪范》，足探五石之奇，而前民生之用。铨部汪公和丘，亦颇采其说。余族季常甫衷而辑之，以付梓人。夫阴阳方术家说铃聚讼，既汗牛充栋，且各祖其师说，互相纷拏，课其响验，茫然捕风。若江山人所云，五集原本洛书，专重吊替，验如符应，因衷刻作克择家指南，庶召吉有方，避凶有法，不至如曩者。贸贸河汉，其宅心抑何仁而溥也！倘亦有函人之意乎？虽然惠迪从逆，吉凶不爽，吾儒自有律令，释此而拘泥阴阳，将为造化所愚弄。故同一甲子，武纣废兴；不利往亡，中山卒克。讵非人事衡持之验与！即景纯、伯温非不哲，炳蓍龟，前知灾咎。然景纯卒，授命于日中，伯温竟甘心于胡酖，诚知彼莫非命而顺受其正耳。山人其以余为儒家之迂僻乎！若夫氓之蚩蚩，吉凶同患，则山人一片苦心，兹刻又乌可已也。辄缀数语，为志简端。

崇祯五年秋七月史氏吴孔嘉书于来云轩

选择丛书集要凡例 八则

一阴阳家刊行诸书，从少秘传，类多习闻习见，涂人耳目，安能造福？即有寸珍，不胜什袭，以故知之者鲜，业此者罕窥其奥。兹选专重九宫吊替，原本河洛。经云"吊宫为星煞之应"，知吊替则召吉有方，避凶有法，涓选始有着落，而祸福灼然不爽。

一是集首郭，尊鼻祖也。次赵，重嫡派也。次刘、次陈，衍正传也。宛聚先哲于一堂而心相印可者，匪故炫五石之奇赏，以前生民之用。

一迩来克择家聚讼纷行，几成玄黄战血，而克择之理愈不明于世，一坏于术家，再坏于儒家，何也？术家或据成书，或守师说，罔测三易之奥，先失之暗，即或见解参微，又以市术，故往往迁就其词以应酬世人，中祸而不觉。儒者心领其弊，多于读书之暇，假圣贤耳目，搜天地灵奇，但性涉迂易，欺以玄邈之论，见近僻易，起以执拘之偏，总之不得头颅，罔有归着。丘平甫《选择歌》云："方方位位煞星临，避得山道向又侵。只有山家自旺处，天机妙诀好留心。"味丘歌而参五刻于诹择，思过半矣。

一景纯《葬书》"葬乘生气"四字，括尽千经万卷，脍炙人口。予于选择亦曰"葬乘生气"，抉尽选择之秘。杨公不云乎"五行生旺好追寻"，丘公不云乎"只有山家自旺处"。然生旺具载五刻，熟玩自然得法，可谓绣罗鸳掌，明度金针矣，同志勖焉。

一五集选成一家之书，《元经》锁也，《按索》钥也，有锁不可无钥。若赵若刘，总以抽扃而畅其旨，而予辈又以寿梨而广其传，原有一番声应气求之妙，敢曰改天命而夺神功乎！知我罪我予何辞。

一《宝海》，三元白星也，源于夏易《连山》，今宪书所载年图月图，只取选择避忌耳。此兼论宅论山，可通《八宅周书》之变，能补《元经》、《按索》之微，合之始称全璧，因并附此，以俟赏鉴家采焉。

一《佐玄》图解，铨部汪公刊行，通都有年矣。予友胡君实从吴光禄公宦游白门，又刻《宗镜》一书，尽泄枕中之秘。兹合五种而付剞劂，真和盘托出矣，有识者鉴之。

一五集从无刻本，好事家递相传录，不无鱼鲁亥豕之讹。兹费苦心雠校，取辞达意，非敢妄增减也。

蚰城又玄仙客江孟隆识

目 录

郭氏元经

郭氏阴阳元经序 …………… 2

郭氏元经卷一
五行旨要篇第一 …………… 3
五行运用篇第二 …………… 4
四季土旺篇第三 …………… 4
阴阳二土篇第四 …………… 5
三命支干篇第五 …………… 6
二遁贵人篇第六 …………… 7
总分运用篇第七 …………… 9

郭氏元经卷二
审刑害篇第八 ……………… 10
三合之刑篇第九 …………… 10
支干刑害篇第十 …………… 11
刑入贵人篇第十一 ………… 12
刑原赦篇第十二 …………… 12
干德篇第十三 ……………… 12
天德篇第十四 ……………… 13
月德篇第十五 ……………… 13
天道篇第十六 ……………… 14
人道篇第十七 ……………… 14
解神篇第十八 ……………… 15

催官鬼使篇第十九 ………… 15

郭氏元经卷三
三元年禁篇第二十 ………… 16
太岁一星篇第二十一 ……… 16
五行妙断篇第二十二 ……… 17
吊宫的命篇第二十三 ……… 18
灭门杀篇第二十四 ………… 18
剑锋重赗篇第二十五 ……… 19
将军修方篇第二十六 ……… 20
十恶大败篇第二十七 ……… 21

郭氏元经卷四
年家独火篇第二十八 ……… 22
月家独火篇第二十九 ……… 23
暗剑杀篇第三十 …………… 23
月家官符篇第三十一 ……… 24
报官符篇第三十二 ………… 26
吊宫四墓篇第三十三 ……… 27
吊宫太阴篇第三十四 ……… 27
吊宫蚕室篇第三十五 ……… 28
报蚕室篇第三十六 ………… 28
月家病符篇第三十七 ……… 29

金神七杀篇第三十八 …………… 30

郭氏元经卷五
离合杀篇第三十九 …………… 31
阴阳杀篇第四十 ……………… 31
罗网杀篇第四十一 …………… 32
魁罡杀篇第四十二 …………… 32
刑害杀篇第四十三 …………… 32
贵人窠会篇第四十四 ………… 33
辨地将篇第四十五 …………… 33
爻路篇第四十六 ……………… 34
年马命马篇第四十七 ………… 35
山家禄马篇第四十八 ………… 35
宅禄喜神篇第四十九 ………… 35
年禄命禄篇第五十 …………… 36

郭氏元经卷六
报宅灾篇第五十一 …………… 37
月家火血篇第五十二 ………… 38
报火血篇第五十三 …………… 39
吊宫三元篇第五十四 ………… 39
替宫三元篇第五十五 ………… 40

郭氏元经卷七
身壬用度篇第五十六 ………… 43
三元内外篇第五十七 ………… 45
阴阳二宅篇第五十八 ………… 45
丧门杀篇第五十九 …………… 46

五不遇时篇第六十 …………… 46
天赦篇第六十一 ……………… 47

郭氏元经卷八
黄黑二道篇第六十二 ………… 48
六神用时篇第六十三 ………… 49
非用术篇第六十四 …………… 50
东西宫篇第六十五 …………… 50
星山卦篇第六十六 …………… 51
羲皇卦篇第六十七 …………… 53

郭氏元经卷九
九星吉凶篇第六十八 ………… 55
方道远近篇第六十九 ………… 56
太岁关篇第七十 ……………… 57
月建关篇第七十一 …………… 57
五行关篇第七十二 …………… 57
星辰关篇第七十三 …………… 58
神杀关篇第七十四 …………… 59

郭氏元经卷十
遁甲地将篇第七十五 ………… 60
遁甲八卦篇第七十六 ………… 61
山家五行篇第七十七 ………… 61
五山生绝篇第七十八 ………… 62
山家正墓篇第七十九 ………… 62
山命旺神篇第八十 …………… 62
八局吊宫三元篇第八十一 …… 63

璇玑经

克择璇玑经括要
璇玑大理歌 …………………… 66

克择璇玑经集注
五行运用第一 ………………… 68

木火金山专主第二	69	官星第二十八	84
八卦司用第三	69	财帛第二十九	85
六壬运用第四	70	报金乌第三十	86
吊替入用第五	70	止盗第三十一	86
天恩第六	71	散讼第三十二	87
母仓第七	71	池塘第三十三	87
六甲归宫第八	71	六畜栏圈第三十四	87
禄马贵人第九	73	报瘟疫第三十五	88
三奇发用第十	73	报鬼贼第三十六	88
岁君禄马第十一	74	造作辟火第三十七	88
天河尊帝第十二	75	报太岁星第三十八	89
四吉帝星第十三	76	命运总例第三十九	89
神藏煞没第十四	76	三元入用第四十	89
差方禄马贵人奇白第十五	76	女报男篇第四十一	90
库楼金匮第十六	77	设帐第四十二	90
七政帝星第十七	78	炉灶第四十三	90
乌兔太阳例第十八	78	避白蚁第四十四	91
龙德太阳第十九	79	三元禄马第四十五	91
雷霆合气第二十	80	命龙星入土第四十六	91
天心都纂太阳第二十一	82	孤虚图第四十七	92
葬埋寻极富星第二十二	82	朱雀煞第四十八	92
葬埋值鸣吠第二十三	83	造作天窍图第四十九	92
葬埋通天煞第二十四	83	葬埋地曜局第五十	93
都天镇天煞第二十五	84	都天三太岁第五十一	95
本命官符第二十六	84	游都天第五十二	95
暗冲神煞第二十七	84	郭氏致用口诀	95

阳明按索

阳明按索图序	100	论吊替	102
阳明按索后跋	101	论宫位	103
		论去取星煞	103
按索图星煞致用口诀		论局中星煞	103
论内局择方	102	论 墓	104

论命煞	104	**阳明按索卷二**	
论方道	104	支年月份图 三十六局	124
论守爻	104		
论吊宫吉方	104	**阳明按索卷三**	
论吊宫凶星	105	干年月分图 六十局	160
论内层年家吉星凶煞	106		
论内层月家吉星凶煞	107	**阳明按索卷四**	
论大小星煞相制	107	天河转运尊帝二星图 六局	220
论阳宅合忌向坐 九例	108	阴阳的煞图 五局	226

阳明按索卷一　　　　　　　　　**按索图星煞考注补**
龙麟黄道金楼图三局 …… 109　　干支图吉星 …………… 231
支年图 十二局 ………… 112　　干支图凶煞 …………… 234

佐元直指

佐玄直指图解序	242	命前五辰年月定例用有气年月	251
佐元直指首卷		婚姻安葬又宜禄宅年月日时	251
佐元直指赋	243	修造制压神煞以太阳为主	251
		本命的杀例	252
佐元直指卷一		本命官符例	252
论山运要归泊旺地的以化气五行为用	247	论埋葬专以坐山取吉	252
论四课生旺的以正五行为用	247	附行丧	253
论月分司八卦方位不同	248	附天官符定例	253
山向穿山六甲龙论	249		
论吊替逆顺运用不同	249	**佐元直指卷三**	
		雷霆太岁停星顺局图	254
佐元直指卷二		雷霆太岁停星逆局图	255
起造例	250	年合气例	256
论命前五辰专以纳音取	250	占山年合气之图	256
旺神例	250	年升元值向例	257
		年升元值向之图	257

月合气例 …………………… 257
月合气之图 …………………… 258
月升元值向例 …………………… 258
升元值向定月之图（一）258
升元值向定月之图（二）259
升元值向定月之图（三）260
升元太阳合气值向定日例 …… 260
顺逆二局日合气图 …………… 261
时合气值法例 ………………… 262
时合气值山图 ………………… 262
传音直符日总局具后 ………… 263
雷霆正杀 ……………………… 264
乌兔太阳要合元堂入庙 ……… 265
乌兔分南北例 ………………… 266
元堂入庙例 …………………… 266
又：金神年月例 ……………… 266

佐元直指卷四
论天河转运尊帝内局帝星流行
　　次第 ………………………… 267
纲极二星外局吉曜 …………… 268
甲己丁壬戊癸阳年月日时 …… 268
丙庚乙辛阴年月日时 ………… 268
五龙五库帝星 ………………… 268
龙库年月日时定局 …………… 269

佐元直指卷五
太岁禄马贵人要生旺有气 …… 271
本命禄马贵人要引提冲合 …… 271
论禄马贵人当用《元经》吊替不当
　　泥八山定局 ………………… 272
吊宫天星禄马贵人到山 ……… 273

差方禄马贵人所到之方要日辰
　　合出 ………………………… 273
起例歌诀 ……………………… 274
捷　诀 ………………………… 274
旬中三奇局 …………………… 274
差方禄马贵人盖山白星阴阳
　　三遁定局 …………………… 275
论用贵人宜太岁登殿 ………… 278

佐元直指卷六
麒麟星要同二德 ……………… 280
金乌星 ………………………… 282
四帝星 ………………………… 283
论四课吊替不可克山 ………… 283
论克择取日宜宝义为主 ……… 283
逐年五天五气到山定局 ……… 284
逐年金精明气到山定局 ……… 285
璇玑六甲归宫图 ……………… 286
金匮星定局 …………………… 287
库楼星定局 …………………… 287
龙德福德定局 ………………… 287
雷霆帝星运身定局 …………… 288
涓山运要令王之时 …………… 289
极富星 ………………………… 291
帑星卦例 ……………………… 291
五般会杀最凶，更逢日时
　　冲战尤烈 …………………… 292
剑锋临地 ……………………… 292
四季转杀例 …………………… 293
吊宫火血立成定局 …………… 293
吊宫岁禁定局 ………………… 294

佐元直指卷七
排定逐月起造吉日以命主不相
　　冲克为主 ·············· 296
支神退例 ················ 296
排定逐月葬埋吉日以亡命不相
　　冲克为主 ·············· 297
报人丁例 ················ 297
散讼报本命官符 ············ 297
报瘟取天瘟方 ·············· 298
辟火星取水宿七日 ·········· 298
嫁娶不将起例 ·············· 298
嫁娶择日要诀 ·············· 299
论利月 ·················· 299
逐月不将吉日 ·············· 300
新妇入门忌踏丧路方 ········ 302
罗帐白虎定局 ·············· 302
太白游方日 ················ 303
鹤神游方日 ················ 303
夫妇反目杀 ················ 303
天狗头方 ·················· 304
男婚年 ···················· 305
女嫁年 ···················· 305
烟火勾绞 ·················· 305
红沙日 ···················· 305
人　隔 ···················· 305
五神拦路 ·················· 306

佐元直指卷八
安香火 ···················· 307
合寿木造生基忌天瘟木随 ···· 307
木随例 ···················· 307
木建日例 ·················· 307
合寿木吉日例 ·············· 308

生旺有气例 ················ 308
右旺要金龙星 ·············· 308
净栏煞 ···················· 308
月灾杀 ···················· 309
造羊栏诀 ·················· 309
造牛屋忌逐年净栏煞方 ······ 309
养六畜血财必须知血刃 ······ 309
血刃顺逆例 ················ 309
顺逆定局于后 ·············· 310
年流财方 ·················· 310
月流财方 ·················· 310
紫微卦生气起例 ············ 310
星次例 ···················· 311
紫微生气立成定局 ·········· 311
造牛屋吉年月 ·············· 311
牛神出宅日 ················ 312
兴工起造牛屋吉日 ·········· 312
造猪栏法 ·················· 312
造鸡栖 ···················· 312
作灶方年月 ················ 313
作灶日 ···················· 313
大杀日定局 ················ 313
造鱼塘日 ·················· 313

佐元直指卷九
造仓诀　附塞鼠穴 ·········· 315
天狗食鼠日定局 ············ 315
安碓磨碾方 ················ 316
补谷将星例 ················ 316
极富星例 ·················· 316
逐年谷将吉方 ·············· 316
行年星方定局　行年岁数
　　定局 ·················· 317

行年加太岁寻四吉星定局 …… 317	都天官符最忌动土修造 …… 322
月将太岁寻四吉星定局 …… 318	游天朱雀杀 …… 322
月将例 …… 319	呻吟杀方 …… 322
制太岁一星法 …… 319	土皇杀年 …… 322
永定下元甲子六十年太岁一星定局 …… 320	土皇杀月并土符月 …… 323
	年家生气方 …… 323
造葬忌岁月建吊到本山 …… 320	月家生气方 …… 323
大月建杀 …… 321	后　跋 …… 324
十干煞例 …… 321	

三白宝海

九星钩玄叙 …… 326	杀气论 …… 336
	关　论 …… 336
三白宝海卷首	太岁巡山罗猴论 …… 337
太极数 …… 327	比和论 …… 337
太极图 …… 328	关煞生气混杂论 …… 337
河　图 …… 329	起建方诀 …… 337
洛　书 …… 329	认水相局起例诗 …… 338
伏羲先天八卦图 …… 330	祖墓暗建杀 …… 338
文王后天八卦之图 …… 331	阴阳二宅侵杀论 …… 338
	建造所属五行 …… 338
三白宝海卷上	论五黄在宫在方在村落 …… 339
玉镜正经论 …… 332	关煞凶方加临戊己都天断 …… 339
紫白原本连山洪范论 …… 333	递年戊己都天临方 …… 339
山头白星起例 …… 333	
流年白星起例 …… 334	**三白宝海卷中**
三元主风水行龙星论 …… 334	洛书本图 …… 340
九星所属公位克应 …… 334	山局吊白方图 论山九局 …… 341
生气论 …… 335	论平原 …… 361
魁星论 …… 335	论建宅 …… 362
退气论 …… 336	宅局吊白圆图 论宅九局 …… 362
死气论 …… 336	论住房主孤绝断诗 …… 376

三白宝海卷下

论井灶厕畜栏碓磨门路 …… 377	三元选择歌 …… 385
修造迁移论 …… 377	三元兴废断诀 …… 385
论报工 …… 378	定局辨龙论 …… 387
太岁飞宫生克宜忌法 …… 378	论三元龙运生克之数 …… 388
天元身运起白例 …… 378	三吉地论 …… 388
五生命人须忌白中杀 …… 378	十恶地论 …… 389
年家白星起例 …… 379	三瑞五不祥论 …… 389
月家白星起例 …… 379	三吉六秀与九星相参有用
日家白星起例 …… 379	不用 …… 389
时家白星起例 …… 379	吉凶相反论 …… 390
白中杀图 …… 383	择日法 …… 390
修方要诀 …… 384	停丧捷径论 …… 391
三元按剑杀例 …… 384	诸穴避忌论 …… 391
月建起黄道修方诀 …… 384	暗黄法 …… 392

八宅明镜

序 …… 394	先天卦配洛书之数图 …… 403
凡　例 …… 395	后天卦配洛书之数图 …… 404
	排山掌上起三元甲子诀 …… 405
八宅明镜卷上	游年歌 …… 406
论男女生命 …… 396	星煞吉凶 …… 406
六十花甲纳音 …… 396	东四宅诀 …… 406
阴阳八卦次序之图 …… 397	西四宅诀 …… 407
八卦分东西四宅之图 …… 398	八卦三元九宫九星之图 …… 407
先天八卦方位 …… 399	三元命卦配灶卦诀 …… 408
后天八卦方位 …… 399	九宫命宅三元排掌图 …… 409
河　图 …… 400	捷　诀 …… 409
洛　书 …… 400	上元男命入中寄坤宫 …… 410
先天卦配河图之象图 …… 401	中元男命入中寄坤宫 …… 410
后天卦配河图之象图 …… 401	下元男命入中寄坤宫 …… 410
先天卦变后天卦图 …… 402	上元女命入中寄艮宫 …… 410

中元女命入中寄艮宫	410	作灶求财法	426
下元女命入中寄艮宫	410	催子法	426
三元甲子男女宫位便览	410	催财法	426
乾坎艮震巽离坤兑东四西四		安床造床忌用日	426
八宅秘图	412	罗天大忌日	427
王肯堂论八宅生气等星吉凶		修造忌晦气煞日	427
之源	416	神嗷鬼哭日	427
福　元	417	斩草破土忌用物	427
宅舍大门	417	戊己都天	427
六　事	417	八卦方位	427
坑　厕	417	八宅东西	428
分　房	418	八卦所属	428
床　座	418	九星五行	428
灶座火门	418	三元九星	428
作　灶	419	总　论	428
香　火	419	形　势	429
论婚姻	420	楼	430
论女命利月	421	间　数	430
和尚公杀	421	门　路	430
论男女生命行嫁月孤虚煞	421	定游星法	431
阴错阳差歌	422	天　井	431
吕才合婚图	422	床	432
三元男女生命宫数	422	灶	432
嫁娶周堂图	423	井	432
男女合婚辨谬	423	坑	433
修造论	424	黄泉诀	433
阳宅六煞	424	生　命	434
花粉煞日	425	九星制伏	434
作灶忌绝烟火日主冷退	425		
分居绝烟火煞	425	**八宅明镜卷下**	
九　星	425	辰南戌北斜分一界之图	435
四吉星方	426	迁者来路玄空装卦诀	436
四凶星方	426	来路灶卦方向诀	436

验过吉凶八位总断	437	通天照水经摇鞭断宅歌	466
增灶口向	438	歌　断	466
增分房	438	诸星吉凶	467
增修方	439	飞宫诀	467
生气图	439	九宫所属	467
天医图	439	玉辇经	467
延年图	440	玉辇开门放水六畜等图局	467
祸害图	440	门楼玉辇经	476
六煞图	441	乾宅开门	478
五鬼图	441	坎宅开门	478
绝命图	442	艮宅开门	479
伏位图	442	震宅开门	479
子嗣口诀	442	巽宅开门	479
西四东四八命之宅	443	离宅开门	480
婚姻论	464	坤宅开门	480
子息论	464	兑宅开门	480
疾病论	465	上　元	481
灾祸论	465	中　元	481
求财论	465	下　元	482
修造论	465	游年歌	483

郭氏元经

[晋] 郭璞（景纯） 著

[晋] （门人）赵载 注

郭氏阴阳元经序

　　昔老聃之西域，尹喜强迎之，著《道德经》九九八十一篇，为道家之宗旨。后卢扁因黄帝为著《难经》九九八十一篇，以尽医家之秘奥。扬雄伤时不遇，作《太玄经》九九八十一篇，以探五经之变。迨晋景纯郭公，著《元经》九九八十一篇，以尽阴阳之理。后人用之，至于造作玄妙，应变万理，曲尽其妙。究术之士得此书，可以上窥青冥，下测杳邈，实吉凶之司命也。

门人赵载序

郭氏元经卷一

五行旨要篇第一

五行生成数：

金生数四，成数九；火生数二，成数七；土生数五，成数十；水生数一，成数六；木生数三，成数八。

一曰水。

水者，北方之正气也。生数一，成数六。一是阳数，六是阴数。一阴一阳，乃成道也。水本阴，何以谓之阳？火本阳，何以谓之阴？如冬至阴盛阳衰，日短夜长，宜为阴遁；夏至阳盛阴衰，夜短日长，合为阳遁。故物极必反，太盛则灭。冬至阴极则复衰，而一阳渐生，故为阳遁。夏至阳极则复衰，而一阴渐生，故为阴遁。天地旋复，暑往寒来，以定冬夏二至，盖本于此。

二曰火。

火者，南方之正气也。生数二，成数七。二为阴数，七为阳数，言其生于阴而成体于阳也。水主和同万物，火主变化万物，一主南，一主北，司阴阳二遁，以化生万物，以合二十八宿，周天三百六十五度星辰之躔次。

三曰木。

木者，东方之正气也。生数三，成数八。三为阳数，八为阴数，言其生于阳而成体于阴也。木之性可曲可直，指我为器，而人利之也。

四曰金。

金者，西方之正气也。生数四，成数九。四为阴数，九为阳数，阴阳合德而为金。金性刚而无柔，水性柔而无刚。金得火制，亦能成柔也。言其可柔和为民之用也。

五曰土。

土者，中央五方之正气也。生数五，成数十。五为阳数，十为阴数。其数至多至大，故居五行之主而敷化于四时，播五土之中而厚载乎万物，以为种植，故土爱"稼穑"也。

五行运用篇第二

土有三处生旺。

庚午辛未、庚子辛丑之土，生申、旺子、墓辰；丙戌丁亥、丙辰丁巳之土，生巳、旺酉、墓丑；戊寅己卯、戊申己酉之土，生寅、旺午、墓戌。

五行运用最难明，四位长生五处详。水在申兮金占巳，火来寅上木登明。

且如木生亥，火生寅，金生巳，水土生在申。寅申巳亥四处为金木水火生处。若土既克水，岂与水同一父母而当兄弟也。

惟有土星高众曜，却于三处旺其灵。庚辛申地真堪秘。太乙原来好丙丁。

庚午辛未土，庚子辛丑土，此二土生申、旺子、墓辰。太乙，巳也。丙戌丁亥土，丙辰丁巳土，此二土生巳、旺酉、墓丑。

更有功曹生戊己。

功曹，寅位。惟戊寅己卯土，戊申己酉土，此二土生寅、旺午、墓戌也。

三等殊生理更精，劝君用意推其旨，不比时师别用情。

凡人命之土，生处既有三等不同，又安得生旺之同乎？如乙丑命人，运得土宅，乃庚午辛未土，则生申、旺子、墓辰是。又如甲戌人命，运得土宅，乃是己卯土，则生寅、旺午、墓戌是。以此推之，三等不同，则祸福亦异也。

四季土旺篇第三

土旺用事之日。

三月中，谷雨前九日，谷雨后九日。

春季一十八日，受木克之余，虽旺而不能自强其势。

六月中，大暑前九日，大暑后九日。

夏季一十八日，受火生之余，后倚父母，前倚子孙，名为火旺。

九月中，霜降前九日，霜降后九日。

秋季一十八日，生子之余，为泄气，虽旺而无力。

腊月中，大寒前九日，大寒后九日。

冬季一十八日，与水交战之余，气力殆尽，当自休息。

常言土旺于四季，辰戌丑未当何时？

世俗常言土旺四季，却不知辰戌丑未月在何时旺。

五行各旺七十二，春木秋金夏火为。

一年三百六十日，春木旺七十二日，夏火旺七十二日，秋金旺七十二日，冬水旺七十二日。四季之日，土共旺七十二日，总成三百六十日为一年，但未知每季一十八日的在何时耳。

水既旺北于冬季，土于何处益光辉？

水既旺冬，四季已备，土于何处为旺？

四旺三六九十二，各于节后气前嫠（一本作"黎"，误）。每抽九日为其旺，此理凭谁自审思。

各于四季月节气内，前后抽九日，共一十八日为土旺也。

如九月初二寒露，十七霜降乃无违。自从初八终十六，节后九日要君知。更从十七终廿五，气前九日是无疑。共凑十八为土旺，此秘先贤亦会稀。

如戊午年九月初二寒露，九月节，十七日霜降，为九月中气，从初八至十六是节前九日土旺，从十七至二十五是节后九日土旺。其余三、六、十二月皆此例推。

阴阳二土篇第四

阴阳二土之图

艮宫八白	阳土	庚子　丙戌　戊寅 庚午　丙辰　戊申
中宫五黄		冬至后为阳土助艮 夏至后为阴土助坤
坤宫二黑	阴土	辛丑　丁巳　巳酉 辛未　丁亥　己卯

八白艮宫二黑坤，五黄中主土居尊。

八白本乎艮，二黑本乎坤，五黄居中央，此三处之土也。

阴坤阳艮饶君会，中主阴阳何所论。

八白在艮属阳，二黑居坤属阴，人皆知之。且不知中宫五黄土何所属？

在夏为阴合阴德，在冬阳土艮宫存。

夏至后阴渐盛，为阴土，与坤二黑合德。冬至后阳渐盛，为阳土，以助艮宫八白之土也。

更有阳庚并丙戊，阴辛丁己女人云。

如庚子为阳土，辛丑为阴土，丙戌为阳土，丁亥为阴土，戊申为阳土，己酉为阴土。余仿此推。

三命支干篇第五

三命原来是隐微，吉凶加减自谙知。

五等之命，又有三等支干纳音之吉凶不同。只把五等之三命以定吉凶，祸福多少，当自识也。

惟将三等评凶吉。

三命之说，如甲子生人，甲属木，子属水，纳音属金，此是三命。又如癸亥命人，支干纳音皆属水，此是一命。戊申命人，戊属土，申属金，纳音属土，此是二命。凡人命支干驳杂，其灾福难定。只如乙丑三命人，吊得丙寅火到造作之方，吊支寅木同命干乙木去生修作之方，吊宫之天干纳音火，命干乙木同吊支寅木来克命支丑土，吊宫丙火同纳音火来克本命之纳音金，其灾必因父母以及自身，不由他人也。

上下阴阳用意推。

如戊申命人，吊到戊辰木到作方，吊宫纳音木虽能克本命纳音土，然吊宫木音又被本命申金支来克，此为内外相克，其灾来必因财产轻重不平之灾。又如庚寅木命，吊得辛亥金到所作之方，本命庚干与吊宫辛干相比，吊宫亥支之水又生命之寅木，水木相生。惟本命纳音木被吊宫纳音金同命干来克，此宅因上强下弱兴讼，必贵刑贱，尊刑卑。凶吉如此加减，以五行消息，详其数若何生克，乃知其理也。

更把三元替宫审，刑剥裁量不可移。如庚寅命甲申岁，四月己巳作艮维。先看吊得壬申到，金来克木不相比。临方本命申刑害，替宫吊得并非宜。

昔一豪士，庚寅生，于甲申年四月坐坤作艮，吊宫以月建己巳入中宫，吊得壬申金到艮，克庚寅本命，又申冲寅命官方，吊宫不吉矣。

替宫以壬申入中宫，得乙亥到艮，申亥相害，亦凶，故云并非宜。夫申太岁刑寅命是一凶，巳月建刑申太岁是二凶，吊宫壬申金刑克寅命寅方为三凶，又金生巳月以金克木为四凶。此类方不问吉星临方，必有大灾。其人作之，果于本年七月因倩人铸钱被纠告，官司来捕，此人拒之，因被斩首，一家遭凶。举此类推。

刑与害合复难详，

刑与害合，其灾必重；不与害合，其灾乃轻。一云刑与害合来，主徒流绞斩之罪。不与害合，只是杖罪。倘二三递相刑，亦不问有害无害，俱主重刑。若三刑四刑主绞斩，二刑主徒流，一刑主杖罪。凡造作犯五行不顺，其祸之来，非一途而取，一理而推。更看刑之深浅，生旺休囚，详其得失，自然吉凶相期，无不应之速也。

如前寅巳遇深殃。

如前说庚寅命人，甲申岁四月坐坤作艮，月建巳与寅命刑害，本方与月建又刑害，吊得壬申金来冲方，又与月建相刑，是三重刑，四重害，故灾来必重。余仿此例。

术流若达斯文秘，奥妙须当仔细详。

二遁贵人篇第六

甲戊庚年求丑未，乙己子申二遁分。丙丁阳亥阴居酉，六辛先午后临寅。壬癸巳阳阴处卯，不逢魁罡是贵人。

辰为天罡，戌为河魁，罡为天牢，魁为天狱，故贵人不居。

贵人入局更深微，常用吊宫而运之。假如甲戌年九月，艮宫造作复何如？

以月建入中宫，寻贵人所到之方，修之能救三刑六害。如甲戌年九月，亦建甲戌，以甲戌入中宫，寻得丁丑到艮是。当阴遁时得阳贵人在局，即不能救灾。

阴遁得阳终减力，恶星刑害故多危。又如丙子年六月，兑方阴贵得其宜。

如丙子年六月，以乙未月建入中宫，寻得丁酉到兑方，阴贵当阴遁时，故最宜。又西飞兑宫，名为还家贵人，尤吉。庶人用之大妙，仕宦用之不宜，主歇任还家故也。

阳贵若临阴位时，自然暗与祸相期。阴贵若临阳位上，变凶为吉吉相依。

乾坎艮震为阳位，巽离坤兑为阴宫。阳贵当阴遁时为不当权，不能救解刑害之灾，宜临乾坎艮震阳宫为顺，其福力大，可修作方道。若临巽离坤兑之阴位为逆，不得力，不能解救刑害之灾（贵人进气、退气在下文）。

九星神煞用何神，惟用贵人先帝君。

九星并一切神煞，常拱贵人为帝君，而皈伏于贵人。若贵人当旺方，得位当权，纵凶星恶煞，不能为灾。或刑害宫当贵人加临，俱不能为灾。

主圣臣贤终自吉，主贤臣恶未为迍。

贵人为圣君，星煞为贤臣。贵人当权得位，而神煞气衰，如主圣臣贤，终享安乐。若贵人得位当权，纵有凶煞，亦不能为灾也。

切忌臣主两俱恶，定有凶星将害人。

恶煞旺相，贵人不得位当权，则不能制伏恶煞，主有大灾，勿造作。

阳乾阴巽贵人宫，福力资扶喜庆重。

阳贵自乾至辰顺行，阴贵自戌至巽逆行。若贵人在位，其力大，可修作。

更有进气并退气，临时加减看其宫。艮阳己丑贵人生，己未比坤阴德亨。

阳贵在阳遁时，自冬至至惊蛰九十日为进气，福力大；自春分至芒种九十日为退气，力稍轻。春分虽退气，尚有力。又阳贵己丑到艮，为本生之宫，极有力；到乾为得位，俱极有力。阴贵在阴遁为当权，能救解刑害之灾，宜居巽离坤兑之阴位，福力更大。若居乾坎艮震之方位，尚能变凶为吉。自夏至至白露九十日为进气，福力大；自秋分至大雪九十日为退气，稍轻。又阴贵己未到坤，为本生之宫，极有力。到巽为得位，俱极有力，能救一切祸患。

但取二时生旺处，祸灾斯远福齐生。

二时者，阴阳二遁也，用得贵人在生旺时且得位，必能作福。

元经妙用在何篇，惟用贵人精妙玄。刑值贵人官吏协，病值贵人医疗痊。贵人出局灾祸重，一局天轮永不逢。

贵人值生旺之宫，而刑遇之，亦能转祸为福。若吊宫行遍周天不见贵人，虽是小灾亦成大祸。

只如甲子年正月，天轮一匝并无踪。若临刑病终非小，疾病官灾立见凶。

甲子年正月，阳贵人丁丑，将丙寅月建入中宫，行尽天轮九位，并无贵人在局，丁丑贵人却在二匝兑上，无力，难于修作方道。

本作之方虽不值，吊宫合处亦为亲。

本作方不见贵人，但得吊宫六合作方，亦有力。六合者，如贵人在亥，吊宫本作方是寅之类。

寅与亥合，卯与戌合，辰与酉合，巳与申合，午与未合。凡六合贵人，皆此类也。

只如辛丑年正月，贵人居午吊宫寻。虽云作坎不相遇，吊宫乙未合斯辰。

如辛丑年正月作坎方，吊宫以庚寅月建入中宫，贵人阳贵甲午到离，乙未到坎，坎方虽无贵，然坎宫吊得乙未，离宫吊得甲午，午与未合，坎方虽有凶星，然与吊宫贵人六合，故灾轻而亦可修。

乙未虽云阴本方，子丑又合两通行。不怕凶星并恶杀，更无反杀及年刑。

丑年作坎是子丑合，吊宫乙未到坎，甲午到离，又与本命方合，纵星辰凶恶，亦无大灾。

用时贵人全合德，自然终始福相迎。

总分运用篇第七

三元宗祖孰为先，须把五行为所天。

三元运用，须把五行分轻重。凡云吉者，五行顺也；凡云凶者，五行逆也。

第一吊宫分内外，

吊宫者，以用事月建入中宫顺轮，以看所临方上下内外之凶吉。须审修作方得何甲子，得何纳音，与作主本命相生、相克、相刑、相害否，及与所修作之方相生克刑害否。若刑克害方与命，断勿修作，定主凶灾。然此吊宫甲子，亦忌与太岁月建相克刑害。

二将替局更详研。

替宫者，以吊宫本月所得甲子再入中宫，轮至所修作之方，看得何甲子，何纳音，与作主本命及所修作之方，与前吊宫甲子相生克刑害若何。如甲子年五月修离方，以月建庚午入中宫，行见甲戌到离，为本月分。再以甲戌入中宫，行见戊寅到离是替宫。

重审刑冲分善恶，九星衰旺理幽玄。

细看相刑、对冲、伏杀、反杀，以详灾祸浅深，更以神之衰旺定其吉凶。吉星虽吉，若值休囚退气，则福力轻。凶曜虽凶，若值休囚退气，则灾祸少。惟吉星乘旺气临方，自然福臻祸减，纵有小凶，亦无大害。

始考神煞分地局，不须广究别根源。达得斯文终了了，何须博采百家言。

郭氏元经卷二

审刑害篇第八

寅刑巳，巳刑申，申刑寅，为无恩之刑。

寅刑巳者，以寅能生火，巳能生金，火又克金。巳刑申者，巳属火，申属金，巳又能克金，是所生之处反相刑而无恩，故曰无恩刑。申属金，寅属木，木能生火，金能生水，水能灭火，亦恃生而为无恩刑也。

颂曰：刑谓无恩意若何，恃生相灭意偏颇。祸来父母并二长，犯者灾尤亦更多。

未刑丑，丑刑戌，戌刑未，为恃势之刑。

何名恃势刑？原未阴遁始兴，丑阳遁渐盛，各恃其势力而相刑也。

颂曰：恃势之刑意何为，婚姻财产大相亏。是非未可一途取，醉饱奸谋勿怨咨。

子刑卯，卯刑子，为无礼之刑。

子为一阳生，卯为日出地，子尊如父，卯卑如子，虽一阳生而阴遁极矣。不如卯为日出显照，则卯刚如狼，子柔如羊，尊卑相伏，刚柔相凌，是无礼之刑也。若犯无礼刑者，主臣叛君、仆欺主之祸。

颂曰：无礼之刑小辈谋，祸灾反逆足愆尤。臣反君兮奴欺主，官事重重病未休。

三合之刑篇第九

巳酉丑刑在西。 金生在巳，旺酉、墓丑，巳酉丑三合刑在西也。
寅午戌刑在南。 火生在寅，旺午、墓戌，寅午戌三合刑在南也。
申子辰刑在东。 水生在申，旺子、墓辰，申子辰三合刑在东也。
金刚火强，各刑旺方。
金旺西，火旺南，金性刚，火性强，各自刑其所旺之方也。

木落归本，水流趋东。

大海东注，水逐东流，故申子辰刑在东。水能生木，亥卯未刑在北，刑其所生之方。

歌曰：三合之刑何者凶，临方年月命相逢。此煞或加三长命，夭亡卒死失家公。

此乃修作之年月，刑所修作之方，及刑作主本命。

如酉命人，酉年月修兑方；子生人，卯年月修坎方；卯生人，子年月修震方，皆主夭亡卒死。

亥年二月作坎宫，子命之人祸必重。申年十一月作震，卯命三长死亡凶。

子命亥年卯月作坎，犯亥卯未刑在北。如卯命人申年十一月作震方，犯申子辰刑在东，应申子辰之月的杀卯命人，不在三月，当在七月，或在十一月，其灾立至。

术中至理多途取，博洽之人触类通。

支干刑害篇第十

支干刑害。甲刑申、乙刑酉、丙刑子、丁刑亥、戊刑寅、己刑卯、庚刑午、辛刑巳、壬刑戌、癸刑未。

颂曰：干刑一局少人知，须把吊宫分祸危。甲在申兮乙居兑，丙子丁亥实勿疑。戊寅己卯辛入巽，庚离亦自有伤悲。壬刑在戌癸归未，逢之灾祸定无移。

如甲子年正月作乾方，以月建丙寅入中宫，至乾上得丁，为犯干刑。盖戌亥从乾，丁刑亥也。犯之主人口死病、公事破财之祸。

六害，子未、丑午、寅巳、卯辰、申亥、酉戌相害。

六破两支互相破，子逢酉兮丑逢辰。卯嫌午兮戌嫌未，寅忌亥兮巳忌申。

一诸刑害，若值贵人，不能为灾。若值岁干德、天德、月德，纵犯刑害，亦获赦宥。

一刑与害相并，兼刑害作主本命，为灾必重，当主流徒绞斩之罪，不与害合，只杖罪。

一刑有三四重递相刑，不问有害无害，主绞斩重刑。二重刑主徒流，一重刑主杖罪。

刑入贵人篇第十一

解刑惟用贵人期，刑值贵人无畏之。

凡刑值贵人能解灾，亦须看刑与贵人合与不合及有力否，宜精究。

阴阳二贵分轻重，阳得阴时曹吏私。阴逢阳贵提转力，阳遇于阳州县慈。阴遇于阴邻里护，

当阳遁时，得阴贵人三合，临刑当得曹吏之助；若得阳贵人，此刑主因县官之力免罪。当阴遁时得阳贵，临刑必因提刑转运上司之力救免。如甲子年六月作坤，以月建辛未入中宫，吊得阳贵丁丑到坤，未从坤，丑刑未是也。当阴遁得阴贵人，临刑必因邻里亲姻，村保扶证乃免刑。如未命，甲子年五月作乾，戌刑未，为方刑命，吊得辛未阴贵到乾，是得邻眷免事也。

以类推之无不知。更把五行关内究，吉凶祸福信无疑。

刑原赦篇第十二

原赦之刑意若为，天德加临赦宥之。

天德：正丁、二坤、三壬、四辛、五乾、六甲、七癸、八艮、九丙、十乙、十一巽、十二庚。

只如戊子年三月，坤方犯着吊宫知。行见戊加坤未上，戊刑于未信无疑。三月壬为天德助，纵犯刑名赦免之。

如戊子年三月作坤，以月建丙辰入中宫，行见壬戌到坤，未与坤同，是戊刑未。三月壬为天德，吊得壬到坤，是天德来助，纵有刑亦赦免。

达其旨要为名术，愿与人间救祸危。

干德篇第十三

阴德在合：乙庚、丁壬、己甲、辛丙、癸戊。

阳德自处：甲甲、丙丙、戊戊、庚庚、壬壬。

干德惟将克制推，一同臣子禀施为。

上克下为制，取君能制臣，父能制子之义。

乙德在庚庚自处，年月吊宫皆审思。年与吊宫有德通，庚辰正月作于东。吊见乙酉来加震，乙德在庚事略同。

如庚辰年正月作东方，以月建戊寅入中宫，吊见乙酉到震，乙德在庚，是吊宫与年干为德，大吉。

干德偶命更难逢，甲子正月作于坤。丁巳命人干德合，此为干德例同论。

如丁巳命，甲子年正月作坤，吊见壬申到坤，丁命干德在壬，又巳与申合，主婚姻财帛进益之庆，纵有小凶星不能为害。凡吊宫得本命干德到所修方，为干德偶命，更支合尤吉。

月德在年方可用，年德在月亦为奇。

月德在年顺，年德在月逆。凡月德在年干之德者，作之发禄，且子孙孝义。若年干之德在月之德者，作之纵平安，亦主子孙忤逆。

官符值德无愆责，刑害值德赦原之。须玩古今玄妙术，德刑深处有谁知。

天德篇第十四　即尧星

天德八干行四维，丁坤壬处是春晖。辛乾甲首当朱夏，素天艮癸丙堪奇。立冬乙巽并庚道，作者无灾并合宜。

天德常行八干四维，孟仲月在定执之间，季月在危成之间（具各月图于前）①。

吊宫天德到元宫，丁壬六月作于东。此为照处有余力，不问星辰恶煞凶。

六月天月德在甲，丁丑年六月作震，以月建丁未入中宫，吊甲寅到震，是甲之本家，又为天月德还家，大得力，不问有无恶煞在方，任修作无忌。

子午戌来乾巽方，兔鸡坤艮巳还乡。并为天德还宫处，纵逢恶煞亦无殃。

五月天德在乾，戌到乾为还家；十一月天德在巽，吊戌到巽为还家；二月天德在坤，吊得巳在坤为还家；八月天德在艮，吊巳到艮为还家。

不是还宫皆少力，元经真个审精详。

月德篇第十五　即舜星

月德：正丙、二甲、三壬、四庚、五丙、六甲、七壬、八庚、九丙、十甲、十一壬、十二庚。

月德修方事可凭，甲庚壬丙自消停。金旺庚兮木旺甲，水壬火丙互相迎。

正五九月寅午戌火，火旺在丙；二六十月亥卯未木，木旺在甲；三七十

---

① 原文如此。各版本均未见图。

一月申子辰水，水旺在壬；四八十二月巳酉丑金，金旺在庚。皆取四旺处为月德之宫也。

官吏修之职位迁，庶民亦主进庄田。

以用事月建入中宫，吊得月德到所修之方，士得官禄，庶人亦进田财。

亦用还宫为上吉，吊宫来见亦天然。乙未五月例须知，丙戌加离庆会时。更有贵人相会者，五行用此合天机。

月德亦要还宫为上吉，更合天德贵人，大有益。如乙未五月作离，以壬午月建入中宫，吊丙戌到离，离又是丙本家，为还宫。甲巳年甲到震为还宫，用甲戌日时妙，只六甲年二月贵人不合。乙庚年丙到离为还宫，用丙戌日时妙。十月甲到震还宫，用甲午日时妙。乙年十月贵人相会。丙辛年并无还宫。丁壬年正月丙到离还宫，用丙午日时妙。六月甲到震还宫，用甲寅日时妙。壬年局外贵人相合。戊癸年九月丙到离还宫，用丙寅日时妙。

天道篇第十六　言天道月临之方

天道方：正巳、二申、三亥、四酉、五子、六寅、七丑、八卯、九午、十辰、十一未、十二戌。

天道之行百事宜，亦须括出乃方知。戌子寅月南缠马，卯巳丑行还自西。辰午申加于北地，未酉亥东为定期。

正月、九月、十一月，天道南行巳午未方；二、四、十二月，天道西行申酉戌方；三、五、七月，天道北行亥子丑方；六、八、十月，天道东行寅卯辰方。

虽云一位行三月，准的元来别有机。若与吊宫分住着，三元踪迹不差池。只如正九十一月，南方巳午未须知。正月但求于巳地，九月午上合当之。十一但来求取未，更将月建入中移。

遂月吊宫位诀不同，法以用事月建入中宫，寻吊宫所到方作之吉。

只如甲巳年正月，南为庚午例为头。用得此神嘉庆会，能令祸息福相随。

人道篇第十七　言人道月临之方

大月方：正癸、二艮、三甲、四乙、五巽、六丙、七丁、八坤、九庚、十辛、十一乾、十二壬。

小月方：正丁、二坤、三庚、四辛、五乾、六壬、七癸、八艮、九甲、十乙、十一巽、十二丙。

人道之行有旨归，常行八干并四维。月大正癸二从艮，此例常言无定期。端的须看大小月，冲月小方而用之。

人道行八干四维，须看月分大小。如正月大在癸，正月小在丁，对冲用。

为病出行人道昌，就之迎福又消殃。惟此不须飞吊替，各据其神之正方。

人道方不用吊宫，但以本方取之。凡守宫犯凶星或人病，速移就人道方吉。

庚寅家长甲申岁，正月出火向坤方。坤犯庚寅撞命杀，一家大小病难当。其年正月是大尽，速移癸上乃安康。

昔一庚寅命，宅长于甲申年正月出火坤方，以月建丙寅入中宫，吊宫坤犯庚寅的命煞，出坤未数日果病，小口亦不安。遇一奇士云："此方犯煞，急宜移就人道上。"其年正月大尽，便移癸上，一家遂得平安。

古人用术甚奇特，后学宜加细审详。

解神篇第十八

解神正月起于申酉戌，顺行十二辰。

官符用之公事解，

正月申、二月酉、三月戌，顺行十二辰，能解诸凶。官符用之，能解争讼。

疾病用之医疗臻。但向吊宫求泊处，此理知其幽秘深。

疾病用解神，医疗可痊。吊宫以岁支入中宫，飞寻月解神所到方修之。如巳年，将巳入中宫，二月解神在酉，吊宫酉到离，宜作离解凶。

凡位凶星及恶煞，殃消祸散自欢欣。

催官鬼使篇第十九

四时催官鬼使：春用乙、夏用丁、秋用辛、冬用癸。

累举无名宜自回，须凭造作报官催。乙辛丁癸四尊贵，更与贵人同局来。春乙夏丁秋用辛，三冬用癸合其神。只如丙子年五月，艮宫丁酉吊宫寻。能将此法修方报，来岁荷衣必定新。

凡士子应举，久不成名，须吊寻催官鬼使到方，修报方可成名，三年内立应。如丙子年五月作艮寅山申向，以月建甲午入中宫，顺寻得丁酉到艮，丁为夏季催官，又酉为丙年阴贵人，作之主士子登科，官吏荣迁，闲谪复起。

郭氏元经卷三

三元年禁篇第二十

子年巳午未，**丑年**午未申，**寅年**未申酉，**卯年**申酉戌，**辰年**酉戌亥，**巳年**戌亥子，**午年**亥子丑，**未年**子丑寅，**申年**丑寅卯，**酉年**寅卯辰，**戌年**卯辰巳，**亥年**辰巳午。

三杀年禁用之危，岁在卯方申酉推。

年禁名三禁杀。如太岁在卯，酉为的杀，申为旁杀，戌为照杀。凡太岁正冲辰为的杀，前一为照杀，后一为旁杀。余皆仿此例推。

须把吊宫分月建，临方犯者莫施为。只如子岁月当寅，正南之作且妨人。的杀先忧家长死，次忧小口又频频。

如甲子年正月作离方，以月建丙寅入中宫，行见己巳在艮为旁杀，己巳纳音木，木克艮土，主杀辰戌丑未命人。行见庚午在离为的杀，庚午纳音土，土克水，若修离方，主杀申子辰水命人。又行见辛未在坎，为照杀，辛未纳音土，土克水，亦主杀申子辰命人。犯的杀主家长，旁杀主小口，照杀主盗贼、破财、词讼之咎。（其法原有中宫则论方，若未有中宫则论坐山。）

太岁一星篇第二十一

一星太岁祸难防，此杀凶危不可当。但把三元自推数，遇之家内有重丧。

此太岁星最大，切不可犯。法先看三元年中宫得何星值年（即大统历年神方位图）。

次看本年岁支位得何星（即大统历年神方位九星图），遂将岁支位上所得之星，再入中宫飞求，值年中宫星之所在宫，即为太岁一星所在之宫，切忌修作，定不止杀一人。

太岁一星兀谁知，一年之内有凶期。逐月运行方至妙，便无定准及常仪。只如上元甲子年，一白来中布九天。子上六白重入位，再来离白不堪怜。

如上元甲子年，是一白值年，便将一白入中宫，坎为子，年岁支位见六白在坎，值岁支本位。遂将六白入中宫，再飞寻原值年，至一白到离，即年家真太岁一星在离也。上元甲子年的不可修作离方（中元、下元仿此例推）。

吊宫逐月审凶期，常忌太岁又相随。只如一白居离是，二月推之艮位知。

如一白在午为太岁一星，其年二月将丁卯入中宫，寻见午到艮，又将管月中宫星之七赤入中再飞，见一白到艮，与月吊宫午合，乃是真太岁一星也。

祸期灾挠终非小，家长沦亡子弟危。

五行妙断篇第二十二

水火太岁复何如，杀妻换长事尤多。不出三年一载外，定主重丧及发疴。

如上元甲子一白为太岁一星，看三月"月白图"，得一白到离，是水火太岁，主重丧，更主疾。

金木淫乱中房损，水土瘟疫的主忧。水木失财并自缢，火水折伤蛇犬愁。

如上元甲子，一白为太岁一星，看正月月白图，得一白到兑，是金水太岁；看二月月白图，得一白到艮，是水土太岁；看七月月白图，得一白到巽，是水木太岁；看四月月白图，一白到坎，是水水太岁。

水木刑伤事可哀，（九紫值中宫之年，月九紫到卯巽是也。）

火金产难乃伤胎。（九紫值中宫年，月到兑是。）

火土病伤子夭死，（九紫值中宫年，月九紫到坤艮是。）

火火太岁损婴孩。（九紫值中宫之年，月到本宫是。）

木木风声杀伤死，（碧绿值中宫年，月碧绿到卯巽。）

木金囚禁不离牢。（碧绿值中宫年，月到乾兑。）

水土折伤兼发背，木神为害信如刀。（碧绿值中官之年，月三碧四绿行到坤艮是。如碧绿到坎，名木水太岁，同前水木断；碧绿到离，名木火太岁，同火木太岁断。）

金金夭折多伤暴，（七赤值中年，月七赤到乾兑是。）

金土沉疴及发癫。（七赤值中宫年，月到坤艮是。）

土土有聋兼哑疾，（黑黄值中宫年，月到坤艮是。）

五行历历信如言。凭君更用吊宫变，凶吉昭然在目前。（二黑八白到坎，名土水太岁，同水土断。二黑八白到乾兑，名土金太岁，同金土断。二黑八白到卯巽，名土木太岁，同木土断。二黑八白到离，名土火太岁，同火土断。七赤到坎，名金水太岁，同水金断。七赤到离，名金火太岁，同火金断。）

吊宫的命篇第二十三

的命惟将太岁求，更将年月两同周。

吊宫的命煞，惟忌宅长本命，余人不妨，有年家的煞、月家的煞。年的杀以太岁入中宫寻家长命，看在何宫。如壬申命宅长，甲子年修作巽方，将甲子太岁入中宫，行见壬申到巽，为犯的命杀，壬申纳音金，主杀亥卯未木命人。月家的杀以月建入中宫，寻家长本命在何宫，忌作其方。如壬申命宅长，甲子年正月作坤，将丙寅月建入中宫，行见壬申到坤，为犯月的杀，作之主大凶。

数见当生家长命，到处作之为大忧。年煞三年内始日，月煞年中见祸忧。

犯年煞其灾应迟，在三年之内。犯月煞其灾应速，在一年之内。亦须详衰旺之气何如。

若在本甲祸频来，次甲官刑疾病灾。

太岁入中，飞游一匝见犯，立应家长死亡。如庚午本命宅主，甲子年作坤，将甲子入中宫，行见庚午命杀在坤，是本甲之内，故主立应家长死亡。飞游二匝见犯，只主官刑疾病。如丙子命人，甲子年作艮，将甲子入中宫，二匝行见丙子在艮，是甲戌日内，亦主家长死亡，立应。若次甲犯之，只见官刑疾病之灾。

三甲沉吟些小病，四甲沉吟如死灰。五六甲内何所虑，凭将此例自量裁。

飞游第三甲见之，主小小时病，无大灾。若在四甲内而灾不应，如死灰无焰。五六甲内，全无灾祸，不必上虑也。

神符自古难详谋，此理玄微应上台。元经反复言此理，无补之文不载该。

灭门杀篇第二十四

六白七赤到艮。（二星属金，金绝寅，吊到艮为灭门大杀。又金命宅长忌用寅月。）

三碧四绿到坤。（二星属木，木绝申，吊到坤为灭门大杀。又木命宅长忌用申月。）

九紫到乾。（九紫属火，火绝亥，吊到亥为灭门大杀。又火命宅长忌用亥月。）

一白、五黄、二黑、八白到巽。（一白属水，余三星属土，水土绝巳，用到巽，巳隶巽，为灭门大杀。又水土宅长忌巳月。）

寅申巳亥四宫神，灭门大杀必殃人。

紫白皆吉星，临绝地反凶，为灭门大杀，修作切忌犯此。寅申巳亥四宫，半生半灭。如金生巳而水土又绝巳，此类可推。

六白艮宫一白巽，乾加九紫火绝连。八白加巽为土绝，吉少凶多夭横侵。

如火命宅长，于子午卯酉年十月作亥，为犯灭门煞，主大凶。盖子午卯酉十月吊九紫火到乾，火绝于亥，又亥月为火绝之月，又火命宅长，亦绝于亥，其凶横立见。

若明此例将为用，自免灾殃且益人。

剑锋重贶篇第二十五　值巽乾忌戊，值坤艮忌己

正月分甲　二月分乙　三月分巽中戊
四月分丙　五月分丁　六月分坤中己
七月分庚　八月分辛　九月分乾中戊
十月分壬　十一月分癸　十二月分艮中己

干支同位为正杀，支干神到为旁杀。

剑锋之杀不宜逢，犯着其家必大凶。

经云：此杀乃梵天紫微之殿神，不常降世，常在天宫，遇其干支同者乃是其神降世，主杀人口六畜，又名重丧杀，又名千斤杀。有旁杀，有正杀。正杀伤人口六畜，肉满千斤方止。如本家畜不足数，定损邻家人畜，补满其数。

常在旺前为剑戟，一名重贶起于东。

其神正立常在月前一辰，正甲、二乙、三巽中戊，四丙、五丁、六坤中己，七庚、八辛、九乾中戊，十壬、十一癸、十二亥中己，常游八干四维。

更将吊替分轻重，便见行方及去踪。

法先以太岁入中宫，行至月分宫，看得何甲子，再以月分宫所得甲子干支入中宫，行到所修作之方，其月前庚辰为剑锋杀，不可修作此方。只吊得以其甲方使杀宫，得干支同到为正杀。

只如戊子甲寅求，七月庚申值此忧。

如戊子年正月作艮，将戊子太岁入中宫，行至本月分艮宫得辛卯。再将月分宫所得辛卯入中宫，行见甲午到艮，甲为正月剑锋杀。戊子年正月建甲寅，乃正犯也。月建与剑锋干同，亦为正杀。

如戊子年六月作坤，将太岁戊子入中宫，行至本月分坤宫得甲午，再将月分宫所得甲午入中宫，行见己亥在坎，己为六月剑锋杀。如七月，将太岁戊子入中宫，行至月分宫为甲午，再将甲午入中宫，见庚子到坤是，庚为七月剑锋杀，乃正犯也。如戊申年正月作艮，以戊申太岁入中宫，行至正月分宫，得辛亥，又将辛亥入中宫，行见甲寅到艮是干支同，为正杀犯之，大凶。余依此例推。

此名年杀岁中恶，犯着教君见祸尤。

已上乃年上求剑锋之法，故以太岁入中宫求。

月杀逐一究方隅，须看支干上下俱。

月上求剑锋法，以月建入中宫，行至月分宫看得何甲子，再以月分宫所得甲子入中宫，行到所修作之方，若逢月前一辰为剑锋杀，忌修作。倘支干同到方为正锋杀，的不可修作。

旁杀只忧六畜损，正杀必当人口殂。肉满千斤方可止，先妨家母次家公。

旁杀灾小，故忧六畜；正杀灾大，故伤人口。

先将太岁入中宫，十二月分八位中。四维之上皆重到，支干相遇不宜逢。

行分十二月分之法：如甲子年将甲子入中宫，遍行九宫，各取十二月分也。甲子入中宫，乙丑到乾，系九月分；丙寅到兑，系八月分；丁卯到艮，系正月分；戊辰到离，系五月分；己巳到坎，系十一月分；庚午到坤，系六月分；辛未到震，系二月分；壬申到巽，系三月分；癸酉到中宫，不依月分；甲戌又到乾，系十月分；乙亥到兑，不依月分；丙子到艮，系十二月分；丁丑到离，不依月分；戊寅到坎，不依月分；己卯到坤，系七月分；庚辰到震，不依月分；辛巳到巽，系四月分。各按时分入中宫。值戊辰到巽，三月不可作巽；戊戌到乾，九月不可作乾；己未到坤，六月不可作坤；己丑到艮，十二月不可作艮，皆为正杀，大凶。

又如戊戌入中宫，九月不可作乾并中宫；戊辰入中宫，三月不可作巽并中宫，以戊寄乾巽中宫故也。己未入中宫，六月不可作坤并中宫；己丑入中宫，十二月不可作艮并中宫，以己寄坤艮并中宫故也。又乾管九月、十月，艮管正月、十二月，巽管三月、四月，坤管六月、七月，此先小数后大数。余仿此例推。

将军修方篇第二十六

将军之下不堪修，宰相同权犯则忧。

将军者，三年宰相之任；太岁者，一年天子之权。太阴为太岁之后，蚕室为将军之妻。犯太岁报太阴，犯将军报蚕室，各有方法，以具下文。

寅卯辰年居正北，巳午未年在卯游。申酉戌年居午位，亥子丑年酉上求。

如丙寅、丁卯、戊辰，虽俱在子，然丙寅年在庚子，丁卯年在壬子，戊辰年甲子是。其法用五虎遁求之即是。

月建入中寻吊替，行宫正到不宜修。

以吊宫定之，看其行宫。如丙寅年四月，将月建癸巳入中宫，见庚子在震，是将军正到之处，作之大凶。

更将本甲详深浅，值此教君定祸尤。

月建入中宫飞一匝见之，为本甲内犯之，主大凶。若在第三、四甲见之，不为灾害。如丙寅年六月作坎，以月建乙未入中宫，行见庚子在坎，是本甲内见，修之大凶。

经云一住经三载，犯者无妨不用忧。

十恶大败篇第二十七

十恶都来十个神，逐年有杀用区分。支干冲破为正杀，还如甲戌见庚辰。更怕乙丑冲辛未，复愁庚戌对甲辰。

凡年支干冲日支干，皆为正杀，犯此日主大凶，有夭亡、公讼及暴死。

辛丑乙未皆凶恶，乙巳己亥必殃人。丙寅不用壬申日，癸卯丁酉怕冲刑。岂知乙未妨己丑，又恐戊戌妨甲辰。壬寅若见丙申凶，冲年之日例皆同。

凡年支干冲日支干为正杀，的凶不可用，主夭亡、公讼及暴病。俗师不晓此旨，只十日皆凶。

上官拜相及兴师，造作葬埋皆不宜。位此对冲曰年破，败亡之应不逾时。

郭氏元经卷四

年家独火篇第二十八

独火例：

年	子	丑寅	卯	辰巳	午	未申	酉	戌亥
方	艮	卯	子	巽	酉	午	坤	乾

又名黄罗游火。求占不飞吊。

独火游年五鬼神，冲年一卦用求真。假令戌亥年居巽，乾为五鬼巽宫寻。

如戌亥年用巽卦，冲处是乾，为五鬼独火之神。余仿此。

此神独畏于一白，吊宫壬癸亦堪侵。

若独火占方，得一白到，作之不为大害，亦须一白有气方可，无气不利。或吊宫壬癸水加独火之上，作之亦吉。

九紫同到祸转凶，死丧官事女人逢。吊宫见木忧火血，值金争讼破财伤。

若月九紫火同到独火方，作之其祸尤烈。吊宫见甲乙木同到独火方，主破财失畜。吊宫见庚辛同到独火方，主破财争讼。

更看月建并太岁，水能制火要君道。

如太岁并月建纳音属水，如君制臣，父制子，作之无害。

日辰三命临时会，丁达深微有指踪。

凡作独火，当秋冬壬癸水日辰作之无害，更水命宅长亦佳。若非秋冬及壬癸日，虽宅长水命，只应小灾。

三碧四绿并加方，修之终是有灾殃。旺时作犯怕灾夏，犯者其难不可当。

如夏令五六月，当独火正旺时切不可修作，的主大凶。

月家独火篇第二十九

独火：

月方	正	二	三	四	五	六	七	八	九	十	十一	十二
方	巳	辰	卯	寅	丑	子	亥	戌	酉	申	未	午

月家独火害神同，寅巳卯辰为最凶。官员僧道修之吉，士庶葬埋尤怕逢。

月独火即月六害，其所在之方位，第一忌葬埋，又忌造牛栏、猪圈、羊栈、马厩，打筑墙垣。出入方位值之，主疮疖之灾，惟官员僧道作之多福。

猪牢羊栈筑场基，马厩牛栏尽不宜。犯之值旺牲财损，疾病伤残主别离。如何可作其神位，穿井池塘水堰陂。多能为福不为祸，一一言之君要知。

若穿池井及堰坡，于月独火方作之，则反获福而不能主灾（亦忌作窑灶，主凶）。

暗剑杀篇第三十

一白居中杀在坎（六白金入一白之位为杀）。
二黑居中杀在坤（八白土入二黑之位为杀）。
三碧居中杀在震（一白水入三碧之位为杀）。
四绿居中杀在巽（三碧木入四绿之位为杀）。
五黄居中无定位。
六白居中杀在乾（七赤金入六白之位为杀）。
七赤居中杀在兑（九紫火入七赤之位为杀）。
八白居中杀在艮（二黑土入八白之位为杀）。
九紫居中杀在离（四绿木入九紫之位为杀）。

暗剑之神深可怕，君臣反位不堪闻。一白居中杀在坎，二黑居中杀在坤。

暗剑杀者，臣夺君、子害父、奴反主，皆为月白入中宫之杀。如子午卯酉年八白入中宫，二黑入八白之位，是臣反君位也，为凶不可犯。

此杀有动有不动，亦用三元逐位分。但看月首是何日，又看月建是何音。月首制杀杀不动，杀神受制不生迍。

看月建纳音与月首日辰之纳音，能克杀，其灾不动。如甲子年二月，其杀在西是火神，月首日辰是癸亥水，水能制火。

子年二月赤入中，杀在西方紫火神。

如甲子年二月初一是癸亥，在中宫是七赤，九紫居西兑为杀。月首日辰癸亥水能制火，故杀不动，犯不妨。

丑年七月八白中，二黑到艮土杀临。月首日逢甲申水，杀制月首必殃人。

如辛丑年七月，八白值中宫，二黑入八白之宫，反位为杀。七月初一日辰甲申水，反受二黑土之克制，故主大凶，殃人。

月首比和多疾病，月首相生害女人。

若月首日辰之纳音与杀比和，主疾病。如丙申年二月，一白入中，六白金到坎，反位为杀。二月初一系癸酉金，与杀比和，故多病。若月首之纳音生杀，主妨女人、小口。如丙辰年三月，三碧入中宫，见一白水到震为杀，三月初一系辛亥金，能生一白水，是月首生杀，故妨女人。

杀生月首应无咎，杀神泄气可相侵。

若杀生月首日辰之纳音，作之无咎。如丙戌年二月，四绿入中宫，三碧木到巽，反位为杀。二月初一日系丙寅火，受三碧木之生，是杀生月首，犯无害。

不将此杀分轻重，终是吉凶难具陈。

月家官符篇第三十一

月官符：

月	正	二	三	四	五	六	七	八	九	十	十一	十二
方	午	未	申	酉	戌	亥	子	丑	寅	卯	辰	巳

月家官符何所之，月建入中顺飞离。飞到离宫得何支，本月官符依此推。正午二未三申地，四酉五戌顺排移。

求月官符之法，每以用事月建入中宫，顺行到离，得何支为月官符所在之方。如正月以月建寅入中顺飞，正月官符在午，午到离，是官符到离，主争讼，公私不吉且多灾。余月仿此。

南木西火北金宫，谁会东方水到凶？

官符原无所属，每以逐月五虎遁至本月官符位而寻其所属。南木者，如甲己年十二月作巳方，遁得己巳木，亦为南木。乙庚年正月作南，官符在午，以月建戊寅遁得壬午木到南，此乃正南木。金火木水四命宅长犯之，主大凶。又如丁酉年作南，正月建壬寅，以五虎遁见丙午水官符到南，午属火而丁酉太岁又属火，火生寅旺午，若金水命人犯之，或受太岁克及克太岁，必有官灾。火土木命宅长犯之，与太岁或受太岁生及生太岁者，无官刑有争讼虚惊。西火如丙辛年四月作兑，官符是酉，以五虎遁得丁酉火为西火。又三月作申方，遁得丙申火，亦为西火。北金如戊子年七月作坎，官符是子，以五虎遁得甲子金为北金，火木命宅长犯之大凶。又丁丑年六月作亥方，遁得辛亥金，亦为北金。东水如戊癸年十月作卯，十月官符卯，五虎遁得乙卯，为东水。又戊癸年九月作寅，遁得甲寅水，亦为东水。

若识土居四维地，自别官符五处逢。

乾坤艮巽居四维，土官符居四维，作之大凶。如丙辛年八月作丑方，遁得辛丑；乙庚年九月作寅方，遁得戊寅；五月作戌，遁得丙戌；六月作亥，遁得丁亥。丁亥丁午年三月作申，遁得戊申；甲己年二月作未，遁得辛未；戊癸年十月作辰，遁得丙辰；十二月作巳，遁得丁巳，皆为土居四维，作之大凶。

土木官符重罪亡，（乃乙庚年九月作寅，十月作卯，遁见戊寅、己卯为土木官符。）

土金官符事延长。（乃丁壬年三月作申方，四月作酉方，遁见戊申、己酉土为土金官符。）

土火失财不平事，（乃甲己年正月作午，遇见庚午土是；戊癸年十二月作巳，遁见丁巳土。）

土水莫非奸盗贼。（乃丙辛年七月作坎，遁见庚子土是；乙庚年六月作亥，遁见丁亥土。）

土土自家相讦告，（乃丙辛年八月作丑，遁见辛丑土。已具前，可察。）

金金僧道巫医亡。（乃甲己年三月作申，遁见壬申金；四月作酉，遁见癸酉金，乃金金官符。）

金木文书有回改，（乃于壬年九月作寅，十月作卯，遁见壬寅癸卯金。）

附：

金水官符（戊癸年七月作子，遁得甲子金；丁壬年六月作亥，遁辛亥金。）

金火官符（丙辛年正月午，遁甲午金；乙庚年十二月巳，遁得辛巳金。）

金土官符（戊癸年八月丑，遁乙丑金；丙辛年二月未，遁乙未金；丁壬年五月作戌，遁庚戌金。）

水水官符（戊癸年六月作亥，遁癸亥水；甲己年七月子，遁丙子水。）
水木官符（戊癸年九月寅，遁得甲寅水；十月作卯，遁得乙卯水。）
水火官符（丙辛年十二月作巳，遁癸巳水；壬丁年正月作离，遁丙午水。）
水金官符（乙庚年三月作申，遁得甲申水；四月作酉，遁得乙酉水。）
水土官符（甲己年八月作丑，遁丁丑水；丙辛年十一月作辰，遁壬辰水；丁壬年二月作未，遁丁未水；戊癸年五月作戌，遁壬戌水。）
木木官符（丙辛年九月作寅，遁庚寅木；十月作卯，遁辛卯木。）
木火官符（甲己年十二月作巳，遁得己巳木；乙庚年正月作午，遁壬午木。）
木金官符（戊癸年三月作申，遁庚申木；四月作酉，遁辛酉木。）
木水官符（丙辛年六月作亥，遁得己亥木；丁壬年七月作子，遁壬子木。）
木土官符（丁壬年八月作丑，遁癸丑木；甲己年十一月作辰，遁戊辰木；乙庚年二月作未，遁癸未木；丙辛年五月作戌，遁得戊戌木。）
火火官符（丁壬年十二月作巳，遁乙巳火；戊癸年正月作午，遁戊午火。）
火金官符（丙辛年三月作申，遁得丙申火；四月作酉，遁丁酉火。）
火水官符（甲己年六月作亥，遁得乙亥火；乙庚年七月作子，遁戊子火。）
火木官符（甲己年九月作寅，十月作卯，遁得丙寅、丁卯火。）
火土官符（乙庚年八月作丑，遁己丑火；丁壬年十一月作辰，遁甲辰火；戊癸年二月作未，遁己未火；甲己年五月作戌，遁甲戌火。）

五行大例故难详。其余之月虽云有，犯亦无灾且不妨。

报官符篇第三十二

误作官符欲报之，贵人月德两相宜。

贵人即前所论二遁贵人，月德即前所论月德，丙、甲、壬、庚四月德是。

阴用贵人阳用德，此秘先贤亦未知。

官符在午申戌子寅辰为阳官符，在未酉亥丑卯巳为阴官符。报阳官符用月德，报阴官符用贵人。如丙子年正月作离，犯甲午金火阳官符，至二月报艮，得甲午到艮，为月德，报之则变祸为福。

欲得如何是贵人，十二年遁好区分。只如丙子年二月，阳遁己未犯其神。五月己亥来过坎，作之得福又消迍。

报阴官符，如丙子年二月作未，犯乙未金土官符，却用五月作坎报之。以月建甲午入中宫，见阳贵己亥，用次修之，能救二月所犯之官符。

吊宫四墓篇第三十三

六捷元居四墓中，吊宫端的乃为凶。

辰戌丑未为四墓，惟吊宫怕之尤甚。凡月白在处，值墓则凶。若吉星值墓亦凶也。凡凶星值墓则不生灾，人命值墓，主宅长夭亡，并刑病。

木墓在未火墓戌，水辰金丑事皆同。惟有土神无住着，临时支遣在西东。

木墓乙未，火墓丙戌，水墓壬辰，金墓辛丑。惟土有三，庚午、辛未、庚子、辛丑之土墓庚辰；丙戌、丁亥、丙辰、丁巳之土墓丁丑；戊寅、己卯、戊中、己酉之土墓戊戌。

吊宫遇着灾殃并，疾病官符害主翁。庚辰三月坤方作，九紫临方事略同。吊宫丙戌加坤未，火命之人不善终。

如甲戌火命人，庚辰年三月作坤，以月建庚辰入中宫，吊见丙戌到坤，并火命宅长亦同入墓，故主大凶。

解将此例分清浊，掺术临机不昧蒙。

吊宫太阴篇第三十四

太阴：

年	子	丑	寅	卯	辰	巳	午	未	申	酉	戌	亥
方	戌	亥	子	丑	寅	卯	辰	巳	午	未	申	酉

太岁之妻曰太阴，子年居戌顺推寻。犯之家长多灾病，吊替之中用意分。

太阴为太岁之妻，在太岁后二辰，每以月建入中宫，寻太阴到处。

正月丙寅初入局，巽宫甲戌是其神。犯夫报妻斯文秘，

如甲子年正月，以月建丙寅入中宫，所见甲戌是太阴到巽，作之大凶。

太阴居家始吊真。

凡犯太岁，须报太阴，然亦推太阴至本家，报之方为大吉。如甲子年太阴是甲戌，以八月建癸酉入中宫，见甲戌在乾，乾与戌同宫，是太阴本家也，报之吉。或取吊宫太阴，归太岁本家时候，报之亦吉。如甲子年吊宫得戌到坎，是太阴归太岁本家。

吊宫蚕室篇第三十五

将军之妻为蚕室，常处将军后二辰。

蚕室为将军之妻，常随将军而行，俱三年移一位。将军常行子午卯酉，蚕室常行辰戌丑未。巳午未三年在丑，申酉戌三年在辰，亥子丑三年在未，寅卯辰三年在戌，皆蚕室之位也。

亦用吊宫分内外，支干俱到乃为真。

吊宫以月建入中，寻蚕室正到之处为蚕室行宫，犯之主失蚕。如甲子年蚕室在未，以正月建丙寅入中，行见辛未到坎，为蚕室行宫，修作犯之，主失蚕。凡三年一位，非蚕室正到，惟吊宫寻蚕室之行宫为正到。

若犯将军报蚕室，若搪蚕室报将军。

蚕室归将军家，如甲子年将军金酉，蚕室在未，以四月建己巳入中，行见辛未到兑，是蚕室归将军家，仍用未日时谢之吉。将军入蚕室者，如甲子年将军在酉，以二月建丁卯入中宫，行见癸酉到坤，是将军入蚕室家，若犯蚕室，宜选此年月谢报。蚕室还本家，如甲子年十二月以月建丑入中宫，行见未到坤，为蚕室还家。

此法幽奇人未得，得之自是掌中金。

报蚕室篇第三十六

修报蚕食欲何如，累年不得报之宜。吊看蚕室到何处，本音旺神日用之。只如甲子年辛未，四月辛未吊居酉。更用辰戌丑未日，此方修造吉相随。

如甲子年蚕室在辛未，以四月建己巳入中宫，行见辛未在兑，是蚕室正到。更用辰戌丑未日修报其方，必倍获蚕利。

蚕室还家最可修，修之必定主蚕收。累岁收蚕须仔细，轻动终是有灾忧。

惟累年不收蚕者，可修报蚕室。若累年收蚕而妄动以修之，反主失蚕。又兼妇女并小口有灾病。

月家病符篇第三十七

病符

年	子	丑	寅	卯	辰	巳	午	未	申	酉	戌	亥
月	亥	子	丑	寅	卯	辰	巳	午	未	申	酉	戌

病符顺行十二辰，子亥分明认取真。

岁后一位是，犯之主家人疾病不安。

亦取吊宫看下落，犯之时病不离门。

如甲子年病符在亥，以正月建丙寅入中宫，行见乙亥到中宫为病符。切勿修中宫，况在本甲内，其灾病立至，若在三甲外不验。若见吊宫上土下水，或上水下土，上火下金，上金下木，上木下土，相克者祸大。若五行相生，其灾不多。须用五行详之，乃不失也。

其神本来无所属，遇着纳音为本身。

病符无所属，并以吊宫月分生纳音为其所属。

如甲子年四月作坤，以四月建己巳入中宫，行见乙亥火到坤，则病符亦属火。余仿此。

火土瘟瘴伤妇女，（如甲子年四月，吊得乙亥火到坤，是上火下土，故主瘟瘴云云。凡火纳音吊到坤、艮、中宫，皆此类。）

水金儿女自沉吟。（主中房小口有沉吟之祸。水金病符，凡水纳音到乾兑官皆是。）

木土中堂宅长病，（木土乃木纳音到坤、艮、中宫皆是。）

木金刀斧折伤人。（木金乃木纳音为病符，到乾兑官。）

土水湿瘟邪疫气，（土水乃土纳音为病符，吊到坎官是。）

土金发皆乃冲心。（土金乃土纳音干支为病符，吊到乾兑官是。）

水火或时寒疟病，（水火乃水纳音为病符，吊到离官是。）

火金眼障及盲暗。（火金病符乃火纳音为病符，吊到乾兑官是。）

木木颠邪多谩语，（木木病符乃木纳音为病符，吊到卯巽官是。）

五行用意自区分。学术若能精五字，方知不是等闲人。

附修病符方：用天医、人道、天德、月德，本命禄马贵，并差方诸吉齐到，修之效。

金神七杀篇第三十八

凡金神以纳音遇金为正杀，更乘旺祸重。天干遇庚辛为天上金神，地下遇申酉为地下金神，皆非正杀。修造动土犯之，主患目。制杀宜用寅午戌火年月及丙丁奇，火星、太阳、天月德、天赦、九紫到方不忌。

甲己年：甲子乙丑海中金，纳音金神。庚午辛未土，天上金神，正杀。壬申癸酉剑锋金，纳音及地下金神。

乙庚年：庚辰辛巳白腊金，为正杀，纳音及天上金神。甲申乙酉井泉水，地下金神。

丙辛年：正杀，甲午乙未海中金，纳音金神。庚寅辛卯，天上金神。丙申丁酉山下火，地下金神。

丁壬年：壬寅癸卯金泊金，为纳音金神。庚戌辛亥钗钏金，纳音及天上金神。

戊癸年：庚子辛丑壁上土，为天上金神。庚申辛酉石榴木，天上地下金神。

西方七杀号金神，犯之灾祸自相寻。若值干头支更旺，遇着须令死七人。

金神七杀者，以洛书兑七历正西之位，而十干自甲至庚为第七。凡支干逢者，即是其杀，犯之主伤七人。如甲子年正月建丙寅，数到壬申、癸酉，是金神七杀。亦有干神为之，遇庚辛亦是。有支神为之，遇申酉亦是。然皆非正杀。

太岁冲前其祸速，月建冲前亦大迍。

如甲申年正月建丙寅，又如甲寅年申上，己卯年酉上，为太岁冲方，犯之其灾必重。又"月建相冲有大迍"有二说。如甲己年数到申酉为金神七杀，七月、八月作是月建相加，故主大凶。又云太岁入中宫，行到月建并杀来加其方，亦主大凶。月建冲前者，只如甲己年正月作申，二月作酉，十二月作未，皆冲太岁前是也。

木命三长皆可畏，更详旺气及秋深。

三长有亥卯未木命人，犯之大凶，以金神克木也。金生在巳，旺在酉，更值巳酉丑年月日或七八月，皆乘杀之旺气，尤凶也。

郭氏元经卷五

离合杀篇第三十九

卯酉呼为二八门，或离或合固难分。卯为喜会酉离别，燕来燕去皆若云。

自古以卯酉为二八之门，离合忧喜有分。卯为二月，其雷始震，燕初来，故二卯为合门。合门相遇，有欢会宴乐之事，《通书》以寅卯为五合本此。

酉为八月，其雷藏燕去，故八酉为离门。离门相遇，有生离死别之事，故《通书》以申酉为五离本此。

酉为雷藏卯雷发，或悲或喜故难陈。欲识吉凶何处觅，用事月建入中寻。惟有戊癸年正月，辛酉加震是合神。将离就合多吉庆，先凶后吉财喜臻。

如戊子年正月，以月建甲寅入中宫，吊得辛酉加震，是将离就合，以悲就喜，主先凶后吉，必进财喜也。

又如壬子年十二，乙卯来兑就离真。喜投悲地终不美，先吉后凶离别云。

假令壬子年十二月，以月建癸丑入中，吊乙卯到兑，是喜投悲，主先吉后凶。

能令此例万分一，东辛西乙加为真。

此例于万一中，须得东见辛酉，西见乙卯，始为正杀。除戊癸丁壬之外，余年卯酉相加俱皆不合，非其正也。

阴阳杀篇第四十

丙壬子午相加处，阴阳相反亦为殃。丁壬七月作离午，吊宫壬子加其上。须忧宅长衰危死，又惧子弟幼儿亡。又如丙辛十二月，坎宫丙午亦相伤。

壬子加南，丙午加北，此为阴阳相会杀，最凶。如丁壬年以七月建戊申入中宫，吊见壬子支干同加南，是子午相反，阴阳相会之杀，必主大凶。又如辛丑年十二月，以月建辛丑入中宫，吊见丙午到坎，亦犯此杀，凶。

午未会子男儿苦，子来加午女人当。阴阳反杀真奇妙，不读元经何处详。

壬子加离是阳会阴，主女人不吉。丙午加坎是阴会阳，主男子灾凶。

罗网杀篇第四十一

巳亥乙辛相对配，罗神网杀不宜逢。还似乾巽之反激，又如巳亥击生凶。只如丁壬三月作，乾加乙巳例皆同。

罗网杀，乙巳加乾，辛亥加巽是。又巽入乾，乾入巽，名曰"反激"。乙巳加乾，巳能生金，来克亥木，是亥被巳制。辛亥加巽，是两相反而为恶也。如丁壬年三月作乾，以月建甲辰入中宫，吊乙巳到乾为正杀，祸最凶。

丁壬二月巽加辛，必有刑伤横祸迍。

如丁壬年二月作巽，以月建癸卯入中宫，吊辛亥到巽为正杀，主徒流暴亡。

一处交加真可怕，但寻戊癸及丁壬。妇女产伤并自缢，牛羊死失又殃人。

巳乾亥巽相交加，其杀甚凶。如丁壬年二月吊辛亥到巽，三月吊得乙巳到乾，戊癸年三月吊丁巳到乾，二月吊癸亥到巽，均犯之。余年无。

魁罡杀篇第四十二

辰戌魁罡宰制神，更兼加戊始为真。

辰为天罡，戌为河魁，主凶猛宰制。须得戊辰加乾，戊戌加巽，始为正杀。

只如甲己年二月，辰加于戌例斯陈。

甲己年二月以丁卯入中宫，吊戊辰加乾，乾与戌同，故正杀在乾，勿作。

又如丙辛年正月，戊戌加巽互相侵。

丙辛年以正月建庚寅入中宫，吊戊戌到巽，巽与辰同，故正杀在巽方，大忌犯之，先杀辰戌丑未生人。

谁知灾祸频频至，流血汪汪害气深。其神不杀不能止，田蚕牛马并伤人。饶君富贵如山岳，终是逡巡化作尘。

此杀犯之，须有别灾，若未伤人流血，别灾难退。

刑害杀篇第四十三

寅申庚甲遁相刑，用之终是祸非轻。相刑相克杀神并，水火寅申各恃生。

申金寅木，金能克木，又申刑寅，故凶。且水火寅申恃生各相克，如申能生水，寅能生火，申恃生水克寅火，是一重凶。申又刑寅，是二重凶。

只如戊癸年四月，艮宫庚申要君明。寅申庚甲两重克，有刑有克祸交临。

如戊癸年四月作艮，以月建丁巳入中，吊庚申到艮，艮与寅同，庚克甲木，申又制寅，又月建巳与寅为刑害，故大凶。

又如丁壬年七月，甲寅加坤不可论。内外两重皆有害，若人犯着命难存。上下相加的杀同，善星难救此般凶。

如丁壬年七月作坤，以月建戊申入中，吊甲寅到坤，犯此的杀，凶甚。

支干此杀诚幽秘，莫与九流显祖宗。

贵人窠会篇第四十四

贵人大会于丑未，六己加临吉庆随。

己丑是阳贵窠，己未是阴贵窠，两相遇处自然吉昌，修作大吉。

戊癸艮宫三月作，吊宫己未会佳期。

如戊癸年以三月建丙辰入中宫，吊己未加艮，作之吉。

又如乙庚年六月，坤加己丑合天期。

如庚年六月作坤方，以月建癸未入中宫，吊见己丑贵人到坤，丑为庚年贵人，是为阴阳大会。作此方道，不问一切凶星恶杀，自然发福。

若能用得斯方道，财喜婚姻福佑之。更得甲戊庚时日，任是凶星勿禁伊。

更从甲戊庚日时合，修此方道，则吉庆有余。

或得三长命相合，转被加官事勿疑。

如宅长甲戊庚命人作此方道，主子孙文章荣显。《元经》中一切吉星虽多，如此君臣庆会，造作百事安全。

其诸丑未皆无用，妙术谿来别有机。

惟己丑己未吊坤艮，乃为贵窠会，余癸丑、癸未、乙丑、辛丑、丁丑、乙未、辛未皆非。

辨地将篇第四十五

古之八贵十六贱，二十四路亦难辨。

八贵者，艮为丰盈穴，坤为豪富穴，巽为天聪穴，乾为文武穴，甲为青龙穴，庚为金匮穴，丙为天阳穴，壬为天心穴，此八贵穴也。若子午卯酉、寅申巳亥、辰戌丑未、乙辛丁癸，皆为十六贱。古人只用八贵穴，后人始用二十四路，则随穴定局，因穴成形，始为妙用也。

三元惟作八方用，坤艮如何辨吉凶。

本有二十四路，纵横九宫以配九州。凡年以太岁入中宫，以太阳一岁一周天。惟三元以月建入中宫，以太阴一月一周天。太阳迟，太阴速，故三元从速。三元以二十四位总并作八方，用坎管壬子癸，属水。离管丙午丁，属火。震管甲卯乙，属木。兑管庚酉辛，属金，俱无别议。惟艮宫管丑艮寅，丑艮属土而寅属木，如六白到艮，在丑艮土则为土金相生，吉，若寅木则金来克之，为凶。吉凶于何定？要以一月节气，总在三十日内分。如艮宫上十日属丑土，中十日属艮土，下十日属寅木。昔有二人同是丁亥命，又同月生，同于庚午年六月作艮，月家六白到艮，一人于十四日戊申作之获吉，此上二十日属丑艮土，与金相生，又丁亥土命长生于申也。一人于本月二十三丁巳作艮，杀长，凶。此下十日属寅木，被六白金克，又丁亥土命绝在巳，故凶也。

四孟俱从初字起，仲季犹来次第通。

凡一月节气有三十日，如艮宫有丑寅之分，俱以孟仲季三旬而定。艮有七分土、三分木，坤有七分土、三分金。乾有戌亥三分土、三分金、三分水。巽有辰巳三分土、三分木、三分火。俱以一月三十日而定。如艮宫，上二十日属丑艮土，下十日属寅木，斯孟仲季三元匀配无差矣。

坤艮巽乾多驳杂，或为爻路亦难推。但寻三七分为定，此法深微不可遗。

爻路篇第四十六

爻路皆由避命星，或因日月速经营。或因就旺并改革，故移家口暂时停。

出爻方道，或因避命星座，或因方道未开，或因改革就新，或因舍宇崩摧，急有修营，或立爻样不得已而为。如丙午命人，作丙午方，缘是本命座，不可作，只得出爻，或坐西向东，坐南向北。如庚午命人，甲子年急欲作坤，以甲子太岁入中宫，吊庚午到坤，缘本命的杀到坤，故用出爻，或坐西向东，或坐南向北，盖缘移避命星，不然何须出爻以犯星杀。

或值倒修并被坏，亦用权时就吉星。

或倒宫尽拆去旧屋者，须就占方道造小屋，谓之权移。盖因尽拆去别无存着，故不得已移家口就吉而作也。

今人借此作常仪，小小修方亦用之。土木犯轻人犯大，此理俗师胡得知。

土木无情，犯之灾少。人有情，凡出若犯凶星，其灾大，切勿轻动易常。

坐作惟应一处防，守爻二处祸难当。多见时师无忖度，先弘意一见行丧。如能用得古人意，就吉遗凶免受殃。

凡坐作只忧作方方道犯恶星，若守爻则防二处之凶。要守爻路，宜于宅长本命生旺神上最妙。

年马命马篇第四十七

年马命马两相同，亦用推来吊替宫。

年马，太岁之马，如申子辰年马在寅，以当年五虎遁入吊宫。如壬申年，遁得壬寅金是命马。人命之马，如申子辰命人，马亦在寅，以本生年五虎遁入吊宫，属何五行，如戊申生人，命马遁得甲寅水。凡造作先须究此，岁命二马更得相生尤妙。

年马木兮命马水，水木相生福庆重。

如癸巳命人，于辛巳年造作，癸巳命马在亥，遁得癸亥水。辛巳年马亦在亥，遁得己亥木。此命马生年马，吉。又十月造作是木乘生气，凡禄马乘生旺之气者，虽有凶星，不能为灾。

更有水金并火土，木火相逢与禄通。但取五行相合用，别推仔细看吉凶。

山家禄马篇第四十八

禄住马行性各异，禄迟马速事难猜。禄在马前禄到发，若禄马后穴难裁。

禄住故行迟，马走故行速。禄在马前，终被马追而发。禄在马后，行无可及，不可待发。若阳宅从宅长命，阴地从亡命，如坎山坐癸向丁，亡命甲申生，禄马共在寅，寅卯辰上有小山来朝此坟，大旺发长。

禄马之位要高强，水流缺陷是寻常。

禄马之位山须顿起向坟，吉利。若或缺陷破坏，或神庙窑灶，大凶。

若得泉流从此入，子孙富足有文章。

禄马方位，有水来朝，或泉流，主子孙富贵文章。

宅禄喜神篇第四十九

宅禄宅喜要君知，命前五神将配之。

本命正宅常在命支前五神，正宅冠带位为宅命，正宅墓库位为宅神，正宅干禄位为宅禄。若宅禄在巳午未，喜神在丑。宅禄在寅卯辰，喜神在戌。宅禄在亥子丑，喜神在未。宅禄在申酉戌，喜神在辰。喜神常居辰戌丑未四位，亦看本命运得何宅神，便知喜神处所。如甲子命人，己巳木为正宅，木生亥，冠带丑，丑为宅命，木墓未，未为宅神，己禄午，午为宅禄。余仿此例推。

宅禄可作喜可入，更把吊宫仔细推。

善作宅者，得宅禄在宅而作之，则易发而少灾。如甲子命人，运得己巳木为命正宅，宅禄在午，吊得临方作之，此为宅禄，可作也，且易发。

迎喜入宅是何如，须将月建吊宫推。假如甲子人入宅，丑年月日丑方奇。己丑之年当十月，吊宫丁丑喜到西。从西入东为背喜，自东入西迎吉时。所遇喜禄之位上，终应与福喜相期。

年禄命禄篇第五十

年禄命禄一同推，爻向之禄且幽奇。年禄无爻向禄佳，

年禄者，太岁干禄也。命禄者，本命之禄也。只十干与四维有禄，在十二支中。甲艮禄在艮寅，乙禄在卯，丙戊禄在巽巳，丁己禄在午，庚坤禄在坤申，辛禄在酉，壬乾禄在乾亥，癸禄在子。且十干有禄无马，十二支有马无禄，古今不易。善作者取年禄在爻，其向中之禄为住首之地，更于来年节气过去年禄上报之为吉。大凡报命禄亦有旨法，须候来年节气过后一年方可报。又云，以今年过，取来年报之，尤得其秘也。

命中之禄报尤宜。报之命禄福何如，须候来年节气过。

如甲子生人，戊申年七月作之，甲禄在寅，是报命禄也。凡去年立秋前作，须候来年立秋后报之为佳。凡尽一年方为报，或二年尤佳。

一岁之中不可报，勿合性命禄尤多。年禄堪为财帛库，向禄井泉并小池。

财帛出入运用，若造作财帛库，立此年禄上亦有益。向中之禄，一生之鏴基，若得井泉并池水在其方，主久益人家，亦取运用难尽也。

命禄吊宫乘旺气，余凶难及少人知。

命禄，如戊申命人，禄在巳，于甲申年七月造作，以月建壬申入中宫，吊辛巳到中宫，为戊命之禄。然七月系阴遁，辛巳金临宫坤申，为命禄乘旺气，又秋金旺，乃得禄深也。如甲子命人，命禄寅，于己酉年三月造作，以月建戊申入中宫，吊见戊寅到乾，为甲命禄。戊寅土临宫于亥，为命禄乘旺气。如此之禄，乃得禄深也，虽小小凶灾不为害。

郭氏元经卷六

报宅灾篇第五十一

宅受灾宅人疾病。往往当初岁月凶。

人居宅受灾危，人口不安，盖是当初造宅年月不吉所致。

报之别自有年月，入宅之年推祸踪。十干有鬼用推之，臣制于君不可为。却以吊宫干上定，支位凌干事不宜。

须看入宅年月吉凶而报之。鬼者，取下贼上之意。上为干、为君、为父、为夫。下为支、为臣、为子、为妇。凡报宅灾，须知十干鬼所在之处。甲鬼在申，乙鬼酉、丙鬼亥、丁鬼子、戊鬼寅、己鬼卯、庚鬼午、辛鬼巳、壬鬼戌、癸鬼未。报灾宅有二法：一报原造作所犯吊宫天干之鬼，一报作主本命之鬼。因原作犯吊宫甲子纳音克本方者，宜报原修作方吊宫天干之鬼。原修作吊宫支为作主本命之鬼者，宜报作主本命之鬼，报吊宫十干鬼之所在。吊宫得甲干，宜报作吊宫之丙申。吊宫得乙干，宜报作吊宫之丁酉。吊宫得丙干，宜报作吊宫之己亥。吊宫得丁干，宜报作吊宫之戊子。吊宫得戊干，宜报作吊宫之庚寅。吊宫得己干，宜报作吊宫之辛卯。吊宫得庚干，宜报作吊宫之癸巳。吊宫得辛干，宜报作吊宫之壬午。吊宫得壬干，宜报作吊宫之戊戌。吊宫得癸干，宜报作吊宫之乙未方。

只如丙寅三月艮，从坤入艮是其时。吊宫乙未来加艮，入艮侵寅事可悲。凑偶又当辛卯命，乙未金刑木不实。

若金用丑艮方则吉。今侵三分寅，受吊宫纳音金克，故凶。偶至木命宅长，亦受三分克，仅不死，有半年之厄，人口不安，须用报之，吉。

报法吊宫干上取，吊宫干鬼报无危。乙未到艮鬼在酉，吊宫之酉可修之。

报法但看原修作所犯吊宫得何干，即作其鬼位吊到宫。如前吊宫得乙未到艮，即知鬼在酉，即报吊宫之酉，能变灾为福也。辛未年、辛卯月、甲戌日、丙寅时报坤，得报宅灾之法。

辛未之年二月报，报坤丁酉合其机。酉是金兮丁是火，金遭火制例须知。

能知此秘通太妙，海内同声事亦稀。又如丁丑九月巽，戊午吊宫加可知。辛丑命人初出巽，午为辛鬼勿猜疑。

如酉为原吊乙干之鬼，至辛未年、辛卯月、甲戌日、丙寅时报作坤方，以月建辛卯入中，吊丁酉到坤，是丁火能克制酉鬼，又上克下，其灾必息。又辛丑命人，于丁丑年九月出巽，以月建庚戌入中，吊戊午到巽，午为未命之鬼，辛丑命值吊宫之午火鬼方，出未经数日果多病，小口不安。此杀乃十干鬼为灾也。

直至庚辰三月报，兑宫壬午则便宜。壬为水也午为火，壬能克火合天医（一本作机）。君制臣兮父制子，故将此秘救灾危。

午为辛命原犯之鬼，至庚辰年三月报作兑方，以月建庚辰入中，吊壬午到兑，是壬水能制午鬼，乃上克下，君制臣，父制子，其灾自息而大吉。

假令辛亥十二月，北方丙午吊宫时。辛卯命人坐作午，午为辛鬼例皆知。

如辛卯命人，辛亥年腊月作坎，以月建辛丑入中宫，吊丙午到坎，辛鬼在午，亦是吊宫值本命暗鬼，主疾病灾。

辛属金兮午属火，来年四月值灾危。

且午火克辛金，如今年十二月作北，渐至明年四月火愈旺，故灾愈兴。

累累值灾皆不大，须知此法可凭依。戊午吊宫报乙卯，须将吊替定兴衰。四月兴灾四月报，果然安吉少灾危。修作惟看十二辰，戊子报寅事亦真。乙丑庚寅同乙未，辛卯甲辰并丙申。癸巳丁酉及甲戌，己亥壬午显然分。

报宅灾吊宫十二辰，吊宫甲戌、甲辰、乙未、乙丑之方，宜报土鬼，亦宜用此日辰。丙申、丁酉宜报金鬼，戊子、己亥宜报水鬼，庚寅、辛卯宜报木鬼，壬午、癸未宜报火鬼。

吊宫局日辰皆用，此令灾去福相寻。但将制下为规式，不比时流泥五行。

吊宫方及修报月辰，但取干克支，不拘泥纳音五行。

月家火血篇第五十二

月家火血要君知，正五九申酉戌为。未晓年家有深意，须信其神逐月移。

月家火血为阴阳不和之神，偏伤六畜牛马，凶。

其例：正月申吊到坤，二亥吊到巽，三寅吊到乾，四巳吊中，五酉吊艮，六子吊坎，七卯吊到震，八午吊中，九戌吊中，十丑吊兑，十一辰吊离，十二未吊到坤。寅午戌月在申酉戌，亥卯未月在亥子丑，申子辰月在寅卯辰，巳酉丑月在巳午未。

更将吊替入中抽，五子元中问事由。

如甲子年正月，月火血在申，以月建丙寅入中宫，吊见壬申在坤（勿作坤）。

逐月入中求去处，犯着须令失马牛。只如太岁申子辰，辰戌丑未将频频。

如申子辰年太岁属水，若值辰戌丑未土为火血杀，是土能克太岁之水，为臣反君、子反父，犯之大凶。又如甲子年三月，吊得戊寅土到乾为火血杀，属土，太岁支属水，土克水为害。候来年活太岁到巽方，冲动逼发此杀，始损六畜。

更防水土相刑克，臣反君兮子害亲。若乘旺气灾来速，五行用意好推寻。土木牛瘟猪疾病，火金豺豹虎狼侵。

土为太岁木为杀，当春木旺时，主灾来速。

此中用度真消息，各有玄机在寸心。

报火血篇第五十三

火血之神既属阴，若用干德解灾迍。

火血为纯阴之杀，干德为纯阳之神，善报作者，取干德并一白之方而报之，则火血自不能为害（法具于后）。

土杀信于申旺月，丁壬正月作坤申。本年七月坤方报，甲寅须信德加临。木庚金丙水求戊，火壬土甲用区分。

如丁壬年正月作坤申，以月建壬寅入中宫，吊戊申火血直到坤，为犯土杀，以甲为干德，正本年七月再作坤方报之，以月建戊申入中，吊甲寅到坤，甲为土之干德，故能改祸为福。凡木为火血杀，取庚德以报之。金为火血杀，取丙德以报之。水为火血杀，取戊德以报之。土为火血杀，取甲德以报之。盖甲丙戊庚壬为阳干之德，故用以解阴火血之凶也。

报之此杀不可久，一年之外费劳神。其余诸例临时课，触目多头毕具陈。

凡报此杀在一年之内则吉，如远经年岁，报之不得力。

吊宫三元篇第五十四

吊宫本命星杀马，亦看太岁干相刑。

吊宫三元，常以月建入中宫，行九宫，知吉凶，一切星杀，皆由吊宫之行以布八方，察五行之比和生克而知吉凶之应验也。三元阴阳，常以吊宫三元为星杀之马，又以月建入中行九宫，求本年太岁所在，须看太岁纳音与本宫上下比和相生相克何如。若与本宫相克则凶，与本宫比和相生则不为灾。只如戊寅土到乾能生金，甲戌火到艮生土，吉。

犯者只看三甲内，深浅从兹定重轻。第二第三灾较可，四五甲外祸全无。

凡吊宫太岁在本甲内见之，若逢上下相克，主凶灾重。如甲戌年七月作兑方，以月建壬申入中，行见甲戌太岁在兑，是火克金，凶灾立至。若飞游二匝见太岁为二甲，飞游三匝见太岁为三甲，其灾渐可。如己卯年正月作离，以月建丙寅入中，二匝吊见己卯到离，是二甲。如己丑年正月作坎，以月建丙寅入中，三匝吊见己丑到坎，是三甲，火入水乡，亦主小可灾。若在四五甲内见之，虽相克亦不凶。

出甲惟忧岁杀祸，五行比用亦无伤。吊宫月建亦须知，太岁来中抽换之。

凡吊太岁不在本甲内，须防岁杀之祸。如己卯年正月作坤，以月建丙寅入中，行见己卯太岁不在本甲内，须防岁杀之祸。值岁杀丁卯火到乾，火入金乡相克，其凶立至。凡岁杀五行与本方比和相生不刑克，亦不能为灾。前是以月建入中宫求太岁杀，此又以太岁入中宫求月建杀。如甲子年三月作离，将太岁甲子入中宫，行见三月建戊辰在离，又在本甲内，虽木入火乡相生，亦主大凶。土命宅长更凶也。如甲寅年七月作中宫，将甲寅太岁入中宫，行三甲吊壬申月建到中宫，在三甲内，又壬申金与中土相生，无妨也。只如本月建杀在坤，吊得庚申木，木克坤土，大凶，的不可作。此太岁吊宫之杀，若替宫并无月建杀。

亦认如何本甲内，吉凶加减在心机。

替宫三元篇第五十五

替宫妙用入玄微，皇曜重行事最奇。年取本年月换月，

年取本年者，年家替宫也。如甲子年将甲子入中宫，吊到本年坎上得己巳木，再将己巳入中宫复行到坎上得甲戌火，是替宫与吊宫纳音相生，吉。比和亦吉，相刑克凶。月换月者，月家替宫也。如甲子年五月，将月建庚午入中宫，吊见甲戌到离，是本月月分上替宫。又将甲戌入中宫，行见戊寅在离，亦相生，吉。然须看有克、有刑、有害何如。

替宫抽换遍分飞。吊宫月分要君通，乾坤艮巽不相同。

替宫三元之法，理亦深远，只有十二月分，诸家三元未曾详载。如乾管戌亥，九月、十月分。艮管丑寅，正月、十二月分。巽管辰巳，三月、四月分。坤管未申，六月、七月分。此四维也，岂可乾坤艮巽两月共行一宫？至子午卯酉，岂可一月行一宫乎？其法不平，是不然也。如甲子年十二月，将丁丑入中宫行到艮上见庚辰，正月将丙寅入中宫，再行艮上是己巳，此逐月月建不同，星辰躔次亦无差失。若太岁求月分，只如甲子年将甲子入中宫，行乙丑到乾，是九月分。若十月又将乙丑入中宫，是两月星辰共行一宫，必不然也。须以甲子再行二匝周天，方得月分全备精当。又如甲子年，将甲子入中宫，行乙丑到乾是九月分，丙寅到兑八月分，丁卯到艮正月分，戊辰到离五月分，己巳到坎十一月分，庚午到坤六月分，辛未到震二月分，壬申到巽三月分，癸酉到中宫不系月分，甲戌再到乾是十月分，乙亥到兑不系月分，丙子到艮不系月分，丁丑到离不系月分，戊寅到坎不系月分，己卯再到坤七月分，庚辰到震不系月分。辛巳再到巽为四月分，是九宫十二月分共行一周天。六十甲子二九一十八，四九三十六，管周天三百六十五度二十五分半，是星辰躔次。凡有先小数后大数，只如到乾，先九后十，此其义也。

年下月来重过取，故将此秘显诸公。吊替九宫皆其义，亦须标举向君知。年月本方皆再入，轮环布局似天机。

吊替三元起法一同，惟吊宫不布局，替宫则用再得星辰布局也。替宫年家九星者，如上元甲子年得一白入中宫，再寻本年太岁位子上是六白，又将六白入中宫以布八方。凡作主星辰，须有气为佳。如六白到坎为主星，当秋月六白金乘旺气，故小小神杀，不能为灾。月家替宫三元，如甲子年三月，是六白值月，将六白入中宫，见五黄在巽三月月分上，又将五黄入中宫，得六白到乾，是诸星杀皆伏也。又如本年五月四绿入中宫，见八白在离五月月分上，又将八白入中宫，见九紫到乾，凶。一白在兑，吉。其余仿此例，行八方以求吉凶。

六仪有刑人不知，甲子加卯是凶期。甲戌入坤还是恶，申艮午离皆慎之。辰巽寅巳俱凶丑，若系斯时不可为。

甲子到震，子刑卯也。甲戌到坤，戌刑未也。甲午入离，午刑午也。甲申入艮，申刑寅也。甲辰到巽，辰刑辰也。甲寅到巽，寅刑巳也。皆是六仪刑方，吊替遇之，主官灾夭亡。

九星反复最堪悲，一白来南兴祸期。七赤还东乾入巽，艮坤交位并非宜。

九星反本，亦谓穿心煞，即反吟也。如一白入离，九紫到坎，七赤到震，六白入巽，八白到坤，皆为穿心反本杀，更与吊宫五行相克，主横灾。

若人犯者教君会，公事年年不失期。飞宫本与吊宫同，九星六甲自相通。若犯异名相诳惑，不知师旨取谁宗。

飞宫三元，本无其局，空有其名，今以九星八位通行，谓之替宫。六十花甲子入内通行，谓之飞宫。后之好事者，妄取六甲入内通行，未知当初以谁为宗，只诳惑人耳。

月刑月破不相逢，刑主官灾横祸凶。破主瘟瘴兼贼盗，替宫遇着祸灾重。吊宫刑害并前文，惟怕临方意不分。

月刑：正月刑巳、二月刑子、二月刑辰、四月刑申、五月刑午、六月刑丑、七月刑寅、八月刑酉、九月刑未、十月刑亥、十一月刑卯、十二月刑戌。

凡吊宫本作方见刑必凶也。如吊宫戊子到震，或卯命家长，或二月，并是正犯相刑，的主公事、疾病、夭亡。月破者是月建到冲神也。如正月建丙寅，月破是壬申，月建是甲子，月破是庚午，并取对冲方一辰是也。吊宫本作方见月破，主其家多瘟气兼被盗贼，或小大不和，主分产破败。用日辰亦同前，主灾咎也。刑与害已载二卷内，兹不重具。惟在详度，以人吊替乃为准也。

但取五行宗旨义，欲求了了在精勤。

郭氏元经卷七

身壬用度篇第五十六

身壬用度理玄幽，常将月将递相求。十二月中分善恶，子午寅申得自由。

身壬之法，常以十二辰反复相加，或加太岁，或加宅神，或加宅命，以求吉凶，惟子午寅申四位为吉。神后子，胜光午，功曹寅，传送申，若值小吉未平平。登明亥损六畜，大吉丑主小疾，太冲卯招鬼祟，从魁酉杀宅长，河魁戌杀宅母，天罡辰大凶，先杀长，次小口，太乙巳损畜。

月将例：正月雨水后四日登明将，二月春分后六日河魁将，三月谷雨后八日从魁将，四月小满后八日传送将，五月夏至后八日小吉将，六月大暑后七日胜光将，七月处暑后八日太乙将，八月秋分后十一日天罡将，九月霜降后十二日太冲将，十月小雪后十一日功曹将，十一月冬至后七日大吉将，十二月大寒后四日神后将。

第一运：命墓二位君要知，本方太岁两相期。若见金神魁罡到，死丧公事又灾危。

本命正宅之冠带位为宅命，正墓位为宅神。如甲子命人，遁得己巳木为命正宅，戊辰命人，遁得癸酉金为命正宅，常在命支前五辰。若运得木宅，木生亥，宅命在丑，宅神在未。运得火宅，火生寅，宅命在辰，宅神在戌。运得金宅，金生巳，宅命在未，宅神在丑。运得土宅，有三等之不同，备居首卷，各立成局。法以本作方之将，加太岁看宅神、宅命何将为吉凶。

本方将：子癸方神后，丑艮方大吉，寅申方功曹，卯乙方太冲，辰巽方天罡，巳丙方太乙，午丁方胜光，未坤方小吉，申庚方传送，丙辛方从魁，戌乾方河魁，亥壬方登明。

如戊辰命人，甲子年作午方，其入宅命在未，宅神在丑。以本作方胜光加太岁子上轮去，见小吉在宅神丑上，见大吉在宅命未上，小大二吉，亦未可动用。余诸将吉凶，俱已注前。

第二运：当生之将得何神，入中行用任区分。若见行年居四正，自然吉

庆少灾迍。

当生将者，子生人神后将，丑生人大吉将之类。以当生木属将入中宫，起一岁行九宫，数至所作用之年，岁当得何将何宫，若逢神后、胜光、功曹、传送曰占将，又临坎离震兑之宫，大吉。如戊辰命人，行年五十七岁上造作，以当生将天罡入中宫起一十，二十太乙乾，三十胜光兑，四十小吉艮，五十传送离，五十一坎，数至五十七，正见胜光在兑，临四正之宫，大吉，可作。

第三运：寅申二位是行年，丙壬逆顺例如前。莫问阴阳称二命，此般运用自来传。

寅申为阴阳之会，阴至申会于阳，阳至寅会于阴。丙壬为阴阳之极，阳到丙阳盛已极，阴到壬阴盛亦极。故用小运之法，男一岁起丙寅顺，女一岁起壬申逆，古今常行之正例。法数至用事之年，小运值本命前三辰为大当梁杀，值本命后三辰为小当梁杀。值本命对冲辰为悬命杀。以上在阳命为勾神，在阴命为绞神，犯之主自缢、水亡。凡所值小运与本命相冲、相刑、相克、相害皆凶。

第四运：神后来加太岁支，行年本命两相欺。或值魁罡来入位，定应坎坷有灾危。

当以神后加太岁支，看本命及行年小运之位得何将。如戊辰命人，于甲子年造作，其年五十七岁，行年小运在壬戌。以神后加子太岁支上，本命辰上得天罡，小运壬戌上得河魁，又是伏吟，主大凶。

第五运：更把行年加宅命，本命支上得何神。得神以配于九曜，主曜居中善恶分。若见吉星照方位，才可兴工运斧斤。

先以小运位将加本命当生宅命之位，轮看本命支位得何吉将。次以本命支位所得将配九曜，将入中宫飞，看值贪巨武辅弼到所作之方为吉。如戊辰命人，甲子年作，行年五十七在戌上，宅命未。以河魁戌加宅命未，本命神辰上见小吉贪狼星。以贪狼入中宫，行见本方得何星，贪中、巨乾、禄兑，顺行九宫，以知吉凶也。

十二辰配九曜：寅卯破军，辰天罡，巳午禄存，未申贪狼，酉戌文曲，亥子武曲，丑巨门，左辅、右弼无所管。

第六运：造作月将加行年，宅命宅神月将迁。若值魁罡居二位，死丧公事损牛田。

以本年造作月将加宅长行年小运位，看本命之宅命宅神得何吉将。如戊辰命人，五十七岁，甲子年八月造作，行年小运在戌，以月将天罡加行年戌上，见小吉在宅神丑位，大吉在宅命未位，主平平。

第七运：更以月将加月建，行年之上见何神。

以本年造作月将加本月月建上，看宅长行年小运上见何神。如戊辰命人，五十七岁，小运壬戌，甲子年八月建作，以天罡月将加本月月建酉上，行见太乙在戌行年上，主损牛羊，不利。

凶多吉少那堪作，五吉三凶亦可修。若得身壬俱通利，何须吊替细推求。

三元内外篇第五十七

子午卯酉八位求，常将月建取情由。假如甲子年正月，丙寅月建遍诸州。又如辰戌丑未年，五黄中土独为尊。

如甲子年正月月建，以丙寅入中宫，三元以八白入中宫是内局，正月寅要作中宫，外局遁二黑在艮寅上，丁卯九紫到乾，是内局。外局从中出，六白在震，吉。如要作乾，虽内外吉星，只从五行刑克。乾属金，九紫属火，外局六白又属金，火来克金，是臣克君，客克主，大不利。如乙丑年正月，以戊寅月建入中宫，三元以五黄入中宫是内局，八白在艮寅是外局，吉凶又内通吉。又如辛未年二月，以月建辛卯入中宫，三元以四绿入中宫。如要作南离，行到离上，见辛未及八白值方为内局，见一白值未坤方为外局，一白水穿心煞，南方火却被八白在离，本宫内属土，火能生土，土克水，内克为君克臣，故外吉而不能为害也。

寅申巳亥四年中，二黑来中布九宫。须把五行分内外，内外相生始可通。诸文用看推其理，只此惟君掌握中。

甲寅年三月作震，以月建戊辰入中宫，行见乙亥火在震。三元以九紫入中宫，行见七赤金在震，是内局七赤金克震木，外局得一白水到乾亥，是外局吉，内局凶。愚谓内局虽凶，却得外局之水泄金而生木，内局亦可作。

阴阳二宅篇第五十八

阴阳二宅何可分，正阳为木正阴金。亥子阳生当木旺，乘其阳气故为君。夏至一阴杀万物，南生西旺属于金。巳午阴生阴渐盛，故乘其顺合为臣。

冬至一阳生，万物渐盛，故木乘其阳，亥子生，寅卯旺，一体全阳，故木为全阳之宅也。夏至一阴生，万物凋零，故金乘其阴生于巳，旺于酉，一体全阴，故金为全阴之宅也。阳有君德，阴有臣政，各当其位而自然吉也。

水土火宅若何为，阴阳相半不同归。火土南方水居北，当其二至力皆微。

土在中宫坤艮地，坤为阴兮艮阳位。故有阴阳相半名，术者详之须仔细。

夏至火，生于寅卯而旺在巳午，出乎阳而入乎阴也。冬至水，生于申酉而旺在亥子，出乎阴而入乎阳也。故水火土宅半阴半阳。中宫土旺辰戌丑未之位而播于四季，坤土属阴，艮土属阳，土位众多，故半阴半阳。

阳宅须求阳年月，阴年阴宅自合宜。更宜旺神加减用，临时消息在深微。

丧门杀篇第五十九

丧门之位亦须陈，常居太岁前二辰。切忌行丧并埋葬，犯之必有死丧临。只此年家有此神，月中无验不妨人。起造兴工终不畏，

岁前二辰为丧门杀，如子年在寅，丑年卯，寅年辰，顺行十二辰。惟年家有此杀，月家无之。凡丧门之位，忌行丧葬埋，若修造出爻，犯之无害。

一应诸事不为迍。愚人不忖有才量，月中也道有须防。吊宫更忌所到处，甲寅正月在西方。

当入吊宫之法，如甲寅年丧门在辰，正月以丙寅入中宫，吊见戊辰在兑是丧门杀，不可犯。

行丧惟看亡人命，命若相生不可当。命若克方终不畏，方来克命亦无殃。只如甲子年十月，艮方犯着有人亡。正值丧门还本位，其灾故速不为祥。年家丧与月家建，一局天轮看到方。

若亡命之纳音，与吊宫丧门之宫相生，主大凶。若相克，虽值之不妨。若比和不犯，只行丧宜避之，犯主重丧。

只如甲子年二月，丁卯吊宫行八方。行尽一周俱不见，此时纵犯亦无妨。能将此理分轻重，终是吉凶知住场。

五不遇时篇第六十

五不遇时真可怕，年月日时作本宫。但取下凌尊上意，五般不遇信为凶。只如己丑年十月，庚申之日信皆同。丙戌火时庚干克，何可兴工作震东。终是灾来难救止，败亡公事少和同。

只如己丑年十月建乙亥，庚申日丙戌时作卯方，吊得壬午到震，此真五不遇时也。吊宫壬午干克丙戌时干，又克庚申日，庚申日干又克乙亥月，乙亥月干又克己丑年干，总为下克上，凡此日时最凶。

又如甲子年五月，庚午月干克年干。丙寅日干克月干，吊宫癸酉艮宫攒。

乙丑命人终不吉，下之凌上祸千般。凡逢此例终非吉，任是好星凶亦及。月干克年干有殃，日干克月干俱失。名曰阴阳反逆凶，灾害于人不可从。更有时干克日干，出行求事遇应难。任是所为俱不利，祸灾交至几千般。外有年干克月干，名曰君臣庆会间。日时干克同其意，上能制下福自安。欲识人家多忤逆，兄弟相凌不同席。皆由造化犯斯辰，五行不谨君须识。

若年干克月干，月干克日干，日干克时干，名君臣庆会，大吉，且无灾悔。

上官入宅并参谒，五不遇时宜暂歇。马空车败空回首，直信出门仍死别。

天赦篇第六十一

春秋用戊及寅申，此理如何可具陈。戊为阳主同君德，春到秋收是此因。

何以春用戊寅，秋用戊申为天赦？盖戊己土居中央，戊为阳土，比德君王，己为阴土，比德皇后，故专用戊寅申为阴阳之会。春木生于寅，临官得位，故可行恩而布德于天下也。秋金至申临官得位，故可主赦而被泽于天下也。又春青帝行令，戊寅日星辰同朝紫微帝君，故赦用戊寅。秋白帝行令，戊申日星辰同朝北极，故赦在戊申。

夏冬用甲及子午，甲为制令制于臣。子午阴阳之极处，紫微布德会星辰。葺宅修营一日工，能当天赦免灾凶。

夏用甲午，冬用甲子，为天赦者，夏长万物，冬藏万物，天地动静之时也。甲为立制之首，子午为阴阳之极。十一月子，阴遁之极而至于阳；五月午，阳遁之极而至于阴。夏火旺于午，故用甲午。冬水旺于子，故用甲子。夏赤帝行令，甲午集众星而朝北极，故赦在甲午。冬黑帝行令，甲子会众星而朝北极，故赦在甲子。若用一日工修葺墙宇，选天赦日，百无禁忌。

《元经》反复言其旨，后学寻头得指踪。

郭氏元经卷八

黄黑二道篇第六十二

黄道黑道吉凶星例：
青龙木吉，黄道。明堂土吉，黄道。天刑火凶，黑道。
朱雀火凶，黑道。金柜火吉，黄道。天德土吉，黄道。
白虎金凶，黑道。玉堂水吉，黄道。天牢水凶，黑道。
玄武水凶，黑道。司命木吉，黄道。勾陈土凶，黑道。

黄黑二道六神颂：青龙属木春夏旺，明堂属土四季旺，
作合青龙，福禄攸同，赀财进益，田蚕盈丰。明堂之时，内外佳期，子孙荣富，千年不衰。

金柜属火春夏旺，天德属土四季旺，玉堂属水秋冬旺，
金匮之时，百福相随，婚姻和合，钱财丰足。天德光辉，喜庆尤宜，子孙富贵，福与时随。时逢玉堂，喜庆当阳，赀财契合，永寿而昌。

司命属木春夏旺。时遇司命，常随吉庆，福至财来，喜延婚聘。（以上黄道六神之颂。）

天刑属火春夏旺，朱雀属火春夏旺，白虎属金秋冬旺，
天刑之凶，祸难皆同，牢狱罪戾，天地不同。朱雀之时，人鬼同欺，祸患奸诈，公讼多词。白虎之时，灾厄是非，贼盗疾病，年有阴私。

天牢属水秋冬旺，玄武属水秋冬旺，勾陈属土四季旺。
天牢当阳，罗网四张，田蚕耗失，刑辟非常。玄武之旺，盗贼阴私，妻妾内乱，公讼伤夷。勾陈之时，疾病公讼，田蚕耗失，文书失宜。（以上黑道六神之颂。）

正七起子二八寅，三九原来却在辰，四十还从午上起，五十一月并居申，六十二月起于戌，黄道为祥黑为凶。

诀皆取六阳起青龙，顺行十二辰（又法，取道远几时通达，路遥何日还乡，有之绕字黄道，无之绕字黑道。）

日辰黄道人皆会，谁显临方理秘幽。吊替二宫求去处，尽从指上别踪由。

日时人皆晓，惟黄道临吊替二宫，理实幽秘。法将本月月建入中宫，行见正到处是。如甲子年正月，子上起青龙，以正月建丙寅入中宫，行见丙子在乾为青龙黄道，丁丑到兑为明堂黄道，顺轮去看方道。

或乘人道愈饶益，地道之时更吉亨。

人道者，白星也。凡月家三白与黄道合，谓之黄道乘人道，主大益财道，子孙吉昌。如甲子年二月作艮，寅上起青龙，又以二月建丁卯入中宫，吊戊寅在兑，为青龙黄道。己卯到艮，为明堂黄道。三元二月以七赤入中，行见一白吉星到艮，是为黄道乘人道也。要有气，虽凶星无害。地道者，本太岁纳音长生处也。纳音长生与年月黄道合，更有力。如甲子年青龙到艮，甲子纳音金，生在巳，正月以丙寅入中宫，恰得己巳到艮，为太岁长生，黄道乘地道，更为吉亨处也。

黄黑二道事难精，惟用吊宫分重轻。年月日时皆可用，此般凶吉亦难明。

六神用时篇第六十三

四孟甲庚壬丙时，此是四杀入四维。四仲乾坤艮巽依，用此之时益光辉。四季乙辛丁癸上，神藏杀没吉无疑。

取四煞没之法，常以月将加用时，寻天罡、河魁、大吉、小吉，泊乾坤艮巽四维之地时而用之，则四煞皆没于四维而不见矣，自然召吉免凶。

谨按：四煞即牛、亢、鬼、娄四金之杀，河魁、天罡、小吉、大吉四将也。《历府》云："寅午戌火之位，杀在丑，金墓也。亥卯未之位，杀在戌，火墓也。申子辰水之位，杀在未，木墓也。巳酉丑金之位，杀在辰，水墓也。"东方朔曰："四煞入四维，鬼藏人不知。"何谓六神藏？善用时者，令朱雀破头，螣蛇入水，勾陈入狱，白虎烧身，玄武折足，天空被戮，则时时迎吉矣。此谓六神藏，四煞没，《大统历》月头可查。今人忽而不用，亦未探其源耳。（甲戌庚三日尤佳，见六壬本。）

选时用将得其中，吉有吉兮凶者凶。既无差欠与一失，从此玄微是术通。

选时用日务推节气月将交中气，自然不差，而吉凶亦不爽矣。

非用术篇第六十四

八遁之中行气候，大冬居坎午离分。轩后遗文真可秘，算来不是等闲文。

八门遁甲以五日为一元，三元为一气，三气四十五日为一节。冬至起坎，夏至起离，用度妙合天轮，盖缘轩辕皇帝伐蚩尤之所作也。吉凶应验，合于天人，直是玄秘，非俗师浅薄所能窥也。

翻来遁甲名超接，五日一元而用之。以年续月月续日，未知此法凭何依。

后人亦以五日一元，皆用遁甲之翻局来年下求月，月下求日时，妄言太岁、官符、火血诸神杀，各随变动，毫无所据，并是差谬，不可信之。

月建官符诸五行，旨从时下逐元生。此术误人君莫信，用之何异哑夫盲。

东西宫篇第六十五

阳山颂：
东宫乾甲并坤乙，坎癸申辰共路行。午戌壬寅难辨识，十二山头尽属阳。
阴山颂：
巽辛艮丙同西用，兑丁巳丑并推寻。亥卯未庚同一位，十二山头尽属阴。
吉歌二首：
东宫流水自东流，终是安然少祸尤。财帛自来家宅旺，子孙昌盛亦何忧。
西宫流水自西流，安吉和同蚕亦收。不但子孙忠孝义，亦能四季旺田牛。
凶歌二首：
东水西流事若何，年年只是祸灾多。不惟退产并瘟疫，终是贫穷有事磨。
西水东流事何为，年年月月有灾危。终是贫穷无定着，亦多流浪不思归。
附：天定卦例，此即归藏卦，从上变下，如☰乾从上变下，一变为兑☱，故乾山以兑为贪狼。兑二变震☳，故乾山以震为巨门。震三变为坤☷，故乾以坤为禄存。坤四变为坎☵，故乾山以坎为文曲。坎五变为巽☴，故乾山以巽为廉贞。巽六变为艮☶，故乾山以艮为武曲。艮七变为离☲，故乾山以离为破军。离八变为乾☰，故乾山以乾为本宫。如此上下相变，循环不已。他卦变仿此例。

星山卦篇第六十六

天父卦	中	乾	兌	艮	离	坎	坤	震	巽
乾山一	弼	貪	巨	祿	文	廉	武	破	輔
坤山四	祿	文	廉	武	破	輔	弼	貪	巨
坎山五	文	廉	武	破	輔	弼	貪	巨	祿
离山八	破	輔	弼	貪	巨	祿	文	廉	武
艮山七	武	破	輔	弼	貪	巨	祿	文	廉
巽山六	廉	武	破	輔	弼	貪	巨	祿	文
兌山二	貪	巨	祿	文	廉	武	破	輔	弼
震山三	巨	祿	文	廉	武	破	輔	弼	貪

（天父卦以来山为主，论向与水吉凶，惟乾山以此定吉凶有准。）

	紫气 一木	天财 一土	孤曜 二土	扫荡 一水	燥火 独火	金水 一金	天计 四金	土水 伏位
天定卦	贪狼	巨门	禄存	文曲	廉贞	武曲	破军	辅弼
大八卦天地卦	生气	天医	绝体	游魂	五鬼	福德	绝命	本宫
乾甲山	兌	震	坤	坎	巽	艮	离	乾
坤乙山	艮	巽	乾	离	震	兌	坎	坤
坎癸申辰山	巽	艮	离	乾	兌	震	坤	坎
离壬寅戌山	震	兌	坎	坤	艮	巽	乾	离
艮丙山	坤	坎	兌	震	离	乾	巽	艮
巽辛山	坎	坤	震	兌	乾	离	艮	巽
兌丁巳丑山	乾	离	艮	巽	坎	坤	震	兌
震庚亥未山	离	乾	巽	艮	坤	坎	兌	震

（天定卦以来山为主，用之坐穴有准。）

乾山右弼入中宫。乾卦为君体，若何始得宜？天龙扶兑穴，地轴镇坤维。乾巽文章象，坎离迍蹇时。子孙聋哑疾，艮上鬼轻欺。

乾为君父，巨门星在兑，是龙星为上吉。坤乙为地轴，乾山得天卦武曲星也。天卦本宫乾为贪狼，主文章之贵。天卦巽辛得右弼星，主文章荣贵也。坎离二宫天卦得廉贞、文曲，主灾祸。震得破军，亦凶。乾山艮丙虽为天定卦之福德，却为天父卦之禄存，故主子孙带疾。

坤山禄存入中宫。坤卦纯阴德，居家禀母仪。长男荣禄位，小子福镒基。乾兑奸淫败，巽坤名誉辉。贼盗连破败，离土不相侵。

坤为地母，震一索而为长男，坤山震得天卦贪狼星，故主贵。坤山艮得天卦武曲星，故主富。坤山乾甲水得天卦文曲，坤山兑得天卦廉贞星，并主奸淫破败。坤山巽辛水，天卦得巨门星，坤乙水，天卦得右弼星，皆主文章光显。坎得辅亦吉。离壬寅戌水得天卦破军，主子孙不义为盗。

兑山贪狼入中宫。兑泽居阴体，故知少女宜。坎乾分子贵，震巽得家肥。中女终无禄，少男身必危。回身方顾兑，鬼贼已侵欺。

兑为二阴之位，故兑泽三索而得少女。兑山坎癸申辰水得天卦武曲星，兑山乾甲水得巨门，并主子孙荣贵。兑山得震庚亥未水，天卦左辅星，巽辛水，天卦右弼，并主富贵。离壬寅戌水，天卦得廉贞，主夭寿、横死、破败。兑山艮丙水得天卦文曲，主淫荡疾病。兑本宫得天卦伏位水，为禄存星，故主多疾病。

离山破军入中宫。南方炎上火，中女正光辉。巽乾多产货，艮兑旺蚕丝。大母主淫荡，中男少据依。岂知回本土，家业满郊畿。

离为中女，离山巽辛水，得天卦武曲星，乾甲水，得天卦左辅星，并主子孙富贵。离山艮丙水，天卦得贪狼，兑丁巳丑水，得天卦右弼星，皆主旺田蚕财帛。离山坤乙水，天卦得文曲，与本山游魂正相合，主淫荡风声。离山坎癸申辰水，天卦得禄存，主子孙贫苦。离山离壬寅戌水，系本山伏位，得天卦巨门星，主大旺多财。

巽山廉贞入中宫。巽风齐万物，长女好姿容。父母先蒙吉，兄妹终是凶。子午多欢会，丙辛乖始终。

巽为风，主整齐万物。巽一索而得长女，巽山乾甲水，得天卦武曲星，坤乙水，天卦得巨门星，与本山天医正合，主发福禄。巽山兑丁巳丑水，天卦得破军星，最凶。巽山震庚亥未水，天卦得禄存星，亦凶。巽山坎癸申辰水，天卦得贪狼星，与本山生气合，最吉。巽山离壬寅戌水，天卦得右弼星，亦吉。巽山艮丙水，天卦得左辅星，合吉。巽辛水得文曲星，故凶。

震山巨门入中宫。震山苍龙体，雷行万物威。荣官皆出巽，财帛合于离。雷地皆丰足，泽山妇道亏。冀州君莫往，疾病可堪悲。

震为东方青龙之位，震山巽辛水，虽本山绝体，得天卦贪狼星，主富贵荣昌。震山离壬寅戌水，得天卦武曲星，与本山生气相合，主有文章。震为雷，坤为地，震山坤乙水，得天卦左辅星，主大富贵。亥未庚水得天卦右弼星，主大富贵。震山兑丁巳丑水，得天卦文曲星，与本山绝命合，主淫邪。震山艮丙水，得天卦廉贞星，与本山游魂合，皆大凶。震山坎癸申辰水，虽是本山福德，得天卦破军星，主夭亡，大凶。

艮山武曲入中宫。丰富无过艮，名山第一宜。奢华归坎止，才貌出南离。父母多迍厄，姊兄又困危。要荣婚少女，才貌两皆奇。

二十四山八贵十六贱，艮为第一丰富穴也。艮山坎癸申辰水，得天卦巨门星，与本山天医合，主大富贵。艮山离壬寅戌水，虽是木山五鬼，天卦得贪狼星，故主文章贵显，大吉。乾父坤母，艮山乾甲水，天卦得破军星，主多迍厄。坤乙水虽本山生气，天卦得禄存星，主凶恶。巽为长女，是姊也；震为长男，是兄也。艮山巽辛水，于天卦得廉贞星，主疾病。震庚亥未水，于天卦得文曲星，与本山游魂合，主贫困。艮山兑丁巳丑水，天卦得左辅星，主才貌双美，大富贵。艮山丙为伏位，天卦得右弼星，吉。

坎山文曲入中宫。水流皆习坎，坤离足可稀。西园逞辞藻，东鲁衣轻肥。群贼山头望，孀妻风下悲。请君回顾北，中子自光辉。

坎山坤乙水是本山绝命，天卦得贪狼星，亦主大富。坎山离壬寅戌水，虽是绝体，天卦得辅佐星，主大富贵。西园，兑也。坎山兑丁巳丑水，虽得五鬼，天卦得武曲星，故主文章。震为东鲁，坎山震庚亥未水，得天卦巨门星，与本山福德合，主富贵。艮为山，坎山艮丙水，虽天医天卦得破军星，主出凶恶贼徒。巽为风，坎山巽辛水，天卦得禄存星，故出孤寡。坎山坎癸申辰水，系本山伏位，天卦得右弼星，故主中子光辉也。

羲皇卦篇第六十七

欲识羲皇卦，乾离是的亲。坎坤相结托，震兑自比邻。

此即绝命卦，从天地卦七变而来，向坐穴以此定吉凶。一名入中卦，于天定卦之绝命位装本宫。天定卦，乾山兑上装生气，离山震上装生气。羲皇卦乾山生气震，离山生气兑。天定卦坎山生气巽，坤山生气艮。羲皇卦坤山生气离，震山生气乾。

长女情须切，少男意亦深。
天定卦巽山生气坎，艮山生气坤。羲皇卦巽山生气坤，艮山生气坎。
流泉冲吉处，终须保万金。
此卦水亦要出处吉，如东汉金日䃅宅，坎山丙向，癸乙水折寅归坎去，数世公侯，堆金积玉，主大富贵，应此卦。
附地母卦：乾禄廉文艮贪狼，巽巨坎破坤辅行。震廉兑武坐中宫，顺飞九宫要分明。

郭氏元经卷九

九星吉凶篇第六十八

贪狼一木星，遇着福来迎。寅卯辰为旺，亥子丑为生。官荣终可待，财帛亦堪并。但看三八数，喜庆到门屏。

木生数三，成数八，其星应三八之年月。

左辅为二木，喜庆多财禄。束帛遍乡间，婚姻得宦族。及第锦衣新，牛羊满山谷。田宅尽膏腴，儿孙世丰足。

巨门惟一土，中居五行主。富贵高齐秦，文章显邹鲁。辰戌永相扶，丑未递匡辅。五与十年月，祯祥集门户。

巨门主文章，旺辰戌丑未年月日。生数五，成数十，应在五十年月。

禄存为二土，子孙多困苦。女子事娇淫，儿孙学游赌。丑陋遍乡村，风声辱门户。疾病百般灾，仃伶又聋瞽。

文曲一水星，逢之事事迍。官灾常在户，疾病不离身。女子多淫荡，儿孙亦苦辛。一六之年内，瘟疫失姻亲。

水生数一，成数六，其吉凶应一六之年月。

斗柄破军星，其星不可听。公事年年至，资财日日倾。火盗家无主，奸淫有外情。四九灾须至，二金凶恶名。

金生数四，成数九，其吉凶应四九之年月。

武曲为一金，造作福来临。荣官多进职，积贮旺宫音。女嫁豪家子，男婚富锦衾。畜牲遍间野，家富海宏深。

右弼火星君，吉凶未可分。旺生增福禄，败绝长灾迍。旺在东南喜，衰为西北嗔。二七生成数，兴亡渐有因。

在生旺乡则吉，能增人、长寿、福禄，在败绝能生灾祸。

廉贞独火星，其恶不堪闻。女有风声秽，男罹灾病迍。刑伤来倾刻，祸败亦逡巡。但候生成数，居家火自焚。

方道远近篇第六十九

方道村坊与山谷，造作如何远近同。更有邻居人造作，隔街衢巷亦相通。但看修造方隅处，数尺之间有犯无。

凡京城府州县与村坊及山谷之地，各有不同，造作方道不可一例而拘，京城府县为寸金之地。

只隔街衢并大道，修营不用问方隅。但取身壬六分利，自然可作勿常拘。州县官员修廨宇，只有楼台不可为。

凡京城州县为寸金之地。民家作方，但隔街衢并大路。修营不必问方隅，作之虽近不妨。只看身壬有五六分利便可作，不问方隅吉凶星煞，及有气无气，只忌刑方之年月并刑命杀之年月。官家作方，只忌更楼、鼓楼、敕书楼台。

更有站城并馆驿，二者犯之主有危。轩亭内舍及池塘，修葺创为莫问方。

凡官家兴建亭榭轩宇、内舍池塘，小小修葺，不问吉凶之方，但取日吉，余并不畏。州府县京都，以衙庭为正。

不比寻常村落地，犯之当月见灾殃。修方或近隔大水，非舟不渡水流长。吉凶不应由君意，惟选日时最可忧。古云寸水当丈山，或远神杀不相关。任是山源村落地，吉凶终是一般般。

村落之地，修葺方道，或近隔大溪水，长流不绝，用桥梁舟渡处，亦不问吉凶方道星杀，惟忌太岁一星，五般会杀，暗剑剑锋，日家正杀。余皆不忌。山源地吉凶仿此推。

爻位之方远则强，近时或犯两三方。但就一辰为吉处，吉凶可否自家详。邻家造作须稍近，异姓非宗亦不妨。

凡造作须看爻位，远则方隅正，近则犯两三方，吉凶难裁酌。如坐丙作壬，只忌丙壬上凶星，或近则乾亥壬子癸可知，此三四方难得一时俱好也。若近人家造作，不同姓不妨。虽同姓，不是服内亦不妨。

服内但看天德避，吉凶斟酌更裁量。七十衰翁气力羸，推之为长更多危。三岁小儿运未足，用之亦遂少便宜。

如服内近亲，犯宅长凶杀，须移床就天德方避之，亦须审其吉凶之位。宅长七十以上不用，三岁小儿不用，妇人为宅母亦如此。

但取丁年旺盛者，自然久久福堪奇。俗云长以重爻忌，此说从来不可听。

惟取临方安吉处，自然昌盛益家荣。

俗云前造作于此立爻，再立则大灾，此说不可信。

几见愚夫别用心，乱言吉凶似迷人。若能依此《元经》意，应验吉凶如指陈。

太岁关篇第七十

太岁威权如帝君，犯之灾咎必殃人。年月日时皆禀制，太岁如君星似臣。吉星须得君臣会，凶星惟怕主凌宾。若将太岁加星杀，此术深微值万金。

太岁如君父，月日时如臣子。若太岁克凶星，其灾不应。太岁同帝王之统，月建司侯伯之权。太岁能伏十二月之星辰，月建亦能伏一月之凶杀。若用年月吉星，须得太岁比和相生有力，若相刑克不可用也。凶星若刑克太岁，则灾重祸大。若太岁制年月星辰，其灾必少。

月建关篇第七十一

年星既伏于太岁，月内星辰月建尊。建伏凶星灾自息，杀凌月建祸难论。吉星或与建相生，作者能令福庆迎。

年星伏太岁，月星伏月建。月内凶星为月建所制，有灾无害。星杀反凌月建纳音，则灾祸重大。守方吉星若与月建纳音相生者，吉。

不但进财并进产，亦应欢会集门庭。建为灾害实难磨，一切凶星不奈何。但将气候分星宿，青星相顾未曾讹。

如正月须得雨水前后，方为正月中气，吉星照顾，未曾讹也。

五行关篇第七十二

五行旺相：

春	木旺	火相	土死	金囚	水休
夏	火旺	土相	金死	水囚	木休
秋	金旺	水相	木死	火囚	土休
冬	水旺	木相	火死	土囚	金休

五行金木水火土，其用虽同旺不同。旺相死囚休五字，循环运转故无穷。旺相吉星当位时，福如春草信堪奇。非但消灾并减祸，自然光显吉相依。囚死吉星复如何，祸亦少兮福亦稀。

　　五行衰旺，代谢不息，如得吉星乘旺相最妙。吉星若临囚死，吉无凶无。

　　用得其神无气概，终难发迹自衰羸。旺相凶星得位时，祸殃堆积足灾危。非但破财并疾病，亦因死绝百般衰。一切凶星皆囚死，寒灰无焰减灾危。只是人家无发迹，资财耗失未曾休。半凶半吉当休气，前有灾殃后吉祥。或是吉星乘旺气，亦能致福减灾忧。

星辰关篇第七十三

　　立极初分九位星，相生相克递相成。冬至水兮夏至火，主南主北自分明。春分三碧秋分赤，四分旺气君须识。惟有艮坤及中宫，二土之星君未得。艮为阳土立春兴，坤为阴土秋有力。

　　冬至水旺，夏至火旺，一主南，一主北。三碧旺春分，七赤旺秋分。艮为阳土，旺立春之时。坤为阴土，旺立秋之时。

　　惟有五黄无定着，在阳比阳合阳德。夏至以后配于坤，凶恶亦同于二黑。自是此星无定准，阳遁顺兮阴遁逆。顺为吉气逆为凶，神仙妙用谁人识。

　　五黄土无定，在冬至后阳遁寄艮，比德八白。在夏至后阴遁寄坤，凶比二黑。必须阳遁处阳宫为顺，主吉。若阳遁处阴宫，及阴遁处阴宫，俱为逆，凶。

　　乾坎艮震为阳宫，五黄到处得和同。巽离坤兑为阴地，五黄到处终不利。惟有阳时又阳位，则向人间增善瑞。阴遁又居阴位中，解作瘟瘴成疫气。有人了晓此般祸，千万之中无一二。万工以下年白吉，千百之工月白利。

　　凡造作，须看工夫多少。数千工以上，万工以下，取年白星；千工以下，百工以上，取月白星；若作一二日工，只看日白时白为吉。

　　临时斟酌自消详，旺相吉兮囚死殃。但取吉星乘旺用，小小神杀亦不妨。第一无过七赤凶，三碧四绿不堪逢。二黑瘟瘴多疾病，阴时不顺用中宫。文武二白吉星昌，非止降福又消殃。九紫用时当炎夏，自然吉庆福无疆。

　　五黄在阴遁时，的不可用。一白水为文星，六白金为武星，皆吉。

神杀关篇第七十四

神杀凶方略可详，第一须防太岁星。五般会杀难消遣，午月分方犹怕刑。剑锋正杀杀家长，旁杀惟妨六畜凶。

一切神杀，惟太岁一星难救。子午为阴阳杀，辰戌为魁罡杀，卯酉为离合杀，亥巳为罗网杀，寅申为刑会杀，最大凶。刑杀者，或年月相刑，或吊宫刑本方，或刑本命，犯之主官灾。剑锋月分见支干同者为正杀，单干为旁杀，犯之灾必大。如正甲二乙之类。（图具前）

金神须旺加月建，年禁暗剑并相逢。其余或值善星临，犹可消禳止祸迍。

七八月作金神七杀，正杀旺之时，凶加本命宅长，更凶。或月建并，其凶不可犯。年禁的杀，暗剑正杀，亦不可犯。以上凶杀，虽有吉星难救。

十般大杀君须看，灾危祸败不由人。五行定属于三杀，独火火兮金神金。其余诸杀无所属，只看吊宫之纳音。

独火属火，金神属金，其余杀皆属月建吊宫之纳音。惟三煞在北属水，在东属木，在南属火，在西属金。

月建纳音制神杀，其灾减少不殃人。杀凌月建灾须重，此理由君自酌斟。月建神杀两比和，灾害逡巡必定多。或更相生亦可怕，祸患频来无奈何。岁刑神杀灾未发，月压神杀灾祸迟。

凡太岁刑克神杀，一年之内其灾未发。月建克制神杀，其祸应迟，亦主过一年也。

尤恐来年活太岁，径兴此杀事堪悲。

若太岁月建神克神杀，其灾且未发，候来年活太岁吊到此方，始径兴灾祸，而无容逃避。

但移关杀详生克，熟味玄玄入细微。

郭氏元经卷十

遁甲地将篇第七十五

轩后八门精要深，不言地将似迷人。

轩辕黄帝战蚩尤，命风后制为八门，遂平蚩尤。至汉张留侯得黄石公秘授正本，始行于世，其法甚精。惟不言地将，亦似惑人，今考其也。值六甲加丙为鸟跌穴，值丙加甲为龙返首，以至庚癸十十相加，并有吉凶。异说夏无甲丙十干杂加，并无天甲直符加地下之说，果如何解？得八门遁甲精要，乃始知地将法，以逐日五子元取以求地干配成一卦，以断用事之吉凶，以决今日时之古凶。其法支十轮行十二宫为地将，系以八卦配十二宫轮六十甲子，此非九宫法也。以逐日五子元遁轮去，名曰"地将"。如乙庚日起丙子存坎，丁丑、戊寅在艮；丙辛日起戊子在坎，已丑、庚寅在艮；丁壬日起庚子在坎，辛丑、壬寅在艮；戊癸日起壬子在坎，癸丑、甲寅在艮。依法轮去，至若八门直事之甲子，具在全本，不详述。

阴有阴比阳共用，五子元中究所因。

阴与阴比，阳与阳比，并取本日五子元遁，以地将看上下宫之十干所在相加，如值使到巽，其日丙子，丙辛日遁戊子，数到巽却是壬辰、癸巳，此阳时用壬辰，阴时用癸巳。

五凶三吉就门推，吉有吉兮不可为。

五凶门：死门、伤门、杜门、惊门、景门。三吉门：一开门、一休门、一生门。吉事从吉门出，凶事从凶门出，半凶半吉有景门。如射猎捕盗从伤门，死丧送葬从死门，上书献策从开门，各依吉凶之事依类推用，亦须看刑格并九星诸吉凶。

九天宜起九地伏，刑格可止大格飞。奇门用度多头绪。略举一隅须自知。

九天之中利扬兵，九地之中可立寨，太阴之下设伏兵，六合之中利逃亡。刑格时可止不可起，大格时可走不可伏。

选时出入无过此，莫信他文说是非。

遁甲八卦篇第七十六

变事变动别有机，天甲将来地将归。假如乙丑加辛未，风泽中孚会者稀。甲乙雷风壬癸水，庚辛乾兑丙丁离。戊地己山分两卦，遁甲八卦理玄微。

法以用时甲子之壬与所用时值使所至之宫，所得地下之干配成六十四卦，以决时下吉凶。

十干配卦法：

甲为震雷，乙为巽风，丙丁为离火，庚为乾天，辛为兑泽，壬癸为坎水，戊为艮山，己为坤地。

各以天甲配地干，以成一卦。如天壬加地庚，为水天需卦。天壬加地甲，为水雷屯卦。天壬加地乙，为水风井卦。如丙加戊得火地晋卦。以此决吉凶，推发用。

假令冬至甲子日，夜半还生甲子时。乙丑到坤丑时课，阴与阴时辛未比。

如冬至上元一局甲子日丑时，甲己日还生甲子时，直使休门在坎，地将亦是甲子，是甲加甲，配成纯震卦。乙丑时移休门至坤，坤原有辛未、壬申二地将，似难于舍此从彼。殊不知阳与阳比，阴与阴比，此乙丑是阴时，故比辛未之阴地将，正得乙加辛。乙属巽风，为天甲之干；辛为兑泽，为地将之干。正配得风泽中孚卦，求人望信得此，射猎彼此俱胜。丙寅时移直使休门到震，震地将乃丁卯，是丙加丁，配成纯离卦。丁卯时移直使休门到巽，巽之地将乃戊辰、己巳，此丁卯阴时与阴比，是丁加己配成火地晋卦。余仿此推。

山家五行篇第七十七

乙丙离壬南炎火，乾亥兑丁从革乡。丑癸坤庚未稼穑，震艮巳位曲直装。申子寅甲巽辛地，辰戌皆同润下行。

离壬丙乙四山俱属火，生寅、旺午、墓戌、绝亥，为炎上卦。兑丁乾亥四山俱属金，生巳、旺酉、墓丑、绝寅，为从革卦。丑癸坤庚未五山属土，生申、旺子、墓辰、绝巳，为稼穑卦。震艮巳三山俱属木，生亥、旺卯、墓未、绝申，为曲直卦。甲寅辰巽戌坎申辛八山俱属水，生申、旺子、墓辰、绝巳，为润下卦。

五山生绝篇第七十八

正生正绝干中取，金位乃推巳丙乡。木向癸庚为正位，

正生正绝，并取五行相生相克，以求正干。己属土，土能生金，故金生在己巳。巳丙属火，火克金，故金绝在丙。寅木生在亥，癸属水，能生木，故木生在癸亥。庚属金，金能克木，故木绝在庚申。

火来甲癸不相忘。水流庚巳犹相近（一本作"忌"），**丙乙原来占土乡。**

甲木能生火，故火生在甲寅。癸水能克火，故火绝于癸亥。庚属金，金能生水，故水生在庚申。己属土，土能克水，故水绝在己巳。丙属火，火能生土，故土生在丙申。乙属木，木能克土，故土绝在乙巳。皆以正生正绝，求取正干。

山家正墓篇第七十九

山家与命值正墓，此杀元来亦忌之。丙戌丙辰为火忌，乙丑乙未木非宜。辛丑辛未金堆位，壬辰壬戌水怕伊。土慎戊辰并戊戌，宫音值此一般危。

丙乙离壬四山及徵音人，大墓丙戌，小墓丙辰，忌此正墓杀。
震艮巳三山及角音人，大墓乙丑，小墓乙未，忌此正墓杀。
丑癸坤庚未五山及宫音人，大墓戊辰，小墓戊戌，忌此正墓杀。
兑丁乾亥四山及商音人，大墓辛丑，小墓辛未，忌此正墓杀。
甲寅辰巽戌坎申辛八山及羽音人，大墓壬辰，小墓壬戌，忌此正墓杀。

但信山家为入墓，吊替之宫人不知。

山家入墓者，如乾山正体本属金，金生在巳，巳旺在戊申，绝在丙寅，大墓忌辛丑，小墓忌辛未耳。却不知再以年月入中宫，吊见正墓支干同到用事之宫，尤为大忌。

山命旺神篇第八十

先课生年本命由，旺神常在绝中求。

法以本命、本山绝位装卦，推见生气贪狼是正旺神。如火山及火纳音命，绝在亥，装乾卦，乾之生气在兑宫，故乙酉为火之旺神。

金山及金纳音命绝在寅，装艮卦，艮之贪狼在坤，故戊申为金之旺神。

土山及土纳音命绝在巳，装巽卦，巽之生气在坎，故丙子为土之旺神。
木山及木纳音命绝在申，装坤卦，坤之生气在艮，故壬寅为木之旺神。
水山及水纳音命绝在巳，装巽卦，巽之生气在坎，故庚子为水之旺神。
阳宅从宅长命，阴宅从亡人命，惟旺神正到之方可作。

更把命山分所属，火酉金申四位收。土子木寅君记取，水乡便向坎冀州。
火纳音命并离壬丙乙四火山，旺神是乙酉。
金纳音命并兑丁乾亥四金山，旺神是戊申。
土纳音命并丑癸坤庚未土山，旺神是丙子。
木纳音命并巽艮巳三木山，旺神是壬寅。
水纳音命并甲寅辰巽戌坎辛申八水山，旺神是庚子。
吊替二宫求月分，自然兴旺免灾危。

八局吊宫三元篇第八十一

常将太岁入中求，年月分明用两周。先以吊宫行九位，旺神墓绝要当头。
年家常以本年太岁入中行九宫，先看本山本命旺神到何宫，又看大墓小墓到何宫，又看生神到何宫，又看绝神到何宫。若得本山本命旺神生神到所作方及本山，大吉。若值大墓及绝神到本山及所作之方，大凶。或一吉一凶到所作山方，亦主吉凶相半。如甲子金命人，于戊辰年造作，以戊辰太岁入中宫，行见己巳生神在乾，本命小墓辛未在坤，大墓辛丑亦到坤，旺神戊申在离，次见绝神亦在离，是甲子命人作乾山方大吉，作离山方半吉半凶，作坤山方大凶。凡守爻，宜在宅长之生旺神上住最妙。

再把月建入中行，九位同来甲上生。尽看九宫并八卦，年家依此莫纵横。
月家每以月建入中行九宫，求本山本命生旺神正到之处，作之最吉。凡生旺所到之宫，宜以纳甲支干配取。且如旺神到离，则壬寅戌山皆同受旺神之气。又如生神到坎，则癸申辰方皆同受生神之气。余仿此。

若见旺神来本山，山家旺盛自然安。生主安荣绝主祸，更妨二墓在其间。
凡造葬值旺神到山方，主旺盛。值生神到山方，主安荣。值绝神到山方，主灾祸。若值大墓到山，坟宅犯之，不惟不发，而先应灾祸，纵龙真穴的，亦必生灾病刑凶之事。小墓主十二年灾祸，大墓主二十四年灾祸。

开山造作家家用，并用轮还入吊宫。莫信诸家说神杀，不留吊替尽愚蒙。
《元经》妙用类神仙，不把五音乱正言。惟求五字按衰旺，括尽天机入奥渊。
凡大造大葬，及修方造作，并用太岁及月建入中宫行吊，以求生旺神到山方，为至大关键，更避墓绝之神为佳。一挽近术家，每以一百二十位神煞为用，则全无俱吉之理，把先贤吊替之法略而不言，举世尽愚蒙，不知《元经》之为妙选也。《元经》从始至末，不言五音，惟据五行衰旺以定吉凶，凭三元吊替以考星煞，则灾福应验有准，可谓精义入神者矣。

传术若知斯旨要，不羡当时樗里贤。

后学能究其旨要，虽樗里之贤，亦不必羡。六国时秦樗里子著有《风水口义》行世。

璇玑经

[晋] 赵载 著

[清] 顾沧筹（吾庐） 旁注

克择璇玑经括要

璇玑大理歌

立极初分五位星，有生有克有冲刑。坎离位上阴阳限，主南（离）主北（坎）自分明。九宫八卦体，阴阳对待情。休废与生旺，四势五行评。乾称父，统三男（震坎艮）；坤称母，率三女（巽离兑）。运用从此分，顺逆无违理。造凭向，葬审穴，祸福于此精分别。五行宗旨推洪范，更配元空方向列。大凡克择有元微，岁贵禄马要相随。生旺克期增福泽，休闪应自失便宜。命禄命贵宜本甲，甲外逢之沐泽稀。用升元，凭纳甲，合山运，裁四课。紫白要同加，召吉消极祸。三白九紫例，年月寻吊替。君臣反逆不堪亲，内外相比为上吉。天皇紫极气，日月孕精华。葬埋妨地暗，造作喜天明。推太阳，测躔次，三帝星，宜值日。阴遁（逆）阳遁（顺）顺逆行，造作修方无不利。母仓二德同解喜，未问还宫先有气。坎离乌兔分南北，冬至顺兮夏至逆。每例一卦占三山，元堂入庙尤难得。选时遁得三奇妙，贵人禄马随奇到。九星反复占吉凶，六仪刑害仍灾挠。甲戊庚，入四维。四杀没，少人知。符合太阳又稀奇。山头合年月，年月契山头。阴阳相唱和，夫妻如友僚。太岁位有帝王统，月令权有侯伯职。日时佐使年月用，制下奉上乃为吉。吊替节候细推详，生克制化要善取。审宫分，辨内外，看节度，至未至。审纳音，看凶煞，年伏于年月伏月。岁月日时之君师，日时岁月所统摄。太岁一星本是凶，重辰岁贵犹堪压。三元年禁与都天，七煞金神皆回避。横天朱雀非可制，通天镇天生气伏。五般会煞祸难防，一卦三山义不长。假如戊辰加戌位，将乾及亥作魁罡。其余会杀详加减，触类区分用主张。认地支，避金神，废绝无气可劳心。六捷忌命主，剑煞怕重辰。月刑月破与命害，吊宫相逐起灾迍。余杀皆可略，聊举嘱云云。催官贵人用鬼使，岁命二贵并加临。解使白衣应乡举，嫁娶莫犯天狗头。犯着之时难嗣续，求嗣须是报金乌。旺财立可修金匮，造仓作库看三仓，天狗下食避群鼠。麒麟位，审吊宫，千头立处不为凶。赌博出入孤虚位，背向孤时面对虚。有人会得孤虚法，八面都来庆有余。葬宜寻极富，造要觅旺神。水闭更逢箕与壁，安床设帐夜无蚊。重辰六畜栏圈取，只有嫁娶忌重辰。六畜三台执，奇罗与太阳。旺神报火血，豢养自成行。三元辰用宝义和（干生支，支生干，支干比和），自然福庆日增加。五行和顺无刑克，富贵千年吉庆多。

克择璇玑经集注

五行运用第一

克择元微有真踪，阴阳顺逆不雷同。火主南离水主北，生成合数定其踪。

水生一成六，一为阳而六为阴也。火生二成七，二为阴而七为阳也。水先阳后阴，火先阴后阳，故水用冬至之顺，火用夏至之逆。

趋阴就阳，分进气、退气。

水就阳用，故曰进气，取冬至之后也。火就阴用，故曰退气，取夏至之前也。

金木生成，亦有先后。

木生三成八，三为阳而八为阴也，是先阳后阴，就阳用之，为得令也。金生四成九，四为阴而九为阳也，是先阴后阳，就阴用之，为得令也。故阴先取初气为准，阳先取中气为的。

土为五行之全气，生五成十，三等殊生，分阴分阳，以为妙也。如艮为阳土，旺于立春，是艮为进气也。坤为阴土，旺于立秋，是坤为进气也。

土旺于四季之中。

辰戌丑未并中以土论者，播旺于四季之中，气节前后各旺一十八日，故曰旺于四季之中也。

生养不同。

艮为阳，丑辰皆隶于阳也，故丑辰隶冬至（丑）后、谷雨（辰）中为用。坤为阴，未戌皆隶于阴也，故未戌隶夏至（未）后、霜降（戌）前为用，皆为乘令气也。

纳音生旺，亦不相类。如戊寅、己卯（城头土）、戊申、己酉（大驿土），旺于寅，庚午、辛未（路旁土）、庚子、辛丑（壁上土），旺于申，丙戌、丁亥（屋上土）、丙辰、丁巳（沙中土），旺于巳，此其不相类也。

凡择四课（年月日时），各当取其时令。

木火金山专主第二

木只生亥旺在卯，火只生寅旺于午。金只生巳旺在酉，所属专主则皆同。（以下疑有脱落，与下注不合。）

至若墓以变运，洪范惟以坐穴，元空论以方向，虽所用不同，取其当令而已。如艮山，木以变运，年年不同，洪范是也。木以定方向，年年则一，元空是也。故洪范逐年以变山音，元空硬例以推岁运方向，各取有气而已。

八卦司用第三

乾 戊亥 各管十日　　艮 丑寅 各管十日　　巽 辰巳 各管十日　　坤 未申 各管十日

坎 壬癸 分管上下半月　　震 甲乙 分管上下半月　　离 丙丁 分管上下半月　　兑 辛庚 分管上下半月

中五，阳辰寄艮，阴辰寄坤，亦同四维（乾艮巽坤），各管三分而寅申不与焉。

经云：星辰加处例须起，孟仲季兮分四隅（乾艮巽坤），**什位**（坎震离兑）**还分上**（半月，阳）**下**（半月，阴）**月，阴阳**（阴遁逆，阳遁顺）**颠倒教君知。**

星辰加处分孟仲季者，以一月三十日分之（初孟、中仲、末季），非孟月、仲月、季月也。如戌乾亥隅山，以一月定诸星照临，初十日（初一至初十）值戌为孟，中十日（十一至二十）值乾为仲，下十日（廿一至三十）值亥为季，故曰"孟（初旬）仲（中旬）季（下旬）分四隅"者，此也。又如壬子癸仲山，止以上下月分之（初一至十五，十六至三十）。如上半月初一至十五，诸吉星照临壬坎，下半月十六至三十日，照临坎癸，故曰"月中分上下"者（上半月，下半月），此也。此阳遁顺行之例。至于阴遁逆行，如戌乾亥三山，诸星照临，初十日为孟主亥，中十日为仲主乾，下十日为季值戌，此逆加之例也。故曰"阴阳颠倒"，须知者此也。凡吊替禄马贵人并吉星照临之位，均照此论。隅为乾坤艮巽，仲为子午卯酉，孟为甲庚丙壬，季为乙辛丁癸。

六壬运用第四

六壬运用例须明，三吉加临四吉星。旺宅五辰联宅命，岁君本命任纵横。

六壬运用，即《元经》身壬运度之类也。三吉即一贪、二巨、三武之三吉也。四吉即功曹、神后、胜光、传送之四吉也。旺宅二神，即山命旺神、生命旺神也。宅命即本命冠带之乡，宅神乃宅命对冲之地也。造作身运，浩繁无据，惟此数者为切用。

三吉者，如行年得未（小运），即以小吉（未将）同贪狼入中宫，行见九宫得何星为吉。如此则巨门在乾、武曲在坎之类。

四吉者，常以十二神或当生之将，或岁君行年之将，入中宫反复加之，得何星为吉。功曹传送主人丁，胜光神后主财帛。

旺神者，常以行年太岁入中宫，寻本山命旺神。此论市卦纳甲，不论排山。如在坎，即坎癸申辰皆有旺神。余仿此。

宅命、宅神，各以太岁十二位求之，轮至行年，又将入中宫寻所到之地为的。命前五辰，如甲子生命数得己巳木，即为运得木宅，由此论生旺休衰。例如戊辰木命人，甲午年造作丙午山方。如本命冠带为宅命，对宫为宅神。加宅神即以小吉加子，加宅命即以大吉加子，加方位即以胜光加子，加命前五辰即以河魁加子，加行年即以所轮之行年加子，数至当生之将，位隶某九星之下，以所值之九星入中宫，行见得何星及行内将。他仿此。戊辰行年，至甲子岁得五十七，值河魁。

吊替入用第五

守宫星宿不为凶，并用轮还入吊宫。但看时师说神煞，不分坐向（一本作吊替）是愚蒙。

守宫之星，行年之所在也。吊替之位，内外相加之法也。其起例故不相同，有以壬子相加者，有以子癸（逆）相加者，又有以纳音相加者，皆阴阳顺逆之理，冬至夏至之所分也。故阳遁以加壬子，阴遁以加子癸，纳甲三合，取其生旺正到为上占。符合星辰，谓与星辰合气也。

起造以向为主，星辰取其照向，故云"禄到向中为住禄"，又云"命禄在向作之宜"。以人君来出入之所顾，宜向处吉也。葬埋吉宿吊替，取其到坐山，禄马令其入穴也。造以向为急务，葬以坐为切要。又有朝水之地，星辰令其扶坐；顺流之地，星辰令其扶向。朝以坐旺，去以向吉，自无偏胜而致祸也。古人谓"吉星到向为朝元，到坐为居垣"者，此也。

天恩第六

天恩之日人人会，惟有临方至妙机。但以吊宫求正到，一任凶星尽伏依。

正月：甲子、乙丑。二月：丙寅、丁卯。三月：戊辰、己卯。四月：庚辰、辛巳。五月：壬午、癸未。六月：己酉。七月：庚戌。八月：辛亥。九月：（无）。十月：壬子。十一月：癸丑。十二月：甲子。

天恩与天赦（系逐岁天赦星）同宫，永主家无灾刑。以月建入中宫，吊寻各季日辰所在，为天恩到处，更得还宫为上吉，能召福致祥，不忌一切小小星辰。如丙子年（正月起庚寅）八月作乾，以月建酉入中宫，寻见戌（庚戌）在乾，乾宫有戌，谓之天恩还宫也。止以支论。

母仓第七

春亥子，夏寅卯，秋辰戌丑未，冬申酉，土王后巳午。

母仓元是星辰母，凶煞逢之便见降。泊得之辰居旺（生旺）地，自然福庆倍寻常。

以月建入中宫，求各季支辰落处为母仓所到。更用其辰，不忌一切小小辰煞，能报犯白虎、太岁，只宜其辰泊旺地为有力。如四月用卯日，以月建巳入中宫，寻见卯字在乾，卯属木，乾中有亥水，为木受生之地，故吉也。

六甲归宫第八

四生五气要推详，旺相生死自专量。运用劝君明此义，不同时俗论阴阳。

年月日时总式

巽	中	乾
甲辰 丙申 中吉 壬申 癸酉 上吉 庚辰 辛巳 甲午 戊子 乙巳 下吉 乙未	甲戌 己未 乙巳 丙午 丙辰 丁巳 戊午 下吉 庚子 辛丑 己未 戊辰 壬子 上吉 庚午 辛未 戊申 己酉 中吉	辛丑 丁亥 甲子 戊戌 己亥 中吉 丙戌 丁巳 庚子 壬子 癸亥 下吉 上吉
震	四季月不作中宮 辰戌丑未月 凶神悉占中宮	兑
壬申 癸未 中吉 戊戌 丙子 癸丑 丁未 乙亥 下吉 甲寅 己亥 庚寅 己未 上吉		己巳 己巳 下吉 戊申 丙辰 丁巳 壬申 乙未 癸酉 辛巳 辛未 辛巳 戊戌 戊辰 己酉 中吉 上吉
坤	坎	艮
丙申 丁酉 下吉 戊子 壬申 丙戌 丁巳 甲申 乙酉 辛未 戊戌 丁亥 癸巳 甲午 乙未 中吉 上吉	丙午 己酉 庚戌 下吉 壬申 丙申 甲午 癸巳 辛亥 庚申 癸亥 上吉 壬寅 丙子 甲申 壬戌 中吉	丁丑 乙丑 甲戌 乙亥 丙午 中吉 戊寅 戊申 己酉 壬寅 丁卯 上吉 丙寅 庚寅 辛卯 甲午 下吉

離

乙未 己巳 壬午 辛未
戊午 丙午 中吉
庚辰 庚寅 甲寅 乙巳 庚午
癸未 甲辰 上吉
下吉

四生即四势之地，以生五行之方旺相比和，各得垣局，不比时俗泛论阴阳也。今排各宫所宜之日，派于各宫之下，克制衰败，皆不具载，列图于前，俾用者知所依归。

禄马贵人第九

禄贵须知局内奇，进时退气理深微。临山临向分轻重，吊替分明勿妄施。

禄马贵人，为命主之三奇，但以局内一甲中见者为佳。故经云"出甲须知福力轻"也。禄贵所临，要明进退之气。在进气则为福重而速，在退气则为福轻而迟。如丙寅生命，庚寅年十一月作坎，丙寅命以癸巳为真禄，十一月戊子入中宫，行见癸巳禄到坎为水旺之乡，又系冬至（十一月）内进气之禄，局内见之，必发福重而且速。经云："但取二时生旺处，祸灾自远福齐生。"故禄马一途取用，贵人分阴阳二例。又有命前之禄为往禄之地，作之乃佳。《元经》云"今年禄报明年禄"是也。禄马贵人临山临向，运用不同。如造作，禄马止宜到向，贵人止宜到山。葬埋，禄马止宜到山，贵人只宜到向。一月之内，又凭八卦用例内详某日照某宫，须吊替分明，不可妄施。又云到山为守宫，禄马到向为朝元禄马。命前之禄，如戊申生命，用甲申年七月作中宫并坤宫之类，即"今年禄报明年禄"，尤为贵也。所用禄贵，最忌刑害空亡，反有衣禄之厄。又须禄先马后，则为追禄，而为福；勿令马先禄后，则禄迟马速，发福无由矣。

贵人分阴阳二遁，冬至一阳生，用阳贵乃吉。夏至一阴生，用阴贵乃吉。当阳遁得阴贵人临阳位，则福力乃大。当阴遁而阳贵人临阴位，不能为福，亦不能救灾。阴位巽坤兑离是，阳位乾艮震坎是。

三奇发用第十

遁甲三奇乙丙丁，随奇禄马与通行。就中三局三山配，识者何曾用得精。
（断云：三奇八节论行年，遁甲分明仔细传。乙丙丁临天界内，诸凶恶杀悉皆潜。奇履西处照东地，若在南边顾北边。造葬三奇全禄马，子孙世代拜君颜。）

已亥年秋分兑上起，甲子在兑，甲戌在乾，甲申在中，甲午在巽，轮行巳亥在艮。甲己之年丙寅起，丙奇在艮，丁奇在兑，乙奇在乾。余仿此。

三奇配日月星三象，乙为日奇，丙为月奇，丁为星奇。日乃太阳，月乃太阴，星乃晓星。隶用各当其时，太阳利日，太阴利宵，晓星亦利宵，丑寅卯为克择时家之首吉也。运行虽不过八卦九宫，然一奇主占，非一奇以占三宫，三宫皆当一奇之理。如冬至上元一宫起甲子，顺布六仪，逆布三奇，则离得乙奇，不在离而在丙；艮得丙奇，不在艮而在丑；兑得丁奇，不在兑而在庚。此乙丙丁三奇冬至上局只占丙丑庚之三山。至中局照离艮兑之三山，下局方照丁寅辛之三山。随奇禄马贵人，亦如此例。如冬至上局用甲寅日，奇禄正照丙位为吉，马与贵人皆此类也。一奇占三山之说，已失天机之旨矣。用之精当，须如地将之宫，即七十二局之地将也。夏至局逆奇亦逆，如坎山三卦卦，上局在癸，中局在坎，下局在壬。八门相加，大忌逼宫、返吟、伏吟。禄马入用，大忌空亡。局之六十时，门无逼克，凶门亦佳，刑害吉而无用。

三奇例诀（原书眉批）

立春艮上青山色，春分震上定无移。立夏巽宫起甲子，夏至离火逆当时。立秋坤上从布数，秋分兑上好推依。立冬但云乾宫取，冬至坎宫还顺飞。配处教君起甲子，须寻太岁泊宫移。年干起例遁寅月，正月天干作引飞。逢乙丙丁奇是实，个中埋葬不须疑。

假如甲子年冬至节，经云"冬至坎宫还顺飞"，以甲子太岁入坎宫。又云"年干起例遁寅月，正月天干作引飞"，甲年正月是丙寅。又云"须寻太岁泊宫移"，即坎上起丙寅，丁卯在坤上，乙亥又在坎上，是乃乙奇在坎，丙奇亦在坎，丁奇在坤。又云"逢乙丙丁奇是实"是也。夏至逆行，冬至顺行。

岁君禄马第十一

求官求贵与求财，岁君禄马贵人催。正位合方俱有气，贫能致富列三台。

太岁禄马贵人，为星煞之主宰，能压一切凶星。贵人为上，禄马次之。要与造主本命禄马同行，乃能致福。用命禄马而岁君禄马不至者，命主无管摄。用岁君禄马而命禄马不相值者，岁禄不依归。岁命交会，方为全美。克择务令有气得时，如木向春生，金逢秋旺。六合吊宫，合贵为上，合禄次之。禄马不到，徒施克择四课（年月日时）耳。

合禄，如甲寅命，禄在寅，丙子年十二月作艮，以月建丑入中，遁得寅字到乾，乾中有亥（亥与寅合），合艮中之寅也。余仿此。

天河尊帝第十二

不入中宫，只入宫数。

天河尊帝二星名，天帝行宫上吉星。三局推排分上下，每宫二十日无零。

冬至、小寒、大寒、立春起乾，雨水、惊蛰、春分、清明起坎。谷雨、立夏、小满、芒种起乾，夏至、小暑、大暑、立秋起坎。处暑、白露、秋分、寒露起乾。霜降、立冬、小雪、大雪起坎。

冬 至 例				夏 至 例			
初中末 辰巽巳 各二十日	中	初中末 戌乾亥 各二十日		末中初 辰巽巳 各二十日	中	末中初 戌乾亥 各二十日
初中末 甲震乙 各二十日		初中末 庚兑辛 各二十日		末中初 甲震乙 各二十日		末中初 庚兑辛 各二十日
初中末 未坤申 各二十日		初中末 丑艮寅 各二十日		末中初 未坤申 各二十日		末中初 丑艮寅 各二十日
初中末 壬坎癸 各二十日	顺局	初中末 丙离丁 各二十日		末中初 壬坎癸 各二十日	逆局	末中初 丙离丁 各二十日

其例以二十四气分为六候，每候各得六十日，共得三百六十日，为一岁之成功也。一候又分三局，每局各得二十日，阳遁顺行二十四山，阴遁逆行二十四山。顺局如冬至二十日内，用戌乾亥山，尊星在戌而不在乾亥，此顺加之法也。又如夏至逆局，二十日内用壬坎癸山，尊星在癸，不在壬坎，中二十日到坎，末二十日到壬，此逆加之法也。其星无所管属，所临之地，随花甲纳音为所属。如冬至后用丙寅日，作艮山，即纳音火，生于寅。他仿此。故曰"尊帝二星无管属，纳音消息有真机"是也。

四吉帝星第十三

贪巨武文为尊临，占向临方福惠臻。年月日时寻正到，七星排值九宫寻。

逐年占向帝星：申子辰年贪狼帝星值向，寅午戌年巨门帝星值向。巳酉丑年破军帝星值向，亥卯未年禄存帝星值向。

子起贪狼午破军，丑亥巨门卯酉文。申辰廉贞巳未武，寅戌支辰起禄存。年月日时同起例，排成永定九宫寻。

例如子年月日时起贪狼入中宫，顺飞九宫，寻得贪狼值震向，为值岁之星，大吉。其星到方值向，最为有力，修造中第一妙用。

星例：贪、巨、禄、文、廉、武、破。

冬至后入中宫，从乾顺加。夏至后入中宫，从巽逆加。寻卯年之四帝星到向方是。

神藏煞没第十四

孟月甲庚丙壬上，仲月煞没四维时。四季乙辛丁癸取，神藏煞没吉当从。

神藏煞没，备载《元经》，为克择时家之妙用。但学者运用，不明归垣入局之理以取吉。如正月雨水节一日后，交中气管事，用子时上四刻作壬子山向，则为神藏煞没。其他甲庚丙山向，亦仿此推。每太阳在处，一日只有一时。诸星归垣入局，太阳在子，则壬子时奇。太阳在午，则丙午时吉。此即归垣入局之妙，吉莫大焉。《元经》云："善用时者，常令朱雀披头，勾陈入狱，白虎破身，玄武折足，螣蛇落水，天空被戮，吉迎百福。"更查大六壬月将加时，寻贵人昼夜顺逆用之，为精当。

差方禄马贵人奇白第十五

冬至后逆布三奇，顺布六仪。夏至后顺布三奇，逆布六仪。

坎山羊位艮龙头，离宫犬吠巽宫牛。乾宫赤马无人问，坤宫鼠子闹啾啾。金鸡飞上扶桑树，玉兔还归西岭游。

阳奇坤，阴奇艮，天罡马，神后贵，传送禄。

差方禄马贵人星，三合临方得木情。大利兴工并造作，更加奇白任经营。

三合临方者，即巳时得巳禄是也。余例同法。冬至后阳逆，六宫起甲子、甲午，三宫起甲戌、甲辰，九宫起甲申、甲寅，逆行九宫，逢戊回元位。夏至后阴顺，六宫起甲子、甲午，九宫起甲戌、甲辰，三宫起甲申、甲寅，顺行九宫，逢戊回元位。皆寻所用之日，到乾位吊入离壬寅，到坎吊入亥卯未，到坤吊入申子辰，到巽吊入巳酉丑，到艮吊入子申辰，到离吊入戌寅午，到兑吊入卯未亥，到震吊入酉丑巳，到中宫阳遁吊入坤申子辰，阴遁到中宫吊入艮辰申子。将十二月从所吊之宫方次第加数，坤寻子，即以天罡在子，为马；传送在辰，为禄；神后在申，为贵人。阳遁逆加干维，阴遁顺加干维。如冬至后甲子，阳辰从乾，则天罡带马到离，丁上亦有马也。又如冬至乙丑，阴遁到中宫寄艮，寻丑则天罡带马到丑，艮上亦有马也；传送带禄到巳，则丙亦有禄也；神后带贵到酉，则辛位亦得贵人也。如夏至后逆局到午，则丙上亦有差方；传送到未上，则丁上亦有差方也。禄马贵人，余宫仿此，以分阴阳顺逆。

　　盖山奇白例，如前例用冬至甲子在乾，即以六白入中宫顺行，七赤到乾，为内吉外凶，不可用。八白到兑，为内凶外吉，相生可用。九紫到艮，吉。一白到离，外来克制，不宜。夏至逆行，皆寻三白为上，九紫次之。大要五行生山向，为臣奉君、子事父，为吉。大忌九星克山方，为臣犯君、子执父，为凶。盖山奇如冬至甲子日逆行，乙丑到中宫，则乙奇到中；丙寅到巽，则丙奇到巽；丁卯到震，则丁奇到震。此三奇虽吉，要审纳音生旺休废以定福禄轻重，利于修造，故名差方禄马。如禄马到申子辰方，更用申子辰日，尤为得法。

　　禄马贵人正三合例：寅午戌乾，巳酉丑兑，亥卯未震，申子辰坤。
　　禄马贵人零三合例：艮丙辛合，巽庚癸合，乾甲丁合，坤壬乙合。
　　一白、二黑、三碧、四绿、五黄、六白、七赤、八白、九紫。
　　夏（夏至）：子午卯酉六，寅申巳亥三，辰戌丑未九。
　　冬（冬至）：子午卯酉六，寅申巳亥九，辰戌丑未三。
　　诀曰：夏至六三九顺行，冬至六九三逆行。
　　法以本日所到之宫，从中宫阳顺阴逆而行，定局布在《直指》①。

库楼金匮第十六

库楼金匮两相兼，火土连行福泽绵。室尾翼觜星不值，更加天喜妙难言。

---

① 即《佐元直指》。

逐年从太岁上起建，行十二支至所用之山，以求平字正到处为土曲星，遇定字正到为房显星，开字正到为官国星。土曲主财帛，房显主人丁，官国主官贵爵，此三吉星到处俱要得时。土曲属土，利于四季。房显属木，利于冬春。官国属金，利于夏秋。惟土曲喜与金匮同到，大忌火血，主损血财疾病。

金匮乃火星也，化而为生气。其例申子辰年在子，亥卯未年在卯，寅午戌年在午，巳酉丑年在酉。并以月建入中宫，寻各年所占之字，与三奇相同。

天喜例：春戌亥子，夏丑寅卯，秋辰巳午，冬未申酉。只如二月建卯，以卯入中宫，行见亥字在巽，即二月天喜在巽。又如八月建酉，以酉入中宫，行见辰字在震，则八月天喜在震。又得前三吉，库楼金匮天喜并至方所，修之主进官禄、横财、人丁，大旺六畜，可报灾瘴。金匮库楼局布《直指》。

七政帝星第十七

纲纪阴阳掌化机，天纲天极统推移。璇玑妙用推其旨，惟把三元七政施。

七政三元者，日、月、金、木、水、火、土五星为七政；上、中、下三局为三元。司摄阴阳，主宰神煞，纲纪造化，为《璇玑》中第一妙用。建宅安坟，修方造作，不问命主吉凶，山方利与不利，并金神、火血、官符、的命之凶，百无避忌。凡旺人、催官、报病皆宜。

星次：天镇、天纲（吉）、天刑（木）、天火（凶火）、天福（吉金）、金神（金）、天没、天极（吉月）、天纽、天杀、天常（吉水）、土星（土）。

上元甲己，加子午卯酉年月日时，子上起天镇星。

中元甲己，加寅申巳亥年月日时，寅上起天镇星。

下元甲己，加辰戌丑未年月日时，辰上起天镇星。

十二位惟天纲、天极为上吉，天福、天常次之。十一月一阳初生，五月一阴初生，二星无力，不可用。故《元经》曰"如逢二至力皆微"者，此也。须认月将明白，寻甲己加上中下三元。

起例：如甲子、甲午日秋分后为上二元，甲申、甲寅为中元，甲辰、甲戌为下元。余仿此。

乌兔太阳例第十八 定局布《直指》

三宫一卦分三气，一气十五日为期。四仲日时逢四季，元堂入庙少人知。

例以四十五日分主三山,每山各得十五日。只如立秋节用丙申日作癸山丁向,系夏至后逆,从坤上起甲子,坎上甲戌,离上甲申,艮上甲午,兑上乙未,乾上丙申,系所用之日。又从乾上起土星在亥,金星到中寄坤,水星在巽巳,月孛星震宫乙,罗星在坤宫申,太阳在坎宫癸,太阴在离宫丁。此太阳太阴正分照南北,更得合元堂入庙,尤吉。

元堂入庙取日法：

子午卯酉日作乾、坤、艮、巽山。寅申巳亥日作乙、辛、丁、癸山。辰戌丑未日作甲、庚、丙、壬山。

巳巽辰 芒小立 种满夏 各十五日	冬至,阳局顺行,二十四山皆顺,如先壬后坎癸是。 夏至,阴局逆行,二十四山皆逆;如先癸后坎壬是。	亥乾戌 立小大 冬雪雪 各十五日
乙震甲 谷清春 雨明分 各十五日		辛兑庚 秋寒霜 分露降 各十五日
申坤未 立处白 秋暑露 各十五日		寅艮丑 惊雨立 蛰水春 各十五日
癸坎壬 大小冬 寒寒至 各十五日		丁离丙 夏小大 至暑暑 各十五日

起例诗具下：

先天八卦孰能寻,造化中分阳与阴。天地坎离归一路,雷风山泽自同伦。

甲子立春从艮上,春分甲子震上行。立夏巽宫当起发,夏至离宫至此明。立秋坤上从头数,秋分兑上莫迟停。立冬乾上分明会,冬至坎宫布九程。

阳顺阴逆：土、金、水、孛、罗、日、月、木、火。

龙德太阳第十九

寅上起戌顺行游,十二宫中遍一周。乙未之年如作巳,太岁临落在猪头。

每以寅上加戌顺行十二宫，数周太岁顺加至所用之山方，得某星，以所得之星吊入中宫，以论祸福。如乙未年作巳，将丙戌从寅遁，至亥上得乙未太岁，子上太阳，丑上丧门，寅上太阴，卯上官符，辰上死符，巳上岁破。遂以岁破入中宫，龙德在乾，白虎在兑丁巳丑之类。此系造葬例用。

修方须吊入中宫，只寻太阴、太阳、龙德、福德四星为吉。能报犯白虎煞并久病不愈，余凶各忌犯方，不忌葬埋。

星次：

一太岁（宅长煞），二太阳（伏凶煞），三丧门（主哭泣），四太阴（主报病、患疾苦），五官符（主公讼），六死符（主灾疾），七岁破（宅母煞），八龙德（主散讼、逐疫），九白虎（小儿煞），十福德（旺人丁、喜事），十一吊客（主孝服），十二病符（宅长煞）。

又例：以月建入中宫，寻太岁到处，谓之太岁宅长煞，于例无验，不足凭也。

雷霆合气第二十

雷霆合气要知踪，四课山音紫白同。勿令星辰克年月，但令四课战星宫。

雷霆之法，以山运为主，以紫白为用。山运与雷霆合气，而三元白星不到者，吉中有凶。加临虽吉，而不克战四课者，无从致福。故用雷霆者，先吊吉星合克择。四课与吉星克战加以三元紫白，则吉无不利，福无不速。如震山木运，用太阳奇罗合气，四课中有甲乙卯寅，纳音又逢金相战得时合局，斯为完美。此家法用精微，汉司马深得其旨，学者不可不知。（汉司马师名聪，汉末人，善推雷霆。）

合气年太阳：

甲己年坤上起血刃，乙庚年兑上起血刃，丙辛年坎上起血刃，戊癸年离上起血刃，丁壬年震上起血刃。

先以合气定年，次以守宫加临，以定吉凶。

年起例：

甲庚血刃丙壬金，丁癸月孛还加寻。六己三台戊紫气，乙辛年向太阳君。时师会得幽微理，富贵祯祥指掌陈。

如甲庚年，将血刃入中飞寻，看山方吉星。如戊子年作癸山丁向，戊年离上起血刃，顺行至坎上得太阳，癸纳坎，是坐得太阳。月孛坤乙，金水震庚亥未，台将巽辛，天罡中，土滞乾甲，奇罗兑丁巳丑，向得奇罗，逢木运并金音，大吉。

雷霆以此为正例，十干年为合气，气例俱吉为妙用。

月起例：

遁甲常归太岁停，却将停处起元正。寻见本月星辰处，将入中宫布九程。

雷霆定月值向例：

顺布月、逆布星，以求所用之月分。如戊子年九月作丙向，于停星太阳局内寻见戊子在未，即从未上起正月顺行。二月在申，三月在兑，四月在戌，五月在亥，六月在子，七月在丑，八月在寅，九月在卯。就从卯上起血刃逆行，寅上太阳，丑上月孛，子上金水，亥上台将，戌上天罡，酉上土㬢，申上奇罗，未上燥火，午上丙乙，巳上水㬢。丙向寄巳，又将值巳丙之水㬢入中宫，行见紫气在乾甲，血刃在兑丁巳丑，太阳在艮丙，丙纳于艮，故戊子年九月作丙，得太阳正到。余月仿此。

子	丑	寅	卯	辰	巳
太阳	血刃	紫气	水㬢	丙乙	燥火
午	未	申	酉	戌	亥
奇罗	土㬢	天罡	台将	金水	月孛

雷霆太阳日例（以纳甲取山向）：

各以阴阳日值星入中，分阴逆阳顺求之。如阳日，用戌日作丙，金水入中，顺行得土㬢到丙。阴日用卯日，以水㬢入中逆行，得台将到丙是。余仿此。

日起例：

丑上原来是刃星，星移逆顺四三辰。假如午日寻方道，便把奇罗入内行。顺飞九宫，寻吉星到山向。又例，不分阴逆阳顺，只以子日太阳，丑日血刃，寅日紫气相加用，亦有验。但雷霆逆路，与前相合，故备录与知者用焉。

雷霆时例（即合气例）：

甲己时以燥火入中，乙庚时以太阳入中，丙辛时以天罡入中，丁壬时以月孛入中，戊癸时以紫气入中，俱顺布以求吉凶星到所作之山方。如丙向己巳时，燥火入中，寻见紫气到艮，纳音属木，与艮合气为吉（以纳甲取山向）。

其雷霆传音、直符、正杀，顺逆血刃等例，备载《佐元》集中，兹不赘。

天心都纂太阳第二十一

天心都纂例虽求，五虎元中遁甲周（一本作头）。**轮至山方将本宿，吊宫求处是情由。**

星次：

九天六仪	天蓬日奇	明堂月奇
太阴星奇	天门六戊	地户六己
天建金神	天狱七煞	天牢诛伐
华盖金章	天盖文章	宝盖金瓶

凡得吉星入中为内吉，到山得凶星为外凶。例以十二星配十二支辰，数至所用山方，吊入中宫，布位以定吉凶。须内外得吉，乃为可用。如内吉外凶，内凶外吉，皆为不吉。如甲巳年正月，以丙寅从寅上数去，遇甲戌为九天在戌，乙亥为天蓬在亥，丙子为明堂在子。如作壬子山方，即以明堂为吉星吊入中宫顺，如丁丑太阴在乾，戊寅天门在兑，地户在艮，天建在离，天狱在坎，为外凶，主官讼牢狱，不用。

葬埋寻极富星第二十二

埋葬须求极富星，旺神同位福非轻。独火更忧同二墓，人丁衰替疾相仍。

遇本月中气后，以月将星加临本年太岁，寻四吉神到处。如丁巳年正月雨水节后，用登明月将加太岁巳上得神后是。又以神后入中宫顺行，看午上得何吉神，遇四吉神所在，即极富星也。

四吉星例：神后、功曹、胜光、传送。

本月既得四吉神到山，再以亡命推寻旺神在处。如甲午金命，以戊申为旺神。如丁巳年三月作丙午一山，以三月月建甲辰入中宫，行见戊申到离，金命以戊申为旺神，大吉。他仿此。

二墓即大小墓。如甲午亡命，大墓辛丑，小墓辛未，每月建入中加寻，切忌临所作之山，必主人丁衰病。

旺神例：金戊申、水庚子、木壬寅、火乙巳、土丙子。

独火例（即《元经》独火）：正月巳、二月辰、三月卯、四月寅、五月丑、六月子、七月亥、八月戌、九月酉、十月申、十一月未、十二月午。

独火即六害之神，逐月以月建入中宫，遇所忌之字到为独火，不宜吊到山。葬埋主宅长不安，人丁疾疴并血火，不利人口。正月作艮，以寅月建入中宫，行见巳字到艮，即独火在艮也。余仿此。

葬埋值鸣吠第二十三

识得山家合日家，瓦婢簸兮木奴歌。分金更与山家合，月免凶灾发福多。

凡葬日辰要与坐向相合，阴阳相符，分金合坐向乃吉，更遇大葬日，所宜山向为鸣吠尤吉。若葬日不与山家相值，分金不相干摄者，终难发福。

乙辛丁癸山：宜壬申、甲申、丙申、乙巳、庚申、壬寅、甲寅、戊寅，合鸣吠。

乙癸山：宜甲寅、壬寅、戊寅、乙巳合鸣吠。

辛丁山：宜壬申、甲申、丙申、庚申合鸣吠。

乾坤艮巽山：宜癸酉、乙酉、丁酉、己酉、庚午、壬午、丙午合鸣吠。

乾坤山：宜癸酉、丁酉、乙酉、己酉合鸣吠。

艮巽山：宜庚午、壬午、丙午、甲午、壬子合鸣吠。

甲庚丙壬山：宜壬辰、丙辰、己未、乙未、甲戌、戊午合鸣吠。

甲壬山：宜丙辰、甲戌、乙巳、己未合鸣吠。

庚丙山：宜甲辰、壬辰、戊辰、乙未合鸣吠。

但合此家年月日时，诸凶无忌，乃古人所用之深意。

葬埋通天煞第二十四

通天大煞少人知，误犯迁茔便损妻。假若亥年迁午位，寅加月建合真机。

如亥年，巳午未为煞，用正月作丙午山方，以寅月建入中宫顺行，见午字到离，正犯此，为克妻煞也，忌之。

申子辰年寅卯辰，亥卯未年巳午未。寅午戌年申酉戌，巳酉丑年亥子丑。此通天大杀例。

各以月建入中，寻见所禁字为日犯。以日建入中，寻见所禁字为时犯。日主损妻，时伤小口血才，亦忌动土。

都天镇天煞第二十五

都天太岁月方忌，镇天大煞日家凶。动土修营休误犯，天医到处任兴工。

都天太岁以五虎遁寻见戊己为年都天，以月建入中宫遁见戊己为月都天，以日辰入中宫遁见戊己到处为日都天。此三都天也，年忌方，月日忌山。

又每以所禁字用月建入中寻之，遇到处为镇天煞。例具下：

| 正月卯 | 二月寅 | 三月丑 | 四月子 | 五月亥 | 六月戌 |
| 七月酉 | 八月申 | 九月未 | 十月午 | 十一月巳 | 十二月辰 |

各以月建入中宫，遇逐月所忌之辰到山，动土扦营，损人口，大凶。如木方杀土命（木克土也），金方杀木命（金克木也）。余仿此推。

天医：则生气天医星，其星属土，为都天本家，故不忌。

本命官符第二十六

本命官符逐月行，遇之造作有深殃。若在旺方刑害处，非刑公讼致身亡。

官符例：申子辰亥，亥卯未寅，寅午戌巳，巳酉丑申。

如乙丑生人，甲子年作兑方，丑以申为官符。甲子元遁是壬申，用五月月建庚午入中宫，行见壬申在兑，况夏用金旺之时，官符与金同属乘旺，作之主损财、官讼、非刑，速应。惟月德到方可散，余吉不能制。

暗冲神煞第二十七

暗冲神煞如相遇，臣杀君兮子害亲。吊替宫中分内外，但逢逆克乃为迍。

阴煞即吊替宫暗冲之神煞，为阳冲阴，阴冲阳，而刚柔无济。逢逆煞，如甲子年正月作坤方，以月建丙寅入中宫，行见壬申到坤，忌用戊日逆克，大凶。为外犯内、子逆父、奴叛主之象。犯主尊卑刑耗，凶祸。如戊土克壬水，本家壬癸水命人主夭折。用丙日谓之内犯外，其灾祸稍轻，亦主刑耗。

官星第二十八 修方催贵

正气官星要到方，贵人会起曲山攒。或加三四命相合，转禄加官指日间。

如甲年用辛为官，三月作艮，以月建戊辰入中宫，行见辛未在艮，为官星。甲以未为贵人，是贵人会起同到。曲山，即土曲帝星是也。更得三四吉合，如丙午生人是丙合辛，午合未，主士庶加官进禄，得贵人提拔，此为外篇第一吉用。余仿此例推。

官星定局：

甲	乙	丙	丁	戊	己	庚	辛	壬	癸
辛	庚	癸	壬	乙	甲	丁	丙	己	戊

岁贵、岁禄、岁马，俱以月建入中寻。如己亥年以甲为官星，八月以癸酉入中，寻甲戌到乾为官，辛巳马到巽，阳贵人丙子到艮，阴贵人甲申到兑。余仿此。

如戊戌生，贵人禄马，以己亥太岁入中，寻甲寅到坤，乙卯到震是官星，丁巳到中是真禄，己未到兑是阴贵人，乙丑到巽是阳贵人，亡命贵禄马亦与生命同数。余仿此。

财帛第二十九　修方催财

欲报人家进横财，青龙并与月财堆。吊宫月德同金匮，命禄相加是禄媒。

青龙太阴方，逐月吊同月财，更加入星旺地，作之福禄日进，横财自来。

青龙方（太阴同）：

子年戌	丑年亥	寅年子	卯年丑	辰年寅	巳年卯
午年辰	未年巳	申年午	酉年未	戌年申	亥年酉

月财方：

正七午，二八卯，三九巳，四十未，五十一酉，六十二亥。

每逐月用吊宫寻之，值青龙太阴相会，为月财堆处。

月德方：

申子辰兮工，亥卯未甲轮。寅午戌丙旺，巳酉丑庚寻。

以逐月之月德吊宫会作主命，值一甲内，真禄到者为吉。若本命禄不到，虽前吉都会，亦不甚验。

金匮火星例：

申子辰年月子，亥卯未年月卯。

巳酉丑年月酉，寅午戌年月午。

火星火地月：

如正月子为金匮星，修坎癸为有气。又如六月修寅方，以月建入中，吊寅字到震为木旺之地，亦是有气。

凡用金匮，忌吊九紫与甲乙木并到方，主公讼、死丧。

报金乌第三十　修方催嗣

人丁衰弱报金乌，贪巨文廉次第周。金匮行年加四吉，立生贵子绍箕裘。

金乌星例：

子年 贪起乙辰	丑年 贪起甲卯	寅年 贪起艮寅
卯年 贪起癸丑	辰年 贪起壬子	巳年 贪起乾亥
午年 贪起辛戌	未年 贪起庚酉	申年 贪起坤申
酉年 贪起丁未	戌年 贪起丙午	亥年 贪起巽巳

每以贪狼星加，遇太阳金乌吉（定局布《直指》）。

金乌位次：

贪狼	巨门	太阳	禄存	文曲	廉贞
武曲	玉兔	破军	金乌	左辅	右弼

法以各年山向起贪狼，轮值年金乌到何山向。次以命主六壬诀，将行年星加太岁，遁至本山方得四吉神，与金乌相会报男，玉兔相会报女。凡报法只以地支为主，如甲卯方不报甲而报卯，以地支应速故也。余仿此例。更造主贵人到，尤速。

止盗第三十一

人家常被盗来侵，岁上庚方审纳音。假如戊年辛酉木，却加丁卯是冲神。

其法每年用虎遁，如甲年遁丙寅，数到庚酉上得癸酉金，四课内用己卯制之。

逐年盗方纳音起例：

甲年剑锋金 癸酉金	乙年井泉水 乙酉水	丙年山下火 丁酉火	丁年大驿土 己酉土
戊年石榴木 辛酉木	己年剑锋金 癸酉金	庚年井泉水 乙酉水	辛年山下火 丁酉火
壬年大驿土 己酉土	癸年石榴木 辛酉木		

如甲子年，五虎遁庚方癸酉金，四课日择己卯，乙奇、惊门报之，永弭盗害。更雷霆太阳到，盗远惊遁。

散讼第三十二

连年何以讼相羁，本命官符细审之。阳位贵人阴位德，更同天赦合天机。

本命官符即前二十四，用内官符也。各以月建寻之，审纳音之旺衰，然后治之。治处阳年以太岁贵人压之，阴年以天德报之，更合原赦（天赦）之星同天德还宫，克日散讼。仍因公获财，永息讼争。

池塘第三十三

正月从午顺行时，便知天狗坐塘期。壬戌戊戌再轮午，却与四金尾火依。

以每年正月从午上顺数，至所用之月起初一，又数至所用之日起甲子，轮数得壬戌、戊戌二日，再到午上，便为天狗坐塘之日，大利开塘。庚戌、乙未、丙寅、乙丑、庚辰五日，会四金伏断日，决水沟可断除百耗，诸兽无犯。

遇亢金龙日，烧五方土地甲马，祭塘神，入小鱼数个。其鱼毙后方入鱼也。惟忌天地二耗日下之。

六畜栏圈第三十四

紫微卦座皆非例，金镜图中总是虚。惟有干维来合德，自然六畜可凭依。

世以六畜栏圈厩位方，多取紫微生气并《金镜图》内论之，皆非至理。

惟十二干维方道遁得各年干德、月德到其所作之方可依据也，必主六畜大旺。更乙奇合雷霆，奇罗、金水星盖照，尤为全美。六畜入栏，惟《六龙历法》可依，日辰合旺为美。

报瘟疫第三十五

鬼同天地曰三瘟，犯着之时损害人。解喜母仓合干德，任教凶煞化微尘。

有作五音乐而至者为鬼瘟，有动土修方而至者为土瘟，有太岁神煞并方道而至者为天瘟。瘟各不同，然修之惟解神、喜神、母仓、月合、干德到方治之，其瘟即息。如人居稠密，即涓前吉所临之地，以栗树连根，倒砍三尺三寸，上朱书太岁符压之，每日发槌二十四下或四十九下，三日即退。

报鬼贼第三十六

申为鬼路鬼侵欺，报犯须当用乙奇。五虎符头寻克制，超神得局吉多宜（一本作无疑）。

原用日辰，或犯鬼贼，或犯虚耗，致有鬼运之害，报犯之法用乙奇，择冲克之日制之，大吉。

鬼贼日：正月一日，三月三日，四月五日，五月三日，六月三日，七月、八月五日，九月十日，十月三日，十一月九日，十二月七日。

天虚日（即天鬼贼日）：正、七申，二、八戌，三、九子，四、十寅，五、十一辰，六、十二午。

地耗日（即地鬼贼日）：正辰，二酉，三寅，四未，五子，六巳，七戌，八卯，九申，十丑，十一午，十二亥。

造作辟火第三十七

四煞没时终是美，归垣入局始为佳。坐下更加危毕至，火殃斯殄福无涯。

以七元起甲子，遁得危、毕、心、张四宿到坐，当四神没时，太阳合格，则火灾永绝，疾痛永除。归垣者，如太阳在未，用丁时之类是也。其时诸星归垣入局，为福多矣。凡用藏神，须择甲戌庚日时为最。

报太岁星第三十八

极虐无道太岁星，犯之人物不安宁。太阴到位君方报，岁贵加临福自增。

太岁星，即三元紫白起甲子所轮之处，复入替宫寻之，谓之真太岁一星，所在犯之大凶。

如水太岁杀火命人，木太岁杀土命人，的不虚假，他吉不能压制。报犯须候太阴到所犯方，会太岁贵人诸吉，修之转凶为吉。

太阴所临：

子年戌　丑年亥　寅年子　卯年丑　辰年寅　巳年卯
午年辰　未年巳　申年午　酉年未　戌年申　亥年酉

岁贵所在：

如甲戊庚年丑未，以月建遁分阴阳，冬至后用阳贵（丑）人，夏至后用阴贵（未）人。又要阴阳各得元宫，乃有力。元宫者，如丙丁在南、甲乙在东之类。

命运总例第三十九

造用山音葬用亡，纳音墓上审生乡。得时旺地为真要，废绝休囚义不长。

造作以山音本运起长生，即以所用月建入中，求本山墓字到处，以论生克休比。如兑丁乾亥山，其音属金，库在丑。如四月作用，以巳月建入中，行见丑字到巽，为金受生之地，四月金生，故曰得时，泊在巽巳，故曰旺。

葬以亡命论。如甲子金命，用十月作兑丁乾亥山，以亥月建入中，行见丑字到兑，虽曰旺地，然月令乃金病之乡，更值休囚废时，不能召福，故曰"义不长"也。

三元入用第四十

大凡用日与干支，须明宝义和为期。更辨三元分内外，刚柔六气要君知。

其法以天干生地支为宝日，地支生天干为义日，干支比为和日，干克支为制日，支克干为伐日。惟宝义上吉，和制次吉，伐日凶。又有重辰日，如壬子、丙午、甲寅、乙卯、庚申、辛酉、癸亥、戊辰、丁巳、己未数日，造六畜栏圈用之吉，嫁娶忌重辰日。

三元六气刚柔日，内外事主吉。

内事乃婚姻、造作、入宅、开门、建路、葬埋、迁茔、祀先等事。外事乃祭天、祈社、上官、出阵、行兵、封坛、建州、立郡、开市、营为等事。

天元：

甲丙戊庚壬子午日，少阴司天，阳明在泉，其日刚，外事吉。乙丁己辛癸卯酉日，阳明司天，少阴在泉，其日柔，内事吉。

地元：

乙丁己辛癸丑未日，太阴在天，太阳在泉，其日柔，内事吉。甲丙戊庚壬辰戌日，太阳司天，太阴在泉，其日刚，外事吉。

人元：

甲丙戊庚壬寅申日，少阳司天，厥阴在泉，其日刚，外事吉。乙丁己辛癸巳亥日，厥阴司天，少阳在泉，其日柔，内事吉。

女报男篇第四十一

人家生女不生男，多是阴阳有气偏。认取金乌方上报，立教蓬矢在门悬。

宜涓阳月阳日，寻前例金乌方将女眠之，遇生门、雷霆方吉。报女以玉兔阴方，择景门、休门，用阴日。

设帐第四十二

欲知设帐夜无蚊，但取当旬水闭辰。箕壁参轸从支值，自然此诀迥通神。

每月寻月内干支纳音值水闭日，更遇箕壁参轸四水宿日设帐帷，则蚊虫永绝。

炉灶第四十三

炉灶惟宜月德方，五音旺处乃为良。丙丁向坐方相值，小口汤灾宅长疮。

五音：徵音火在午，角音木在卯，羽音水在子，商音金在酉，宫音土在中之类。皆取造主本命，涓大煞月辰作灶，主不招讼。涓月财、六合与方合日泥灶，主旺。木灶口不宜向香火之前，灶炉亦不宜在享堂之后，俱不兴旺，主公讼疮病之患。

大杀日泥灶，主常时不招客。兼息时灾泥炉，主绝人往来。（图具《佐元》集中，月财图具前。）

避白蚁第四十四

蚁虫为害避无难，反复推寻九紫间。不问新迁并埋葬，居人自吉死人安。

法每以七十一候上起甲子，寻所用之年月日时在处吊入中宫，行求九紫到山，为避蚁虫之辰。如立秋中局，即于五局内起甲子，寻所用之日住处吊入中宫，求九紫到方为吉。又从月泊处起甲子，行求所用之日在处吊入中宫，行寻九紫。又从日泊处起甲子，行求所用之时住处吊入中宫，行求九紫在处。年月日时四课俱到，永绝蚁虫之害。须以生克消详，不克主山运为妙。

三元禄马第四十五

天上星辰照地支，周年宫主任施为。一元朝揖尤为美，禄马双朝古亦稀。

子丑土，寅亥木，卯戌火，辰酉金，巳申水，午太阳，未太阴。

其例以禄为天元，马为地元，贵人为人元，各依月建寻太岁禄贵属何宫主论五行。如甲寅禄寅为天元禄，属木，申马为地元，属水，丑未为贵人，属土，为人元，以论四课生克。如贵人属木，喜四课见土之类。又须三元泊于有气之山方，择进气之四课，斯为吉也。又如丙禄在巳，天元属水，喜秋冬，利坤乾坎地，四课换纳音干支为禄马之地，故云"三元须作八方用"者，此也。

命龙星入土第四十六

合木修营别有功，三方凶路不宜逢。中宫坤艮为归土，犯着黄梁一梦中。

乾亥木长生地福	兑　土星墓绝	艮　寅火长生	离　天喜
中　瘟瘟星			
巽巳金长生紫气	震　水星病死	坤申水土长生	坎　福星

凡命龙星，每从纳音长生宫起甲子，分男顺女逆，寻看本命往何宫，遇中宫忌修中堂，遇坤艮忌合寿木生坟，亦忌倒堂修造。

孤虚图第四十七

六甲空为孤，对宫为虚。

甲子旬	戌亥	辰巳	甲戌旬	申酉	寅卯
甲申旬	午未	子丑	甲午旬	辰巳	戌亥
甲辰旬	寅卯	申酉	甲寅旬	子丑	午未

阳日坐阳孤击阳虚，阴日坐阴孤击阴虚。坐孤者胜，坐虚者负。凡博戏、行军、出阵用之。

朱雀煞第四十八

一名游天朱雀，一名横天朱雀。初一行嫁主再娶，初九造屋必火焚。十七葬埋多冷退，念五移居人财空。上所忌之日犯之，灾害立至。

日家的煞例：

以所用之日辰入中宫，遁寻本命到处为日的煞。如日辰属水，的主杀火命及寅午戌人。

造作天窍图第四十九

	辰申子年	戌寅午年	丑酉巳年	未亥卯年
天安（吉）	辰	戌	丑	未
天伤	巽	乾	艮	坤
天鬼	巳	亥	寅	申
天亡	丙	壬	甲	庚
天灾	午	子	卯	酉
天厄	丁	癸	乙	辛
天耗	未	丑	辰	戌

续表

	辰申子年	戌寅午年	丑酉巳年	未亥卯年
天尊（吉）	坤	艮	巽	乾
天运（吉）	申	寅	巳	亥
天德（吉）	庚	甲	丙	壬
天库（吉）	酉	卯	午	子
天成（吉）	辛	乙	丁	癸
天华（吉）	戌	辰	未	丑
天哭	乾	巽	坤	艮
天灭	亥	巳	申	寅
天愁	壬	丙	庚	甲
天贼	子	午	酉	卯
天煞	癸	丁	辛	乙
天狱	丑	未	戌	辰
天禄（吉）	艮	坤	乾	巽
天荣（吉）	寅	申	亥	巳
天宝（吉）	甲	庚	壬	丙
天谷（吉）	卯	酉	子	午
天才（吉）	乙	辛	癸	丁

葬埋地曜局第五十

	辰申子年	戌寅午年	丑酉巳年	未亥卯年
地建	辰	戌	丑	未
地劫	巽	乾	艮	坤
地克	巳	亥	寅	申

续表

	辰申子年	戌寅午年	丑酉巳年	未亥卯年
地煞	丙	壬	甲	庚
地伤	午	子	卯	酉
地败	丁	癸	乙	辛
地怨	未	丑	辰	戌
地禄（吉）	坤	艮	巽	乾
地进（吉）	申	寅	巳	亥
地德（吉）	庚	甲	丙	壬
地福（吉）	酉	卯	午	子
地库（吉）	辛	乙	丁	癸
地位（吉）	戌	辰	未	丑
地空	乾	巽	坤	艮
地刑	亥	巳	申	寅
地灭	壬	丙	庚	甲
地剑	子	午	酉	卯
地哭	癸	丁	辛	乙
地镇（吉）	丑	未	戌	辰
地华（吉）	艮	坤	乾	巽
地照（吉）	寅	申	亥	巳
地吉（吉）	甲	庚	壬	丙
地宝（吉）	卯	酉	子	午
地安（吉）	乙	辛	癸	丁

右天窍、地曜各二十四星，分配二十四向，加年月日时造作葬埋，合得吉星，自然获吉。（前歌云"葬埋妨地暗，造作喜天明"者，此也。）

都天三太岁第五十一

其例每以五戌加寅，寻本年太岁之位上起正月，亦顺行寻所用之月到处，主灾祸不小。到向主公讼退财，到坐主疾病，到三合方冲动，阳方主男是非灾疾，阴方主女疾病横事。上半月属天干，下半月属地支。

游都天第五十二

例每以五虎遁寅入中宫，用阳逆阴顺，寻戊午戊子到处为游都太岁星。如己卯年正月遁起丙寅入中顺轮，戊午到震，是阴年用五虎顺寻，阳年用五虎逆寻，戊午年管至丁亥止，戊子年管至丁巳止，故己卯年系戊午年中，只寻戊午。

都天妙诀别阴阳，八卦游行分外详。借问明言何处发，阴顺阳逆是其方。子年午上堪嗟叹，离卦之中祸一场。预断世间凶吉事，三方冲动乃为殃。吉方报吉仍招吉，凶处行凶祸莫当。

三合冲方吉凶例，分阴阳方位治之。

冲六畜栏圈，主公讼横祸。冲坐向，主灾疾。

冲空房冷舍，主损人。冲厕，主损畜。

冲石类，主眼疾、膈病。冲枯木劫刃方，主火殃。

冲堆垛木料，主病死人。冲神堂、庙宇、冷坛，主小儿死。

冲面前大石，主腹心疾病。冲棺木与太岁到，主犯人命。

冲阳刃同三煞，主盗贼劫。冲红紫花树并艳丽之物，主喜事。

上修所忌之方，只以尊帝到处并捉煞帝星同到，报之大吉，反主转忧为喜。

郭氏致用口诀 附

山家神煞，纷纭错综，悉难避忌。太岁一星，五般会煞，阴阳年月的命二煞，戊己都天，三太岁煞，横天朱雀为大凶。金神、剑锋、破败、五鬼、火血、血刃、重辰、暗冲煞并为次凶。其余山家所占神煞，但得二德、三道、二奇、禄贵并临，作之转煞为权，化凶为吉。

年家太岁星煞，只看太岁吊替干支为主，与主宫刑冲为忌，切防本甲内犯之，大凶，出甲无祸。如甲子年作震，以甲子入中宫，行至坎位得己巳。再以己巳入中宫，行见丙子到卯，为太岁到处，子与卯刑，必有呻吟官非之厄。月家各寻所用之月，吊行论之。

月家凶煞，重于年煞，年煞乃守宫之星，月煞由吊替而行，趋避之理，但以吊替为凭。

用月家，要吊替宫不犯冲伏为美。如一白到坎，八白到艮，为星伏之地；九紫到坎，八白到坤，为星冲之地；子到坎，寅到艮，为支伏之地，犯之大凶。冲寅申巳亥损宅长，冲子午卯酉损妻房，冲辰戌丑未损小口、奴仆，冲阳刃、冲阴宫损女。假如丁丑年十二月，巳山亥向，以丁丑入中宫，行见丑月艮上庚辰，再以庚辰入中宫，行见辛巳到乾，为巳冲亥，决主宅长犯官讼之扰。

月家星煞最重，只以逐月月建入中宫吊行，寻所用之月住，再入中宫，如前例是也。如正月、十二月在艮，二月在震，三、四月在巽，五月午，六、七月在坤，八月兑，九、十月乾，十一月坎，各正月分求之。

月家三元白星，只取生旺有气为主。如一白到坎，秋冬为旺；九紫在离，春夏为旺。若与五行相战克，反主吉中有凶，用之无益。若克本命，主公讼破财。

用地将辨方正位，吊替吉凶神煞，的以正针为主，四维方三分其数，以主一月之吉凶。如戌乾亥山，冬至后顺，以上十日属戌，中十日属乾，末十日属亥。夏至后逆，以上十日属亥，中十日属乾，末十日属戌。用吉星，避凶煞，审吊替，例皆仿此。

制神煞先令凶星失时无气，更泊落死绝休废之乡，却得禄马贵人，当令旺修之，化煞为权。切勿制克压伏，恐换太岁，或合神煞，或冲压伏之辰，祸患大作故也。

克择之法，以真太阳为主，看星历某辰，气至某山某度，凭所到处之山，即择所坐之辰而用之，为神藏煞没，万山戴礼，召吉之法，以此为首焉。

用天河转运道官，二星每二十日管摄一宫，用主专以纳音生旺为主，喜与岁命禄贵同宫，刻期致福。如壬申日到申为生旺，壬申到艮为衰绝。他仿此。

用日期先看月令生旺之气，如艮山、艮土旺岁首寅月，即择戊寅、戊申等日时，与本山相生日作之，运得吉神佐福，可触类而长之，为吉也。

葬埋先以亡命与太岁不冲克，旺神禄马贵人朝元，合年月三元白星，扶助太阳，山家运气泊入有气之宫，四课生，三德合山头，斯为尽美，极富并临尤佳。

修造出火，惟择方向吉利之处，会二德三道，可以就居，但忌年禁、金神、本命干鬼之方，犯之疾病。

选时用奇门之法，先以超接为定，次看随奇禄马贵人到局与奇相合，斯为吉也。如奇到而禄不到，为独脚奇；禄马贵人到局而奇不到，为空亡禄马，皆不能为福而制伏神煞。

起造先看命主行年加太岁得何神将，胜光、神后为上，功曹、传送次之。再参合命前五辰，加宅神、宅命之位，看六壬得何神将，以所得之将入中宫，同九星所管之十二辰入中宫，以求四神并贪、巨、武、辅到何宫为吉。次以月将加宅长行年，看宅神、宅命得何星到山方，克择日期全以五辰纳音生旺有气为主。如戊辰生人，甲子年作丙午方，命宅在未，行年在戌，将河魁加本命位上，得小吉。而小吉属贪狼管摄，便以贪狼入中宫求之，见巨门土在乾，武曲金在坎，辅星到震，会乾坎震之传送、神后、功曹三吉神同位，又属有气之宫，更会岁命禄贵并临，吉可必矣。而此难遇，但不系天罡、河魁临行年，则亦吉也。

辰戌丑未月，凶神悉占中宫，切不可修造犯之，必损人财，大忌。

嫁娶只宜男女本命不与年月日时冲克，大喜命与月朔相合，忌犯天狗头足上出入，只宜六合，喜神之位。

山运、亡运之类，备载经中，此不烦述。

召吉之法，只以雷霆太阳为主，十二星辰各取其到处，务合山家气运为主，造作取其到向，安葬取其到穴，即中宫也。如子日吊太阳到中宫，即到穴也。

雷霆三局，上劫升玄，取三元白星以助其吉。中劫升玄，取库楼、土曲、房显、官国以助其吉。下劫升玄，取山家禄马以助其吉。山家禄马即《元经》中甲艮禄在寅，壬乾禄在亥之类。各以月建入中宫寻之，如丁亥年十月作艮，以月建辛亥入中宫，行见甲寅到艮，其年六月丁未，以丁未入中宫，行见甲寅到震，即此类也。

造葬修方，召吉发福，须以火星为生气，但得一到，便能焕发神功入，不恐有烈祸。如丑寅年独火在震，又寅年午为金匮火，十月吊到卯是。若吊得甲乙同九紫到卯，必主破财损畜。凡用月火星，忌月家九紫同到结党，为患不小。

阳明按索

[元] 陈复心老人 编著

(孙) 陈汉卿 补注

[清] 顾沧筹（吾庐） 旁注

阳明按索图序

　　太史谓阴阳家多拘忌，诚哉是言也。盖因习阴阳之学者，理致不通；修阴阳之书者，删定不当。将尽从之，则彼此可否，不胜牵制；将尽弃之，则祸福显验，有不可诬。然则奚为而可？余意在权其重轻休旺而用舍焉。大而紧者避之，小而缓者略之，合于理者从之，背于理者去之，如斯而已。如太岁一星、剑锋、会煞、大月建之类，此大而紧者，所当避忌。如蚕室、太阴、流财之类，此小而缓者，可以略去，不必一一求合。如岁位吉凶，九宫飞白，神煞衰旺，吊宫刑克，音意永微，悉当遵用。又如杂夥天星，俚语怪诞，杜撰条例，愚弄聋瞽，不通于理，安可准凭？论阴阳者，既明去取，更当以胸中活法参用。如金神，恶煞也，其权司秋，其生在巳，正秋旺之候，值巳酉丑之方，决不免于祸。如作于冬春无气之月，分权去势，未必深害。即此而论，活法在人，可类推矣。故曰安得元机之士，与之共论九流，冥契太史之微旨也。得是书者，作如是观，庶有裨乎！复心老人序。

　　峕①

至大改元著雍涒之岁菊月上章书

---

①　同"时"。

阳明按索后跋

　　余家世好地理，广储堪舆文籍。凡阴阳歌诀，议论纷纭，甲可乙否，学者从何取衷？至曾伯复心翁世出，辄举业时，精究天文地理之书，芟繁订赝，参稽异同，剖析吉凶，门分类别，始有准则。晚年注《阳明按索》一编，以为传家之宝，匪人勿示。甲午扰攘，预将诸书之尤者，藏之于窖，其次安于山岩中，又其次束于高阁，以为获万全之计。丙申秋，山寇压境，二三百年之屋宇，一燎无余。迨贼势稍缓，发窖视之，皆溃烂矣。戊戌冬，山岩又经回禄，所藏书籍，尽成画饼。余生平酷好此书，亦能强记一二。思先世手泽，举目无存，遂辟一室，屏去人事，朝夕精研，日积月累，渐成卷帙。遇老人相惠一书，例式与曾伯适相吻合，仆并录此，庶得是书之大全也。凡上中下一百八十年之吉凶，开卷了然矣。高人达士，得是书而观之，未必无小补云。
　　时

洪武乙卯春花朝之吉陈汉卿书
姑苏谭云龙子一夔刻

按索图星煞致用口诀[①]

论内局择方

　　图内方位星煞，并以红字为吉，黑字为凶。且如欲作卯方，先以支年图看卯方值红字为吉，三元白星同。次看干年图，不犯阴阳的杀，然后可作。即于支干二局，看何月分，卯方值红字吉星为可用。又须看吉星属何年分，不可一例作吉用。或年图不值红字，或卯方值黑字凶星，又犯命煞，却于支干二局，择何月分卯方值红字吉星，亦可小小修作。如干局值贵人、天月德、黄道、干德，支局值三白九紫、尊帝、太纪等，及内层月德、天道、人道、生气为大吉。或值朱点凶煞，及诸小凶煞，用朱批者，作之无害。若值黑抹诸煞，却不可作。又须看凶煞属何年分，不可一例作凶用。或一局卯方值红字吉星，而一局卯方值黑字凶星，并无红字吉星，但不犯黑抹黑点凶煞，纵有小凶煞，亦为小吉可用。大凡选择，只依此诀，以两局参用为妙。

论吊替

　　九宫之法，数祖洛书，乃天地自然之理。配三元九星，分阴阳二遁，轮飞吊替，吉凶具焉。经云："吊宫本为星煞马。"凡一切星煞，皆由吊宫而行；生克刑冲，皆由吊替而知。修方选择之妙，无以加此。其法以用事月建入中宫，飞轮八方，看上下主客加临，相生刑克，带吉带凶。次推替宫，以月分值所得甲子之辰再入中宫，顺布九宫，看相克刑克，如上遁。

　　如甲巳年四月分，替得巽上丁丑，又入中宫，遁庚辰到艮，金土相生，吉。

　　又，三元九宫吊替，如上元甲子年三月作乾，系一白值年入中宫，吊二黑到乾，不吉。三月系六白值月，吊七赤到乾，名交剑杀，凶。

[①] 按索凡例。

次推替宫，三月分属巽，替得巽上五黄，又以五黄入中顺布，六白到乾，名还宫，诸煞皆伏。凡吊宫吉为上，替宫次之，或吊替与本位互相生，尤妙，或吊吉而替凶亦可用。

论宫位

支干二局，以二十四位分配八宫，各管三位。如乾管戌亥，子管壬癸。又，子午卯酉四正宫，五行一同，易以造作。如子管壬癸，三位皆水。惟乾坤艮巽四维宫，五行各异，不可不察。如乾管戌亥，戌属土，乾属金，亥属水。若火命作戌，火土相生，吉。作乾亥则凶，乃相克也。他宫准此。如作爻位，亦准此论。

论去取星煞

凡贵人，若在阳遁得阴贵，或阴遁得阳贵，并无力，今皆不具。三白九紫临方相克，或带煞及凶，并作黑字示，不吉也，凡吉凶同宫，而凶煞不可犯，则舍吉而避凶。或凶煞轻，则舍凶而用吉，如天月二德之类是也。太岁、剑锋为凶，轻者则不具，或用朱抹之。惟不可犯，至凶则具之。命煞在一甲内凶，三甲外不凶，亦不具。他星准此。

论局中星煞

支干二局，每局各分内外层，内层二十四位星煞各占一位，外层八宫星煞各占三位。如甲巳年正月图，艮宫大月建，则丑艮寅三宫皆凶，他仿此。又外层吊宫，如甲子及加星，皆以正书大字是吊宫，偏书小字是替宫。凡诸星煞，须看逐位下小字，系某年分。如干局，甲巳年正月，艮宫大月建下字云甲年，则六甲皆凶，六巳年不凶。凡云至前则冬至、夏至前，至后则冬至、夏至后也。若星煞位下，不注年分，则此年同其吉凶。

又支局四仲图，正月兑宫一白下云入墓，盖兑宫吊得辰，是一白墓，凶。又云戊子、戊午年凶，盖戊癸年遁得丙辰，是土克水，是白中煞，吉星反凶。他准此。

论 墓

凡宅长本命，值吊宫墓主凶。木墓未，火墓戌，金墓丑，水墓辰。惟土不同，庚午、辛未、庚子、辛丑之土墓辰，丙戌、丁亥、丙辰、丁巳之土墓丑，戊寅、己卯、戊申、己酉之土墓戌。凡宅长命并准此。《元经》论土有三等殊生，故墓亦不同。

论命煞

的命煞但看干局月图，若所作方吊宫甲子是宅长、宅母本命，则不可作，余人不忌。阳的杀以太岁虎遁见亥，以亥入中宫，寻本命到处是。阴的杀以本命虎遁见亥，以亥入中宫，寻太岁到处是。一甲内大凶，三甲不忌。

论方道

凡州县人家造作，或隔大街，或隔屋壁，虽近不妨。若作方只忌年月刑本命及本方。若州县建樵楼厅宇馆驿，却忌年月犯凶星，官员尤宜谨之。若些小兴建轩亭，并不问吉凶之方，惟要日吉。

凡村落之地，或隔大溪河，船桥可渡，不问吉凶星煞，惟忌太岁一星及五般会煞。若隔溪水长流不绝，凶煞小不妨。若临人造作，方道不利，移床就天德方避之，吉。

论守爻

出爻作方，最难要两处皆吉。坐宅作方，只要作处吉。盖土木是无情之物，造作犯凶星，其灾小。人为万物之灵，有情之物，出爻方犯凶方，其灾大。凡守爻处远，则方隅止一方，则或犯两三方，难遇皆吉。

论吊宫吉方

贵人若阳遁得阳贵，又在阳宫，阴遁得阴贵，又在阴宫，为得位。或窠会，或进气，或还宫，皆大有力，能压凶煞。只戊庚年吊己丑、己未为窠会。

冬至至惊蛰，夏至至白露为进气。如丙丁年，吊酉到兑宫为还宫。余准此。惟贵人还宫，官员反凶，忌作，常人大吉。

天德为大吉星，如值还家大有力，不怕凶煞。遇戊寄乾巽，己寄坤艮，如二、八月遁见己，五、十一月遁见戊，即是天德、月德，大宜作方，亦值还宫为上吉。更值贵人、天德，尤占。

干德己年在甲，以阳制阴，如君制臣，其福亦大，凡官符、刑煞皆能救解。经云："官符遇德无刑杀，刑杀遇德救援之。"如甲子年吊得己丑是。凡月德在年可用，若年德在月不可用，如己年吊得日干甲是。

解神能解凶煞、刑煞、官符煞。

催官鬼使，凡士人应举，久不成名，可吊寻贵人与催官同到方所修作之，吉。

紫白临方相生及旺相，不避凶煞。若相克或带煞，或值吊宫墓，或年月上墓，或吊宫克，皆凶。凡一白值年，不可作中宫及坤艮，土克水也。他星准此。凡一白入南，九紫入坎，六白入巽，八白入坤，皆名穿心煞。一白、八白入巽，六白入艮，九紫入乾，皆名灭门杀。六白入兑，名交剑杀，吉星反凶。五黄虽凶，若阳遁在阳位，与阳土比，得八白为吉，可用。

凡万工以下用年白，千工以下用月白，百工以下用日白，十工以下一二日用时白。

论吊宫凶星

太岁一星，其凶最大，一切吉星难救，惟贵人棄会可救。如中元壬午，系四绿值年，以四绿入中，轮至本年支上得八白，再以八白入中，轮见四绿在子，名太岁一星。至本年八月，吊子到艮，又值四绿与子同会，名真太岁一星。余准此。

剑锋杀，常在月建前一位，正月甲，三、九月戊，六、十二月己。戊寄乾巽及中宫，己寄坤艮及中宫。其法以太岁入中宫，先布月分甲子，却以月分所得甲子某辰入中，求逐月到处。遇干支同到为正杀，杀人畜肉满千斤。本家人畜不足，邻人补之。凡子午卯酉每宫各管一月，乾坤艮巽每宫各管二月。如甲辰年月，即以甲辰入中，乙巳乾九月分，丙午兑八月分，丁未艮正月分，第二匝甲寅乾十月分，丙辰艮十二月分。若正月则用丁未入中宫，甲寅到卯为正杀，干支同到是也。

正月甲寅，二月乙卯，三月戊辰，四月丙午，五月丁巳，六月己未，七月庚申，八月辛酉，九月戊戌，十月壬子，十一月癸亥，十二月己丑。

暗剑杀，乃值月星及本位所得之星，如一白值月入中，轮见六白到坎一白本位，是其煞，如臣夺君位。若月首之日纳音川煞，则吉，煞制月首，大凶，相生比和亦大凶。如六白为煞，月首值火日，则吉。

五般会杀，乙巳加乾，辛亥加巽，为罗网煞。戊戌加巽，戊辰加乾，为魁罡煞。甲寅加坤，庚申加艮，为刑害煞。辛酉加震，乙卯加兑，为离合煞。壬子加南，丙午加北，为阴阳会杀。五俱不可犯。

三般刑杀，甲子加卯，甲戌加坤，甲申加艮，甲午加午，甲寅加巳，甲辰加巽是，又名六仪刑。

太岁煞，以月建入中宫寻太岁到位，在一甲内与本方相刑克，大凶。比和不凶，二甲小凶，三甲不忌。

月建煞，以太岁入中宫，寻月建到位，在一甲内与本方相生亦大凶，或克宅长命尤凶。一名小儿煞，又名阴中太岁，犯之先杀宅长，次杀小儿。

大月建，甲癸庚丁起艮，乙辛戊起中，丙壬己起坤，俱逆数。如庚戌年正月起艮，逆飞二月兑，三月乾，四月中，五月巽，六震，七坤，八坎，九离，名逆小儿杀，会的杀，年禁，大凶。惟此不可犯，虽紫白无救，最凶。

金神七杀，用年干遁取。如甲己年遁壬申、癸酉是。金神七杀，遇庚辛二干亦是，庚辛申酉金亦是。惟忌巳申酉月乘旺，作之大凶。余月无气，不凶。

飞天官符，年月官符所在之方，作之大凶，主杀宅长及非横官灾。若马同到，祸尤速。

独火惟是一白或太岁属水，或吊宫值壬癸，或秋冬用壬癸日，并不能为灾。若四五月值三碧、四绿同宫，大凶。月独火惟宜作池井陂堰得福，大忌埋葬、修造六畜栏栈、守爻窑灶，并凶。又官员僧道修之，吉。即月六害。

论内层年家吉星凶煞

岁德、天道、人道、利道，修造大吉，主进人口，生财进产。博士，岁之贵神，忌动土兴工，候岁月天道、人道、月德到位，增修泥饰，吉。奏书，岁之吉神，掌伺察诸神，忌穿掘修营，候岁月天德同位，修饰之，吉。

太岁、岁破、帝车，其方忌动土修作，犯之杀宅长，凶。

天命、毛头、大退，起造兴工动土，大凶。

土星凡在一方，常游对冲一方，一方各占三位，切忌动土修造，主杀人破家。火道，主火灾、瘟疫。

血道主刀兵之厄，损血财孕妇。流财亦主损血财。死符主损人口。黄幡忌开门取土、嫁娶，凶，纳财收畜主走失。豹尾不宜嫁娶及纳有尾之畜。力士主瘟疫竹木之厄。

丧门犯之，造作吊客送丧，凶。又新妇入门，忌踏此方。

论内层月家吉星凶煞

天德、月德之方，万福咸集，大宜动土修作，吉。

月空、生气宜取土修造，吉。

天道、人道宜起造动土，吉。

太阳、紫气、奇罗、金水、台将皆吉神，修作动土，大进人口，利益田蚕，诸事大吉。

天罡、丙乙半吉，值吉星同位可作。

帝尊太纪四星，凡造作不问土星、金神、崩腾、独火、火血、大煞，诸般凶煞皆不避忌。若更兼贵星，为福立见。

旺神剑锋，月家至凶之神，切不可犯。

月破、土符、崩腾、大煞、火血、阴阳月建、刀砧、牛火血，修作动土，主失财病讼，大凶。

怨仇报三杀，葬埋行丧，犯之大凶。游废犯之杀人口，损血财。月厌忌移徙、嫁娶、出入，大凶。

丧门大忌行丧。

论大小星煞相制

凡支十二局外层吉星，惟贵人、三白、九紫、天德、月德、干德、黄道、尊帝太纪四星最吉。若有力，不避凶煞。

天道、贪狼、左辅、武曲、右弼及内层天月二德、天道、利道、人道、月空为次吉。

外层凶星惟太岁一星、剑锋煞、三般刑煞、金神七煞、太岁煞、月建煞、五般会煞、大月建煞及内层太岁、岁破、三旺冲、剑锋最凶，纵得吉星，亦不可犯。其次内层土星、毛头、天命、大退、独火为次凶煞，若得一二吉星有力以制之，作亦无妨。局内吉星有力者并作红字，凶煞不可犯者并作黑抹，其不抹者，乃些小凶煞，若得吉星有力，不避忌也。

论阳宅合忌向坐 九例

向首空亡，又名天禁空亡：甲己年壬丙，乙庚年丁癸，丙辛年壬丙、乙辛，丁壬年甲庚，戊癸年乙辛。

血刃空亡：甲己年甲庚，乙庚年辛丙壬，丙辛年丁癸丙，丁壬年庚乙辛，戊癸年壬乾巽。

坐下空亡：甲年寅午戌壬，乙年辰子申癸，丙年巽辛，丁年亥卯未庚，戊年巳酉丑丁，己年甲庚，庚年辛壬丙，辛年丙子癸，壬年乙庚辛，癸年壬乾巽。

土溽空亡：甲年庚，乙年乙，丙年壬，丁年庚，戊年丙，己年甲，庚年丁，辛年壬，壬年甲，癸年丙。

下土空亡：甲年午，乙年辰，丙年丑，丁年戌，戊年申，己年午，庚年辰，辛年丑，壬年戌，癸年申。

巡山罗猴空：申子辰年子申辰乙巽辛向，巳酉丑年巳酉丑丙壬乾向，寅午戌年寅午戌丁癸艮向，亥卯未年亥卯未甲庚坤向。

金镜天星：子年利乾巽，丑年利丙壬，寅年利丁癸，卯年利坤艮，辰年利，巳年利，午年利坤艮，未年利甲庚，申年利乙辛，酉年利乾巽，戌年亥年苟得大利，年罗猴不必忌。

廉贞独火：子年艮，丑寅年震，卯年坎，辰巳年巽，午年兑，未申年离，酉年坤，戌亥年乾。

阳明按索卷一

龙麟黄道金楼图三局

天星龙鳞金镜图			
辰 禄巨文昌 天官贵	巳 天解禄 天福贵	午 天福禄 天解贵	未 长生食禄 天官贵
卯 贵宝玉 人轮谷	贪 官贵 贪	文卒 禄比 破破	申 天耗 天杀 天执 天败 贵
寅 天青天 杀龙殃	禄比 破成	巨	酉 禄宜福至 至昌至至
		廉执 子午卯酉年子上起建破 寅申巳亥年寅上起建破 辰戌丑未年辰上起建破 右并起破巨禄贪廉 谦武文文贪廉	戌 天形 天灾 天定 怒 杀 劫
丑 天天 天煞劫 天官	子 太乙 紫微 天官	亥 孤宿 元皇 天耗	

金镜黄道天星图

男人竖造以向为主
如甲子生命作
寅山申向甲子
年得壬申金丙
辛年造得丙申
火克了甲子金
大凶

为吉
寅木生丙寅火
辛年造作得庚
命得丙寅火丙
作寅山申向本
如甲子生女命
女人竖造以坐为主

四孟起寅四仲子
四季龙行却在辰

子午卯酉年
子上起建破
大利乾坤艮
巽辰戌丑未
坐向

寅申巳亥年
寅上起建破
大利乙辛丁
癸子午卯酉
坐向

辰戌丑未年
辰上起建破
大利甲庚丙
壬寅申巳亥
坐向

若遇巨贪并武位
百般造作福骈臻

金楼正运图

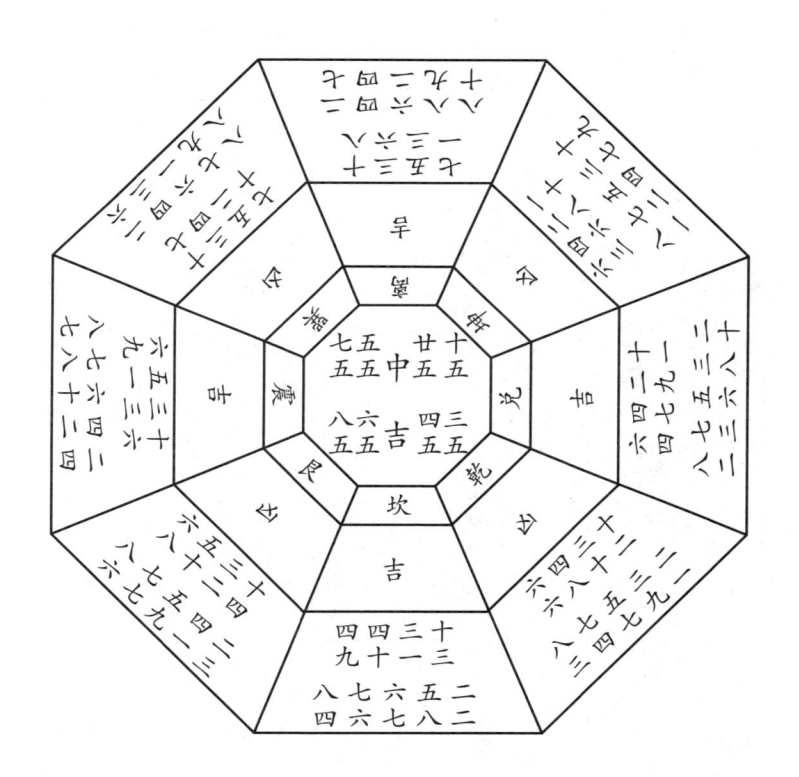

起诀：以一十岁起坤宫顺行，逢五入中宫，节节数去便是值节坎离震兑中宫吉，余并凶。

支年图 十二局

子 年

九良星厨灶

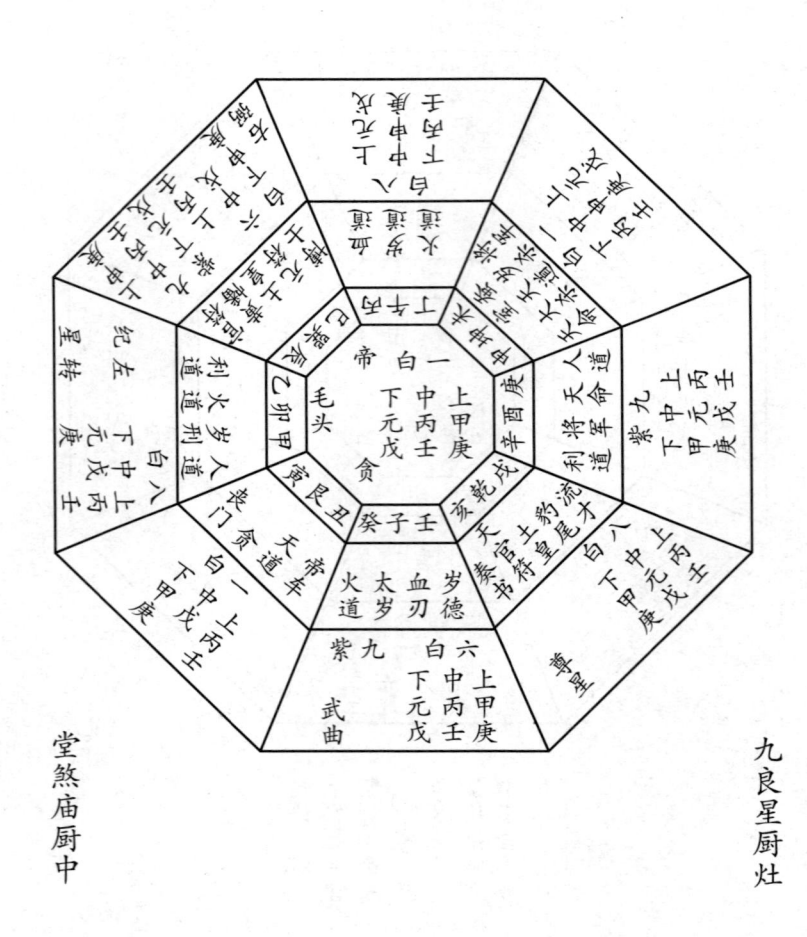

堂煞庙厨中

丑　年

九良星僧堂社庙

步煞府井水

阳明按索卷一

寅　年

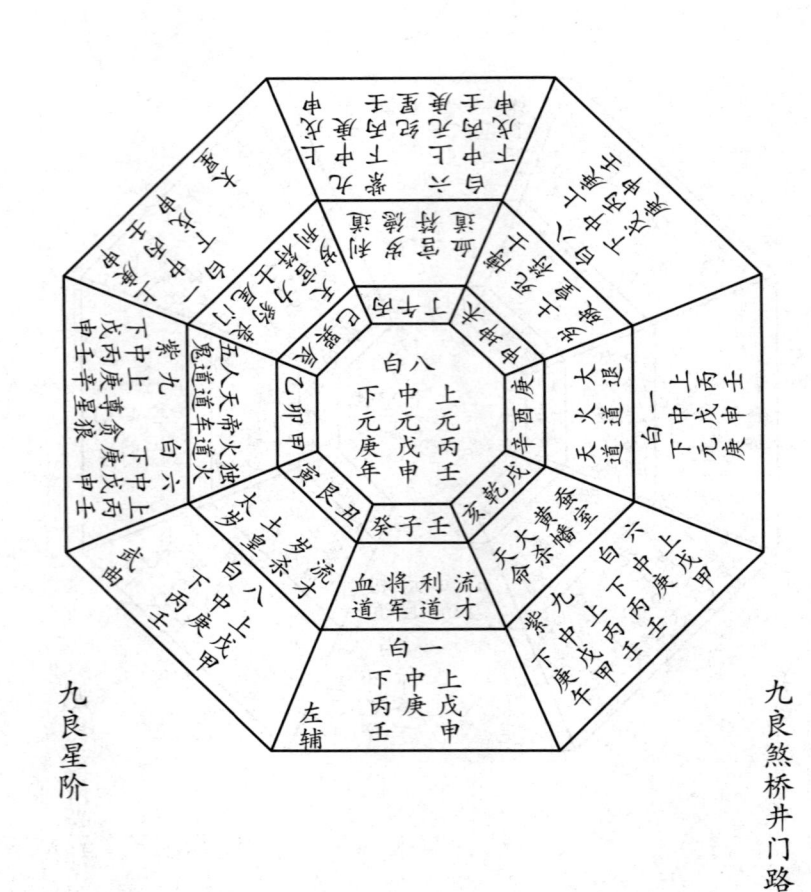

卯　年

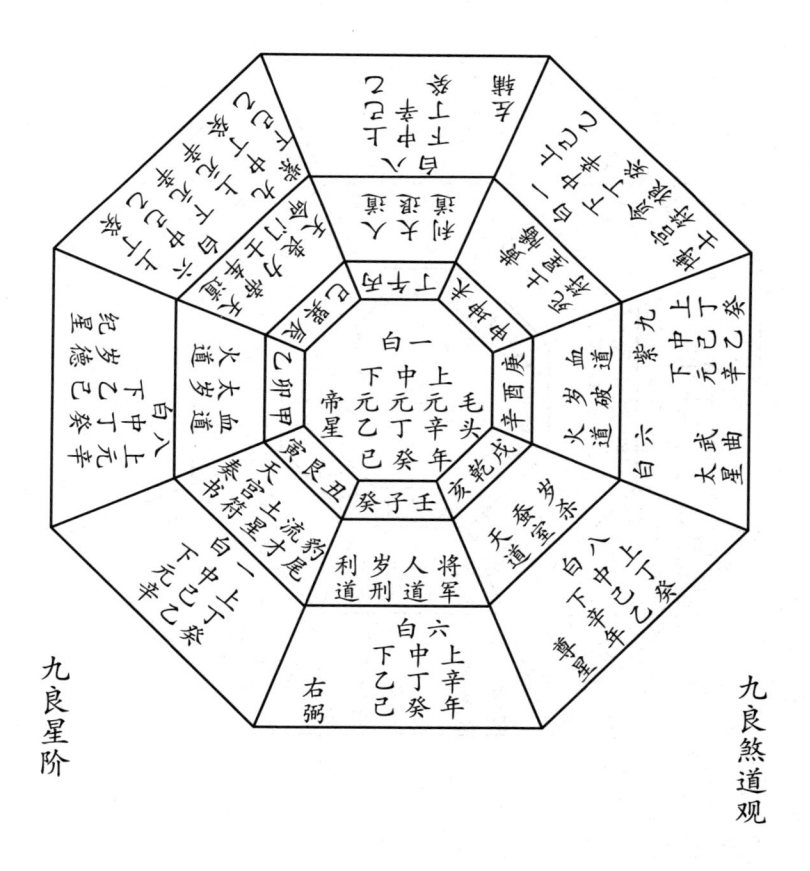

九良星阶

九良煞道观

阳明按索卷一

辰　年

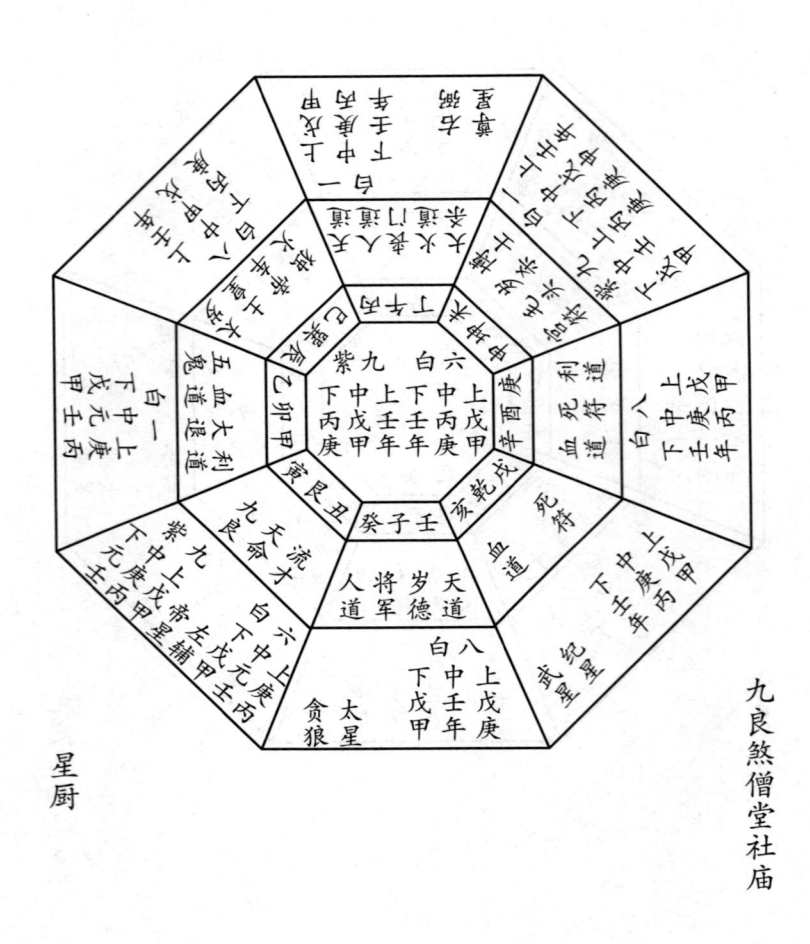

九艮煞僧堂社庙　　星厨

巳　年

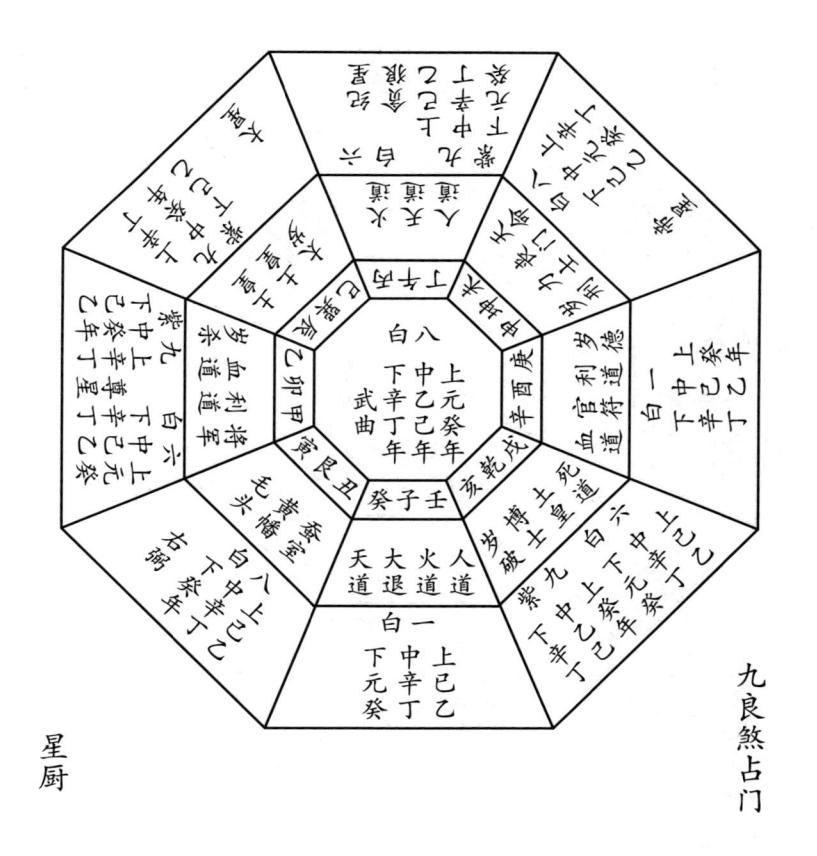

九良煞占門

星厨

阳明按索卷一

117

阴阳五要奇书

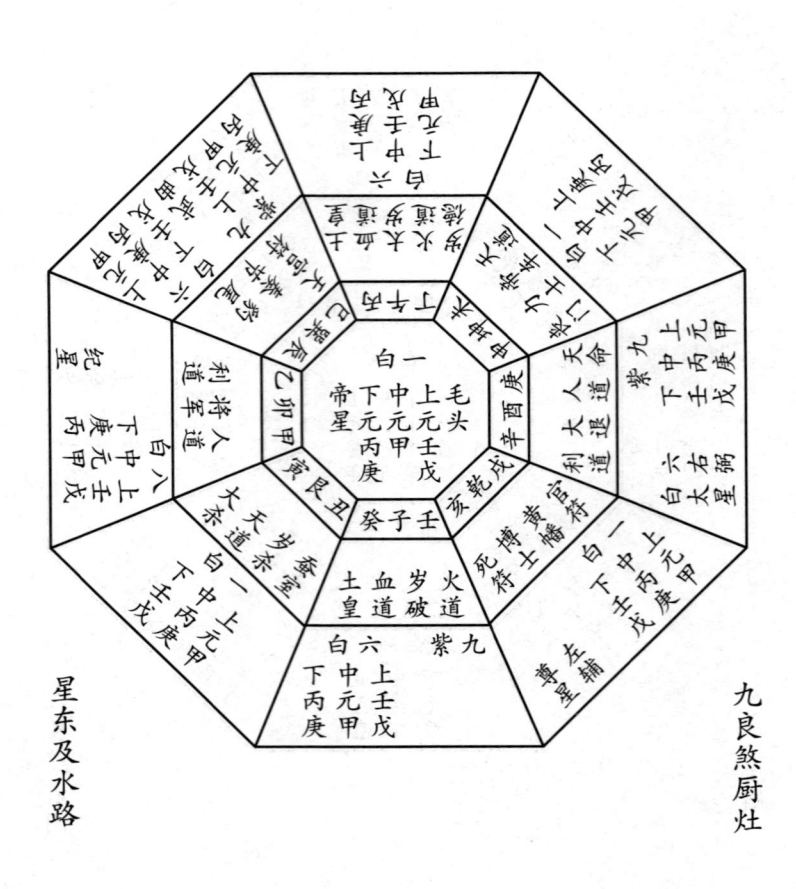

午 年

九良煞厨灶

星东及水路

未　年

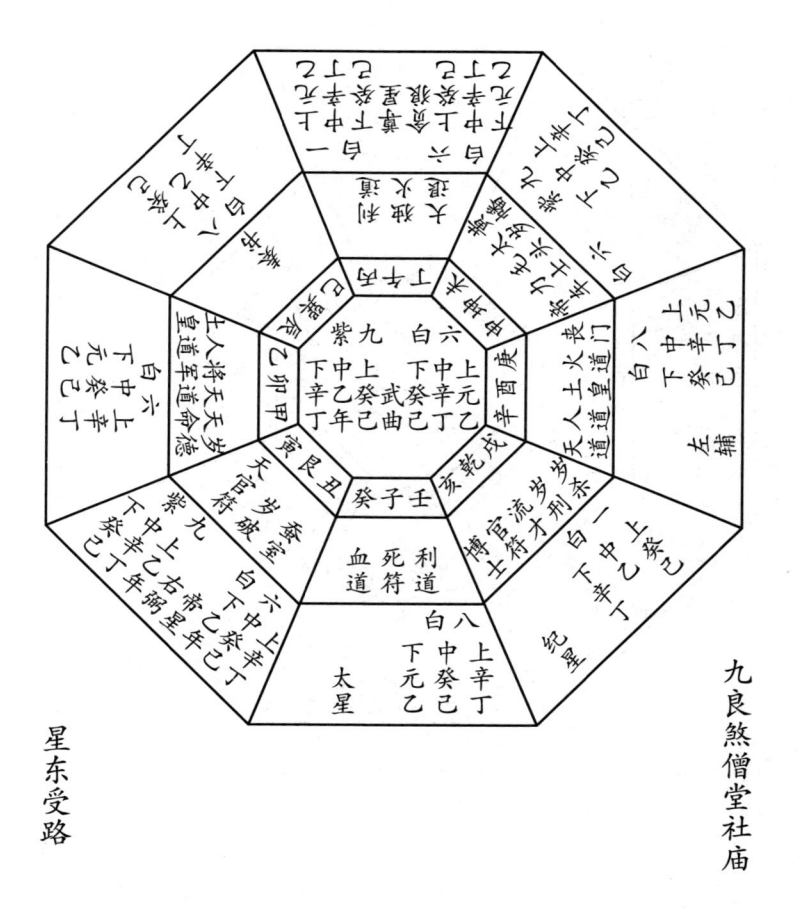

申　年

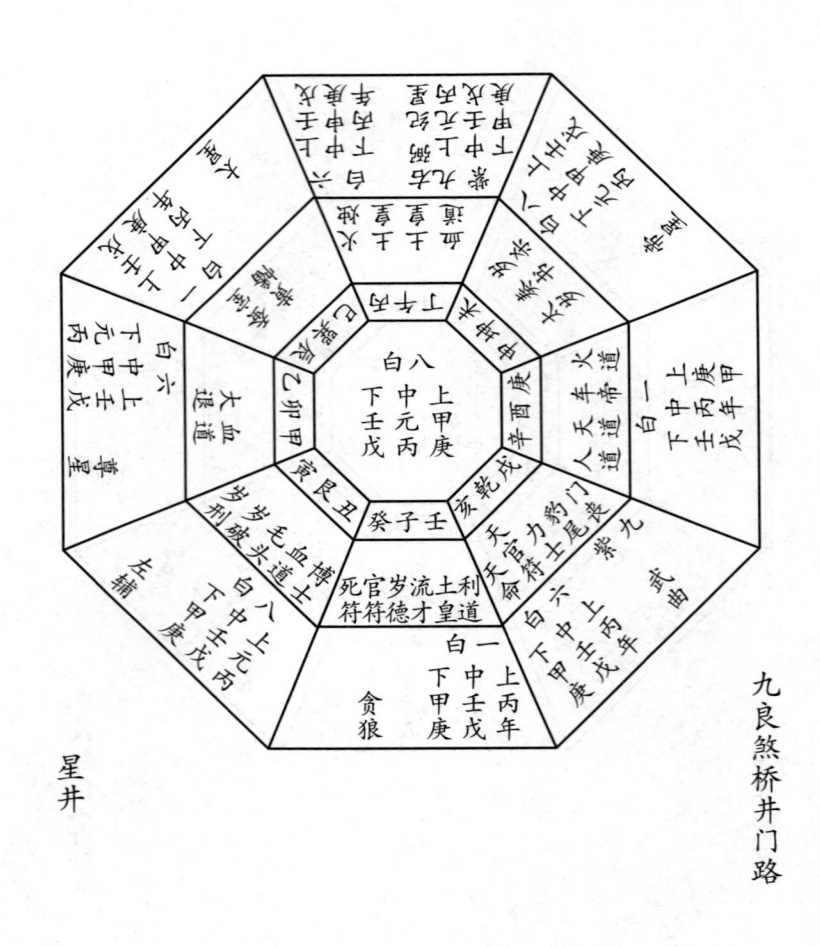

酉　年

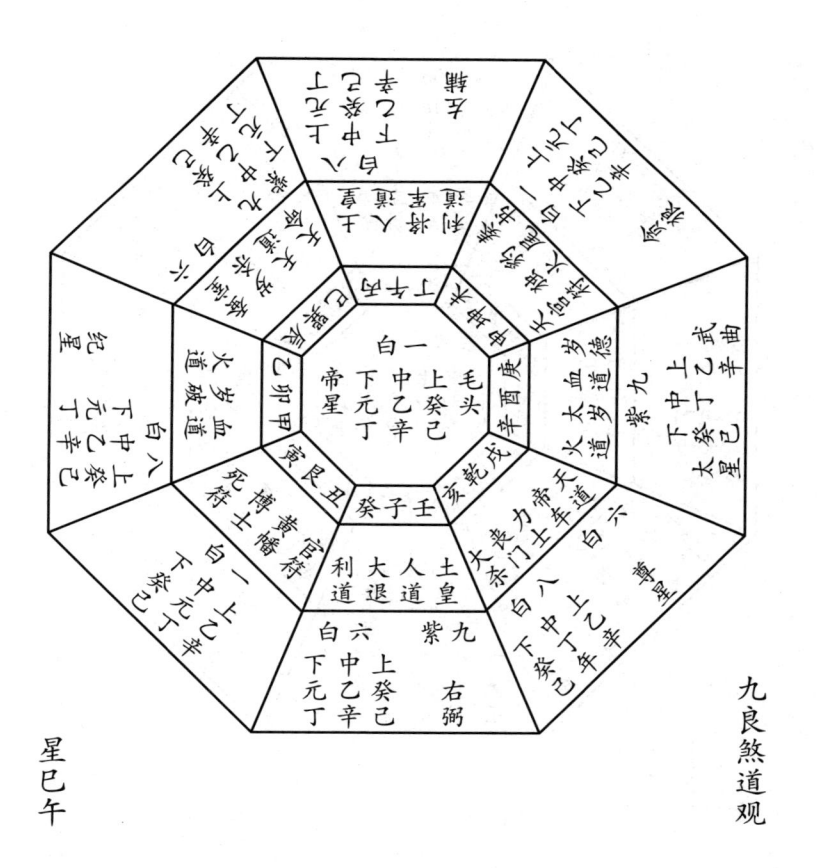

九良煞道观

戌 年

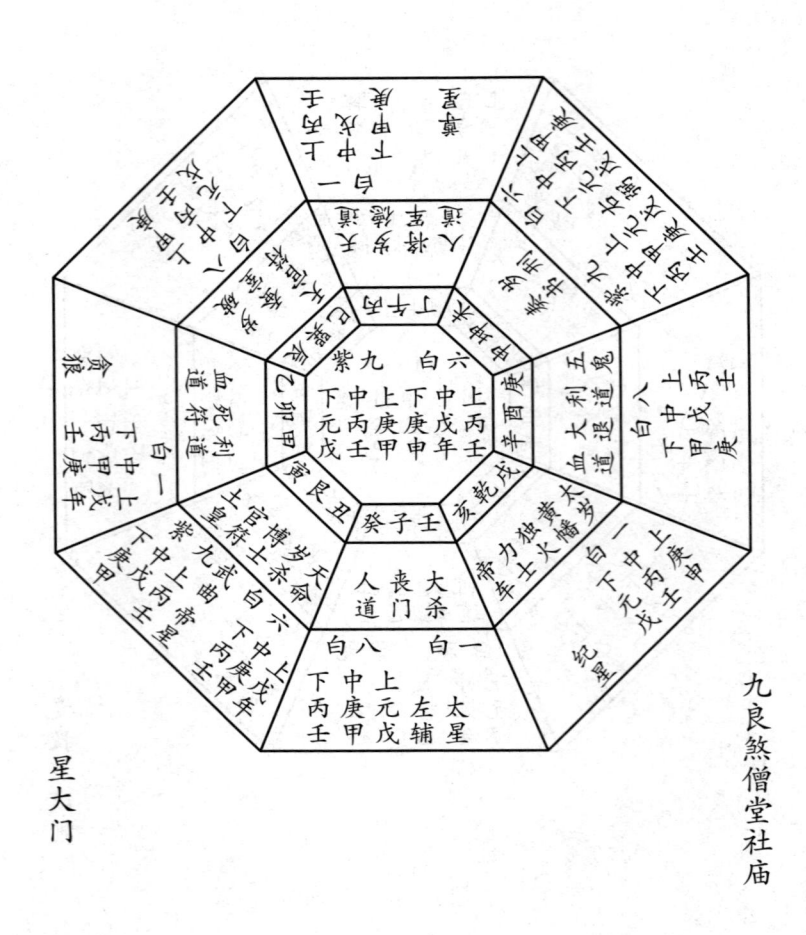

亥　年

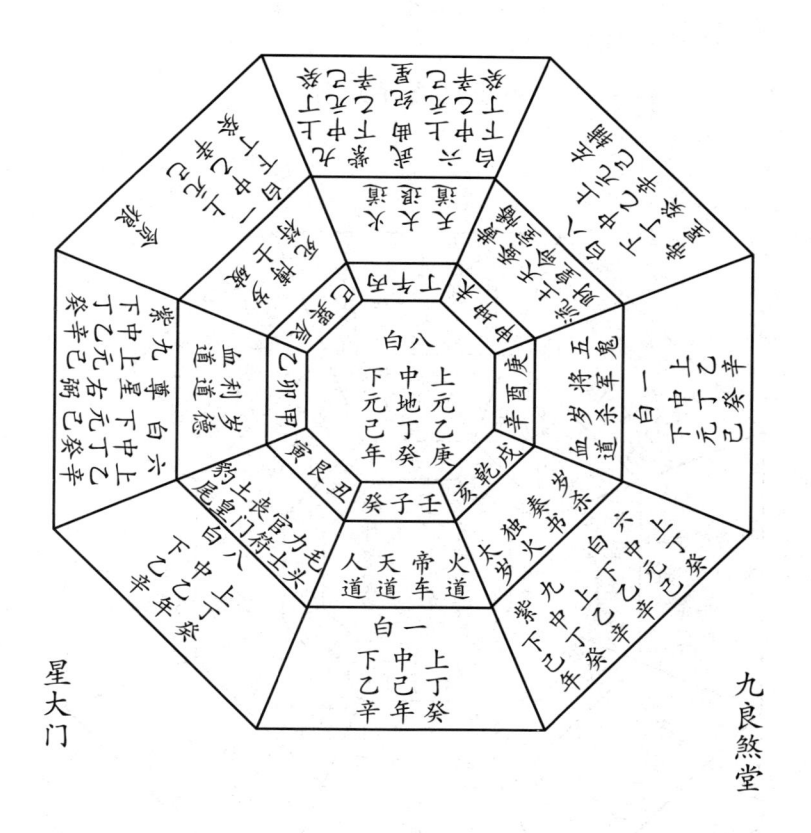

阳明按索卷二

支年月份图 三十六局

寅申巳亥年正月

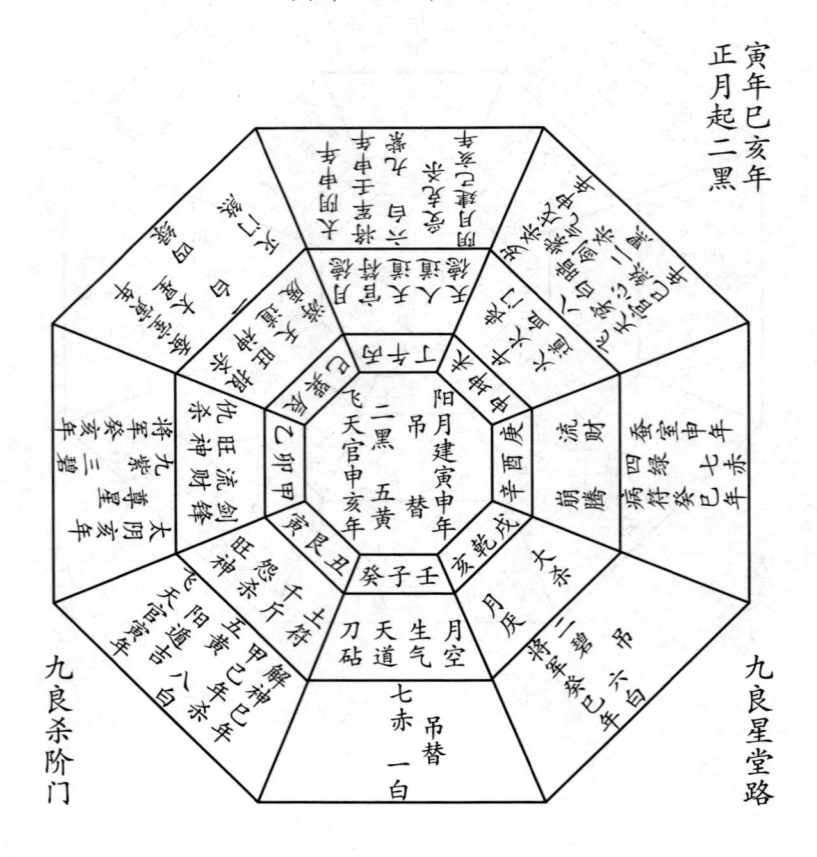

寅年巳亥年正月起二黑

九艮杀阶门

九艮星堂路

利子午卯酉甲庚向

寅申巳亥年二月

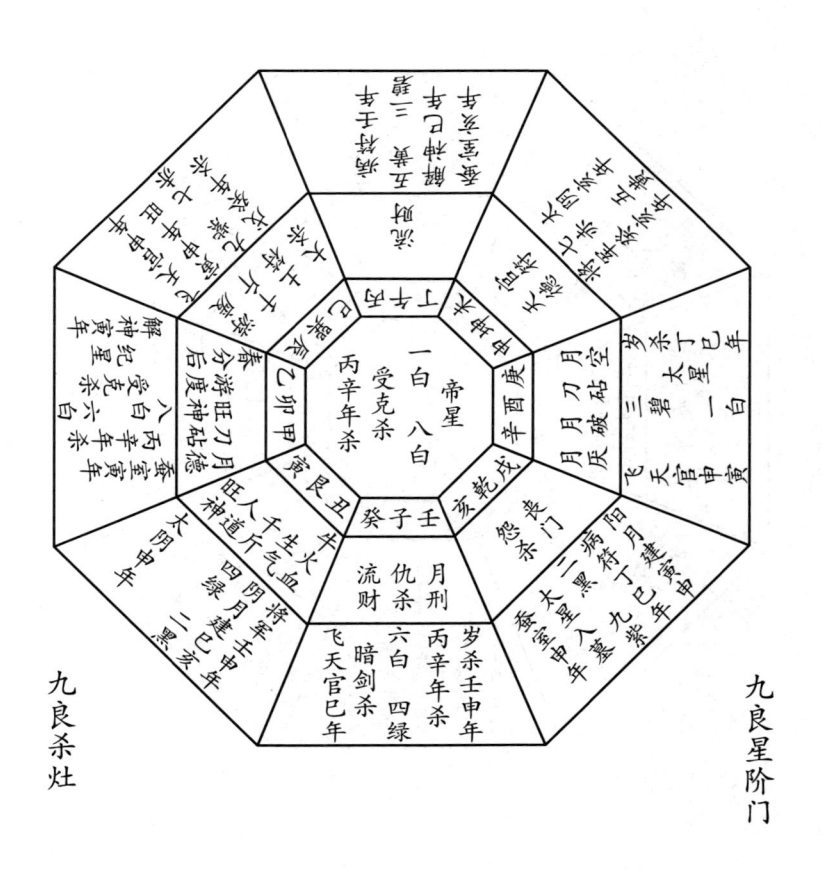

利乾坤艮巽辰戌丑未向

九艮杀灶

九艮星阶门

寅申巳亥年三月

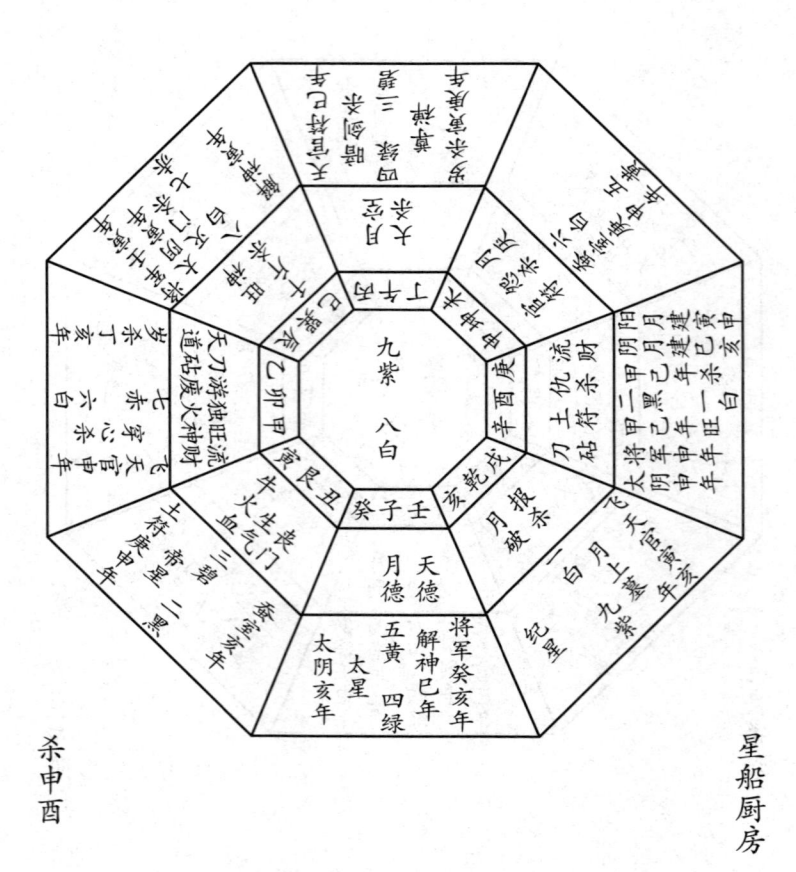

杀申酉

星船厨房

利寅申巳亥甲庚丙壬向

寅申巳亥年四月

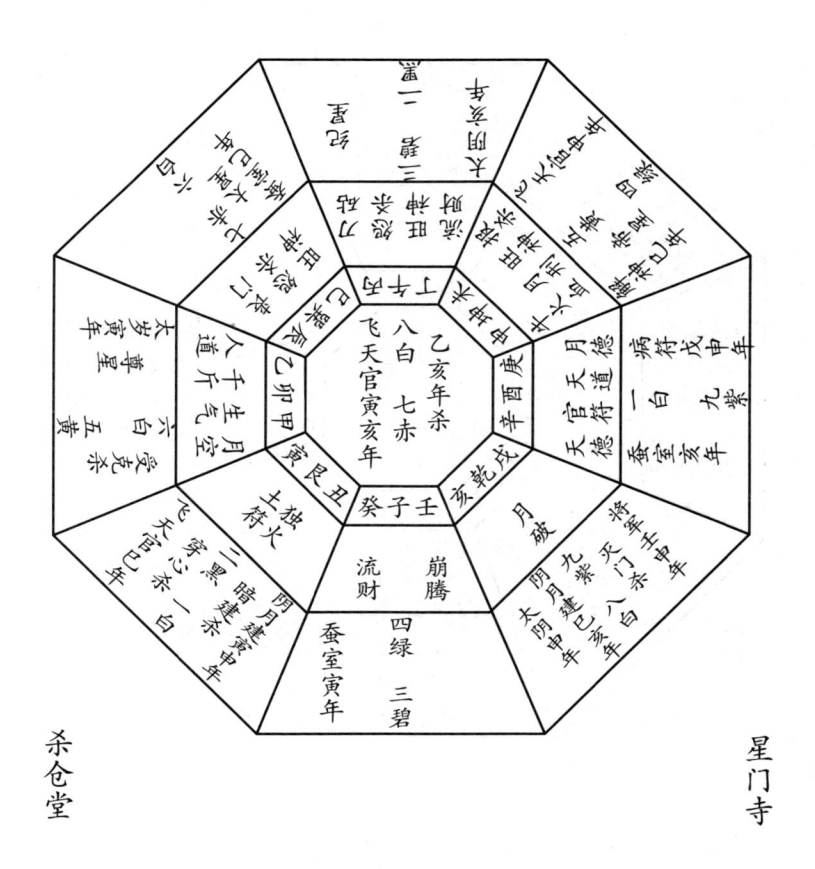

杀仓堂

星门寺

利子午卯酉乙辛丁癸向

寅申巳亥年五月

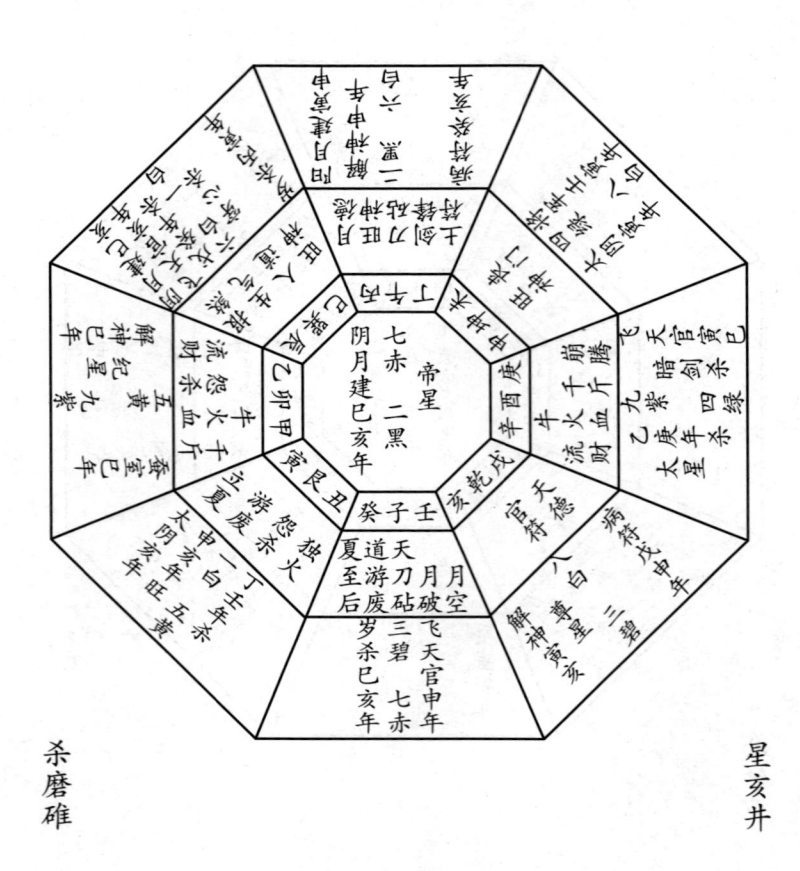

利乾坤艮巽辰戌丑未向

杀磨碓　　　　　　　　星亥井

寅申巳亥年六月

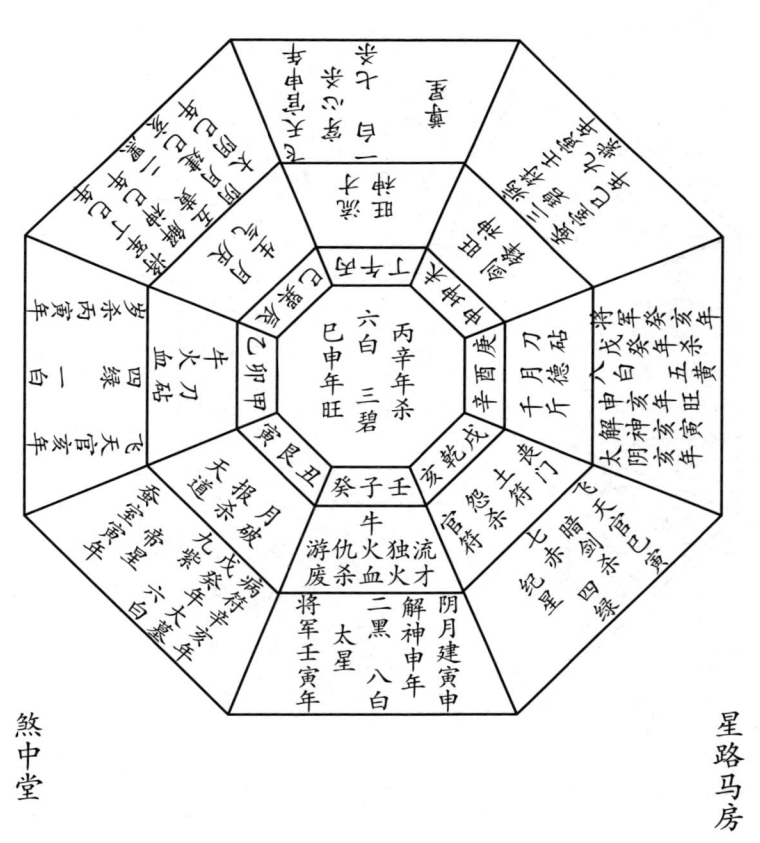

煞中堂

利寅申巳亥丙壬向

星路马房

寅申巳亥年七月

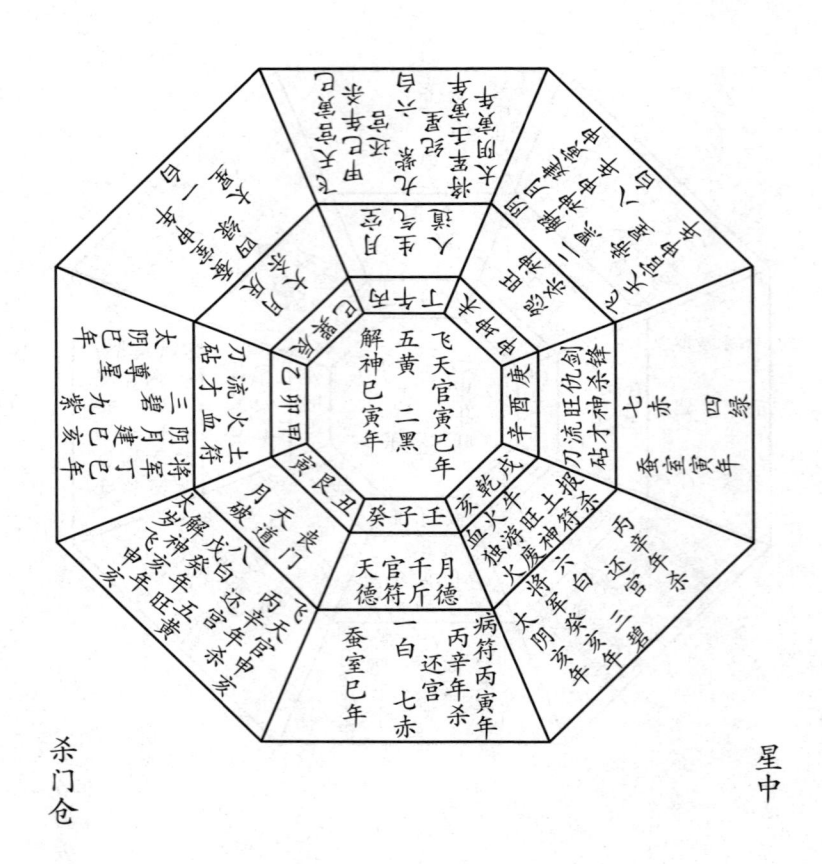

杀门仓

星中

利子午卯酉乙辛向

寅申巳亥年八月

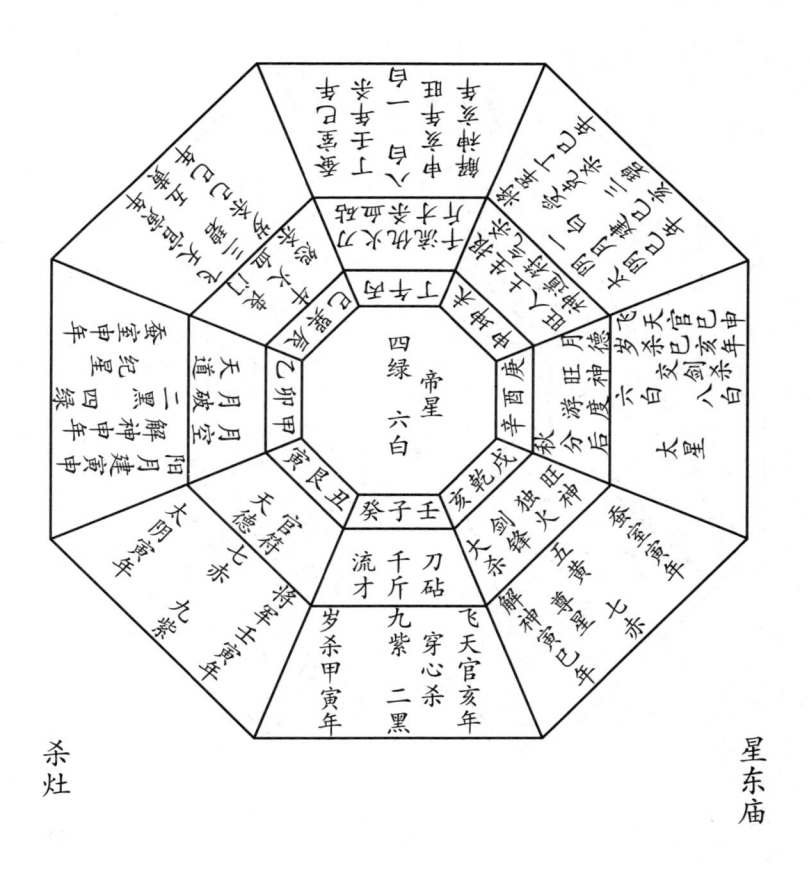

利乾坤艮巽辰戌丑未向

杀灶　　　　　　　　　星东庙

寅申巳亥年九月

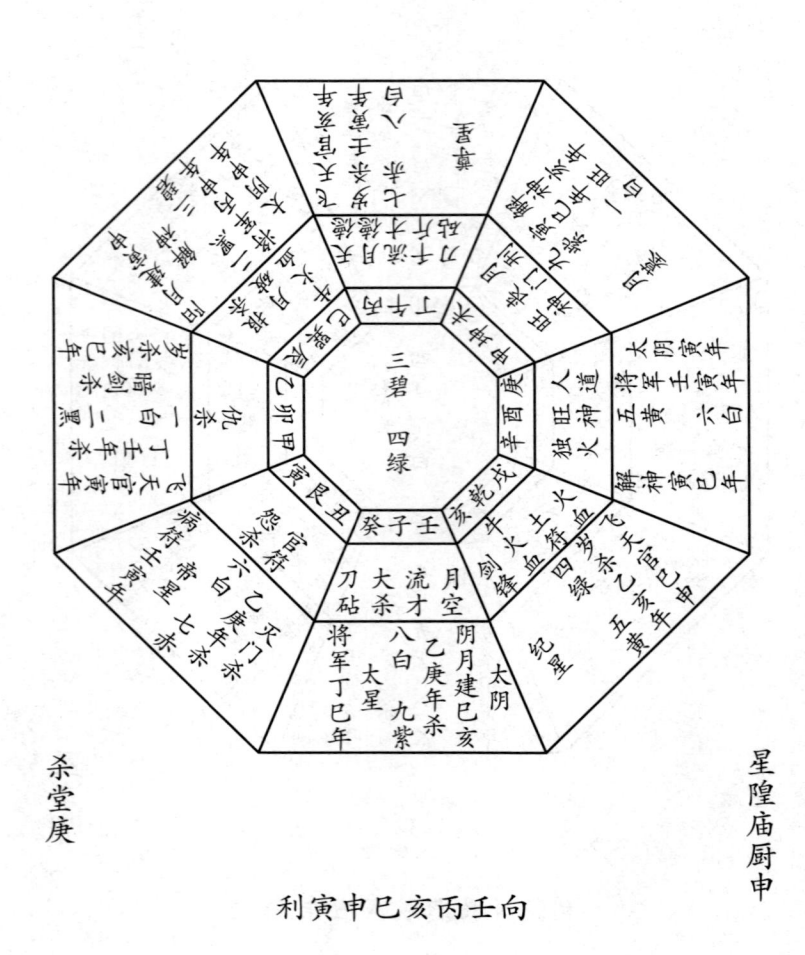

杀堂庚

利寅申巳亥丙壬向

星隍庙厨申

寅申巳亥年十月

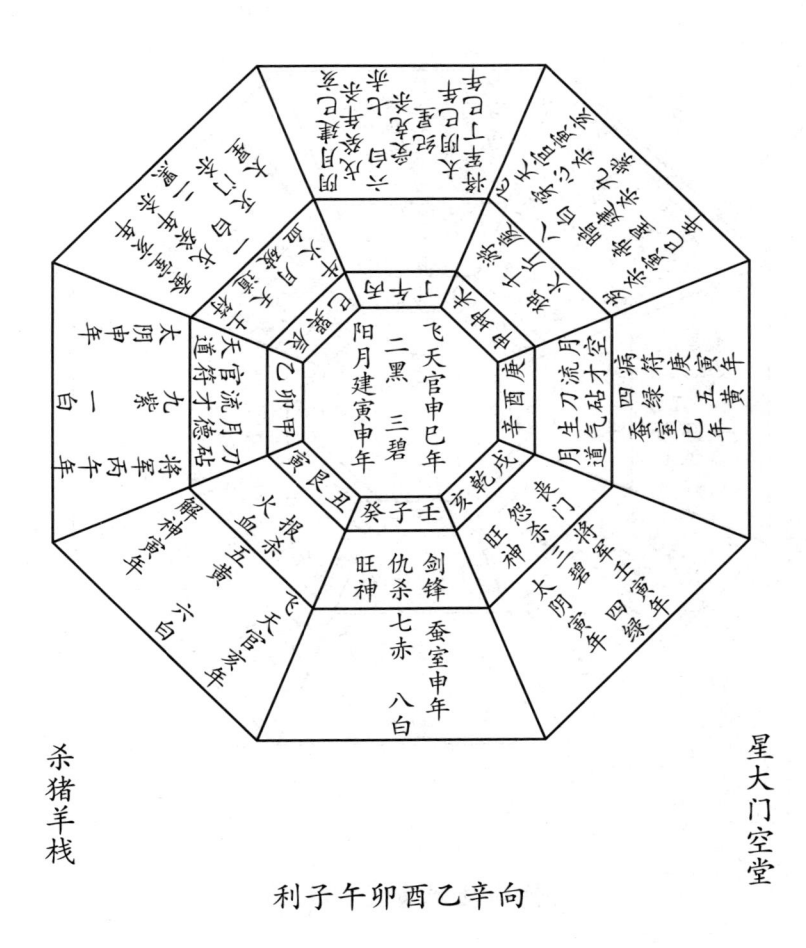

利子午卯酉乙辛向

杀猪羊栈

星大门空堂

寅申巳亥年十一月

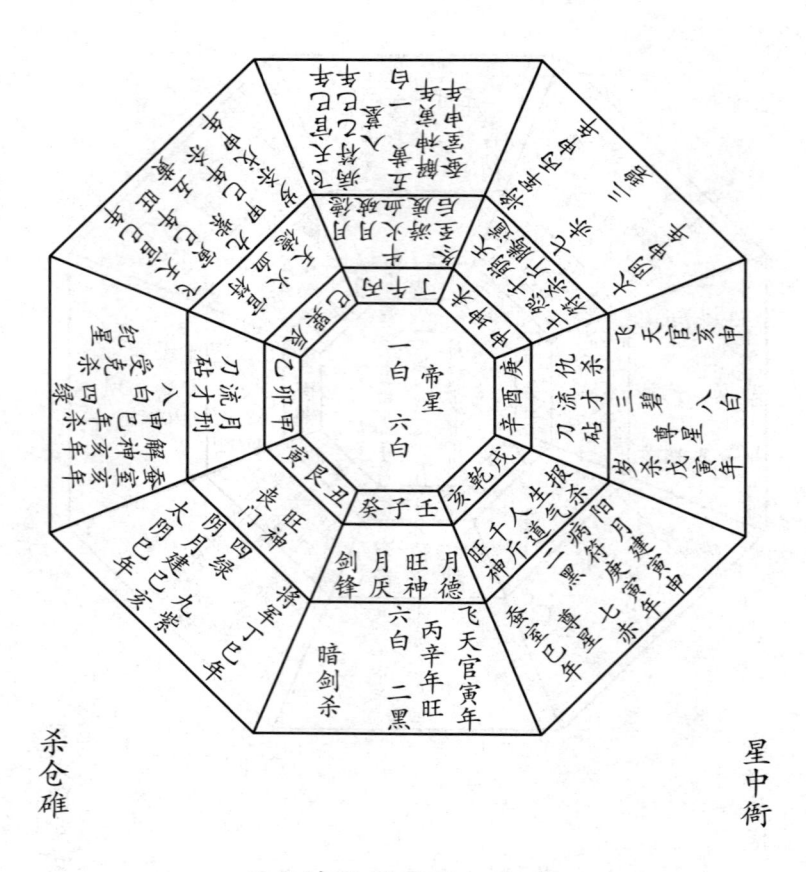

利乾坤艮巽辰戌丑未向

寅申巳亥年十二月

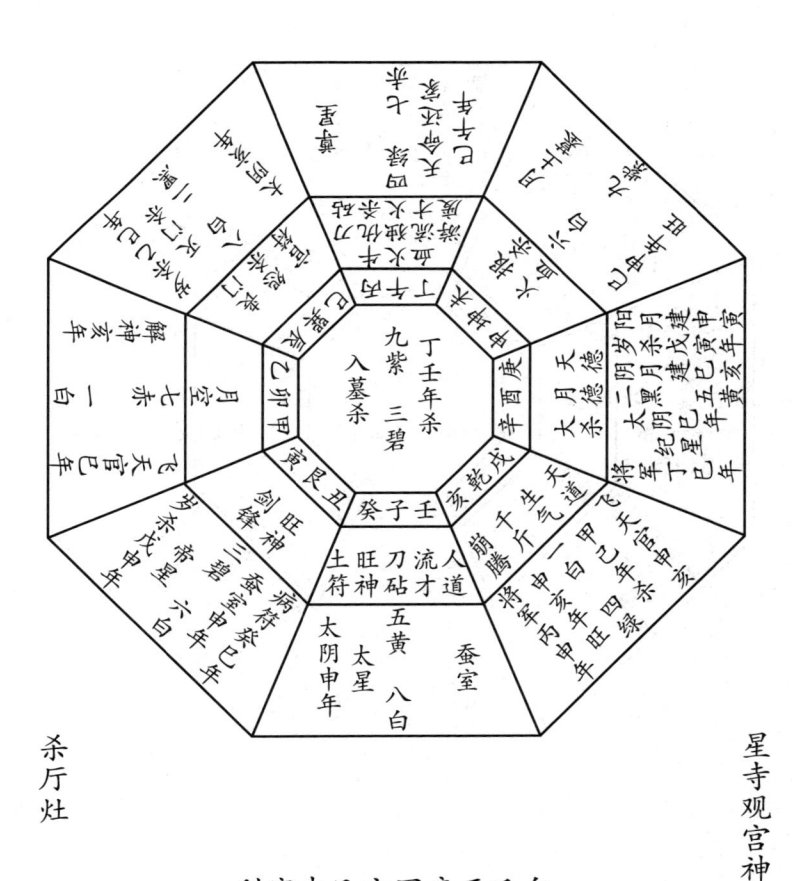

利寅申巳亥甲庚丙壬向

杀厅灶

星寺观宫神

子午卯酉年正月起八白

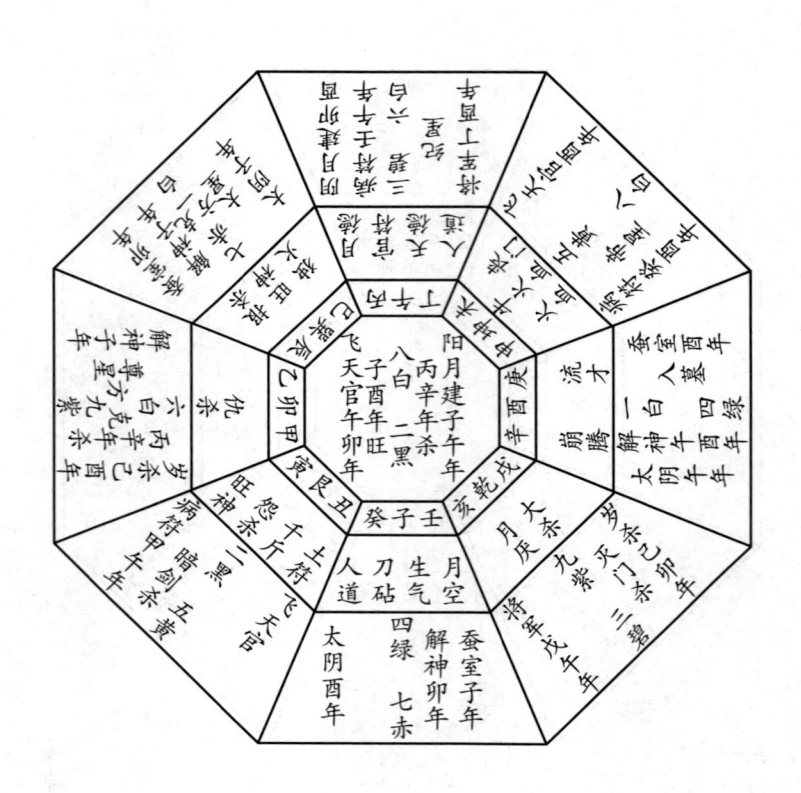

子午卯酉年二月

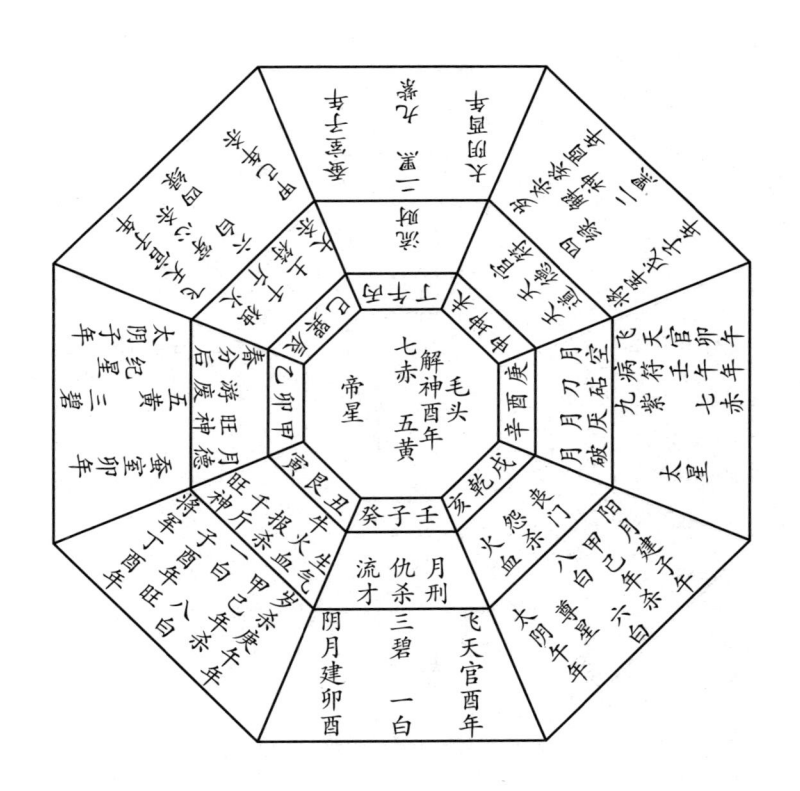

利乾坤艮巽辰戌丑未向

子午卯酉年三月

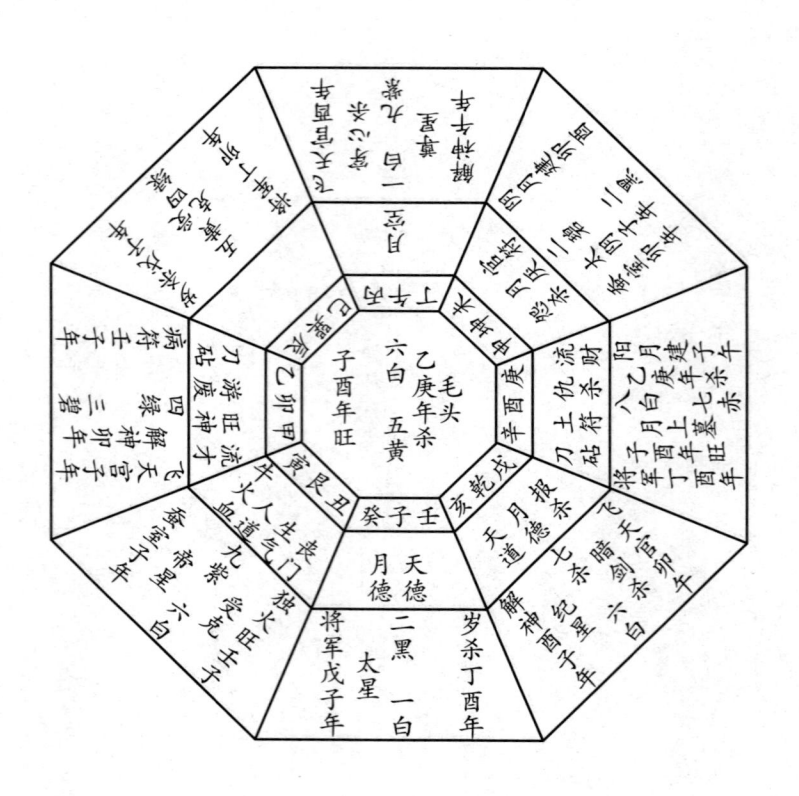

利寅申巳亥甲庚丙壬向

子午卯酉年四月

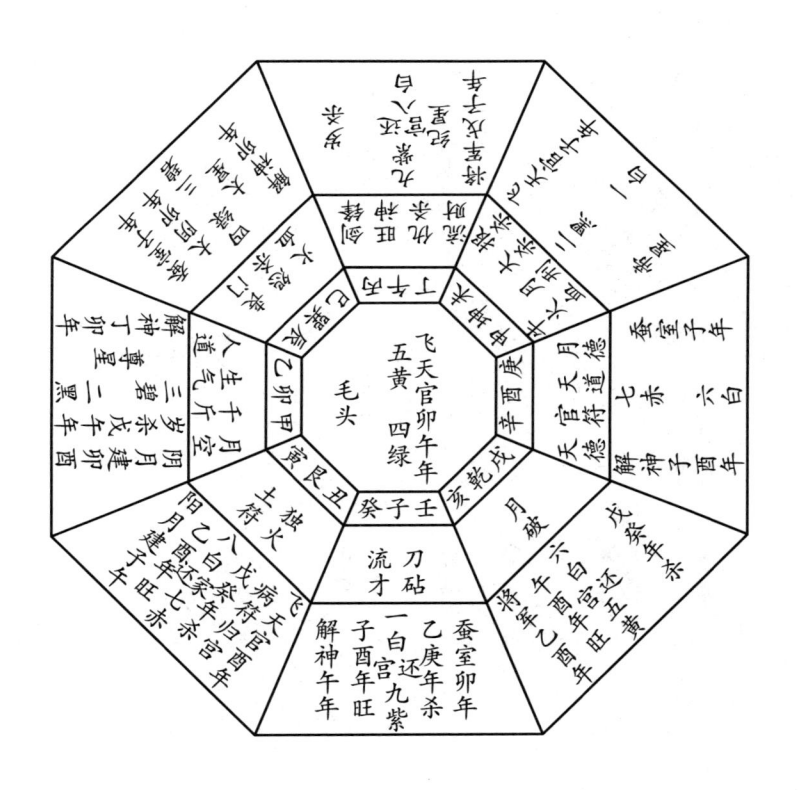

利寅申巳亥甲庚丙壬向

子午卯酉年五月

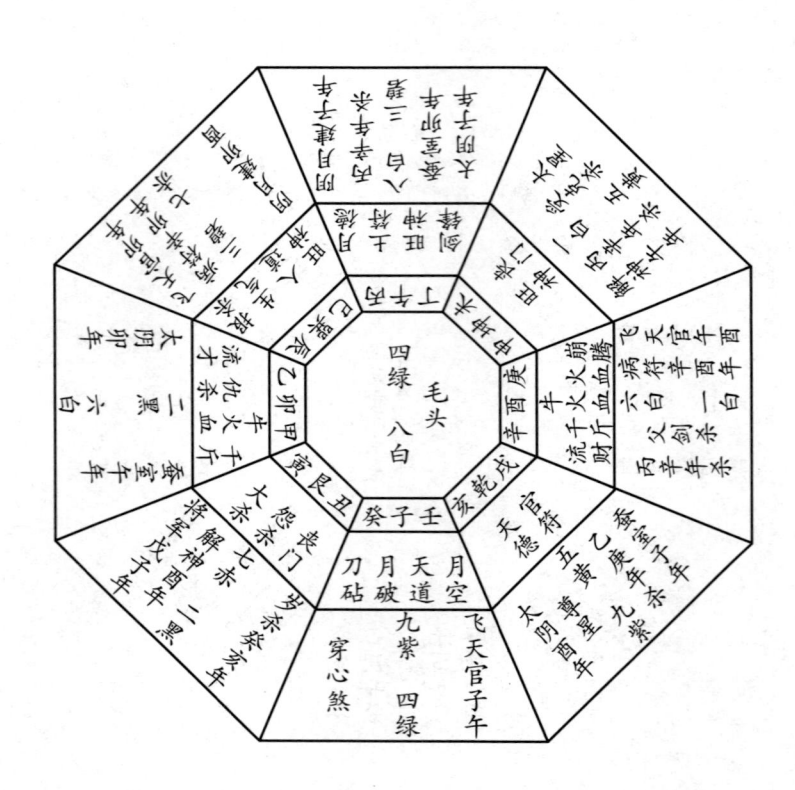

利乾坤艮巽辰戌丑未向

子午卯酉年六月

利寅申巳亥丙壬向

子午卯酉年七月

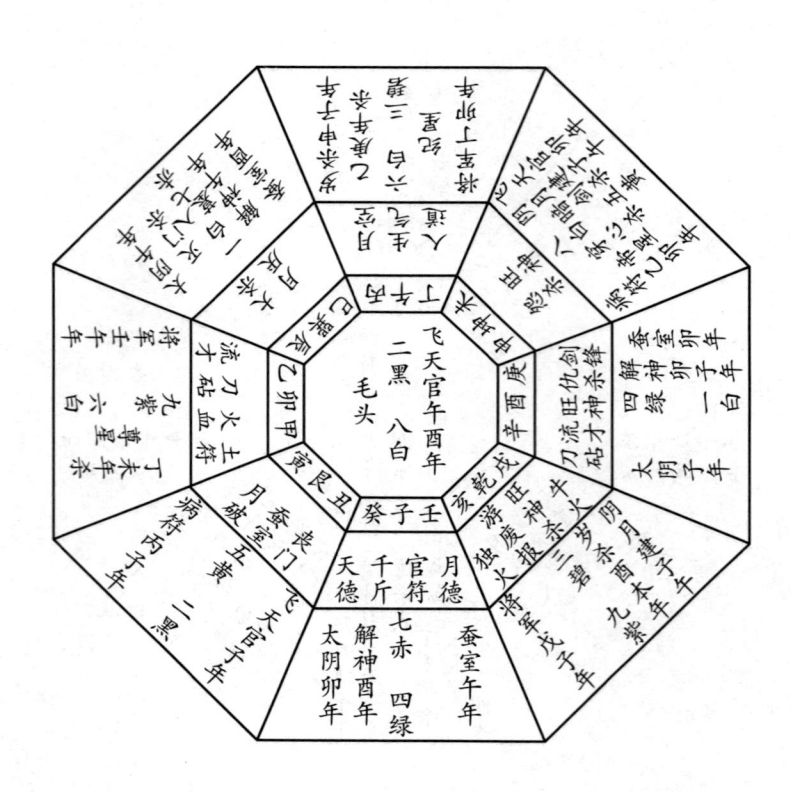

利子午卯酉乙辛向

子午卯酉年八月

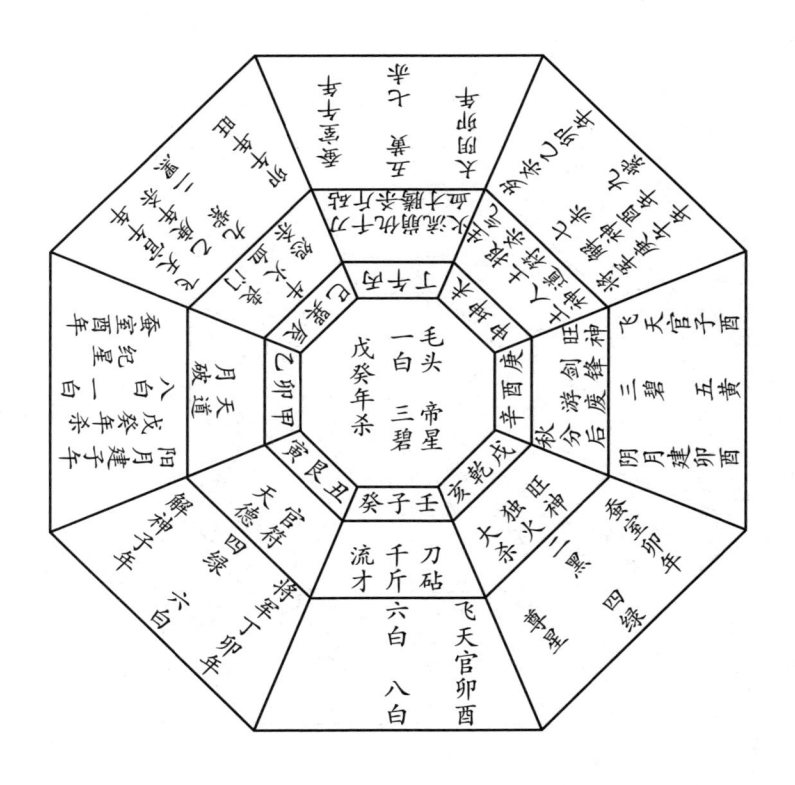

利乾坤艮巽辰戌丑未向

子午卯酉年九月

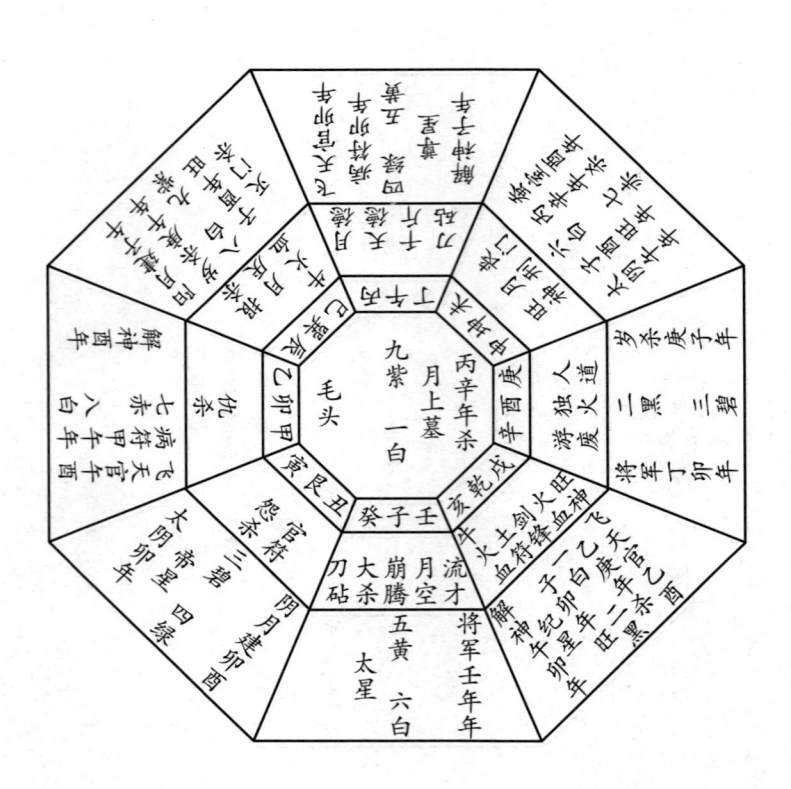

利寅申巳亥甲庚向

子午卯酉年十月

利子午卯酉乙辛向

子午卯酉年十一月

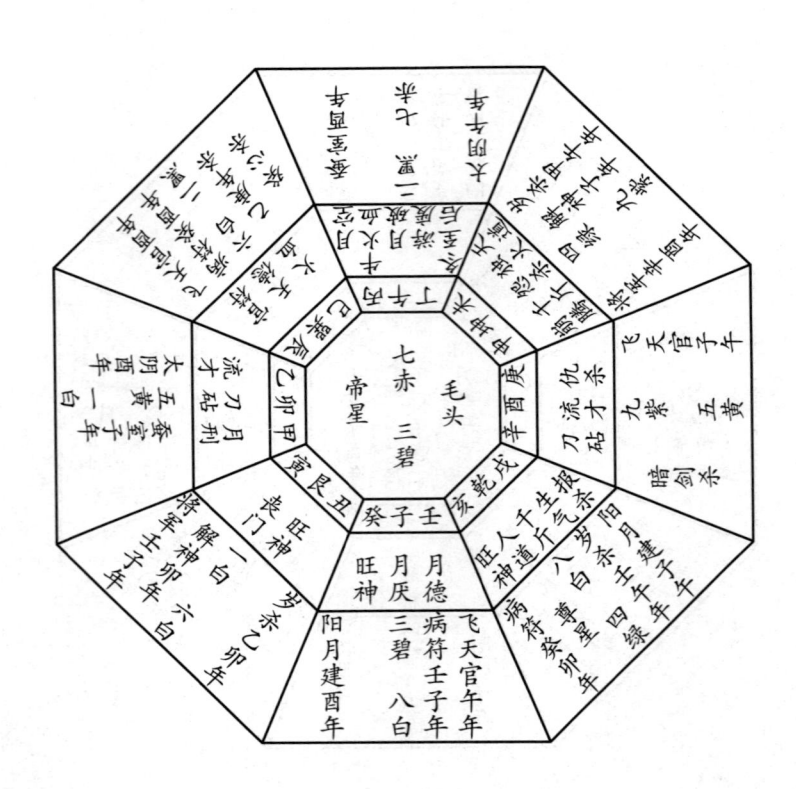

利乾坤艮巽辰戌丑未向

子午卯酉年十二月

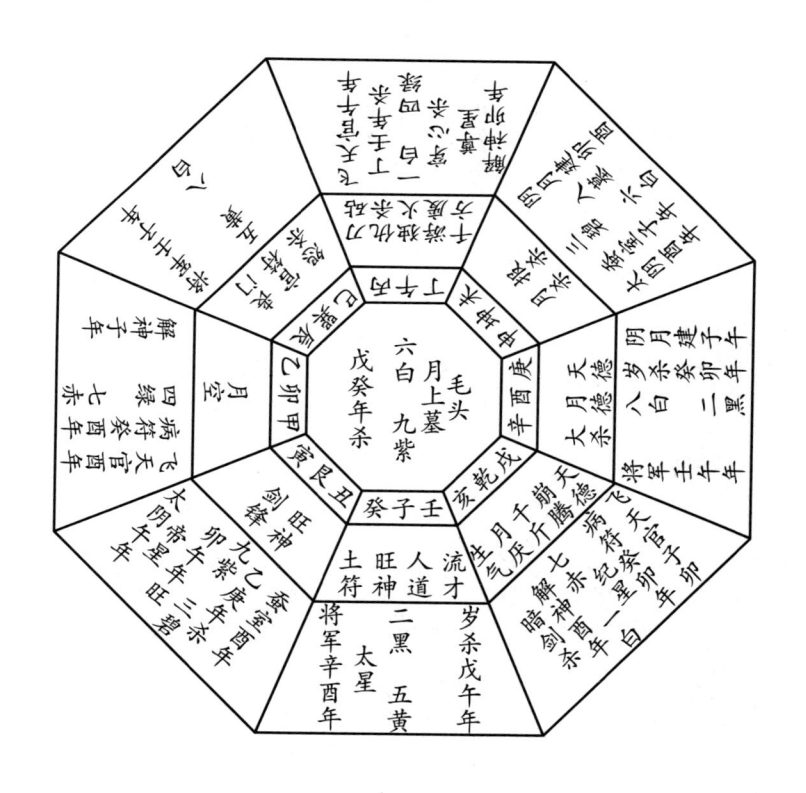

利寅申甲庚向

辰戌丑未年正月起五黄

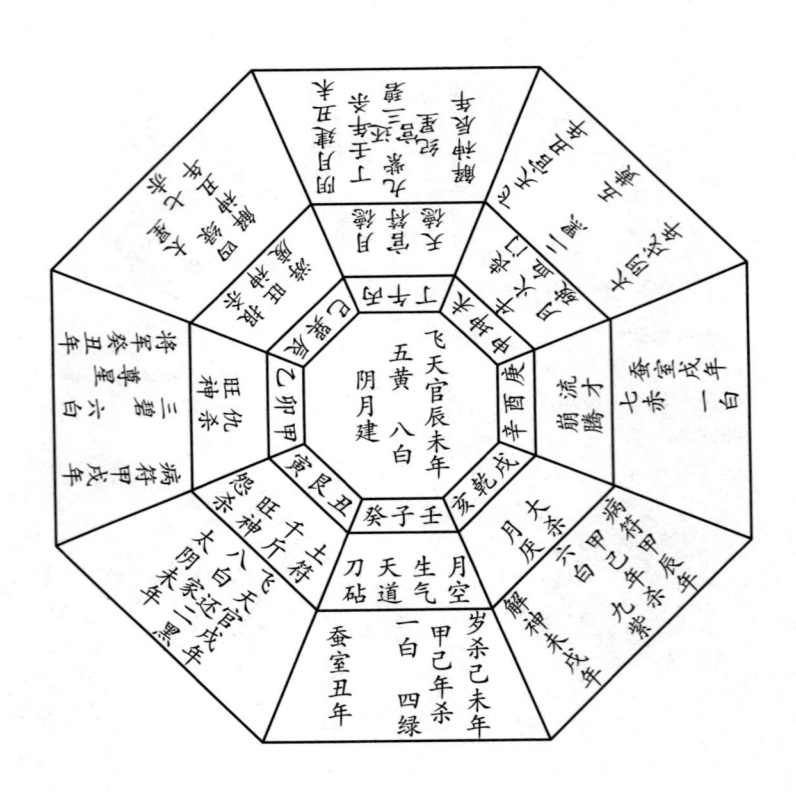

利子午卯酉庚甲向

辰戌丑未年二月

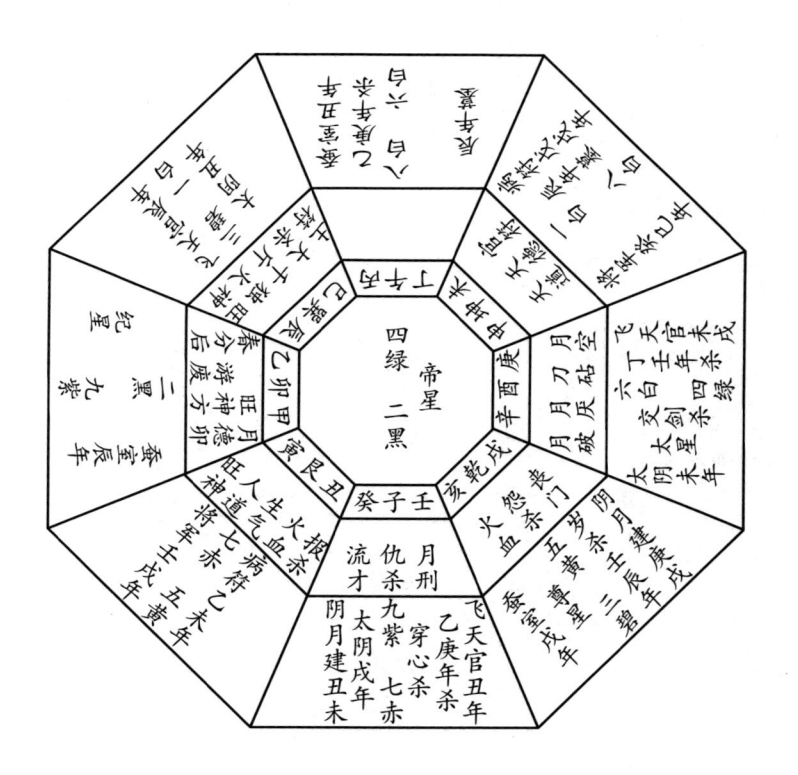

辰戌丑未年三月

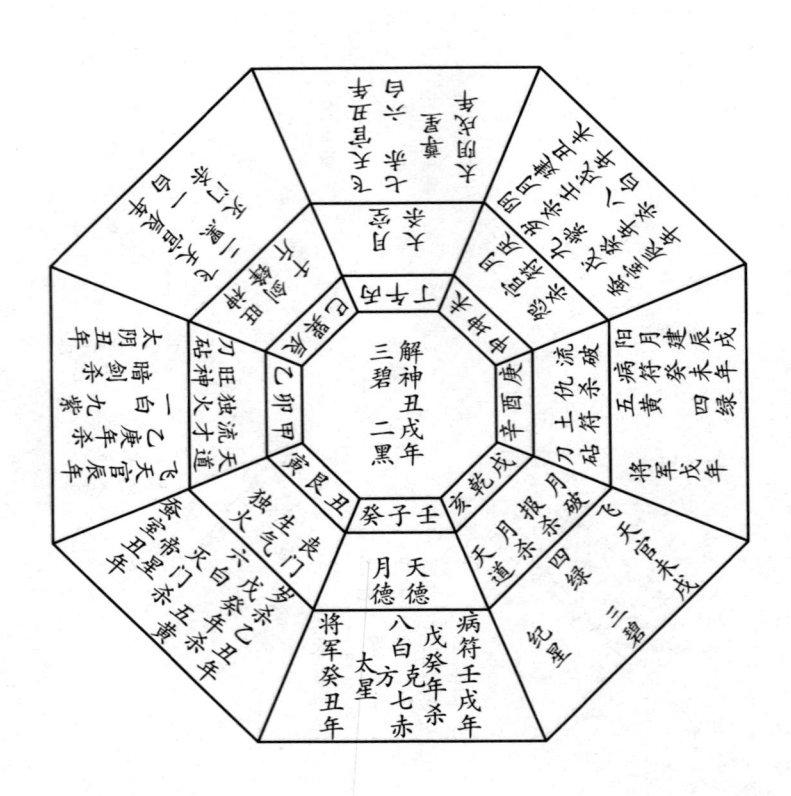

利寅申巳亥甲庚丙壬向

辰戌丑未年四月

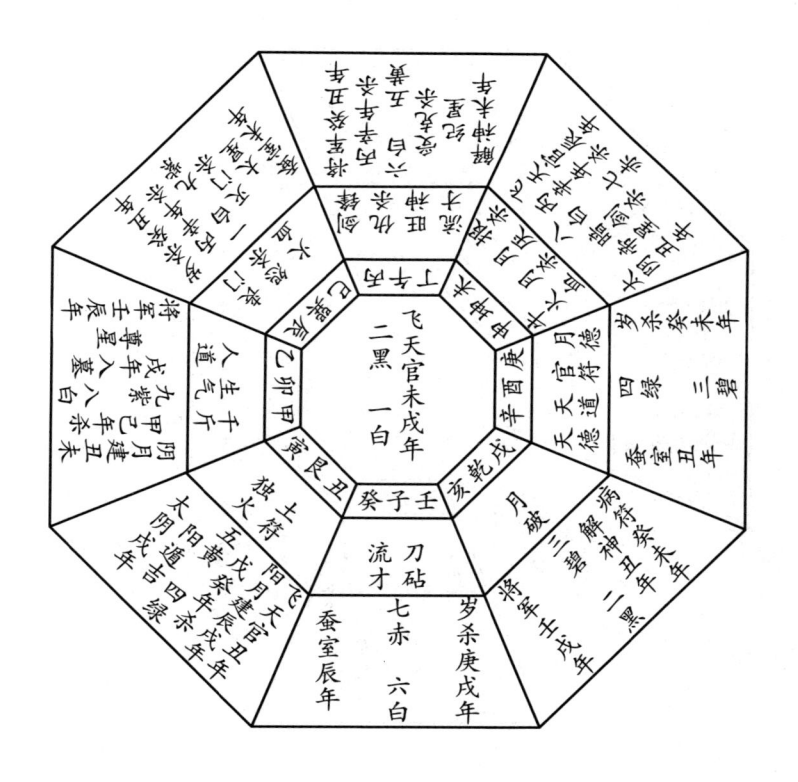

利子午卯酉丁癸向

辰戌丑未年五月

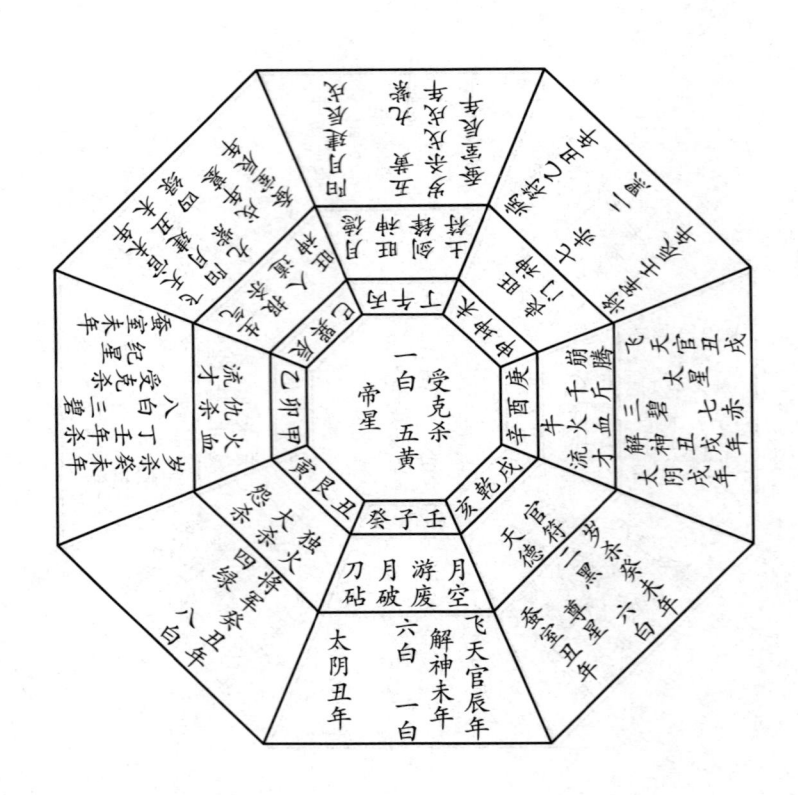

向未丑戌辰巽艮坤乾利

辰戌丑未年六月

利寅申巳亥丙壬向

辰戌丑未年七月

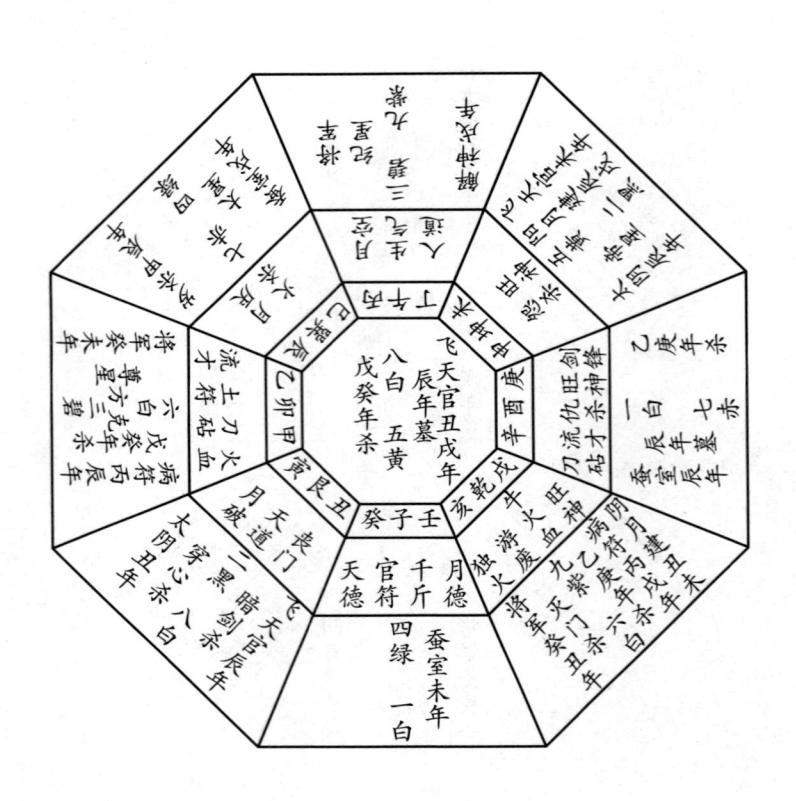

利子午卯酉乙辛向

辰戌丑未年八月

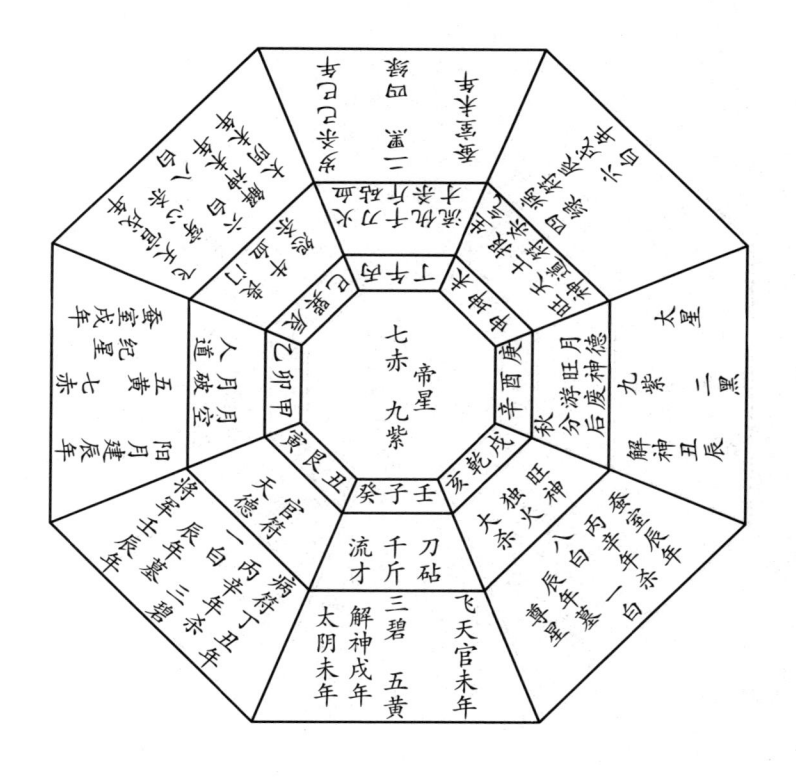

利乾坤艮巽辰戌丑未向

辰戌丑未年九月

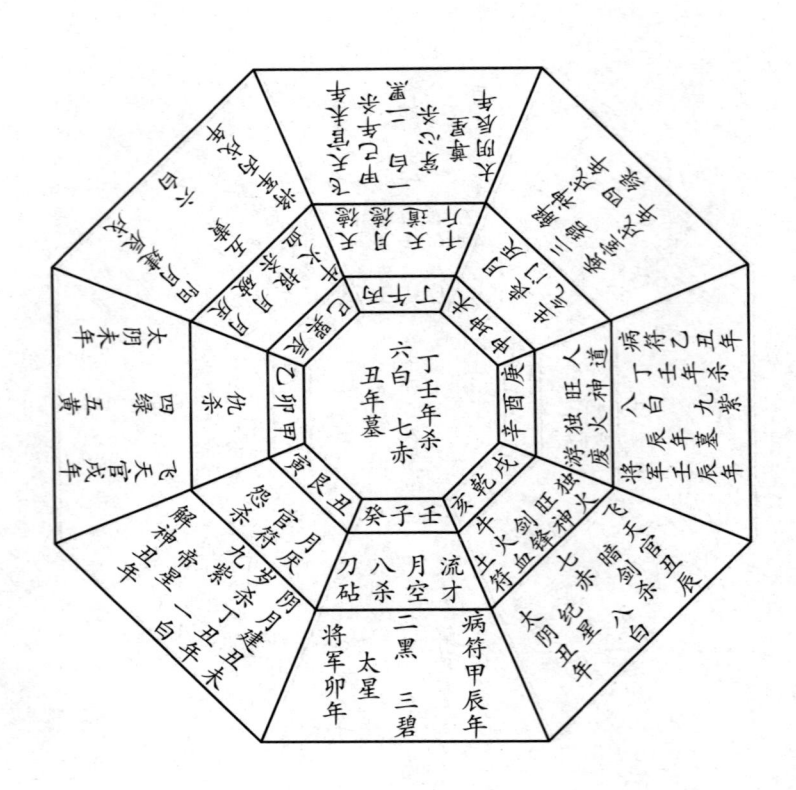

利寅申巳亥甲庚向

辰戌丑未年十月

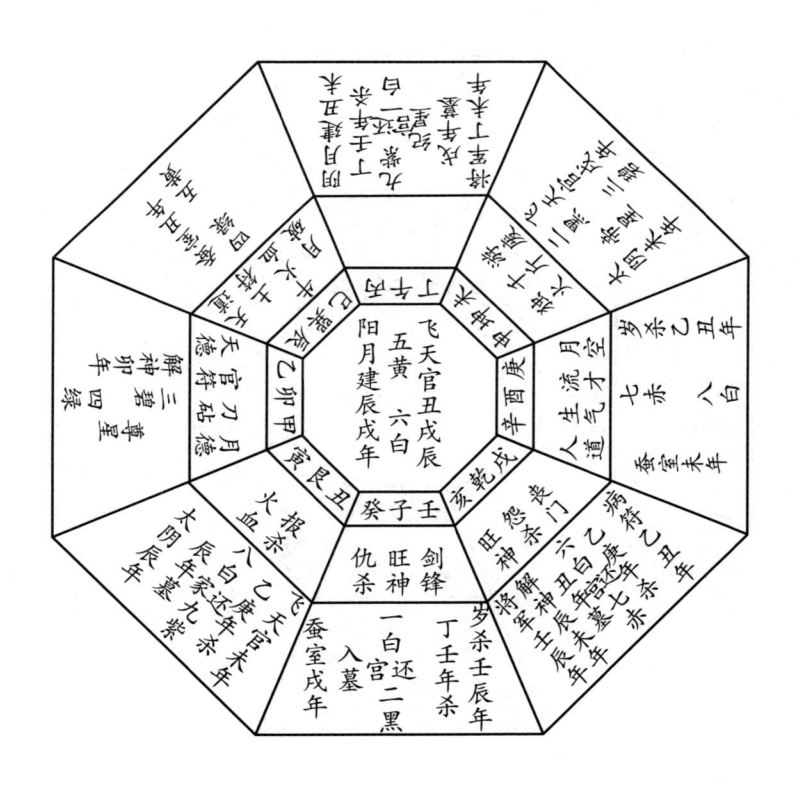

利子午卯酉乙辛向

辰戌丑未年十一月

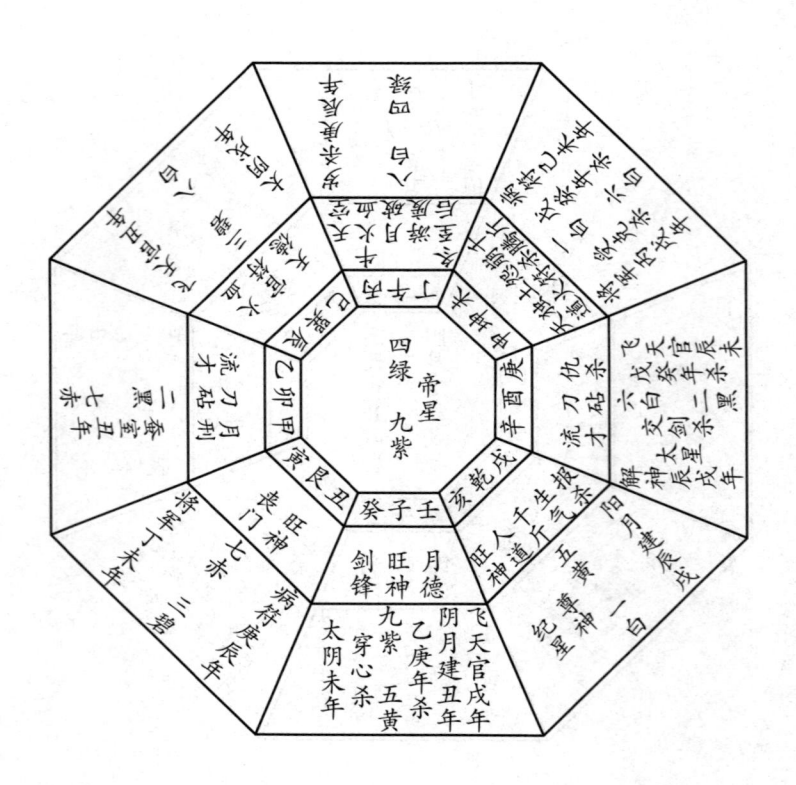

利乾坤艮巽向

辰戌丑未年十二月

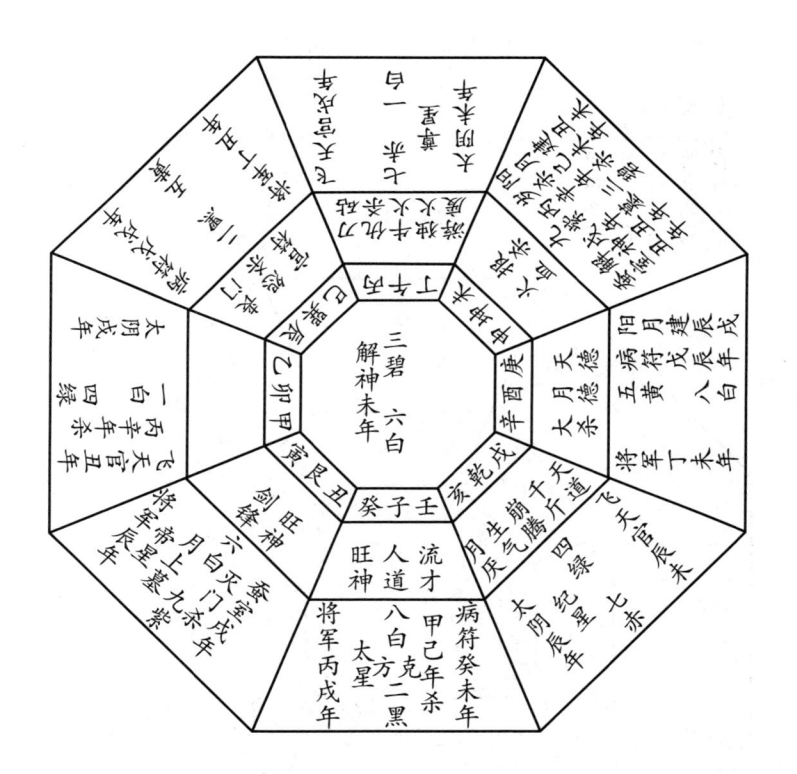

八卦方位图（按顺时针自乾位起）：

- 中宫：三碧 六白 解神未年
- 庚辛酉：天月德 大杀 五黄 病符戊辰年 八白
- 戌乾亥：阳建月戊辰年 将军丁未年
- 壬子癸：天道 天德 月德 腾干 月生崩 流才甲己年杀 人道八白方二黑太岁 病符癸未年 旺神
- 丑艮寅：剑锋 月空天 门上官符戊辰年 将军丙戌年
- 甲乙卯：太阴一白 丙辛天官辛丑年 飞将军戊戌年 月财贼九紫
- 辰巽巳：四绿 天皇七赤 辛乙辰年 大纪阴
- 丙午丁：上官 大将军门 打头火五黄
- 未坤申：吊客巨真廿一岁 吊客戊子年 将军丁丑年

阳明按索卷二

159

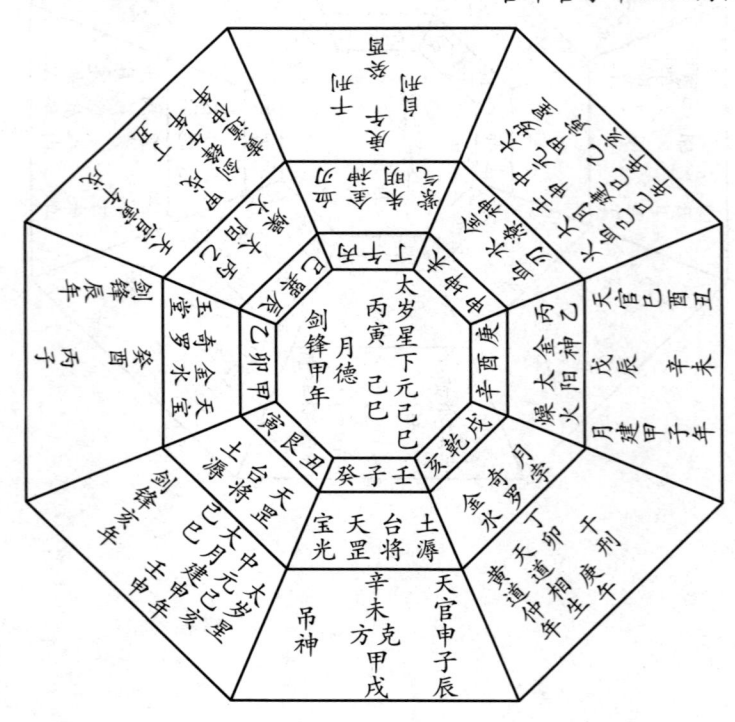

阳明按索卷三

干年月分图 六十局

甲己年正月丙寅

甲己年二月丁卯

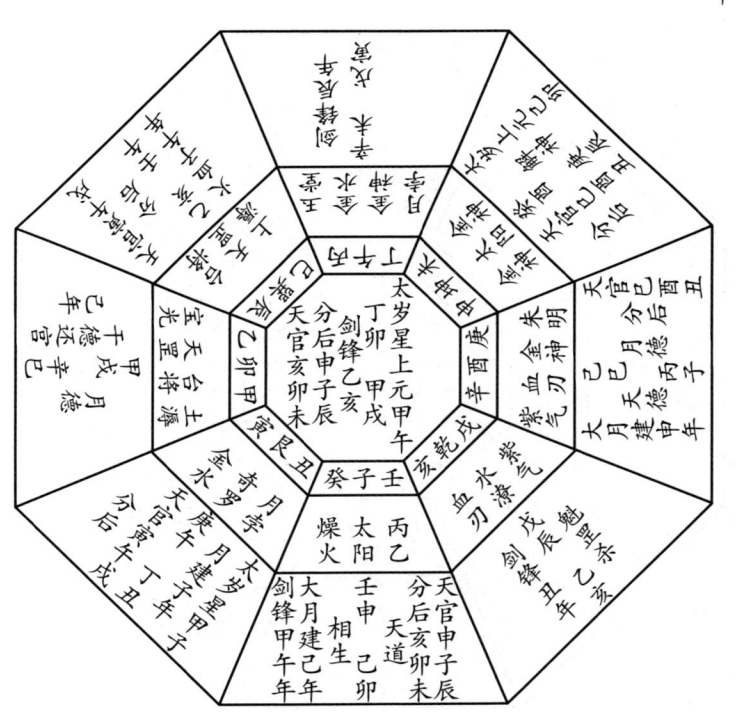

天德坤月德甲

子酉人不用

甲己年三月戊辰

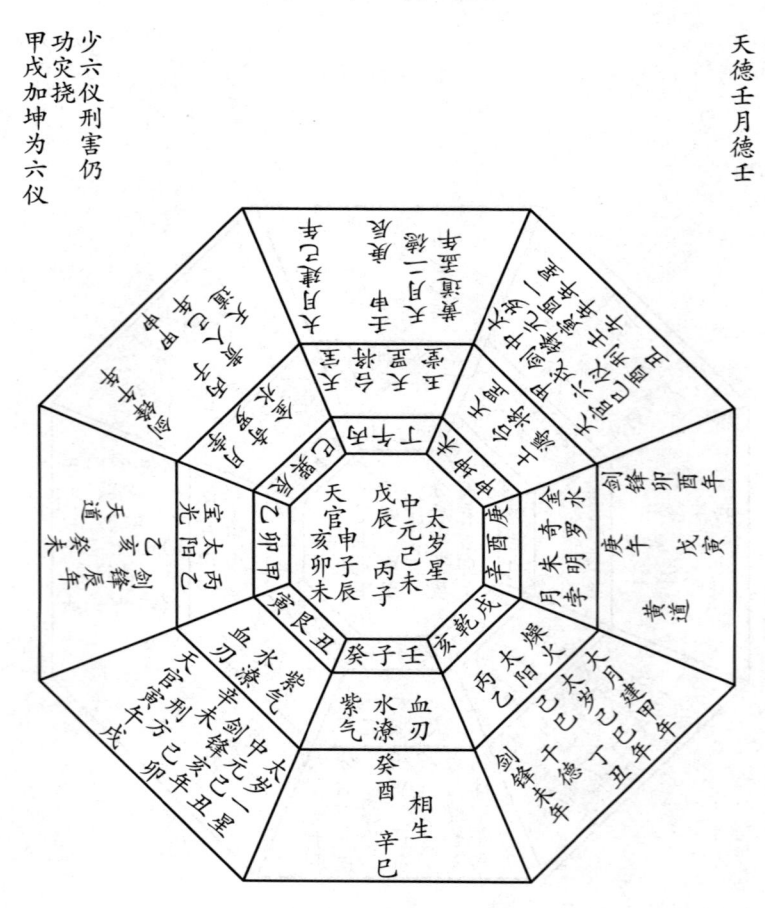

天德壬月德壬

少六仪刑害仍
功灾挠
甲戌加坤为六仪

戊辰人不用

甲己年四月己巳

天德辛月德庚

忌甲庚向

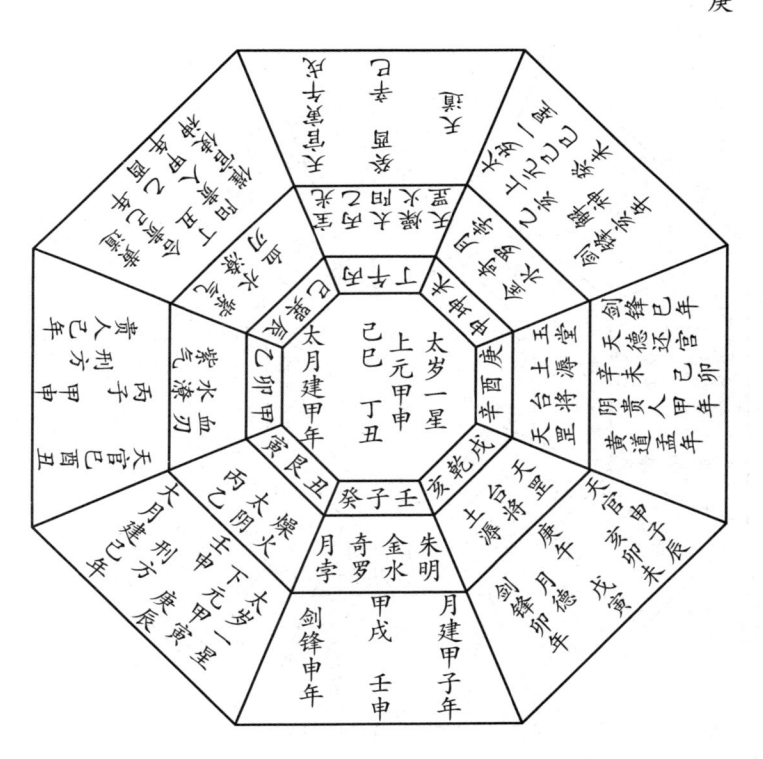

寅申人不用

甲己年五月庚午

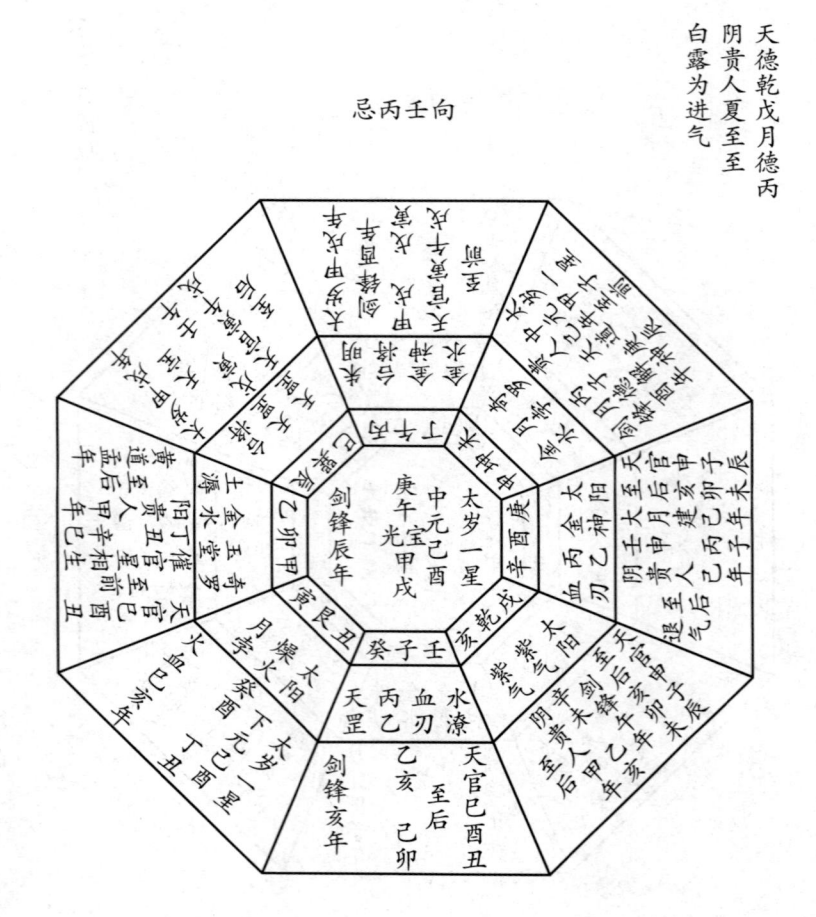

天德乾戌月德丙
阴贵人夏至至
白露为进气

忌丙壬向

子午人不用

甲己年六月辛未

天德甲月德甲

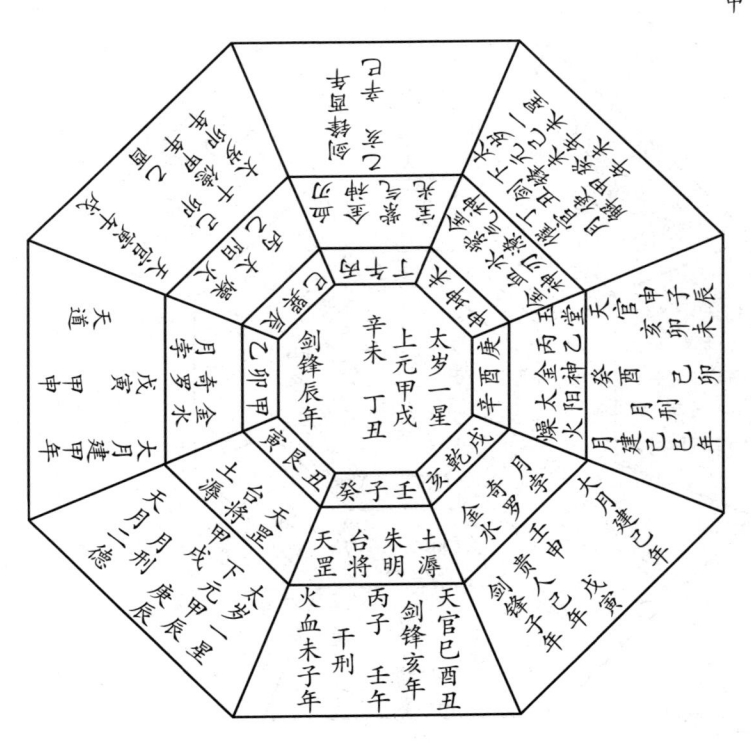

忌甲庚壬丙向

太岁一星
上元甲戌
辛未丁丑

丑戌人不用

甲己年七月壬申

天德癸月德壬

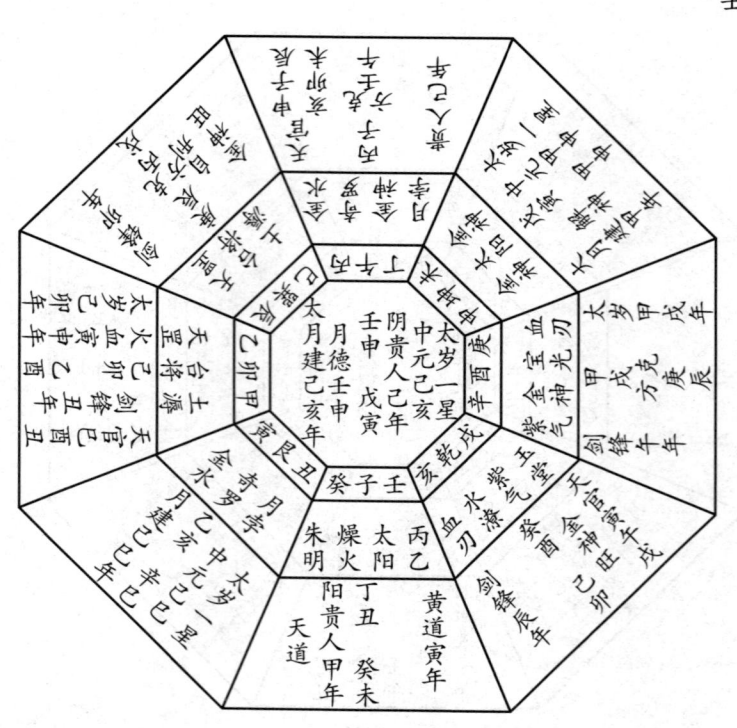

寅巳人不用

甲己年八月癸酉

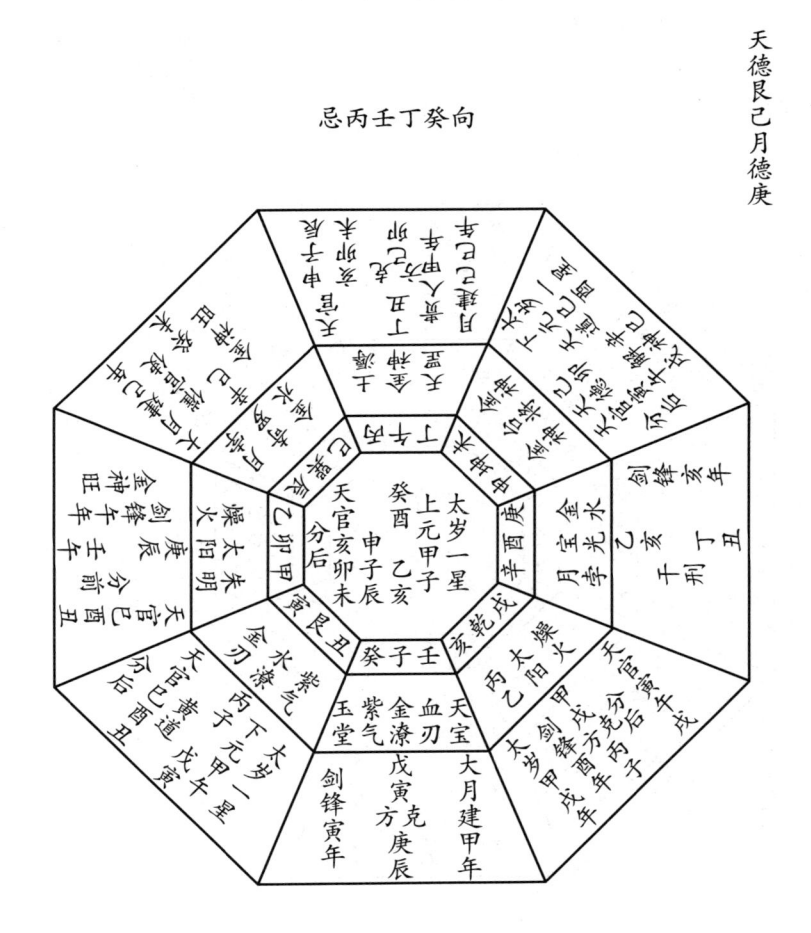

天德艮己月德庚

忌丙壬丁癸向

卯酉人不用

甲己年九月甲戌

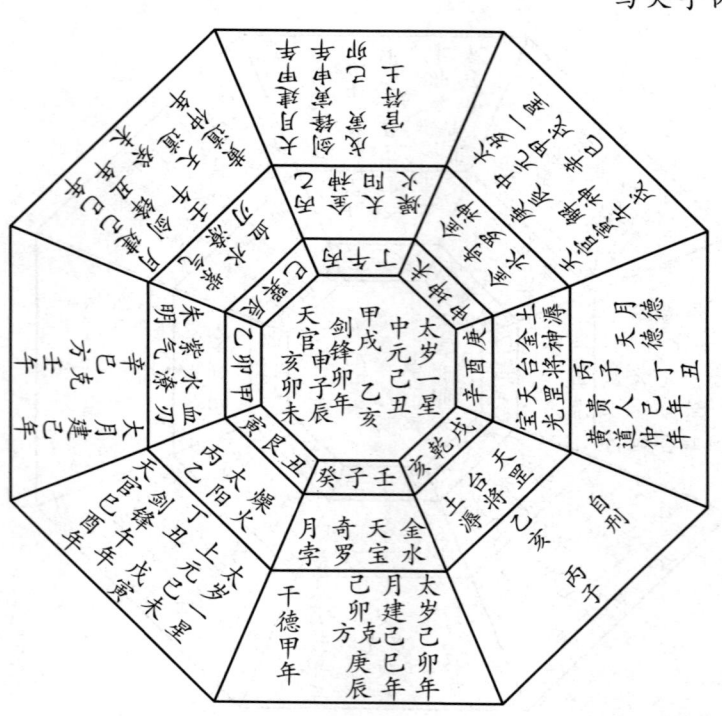

天德丙月德丙
六己年以丙子
为贵人又为天
月德是二德与
贵人同位

丑未人不用

甲己年十月乙亥

忌丙壬丁癸向

天德乙月德甲

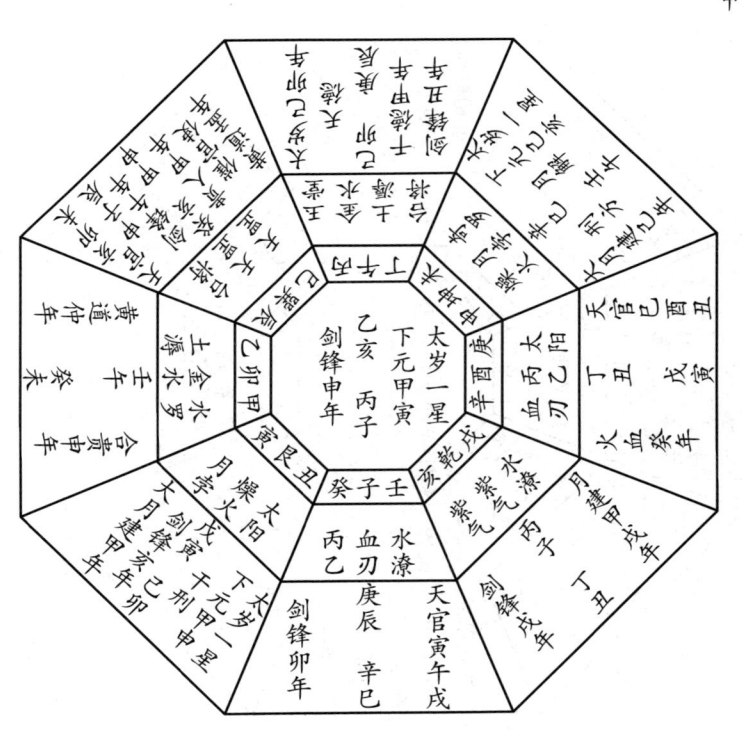

亥巳人不用

阴阳五要奇书

天德巽戌月德壬

甲己年十一月丙子

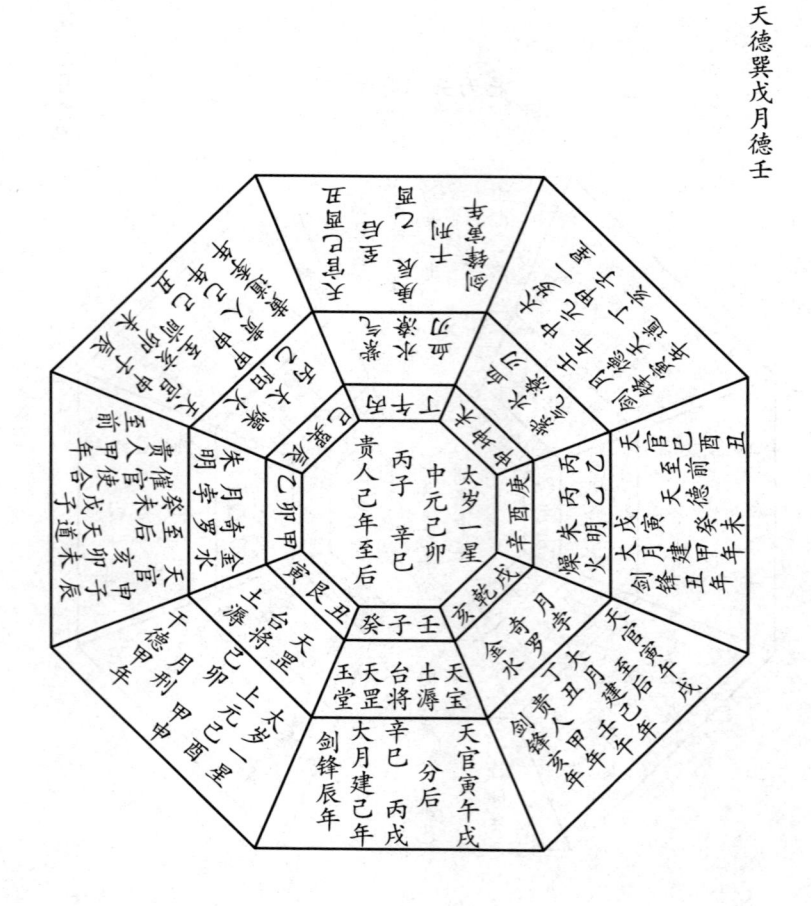

午卯人不用

甲己年十二月丁丑

天德庚月德庚

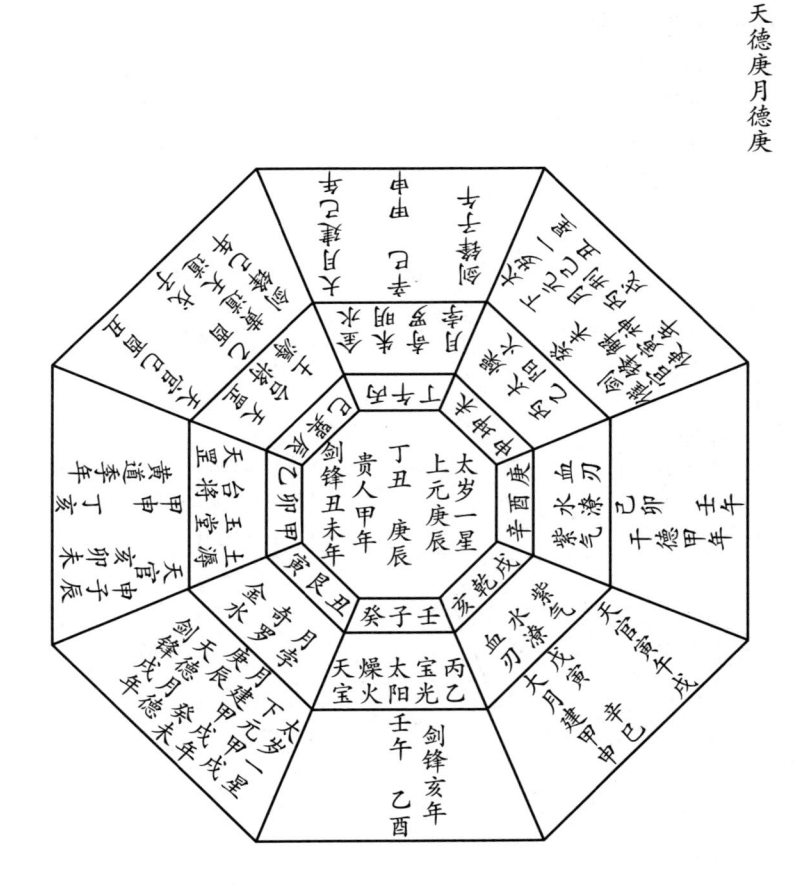

戌未人不用

乙庚年正月戊寅

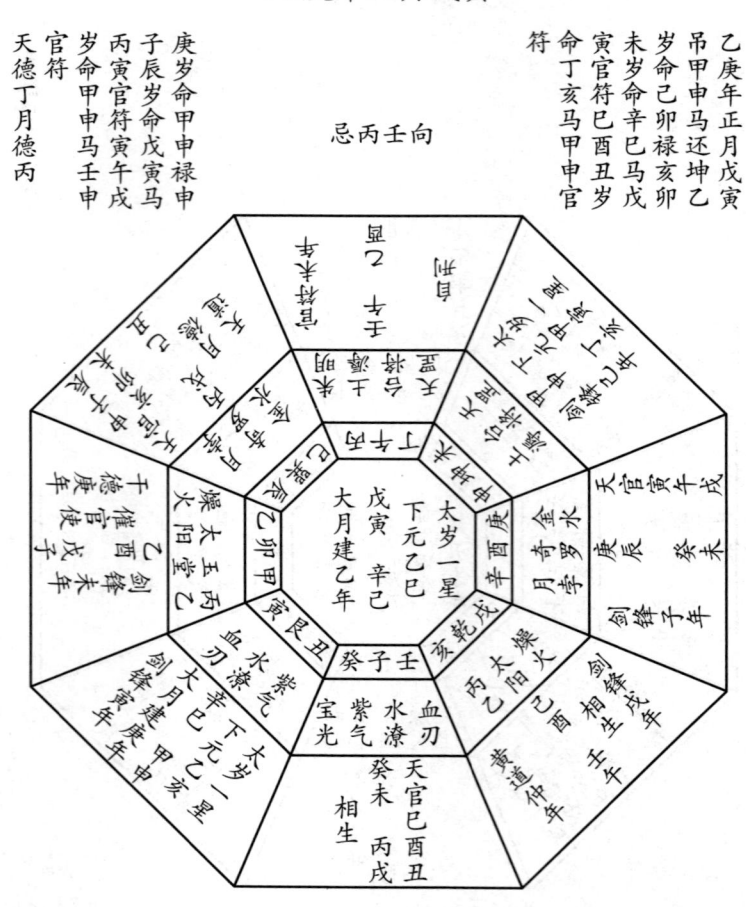

忌丙壬向

乙庚年正月戊寅
吊甲申马还坤乙
岁命己卯禄亥卯
未岁命辛卯马戌
寅官符巳酉丑岁
命丁亥马甲申官
符

庚岁命甲申禄申
子辰岁命戊寅马
丙寅官符寅午戌
岁命甲申马壬申
官符
天德丁月德丙

巳申人不用

乙庚年二月己卯

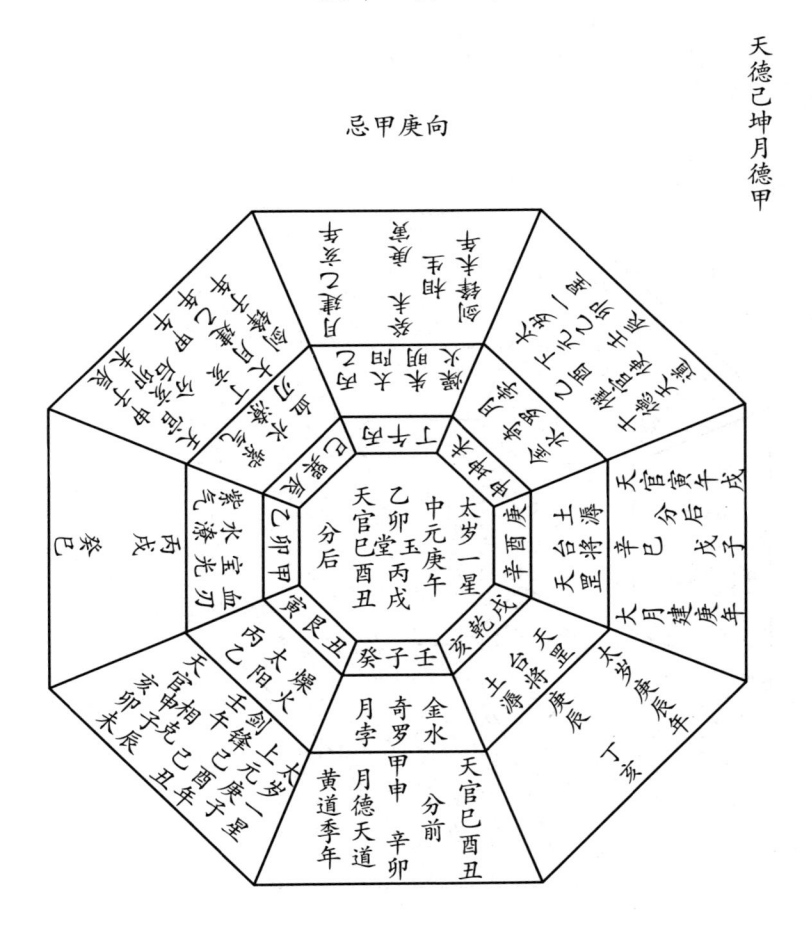

忌甲庚向

天德己坤月德甲

子酉人不用

乙庚年三月庚辰

忌丁癸向

天德壬月德壬

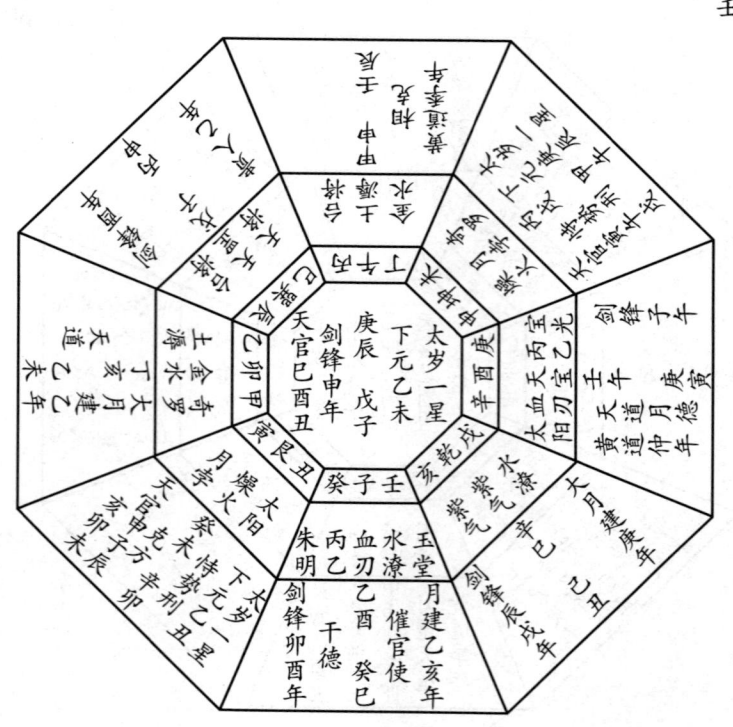

辰戌人不用

乙庚年四月辛巳

天德辛月德庚

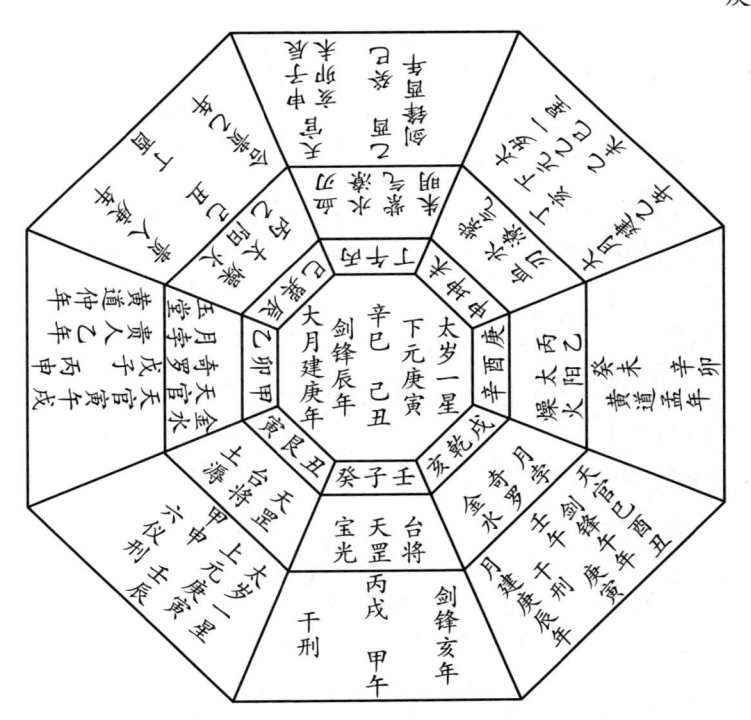

忌乙辛向

寅申人不用

乙庚年五月壬午

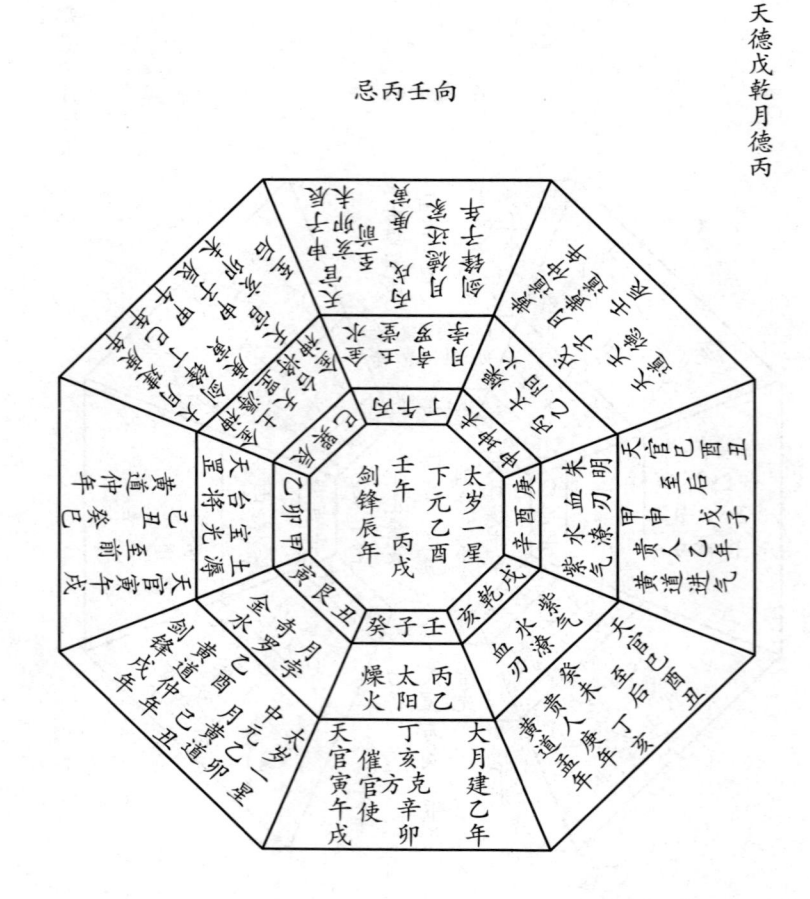

忌丙壬向

天德戊乾月德丙

子午人不用

乙庚年六月癸未

天德甲月德甲
六乙年六月吊
戊子贵人还坎

此月造作坤艮
未丑寅申大吉

忌壬丙向

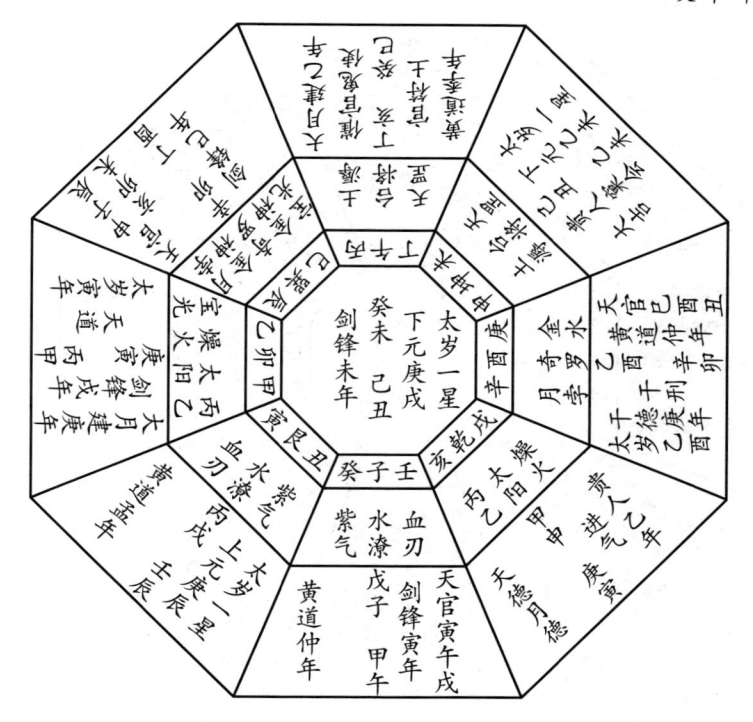

丑戌人不用

乙庚年七月甲申

天德癸月德壬

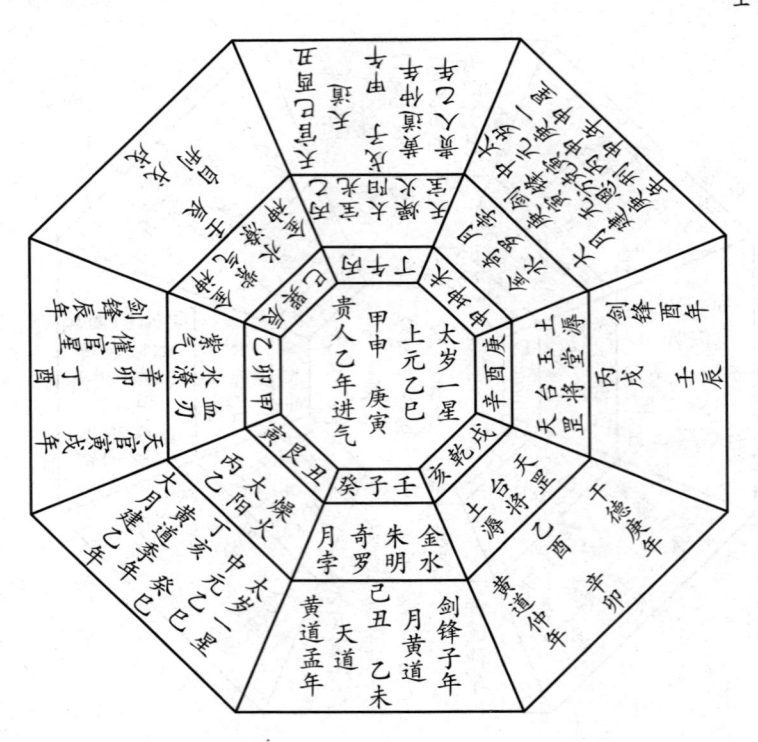

寅巳人不用

乙庚年八月乙酉

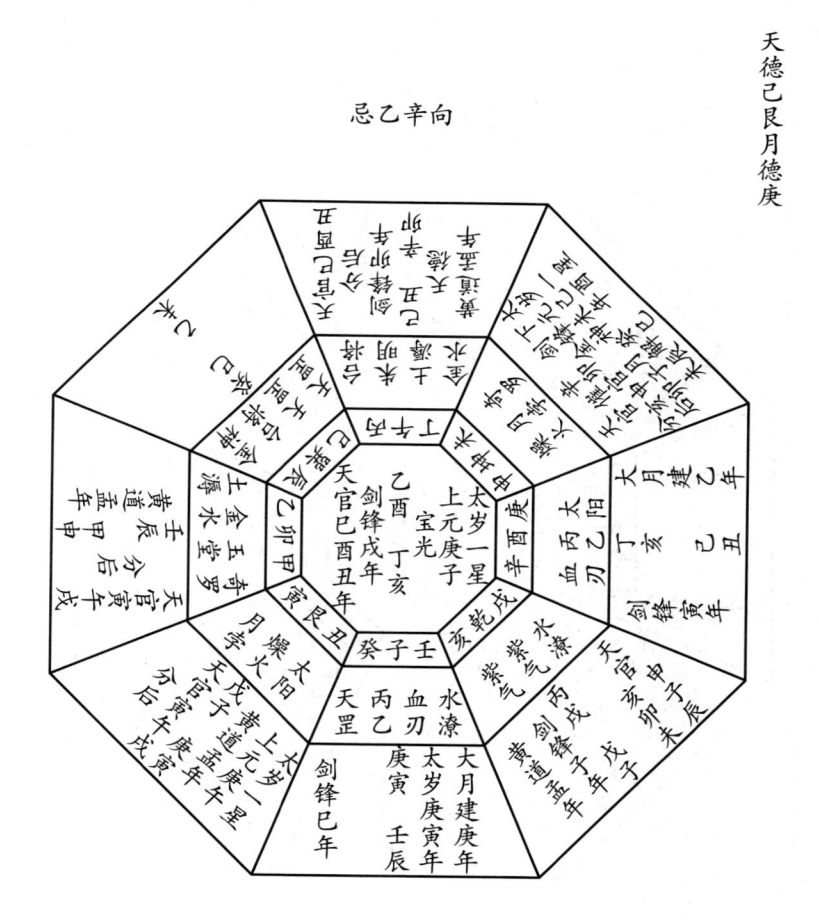

忌乙辛向

天德己艮月德庚

卯酉人不用

乙庚年九月丙戌

忌丙壬丁癸向

天德丙月德丙
六庚年九月吊
己丑贵人还艮

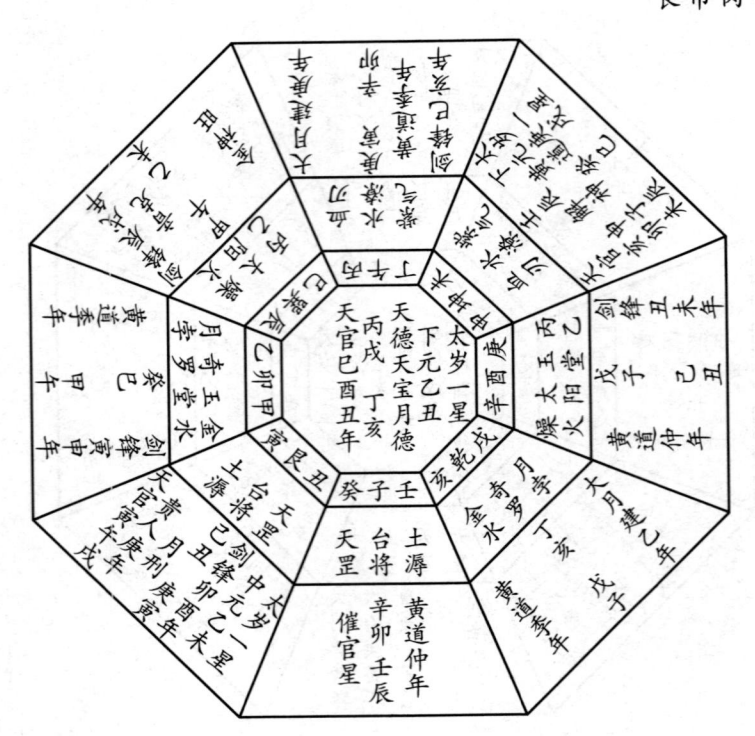

丑未人不用

乙庚年十月丁亥

天德乙月德甲

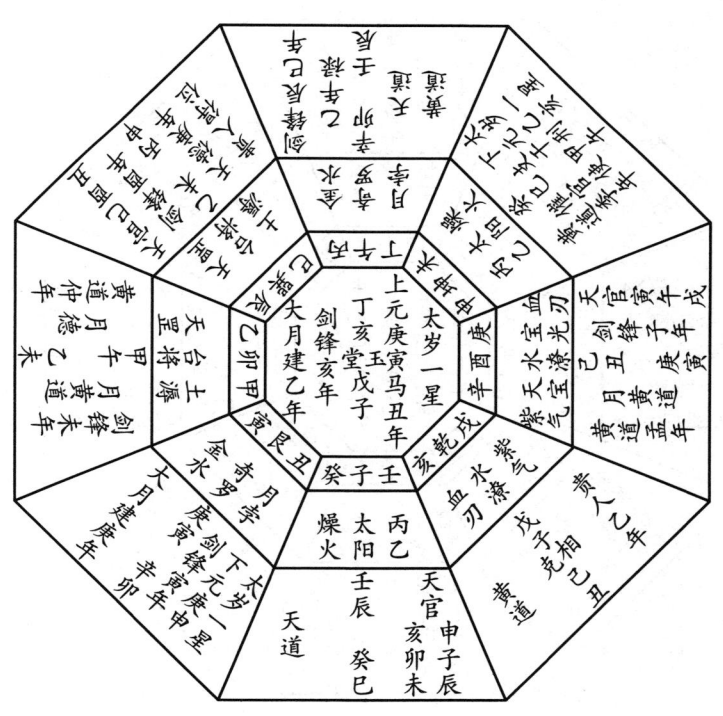

亥巳人不用

乙庚年十一月戊子

忌丙壬甲庚向

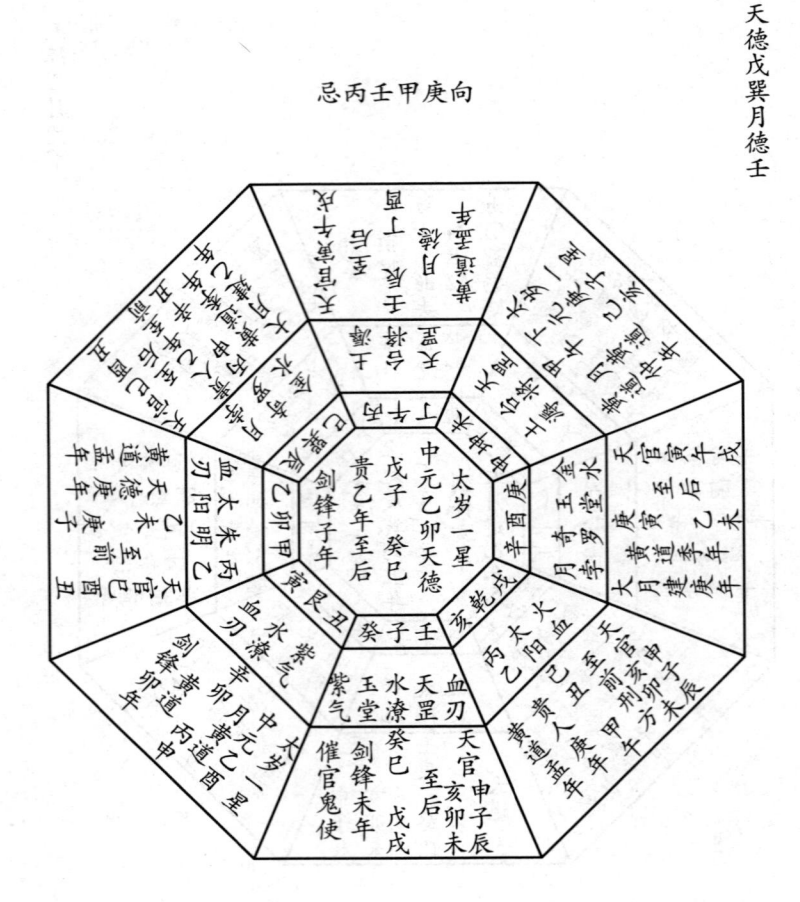

天德戊巽月德壬

子寅人不用

乙庚年十二月己丑

天德庚月德庚
六庚年腊月吊
乙未贵人还坤

忌乙辛向

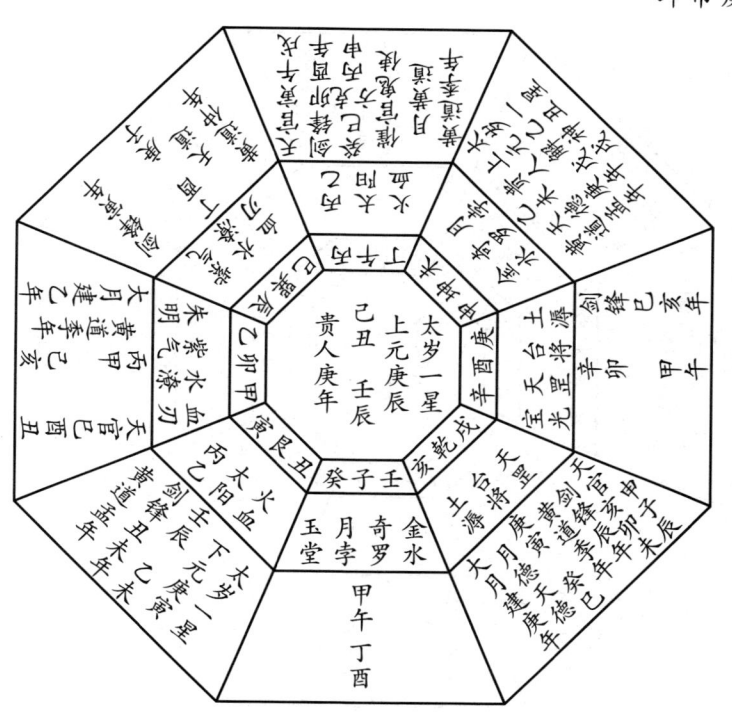

亥子人不用

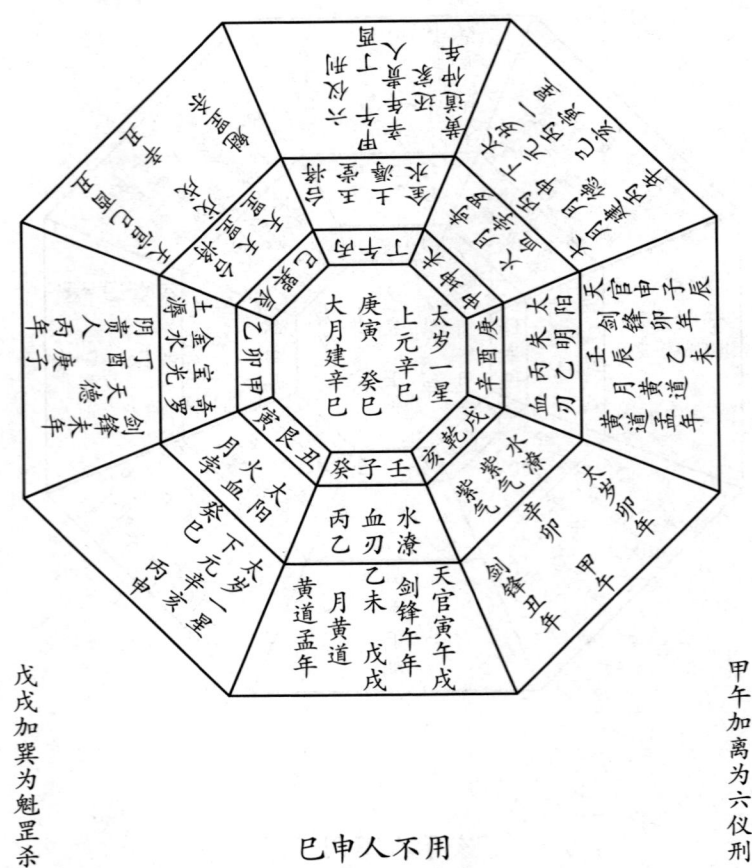

丙辛年正月庚寅

忌丙壬乙辛向

天德丁月德丙
丙岁命癸巳禄
申子辰年庚寅
寅午戌丙申马
官符癸巳水

马官符巳亥木
寅午戌丙申马
亥卯未年癸巳
辛岁命丁酉禄

马官符丙申火
巳酉丑年己亥

甲午加离为六仪刑

戊戌加巽为魁罡杀

巳申人不用

丙辛年二月辛卯

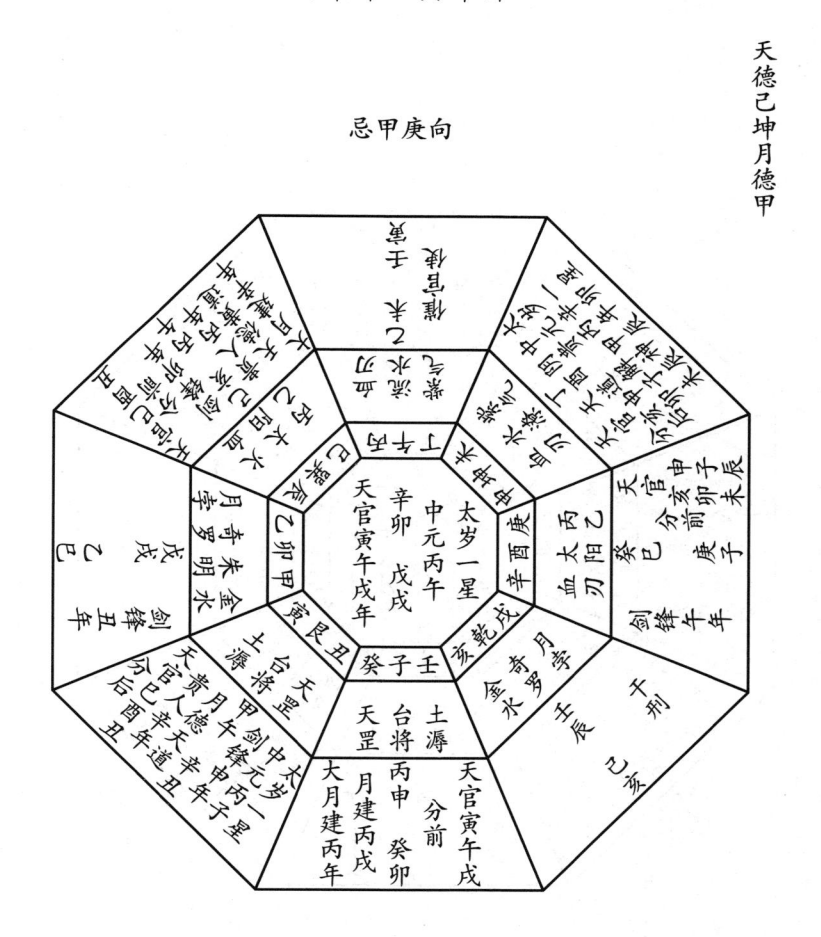

忌甲庚向

天德己坤月德甲

子酉人不用

阴阳五要奇书

丙辛年三月壬辰

天德壬月德壬

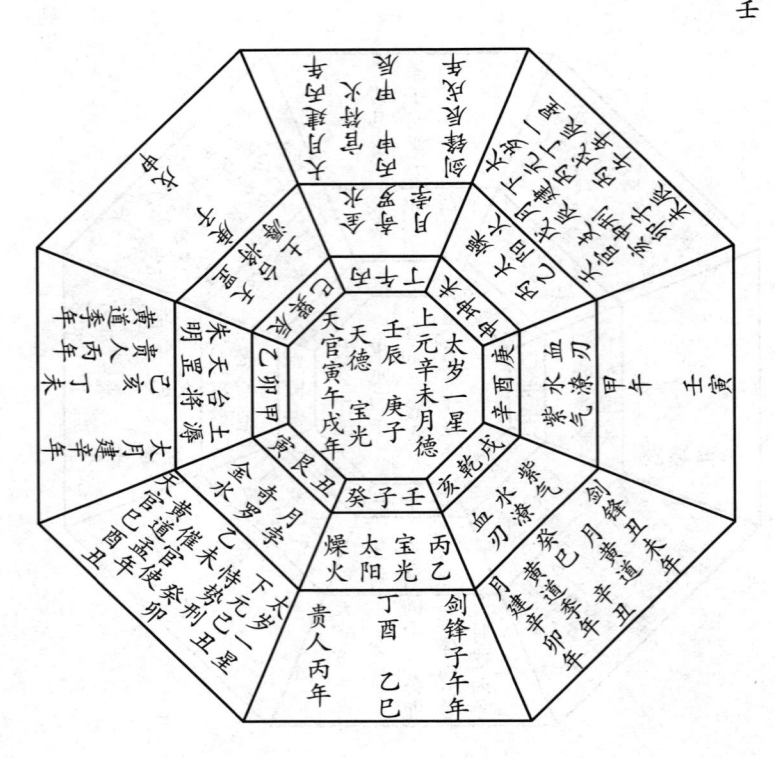

忌丁癸向

辰戌人不用

丙辛年四月癸巳

天德辛月德庚

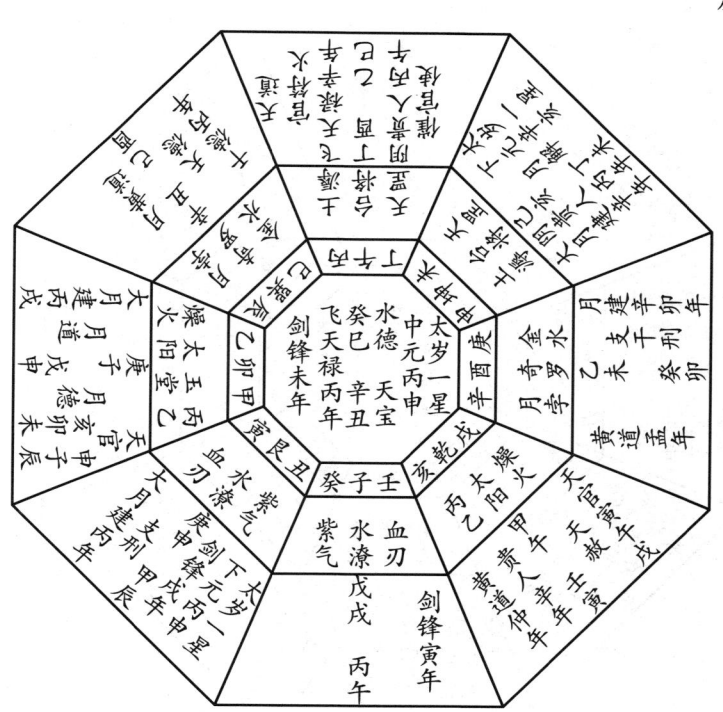

忌乙辛庚

寅申人不用

阴阳五要奇书

188

丙辛年五月甲午

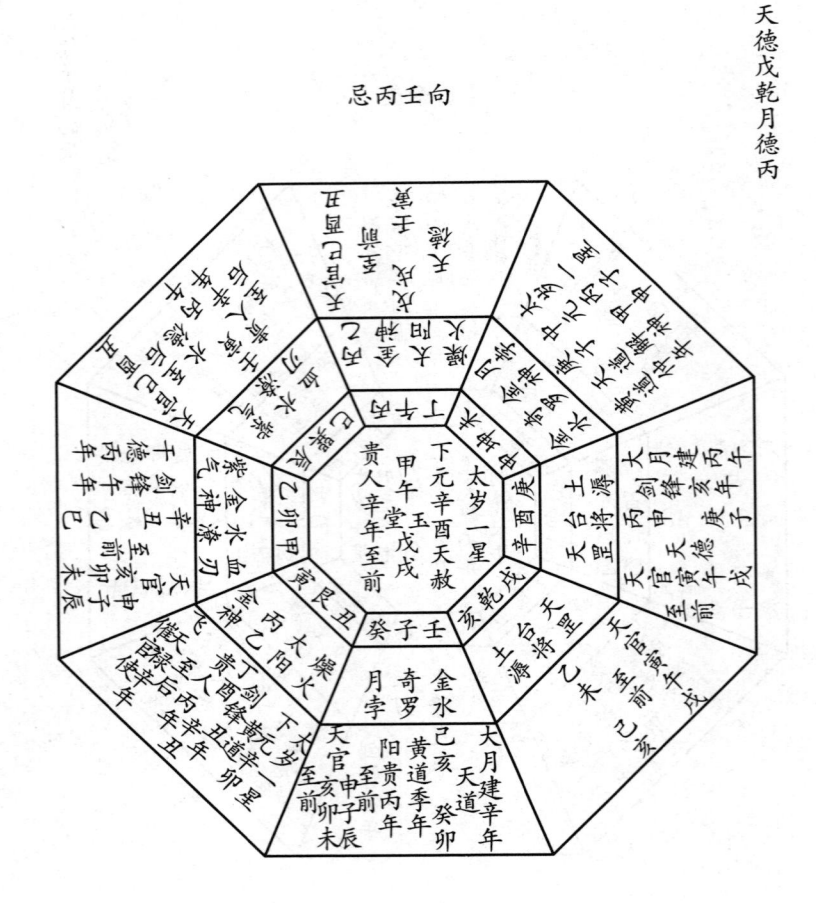

天德戊乾月德丙

忌丙壬向

亥子人不用

丙辛年六月乙未

忌丙壬向

天德甲月德甲

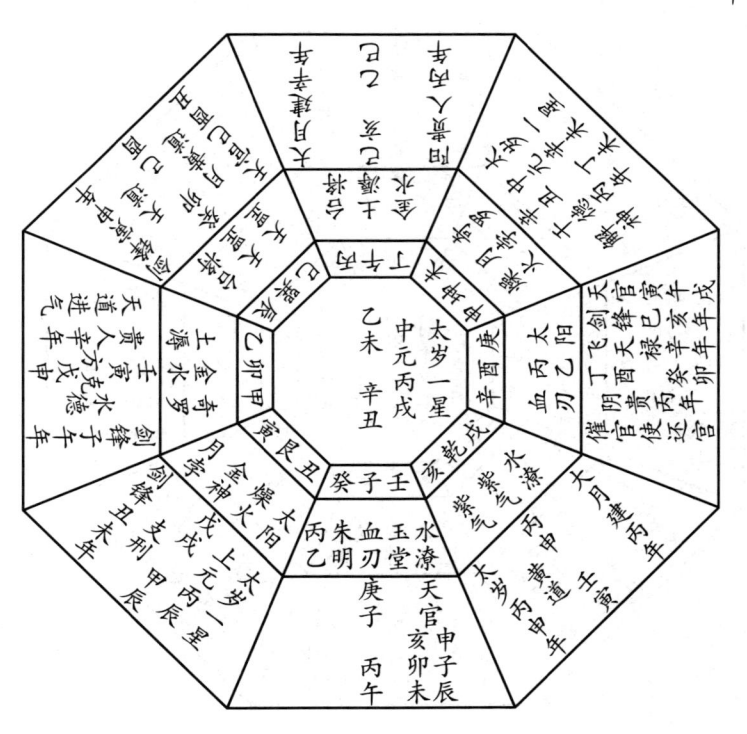

丑戌人不用

丙辛年七月丙申

天德癸月德壬

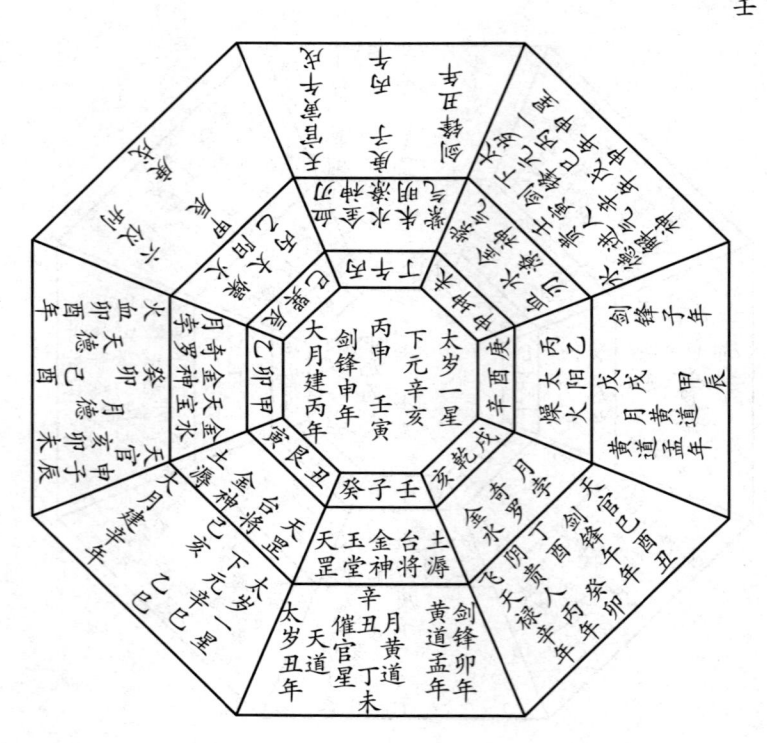

甲辰加巽为六仪刑

忌丙壬向

寅巳人不用

丙辛年八月丁酉

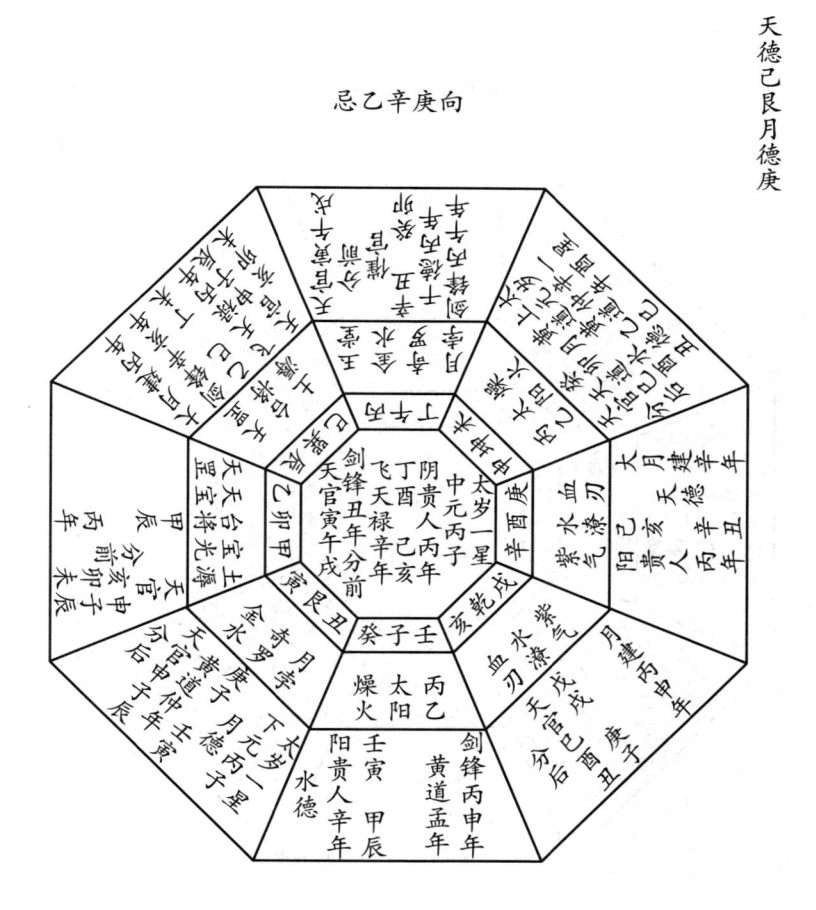

忌乙辛庚向

天德己艮月德庚

卯酉人不用

丙辛年九月戊戌

忌丙壬丁癸向

天德丙月德丙

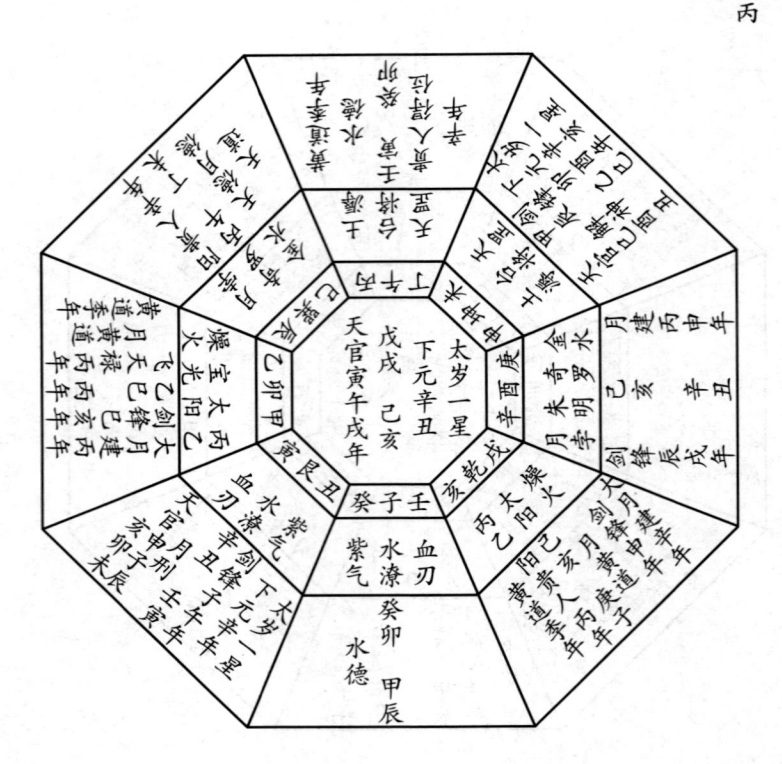

太岁一星
下元辛丑
戊戌 己亥
天官寅午戌年

丑未人不用

丙辛年十月己亥

忌丁癸向

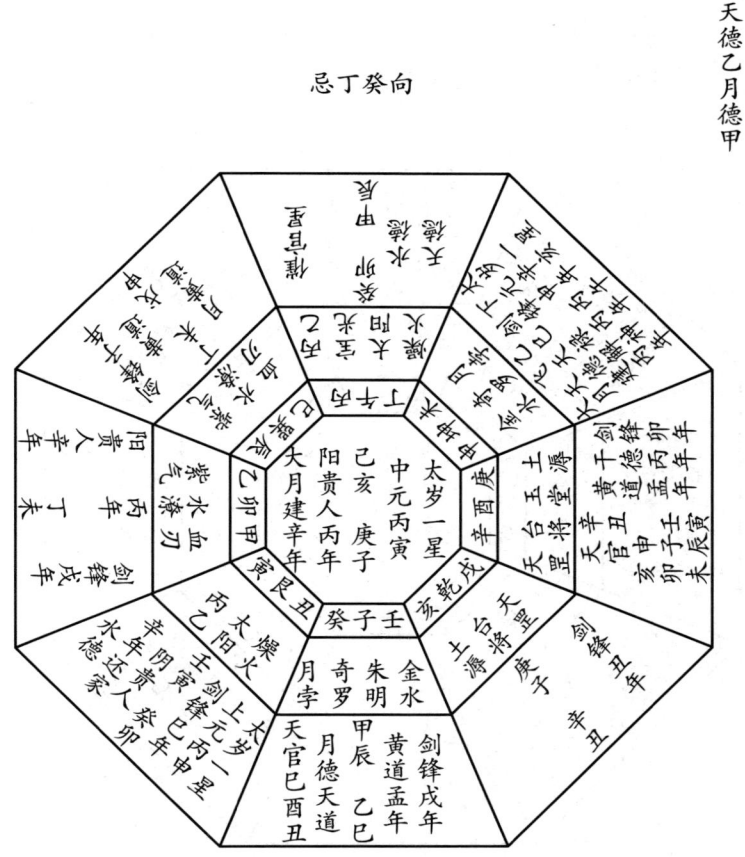

天德乙月德甲

巳生人不用

丙辛年十一月庚子

忌丙壬向

天德戊巽月德壬

午卯人不用

丙辛年十二月辛丑

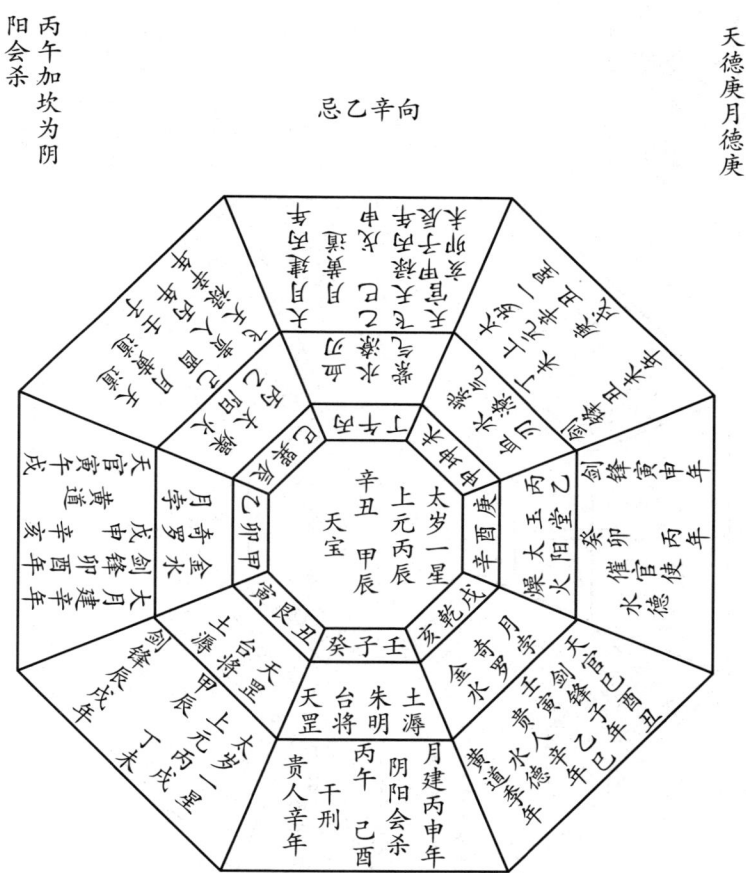

天德庚月德庚

忌乙辛向

丙午加坎为阴
阳会杀

戌未人不用

丁壬年正月壬寅

向利丙壬

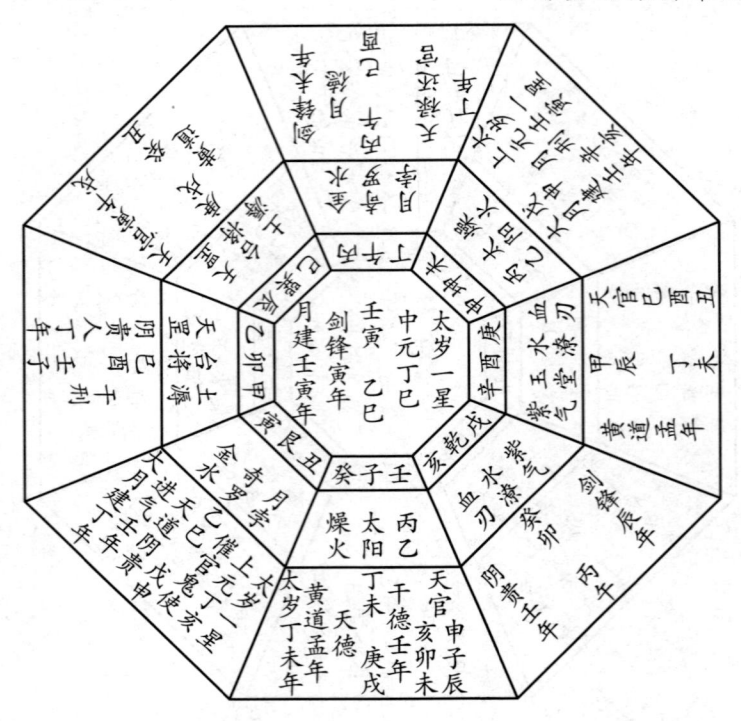

天德丁月德丙
六丁年正月吊
丙午正禄还离
丁岁命丙午禄
亥卯未年乙巳
马官符壬寅金
巳酉丑年辛亥
马官符戊申土

壬岁命辛亥禄
申子辰壬寅马
官符辛亥金寅
午戌年戊申马
官符乙巳火

巳申人不用

丁壬年二月癸卯

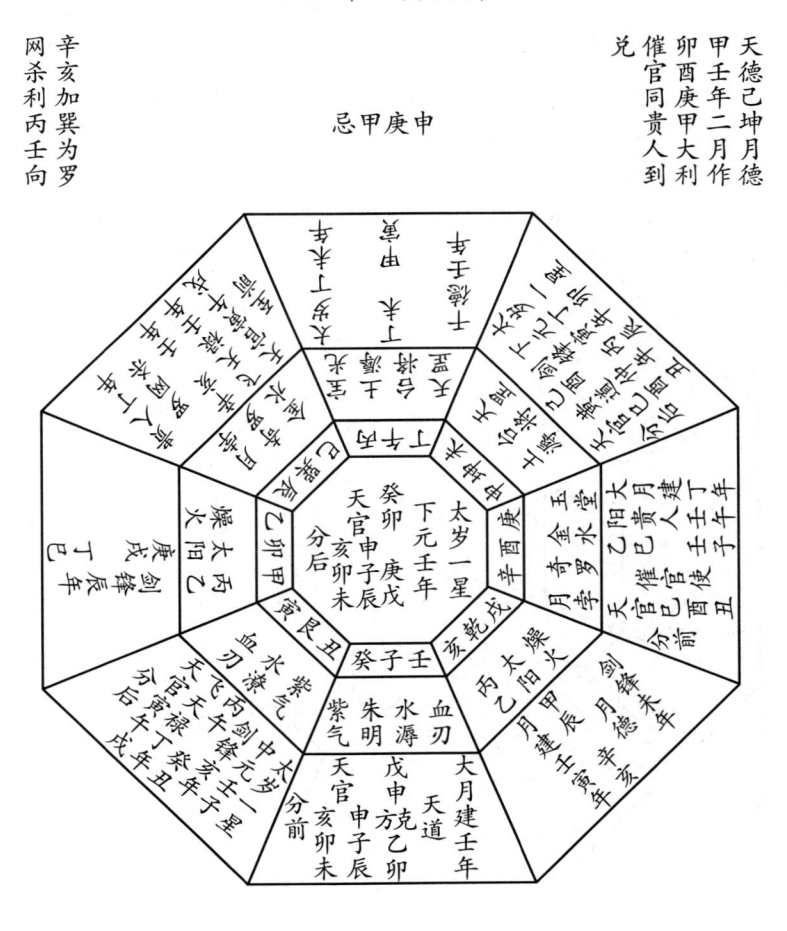

忌甲庚申

辛亥加巽为罗
网杀利丙壬向

天德己坤月德
甲壬年二月作
卯酉庚甲大利
催官同贵人到
兑

子酉人不用

丁壬年三月甲辰

忌丁癸向

天德壬月德壬

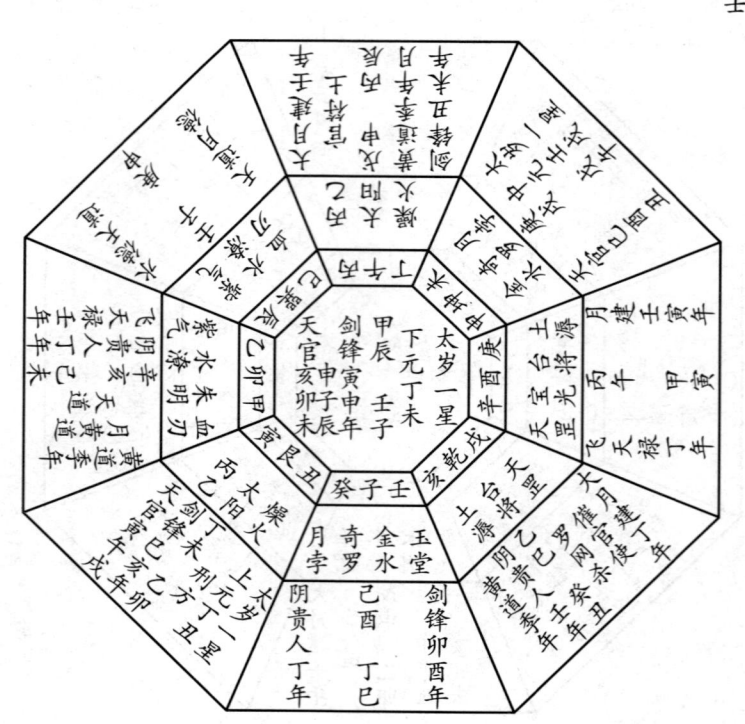

戊生人不用

丁壬年四月乙巳

天德辛月德庚

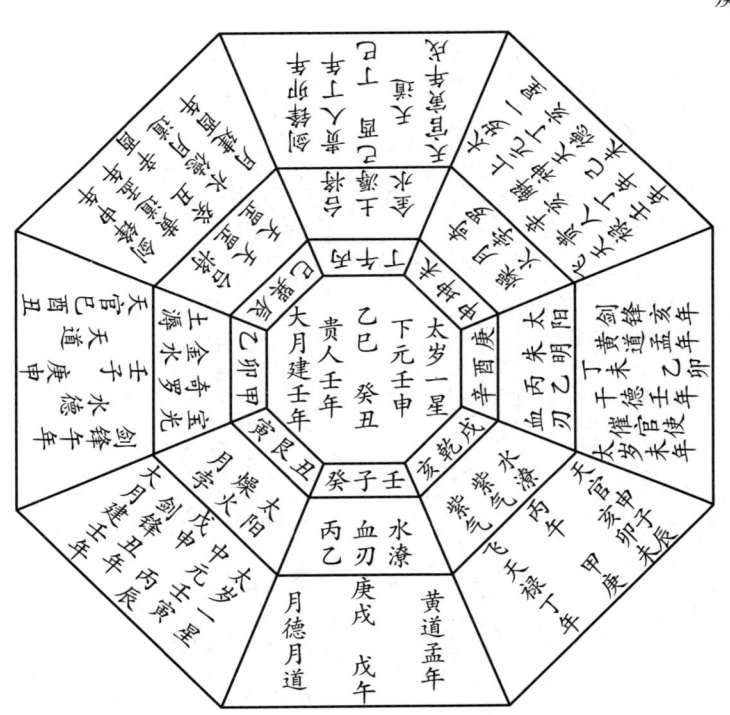

忌乙辛庚向

寅申人不用

丁壬年五月丙午

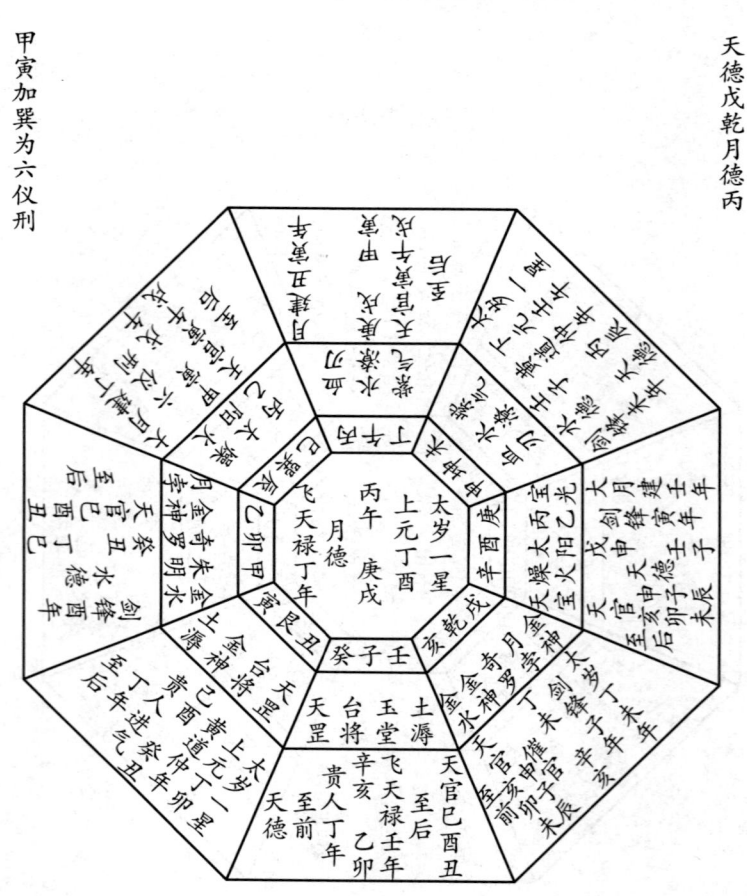

甲寅加巽为六仪刑

天德戊乾月德丙

子午人不用

丁壬年六月丁未

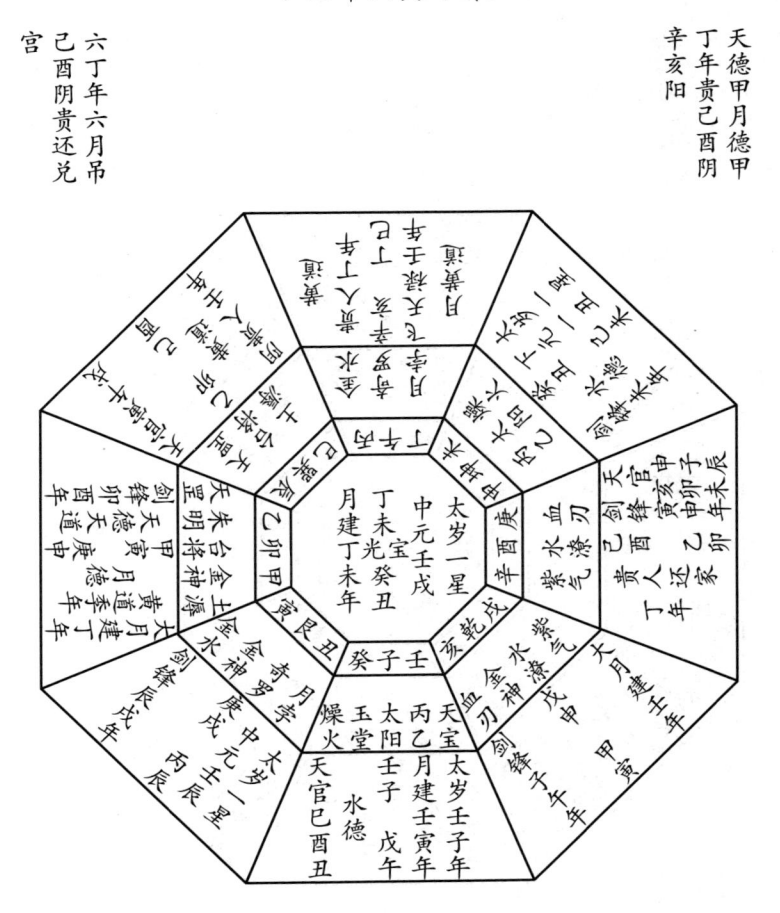

天德甲月德甲
丁年貴己酉陰
辛亥陽

六丁年六月吊
己酉陰貴還兌
宮

丑戌人不用

丁壬年七月戊申

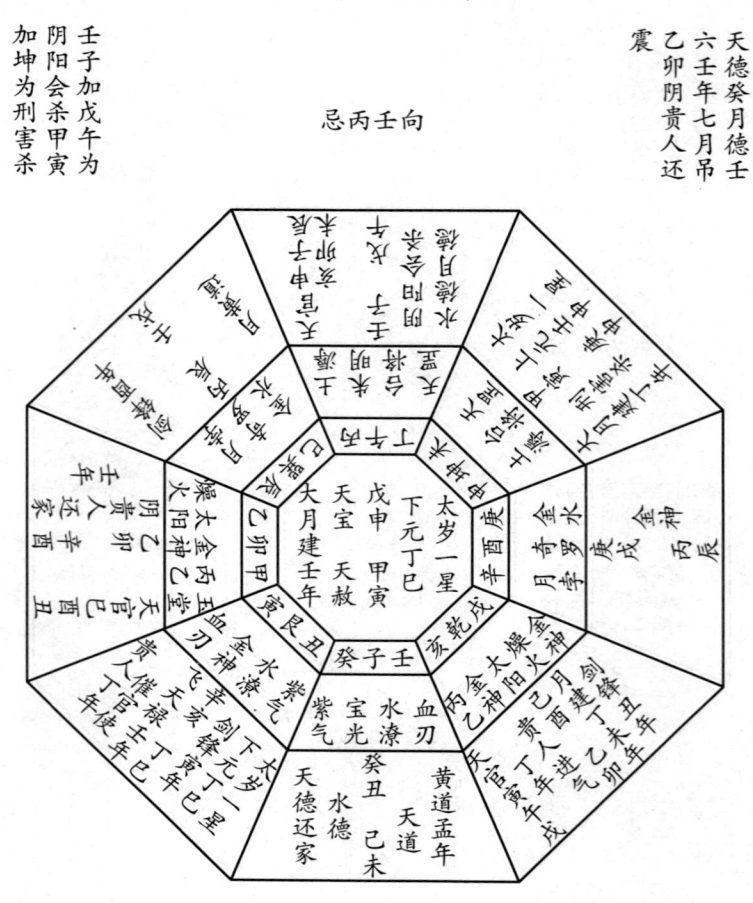

忌丙壬向

天德癸月德壬
六壬年七月吊
乙卯阴贵人还
震

壬子加戊午为
阴阳会杀甲寅
加坤为刑害杀

寅巳人不用

丁壬年八月己酉

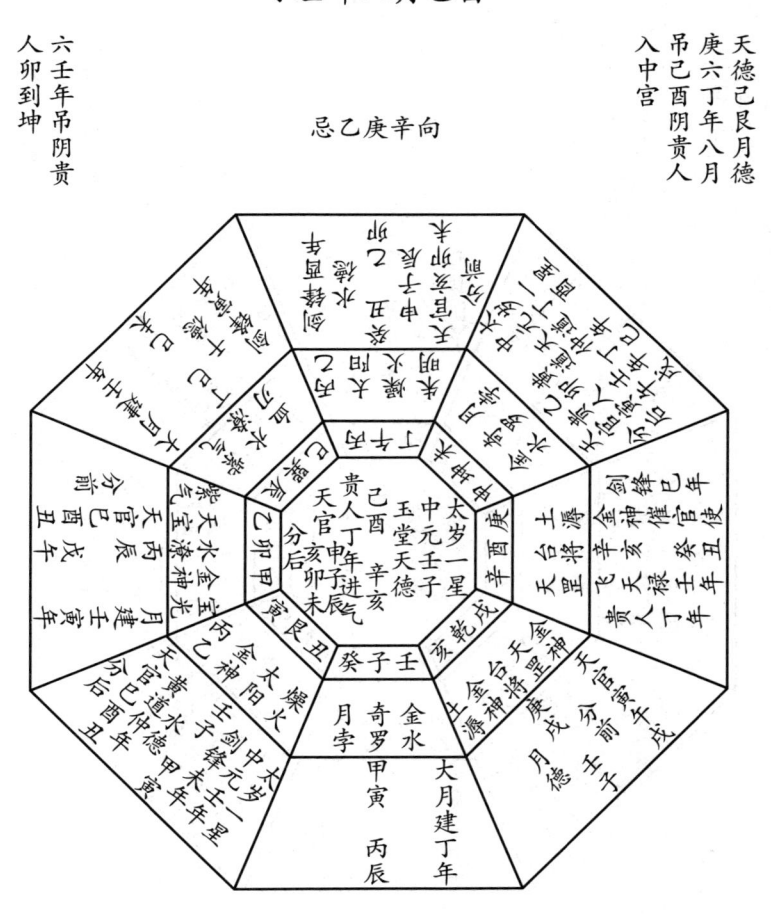

忌乙庚辛向

天德己艮月德
庚六丁年八月
吊己酉阴贵人
入中宫

六壬年吊阴贵
人卯到坤

卯酉人不用

丁壬年九月庚戌

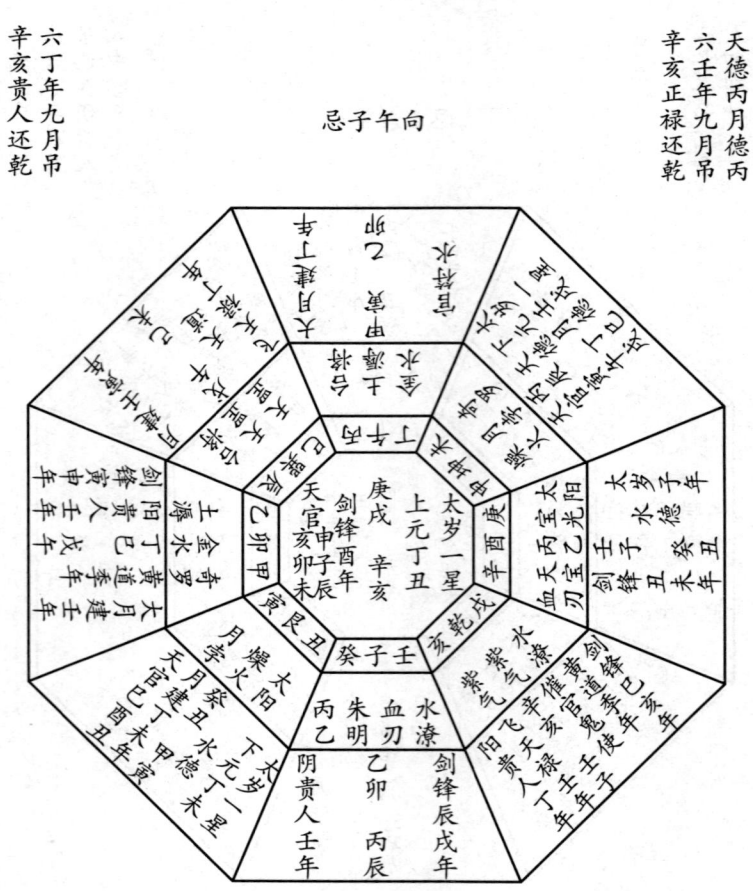

忌子午向

六丁年九月吊
辛亥貴人還乾

天德丙月德丙
六壬年九月吊
辛亥正祿還乾

丑未人不用

丁壬年十月辛亥

天德乙月德甲

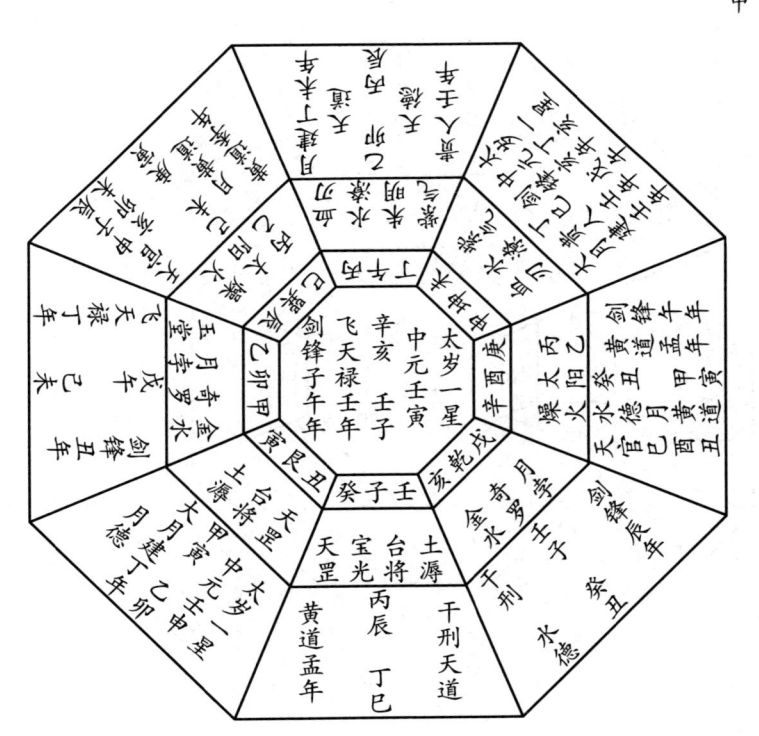

巳亥人不用

丁壬年十一月壬子

天德巽戊月德壬

忌丙壬甲庚向

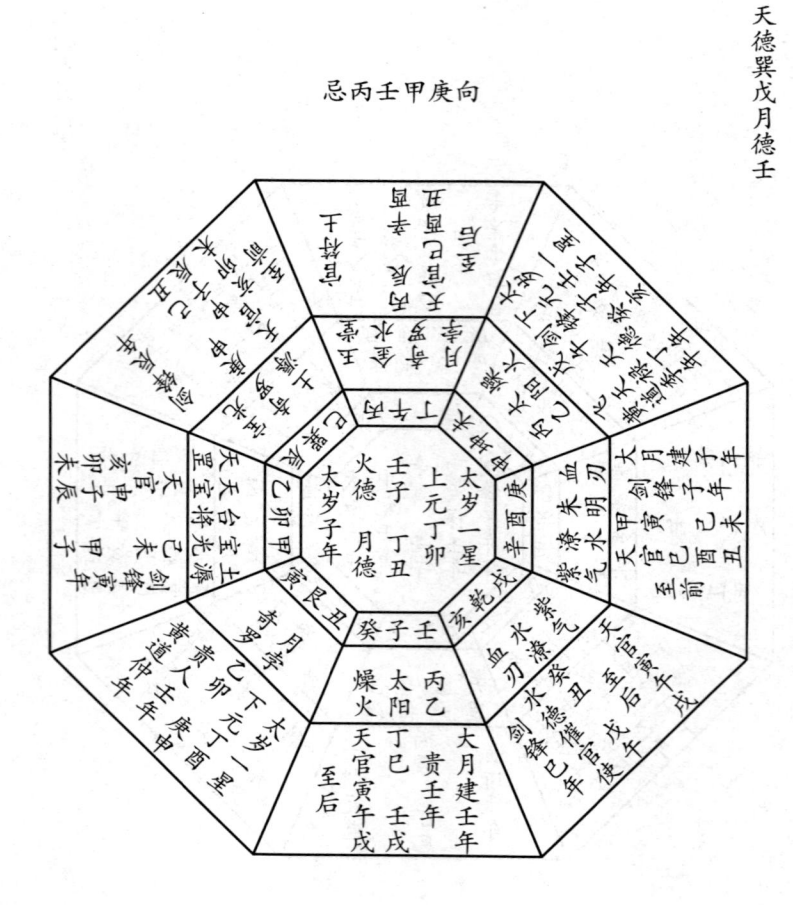

卯午人不用

丁壬年十二月癸丑

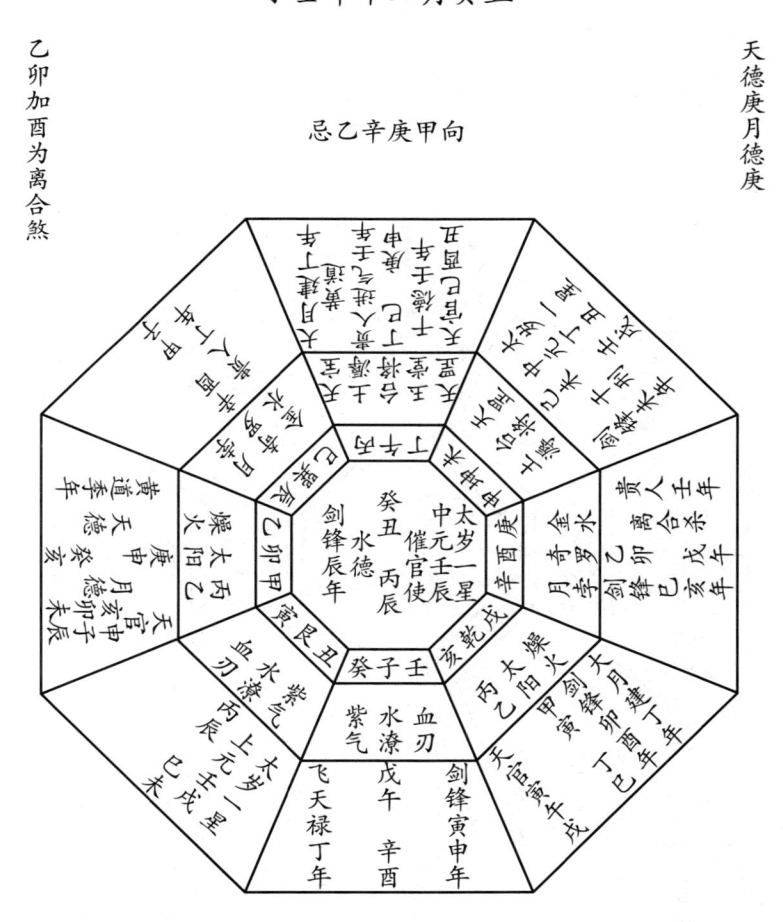

乙卯加酉为离合煞

天德庚月德庚

忌乙辛庚甲向

中央：
太岁壬辰
中元一星
催官使
癸丑丙辰
水德
剑锋辰年

戊未人不用

阴阳五要奇书

戊癸年正月甲寅

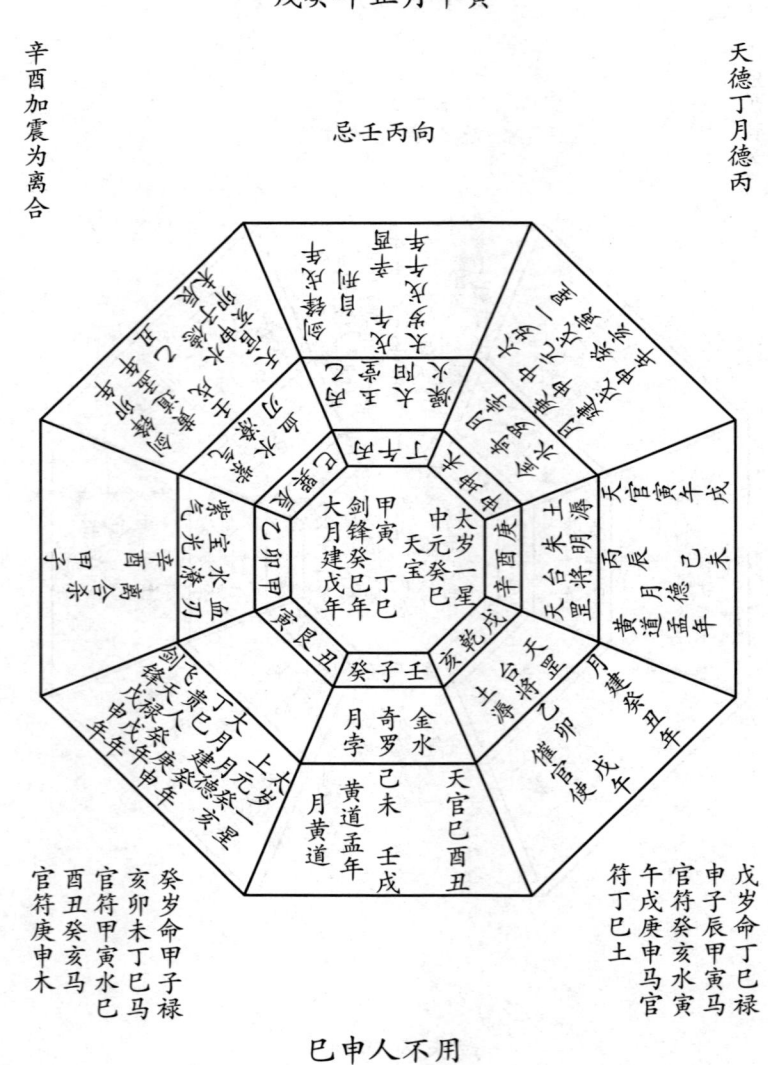

忌壬丙向

辛酉加震为离合

天德丁月德丙

（八卦方位图，含文字：
太岁一星 中元癸巳 天宝 甲寅 大月建戊年 剑锋癸巳年 紫宝氣光漆刀
乙卯甲寅艮丑 癸子壬 亥乾戌 辛酉庚
丁未 丙午 巽巳
天台朱明 月德 黄道孟年
月建 乙卯 丑未
天罡将 庚申 午
奇罗 金水 己未 壬戌 月黄道
天官巳酉丑）

癸岁命甲子禄
亥卯未丁巳马
官符甲寅水巳
酉丑癸亥马
官符庚申木

戊岁命丁巳禄
申子辰甲寅马
官符癸亥水寅
午戌庚申马官
符丁巳土

巳申人不用

戊癸年二月乙卯

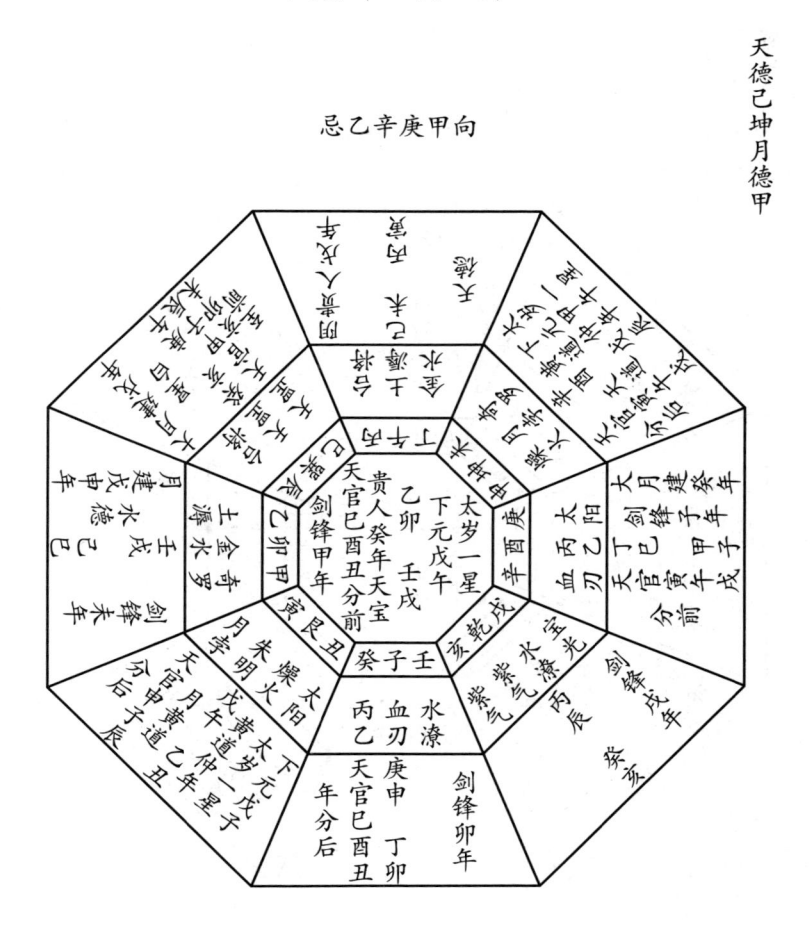

天德己坤月德甲

忌乙辛庚甲向

子酉人不用

戊癸年三月丙辰

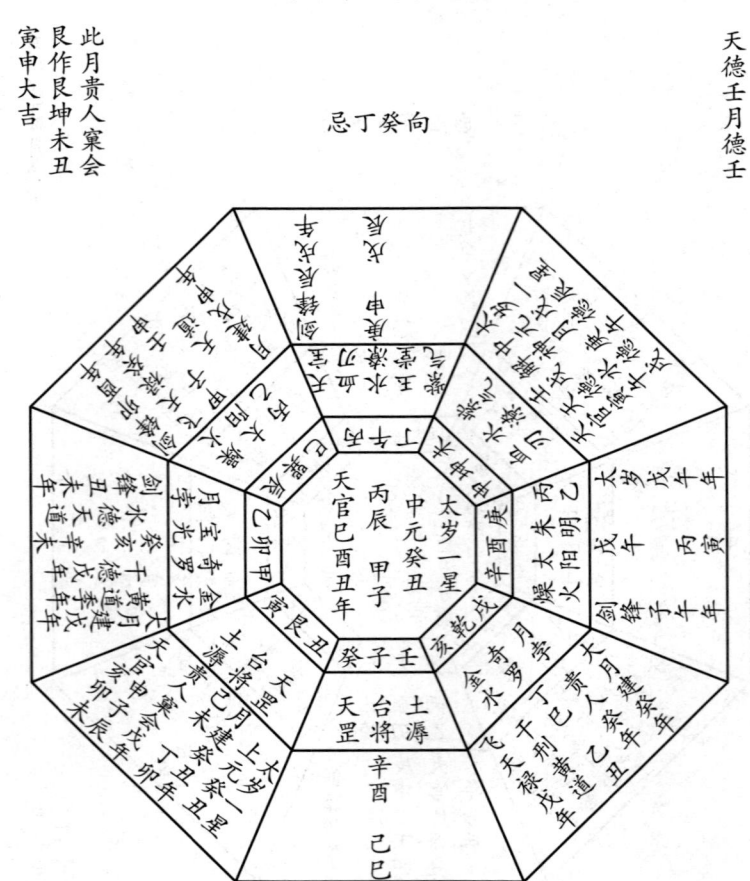

忌丁癸向

天德壬月德壬

此月貴人寅會
艮作艮坤未丑
寅申大吉

辰戌人不用

戊癸年四月丁巳

天德辛月德庚

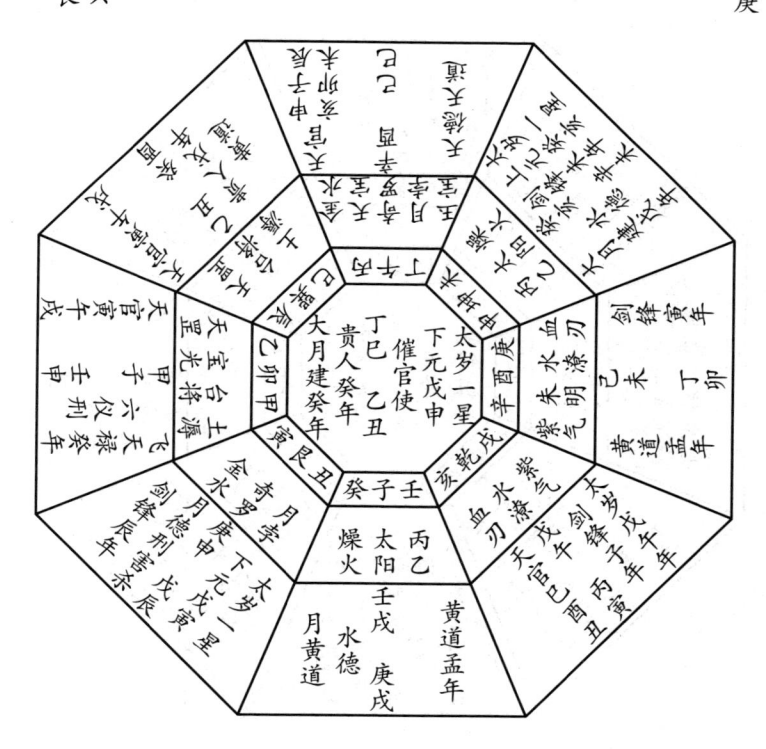

甲子加卯为六
仪刑庚申加艮
为刑害杀

忌乙辛庚向

寅申人不用

戊癸年五月戊午

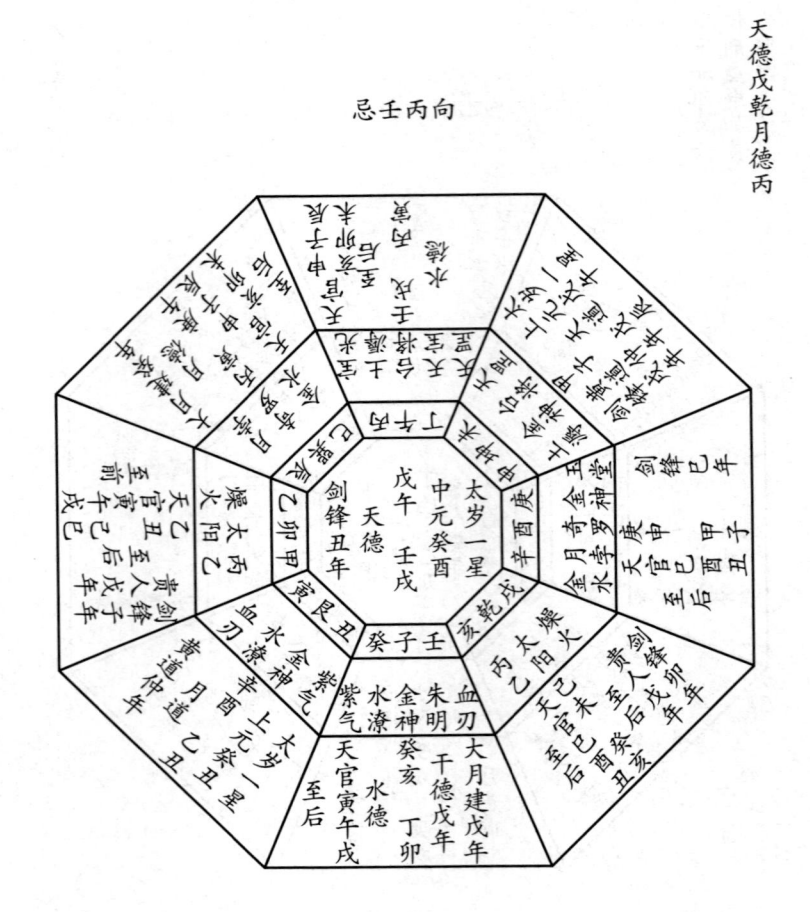

忌壬丙向

天德戊乾月德丙

中央:
太岁一星
中元癸酉
戊午 壬戌
天德
剑锋丑年
癸子 壬

子午人不用

戊癸年六月己未

天德甲月德甲

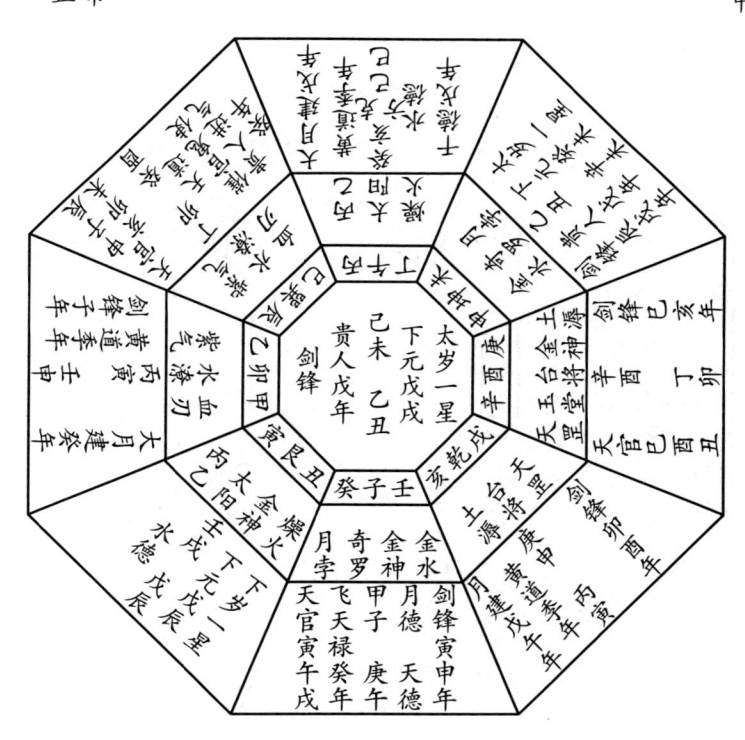

六癸年六月吊
甲子癸禄子正
禄还坎宫

忌甲庚乙辛向

丑戌人不用

戊癸年七月庚申

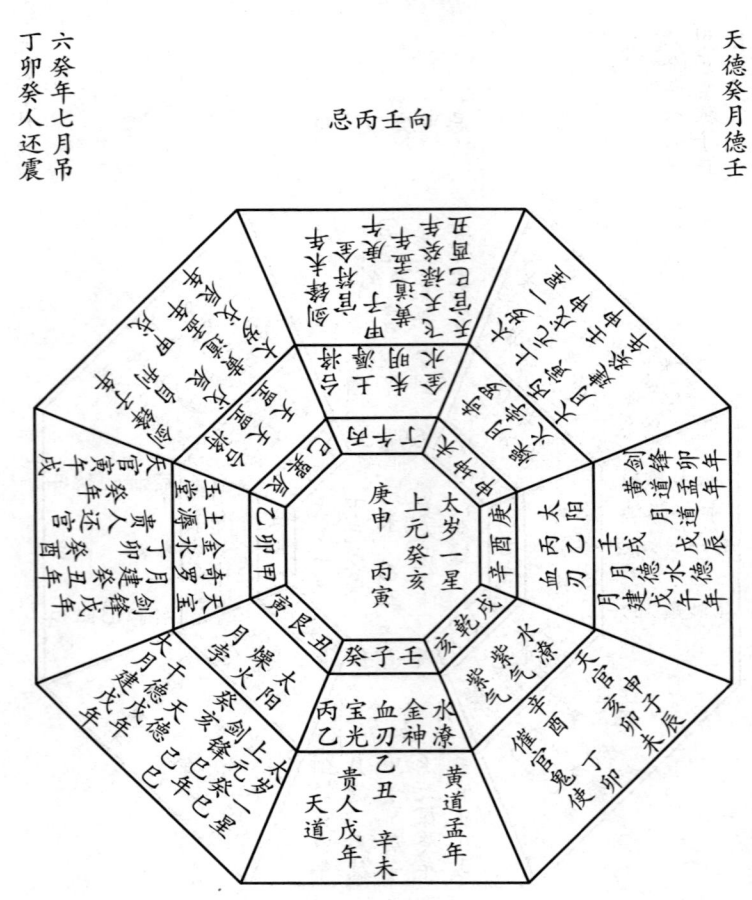

忌丙壬向

天德癸月德壬

六癸年七月吊
丁卯癸人还震

寅巳人不用

戊癸年八月辛酉

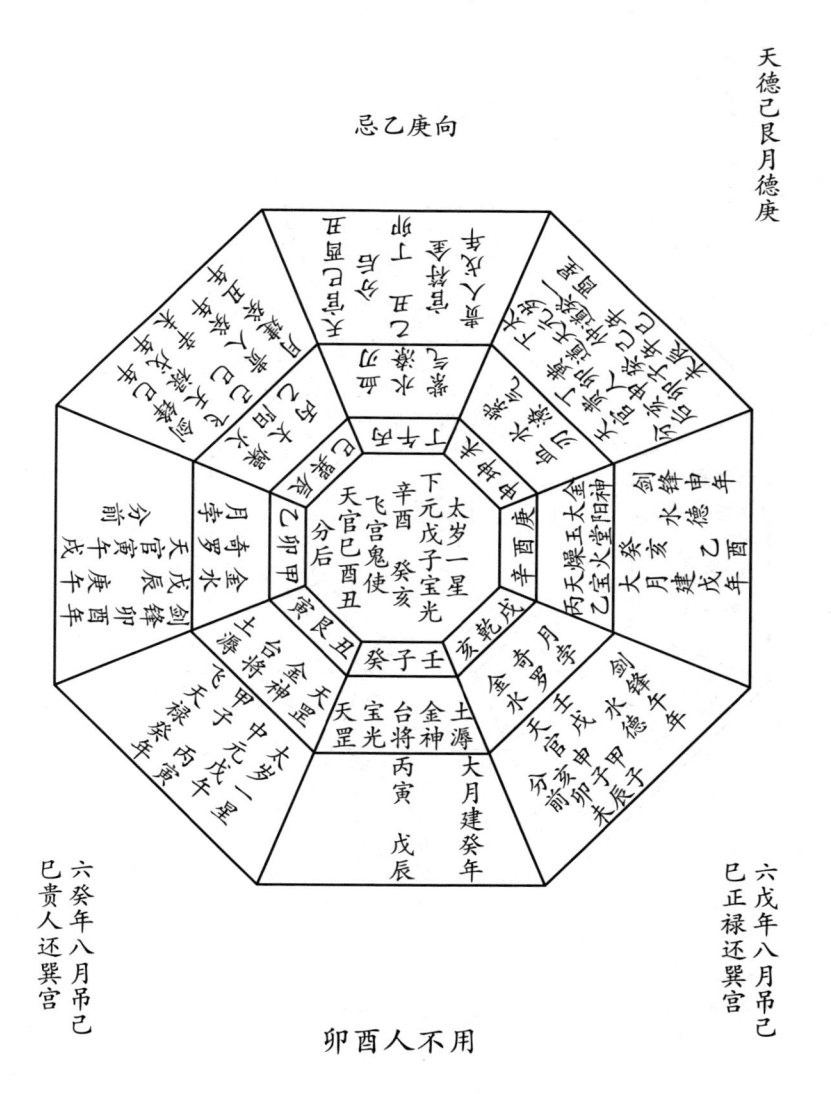

天德己艮月德庚

忌乙庚向

六戊年八月吊己
巳正禄还巽宫

六癸年八月吊己
巳贵人还巽宫

卯酉人不用

阴阳五要奇书

216

戊癸年九月壬戌

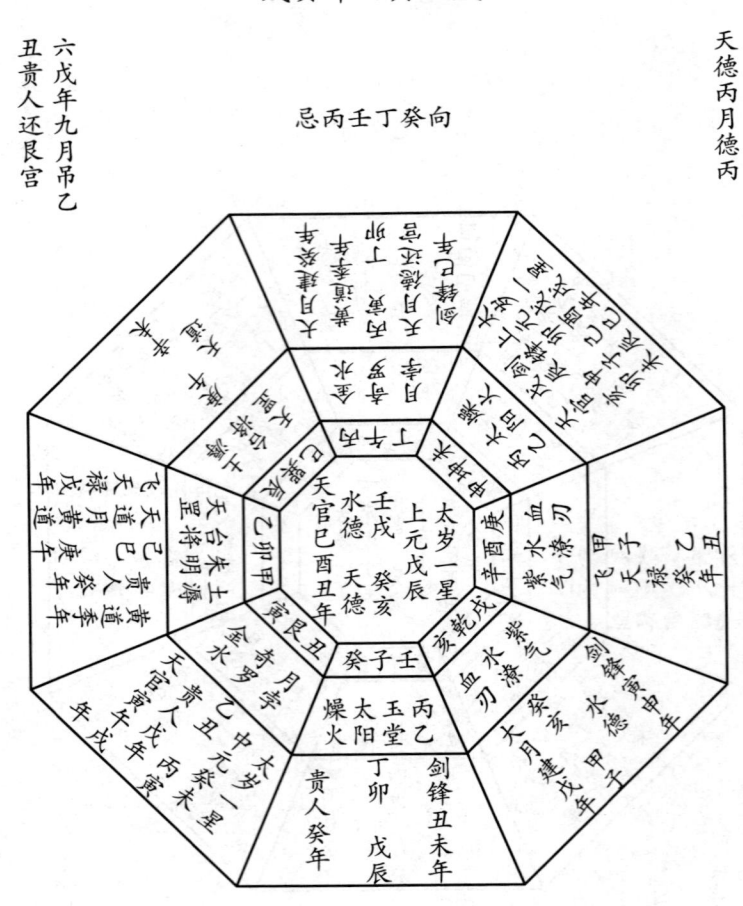

忌丙壬丁癸向

天德丙月德丙

六戊年九月吊乙
丑贵人还艮宫

丑未人不用

戊癸年十月癸亥

天德乙月德甲

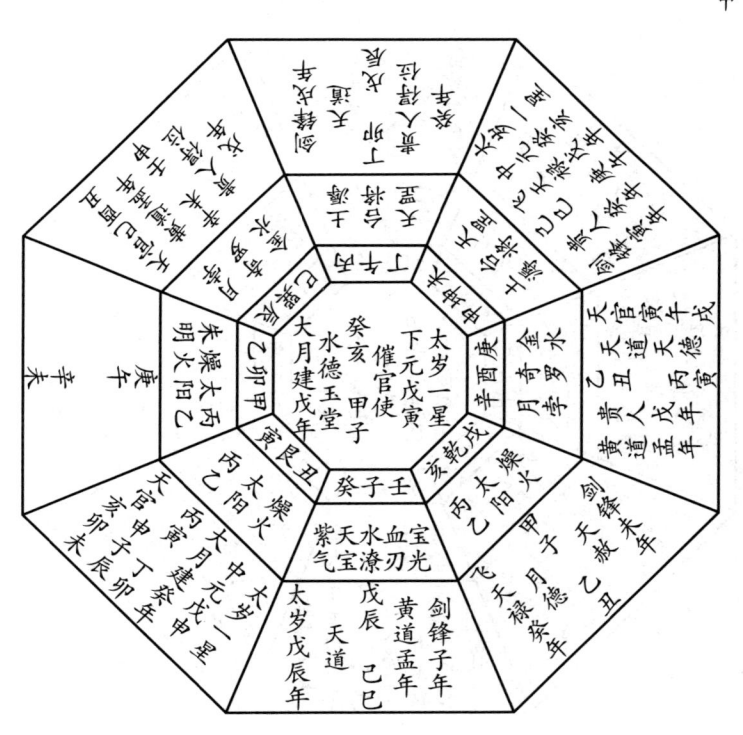

忌甲卯向

亥巳人不用

戊癸年十一月甲子

忌壬丙向

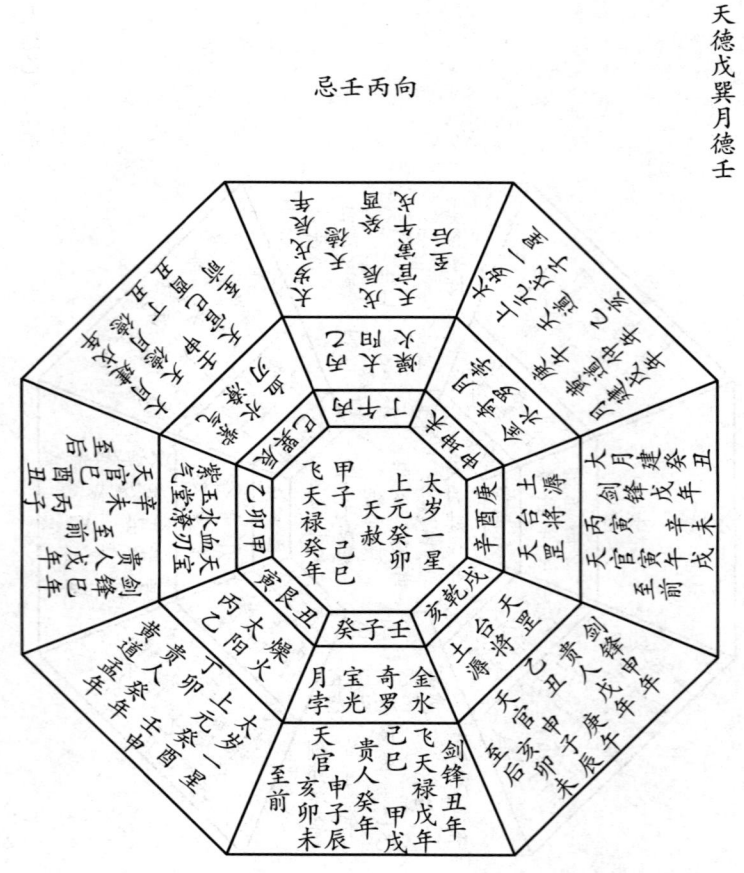

天德戊巽月德壬

午卯人不用

戊癸年十二月乙丑

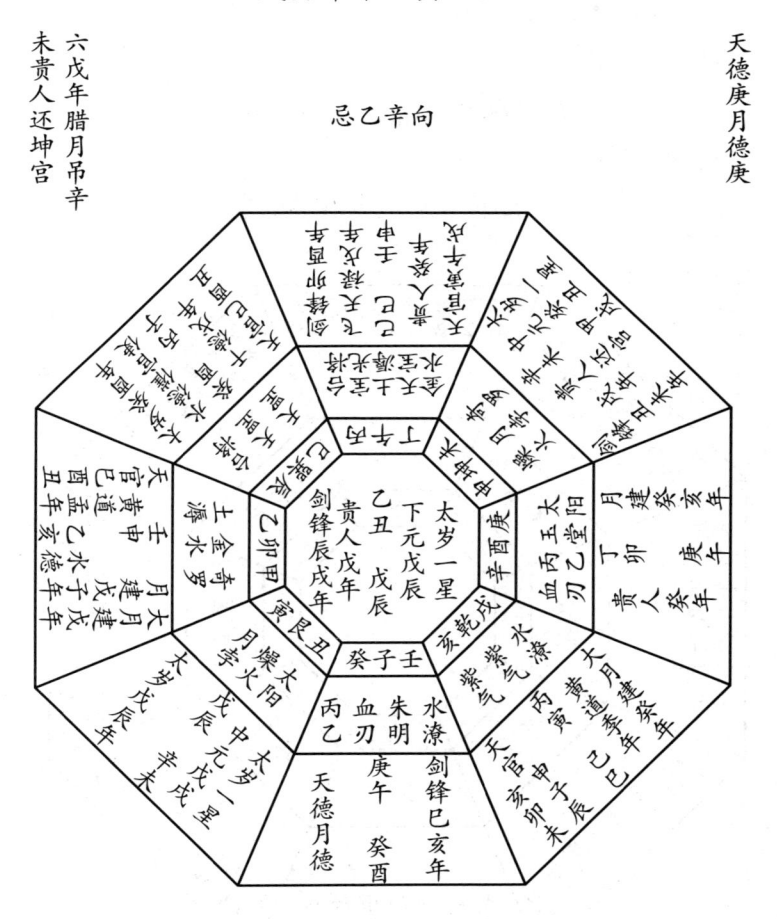

天德庚月德庚

六戊年腊月吊辛
未贵人还坤宫

忌乙辛向

丑戌人不用

阳明按索卷四

天河转运尊帝二星图 六局

上下二元起乾定局

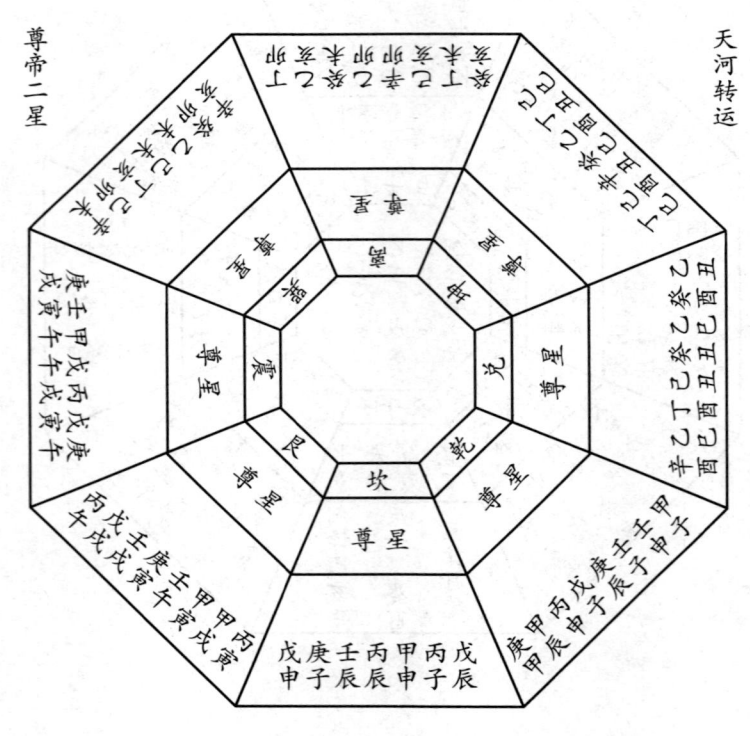

（八卦方位图，含尊帝二星、天河转运等标注）

尊帝二星不入中宫顺飞八方太岁到处便是尊星对官是帝星如甲子年在乾宫为尊星对宫巽为帝星余例准此推冬至后六十日到山向方同此局寻尊帝起例

尊帝中元起坎定局

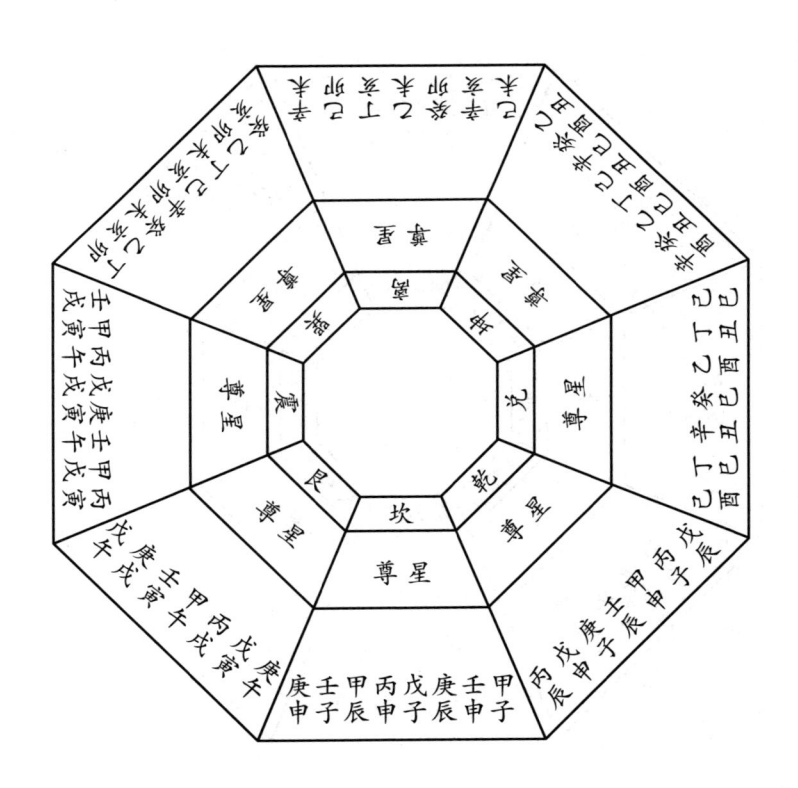

八卦图

内层（八卦方位）：
- 離：真星
- 坤：尊星
- 兌：昌星
- 乾：尊星
- 坎：尊星
- 艮：尊星
- 震：尊星
- 巽：尊星

外层干支：
- 離位上：乙辛丁癸、乙辛丁癸、乙辛丁癸
- 坤位：乙丁己辛癸、乙丁己辛癸
- 兌位：乙丑己巳癸酉丁丑辛巳乙酉己丑癸巳丁酉辛丑乙巳己酉
- 乾位：戊辰壬申丙子甲辰戊申壬子丙辰甲申戊子壬辰丙申甲子
- 坎位：甲子戊辰壬申丙子庚辰甲申戊子壬辰丙申庚子甲辰
- 艮位：甲寅戊午壬戌丙寅庚午甲戌戊寅壬午丙戌庚寅甲午
- 震位：戊戌庚寅甲午戊戌壬寅丙午庚戌甲寅戊午壬戌丙寅庚午
- 巽位：壬戌甲寅戊午壬戌丙寅庚午甲戌戊寅壬午丙戌庚寅甲午

夏至后六十日到方向同局

六阳年月定局

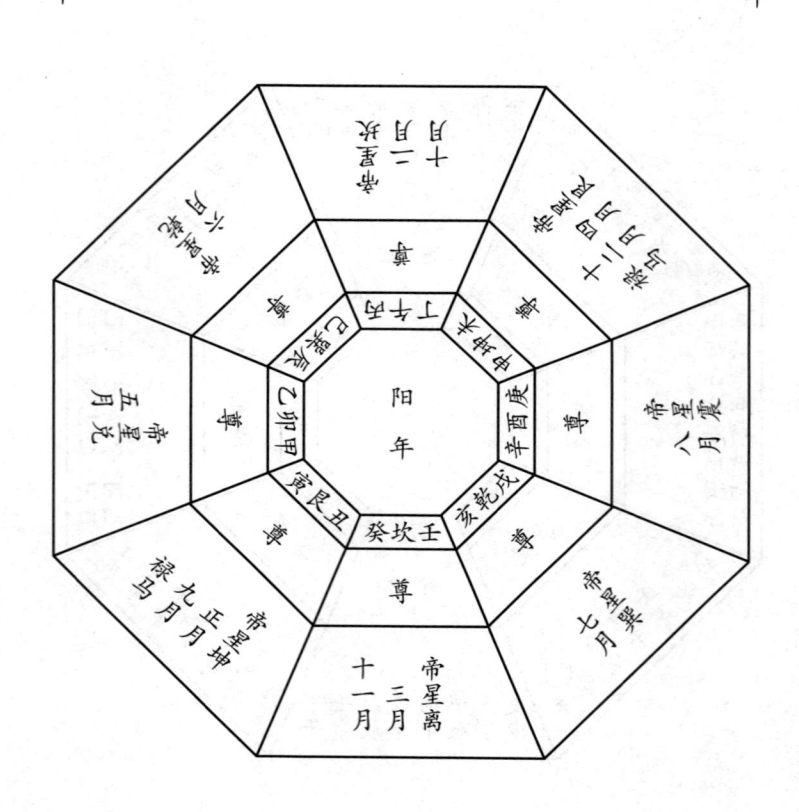

寅午戌年　　　　　　　　　　　　　申子辰年

阳年

帝星震 八月
帝星巽 七月
帝星离 三月 十一月
帝星坤 正月 九月 禄马
帝星兑 五月
帝星乾 六月
帝星坎 十二月
帝星艮

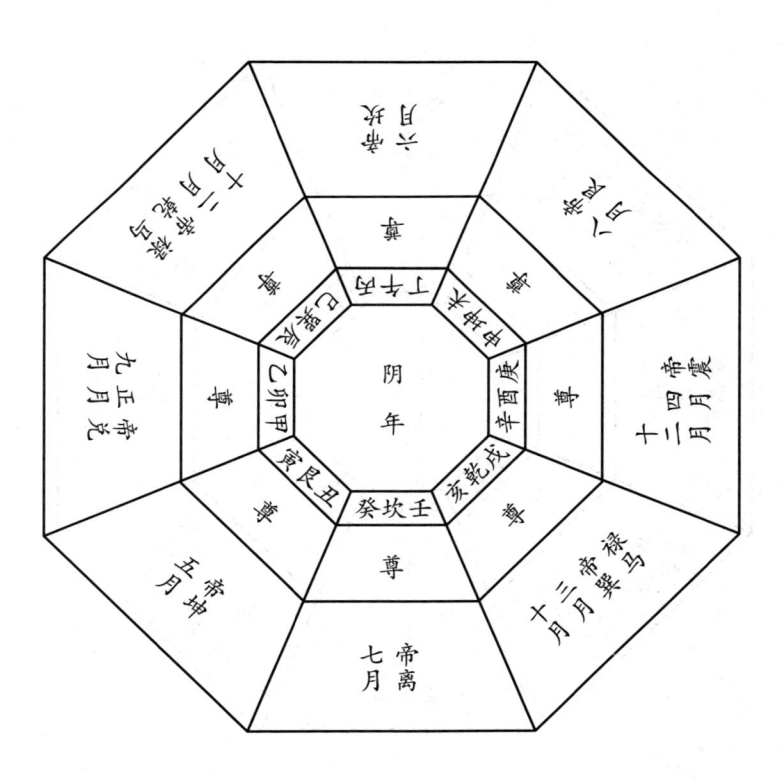

六阴年月定局

亥卯未年

巳酉丑年

阴年

七月 帝离
五月 帝坤
九月 帝兑
正月
十一月 帝艮
十二月 帝乾
十三月 帝巽
十四月 帝震

阳明按索卷四

尊帝位六阳日时定局

寅午戌日

申子辰日

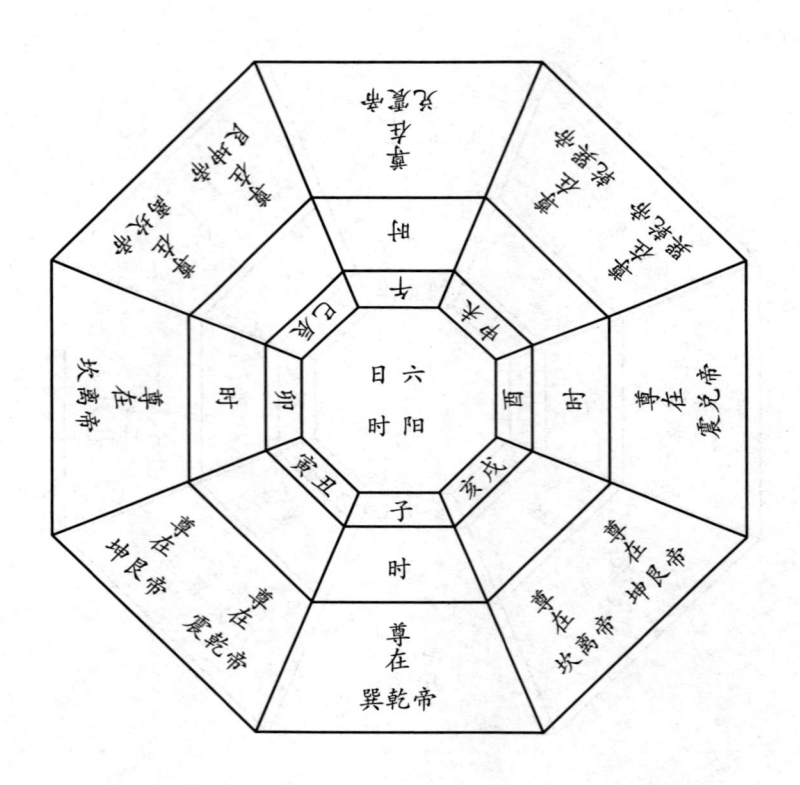

（八卦图：中央"六阳日时"，外圈标注各时辰与尊帝位方位）

尊帝位六阴日时定局

巳酉丑日

亥卯未日

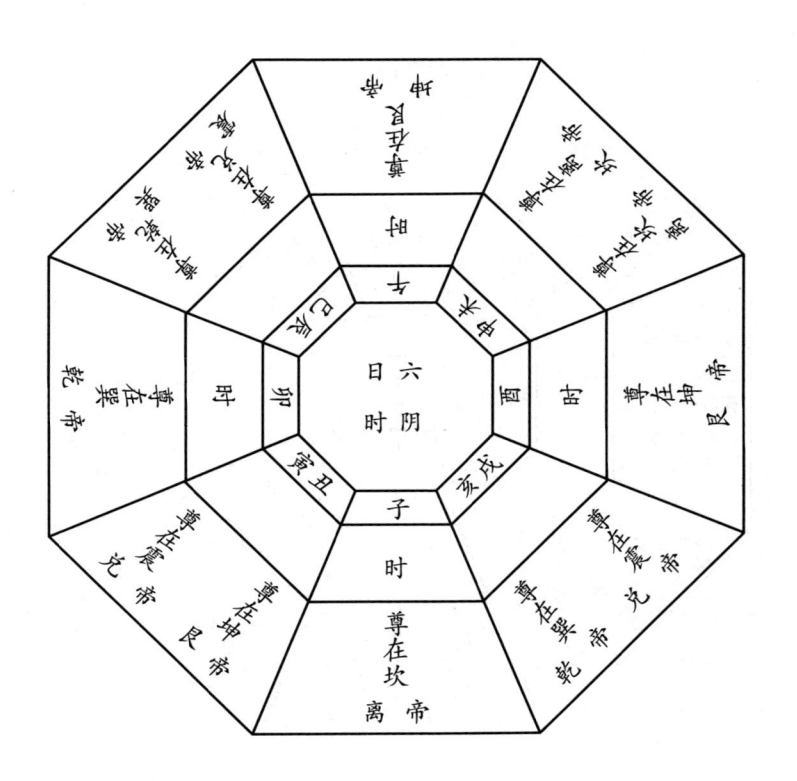

尊帝位六阴日时定局图：

- 子时 尊在坎 离帝
- 丑时 尊在艮 乾帝（巳酉丑日）／尊在乾 兑帝（亥卯未日）
- 寅时 尊在震 兑帝
- 卯时 尊在巽 乾帝
- 辰时 尊在离 坎帝
- 巳时 尊在坤 艮帝
- 午时 尊在兑 震帝
- 未时 尊在乾 巽帝
- 申时 尊在坎 离帝
- 酉时 尊在艮 乾帝
- 戌时 尊在震 兑帝
- 亥时 尊在巽 乾帝

阳明按索卷四

225

阴阳的煞图 五局

甲己太岁甲己生人阴阳的煞图

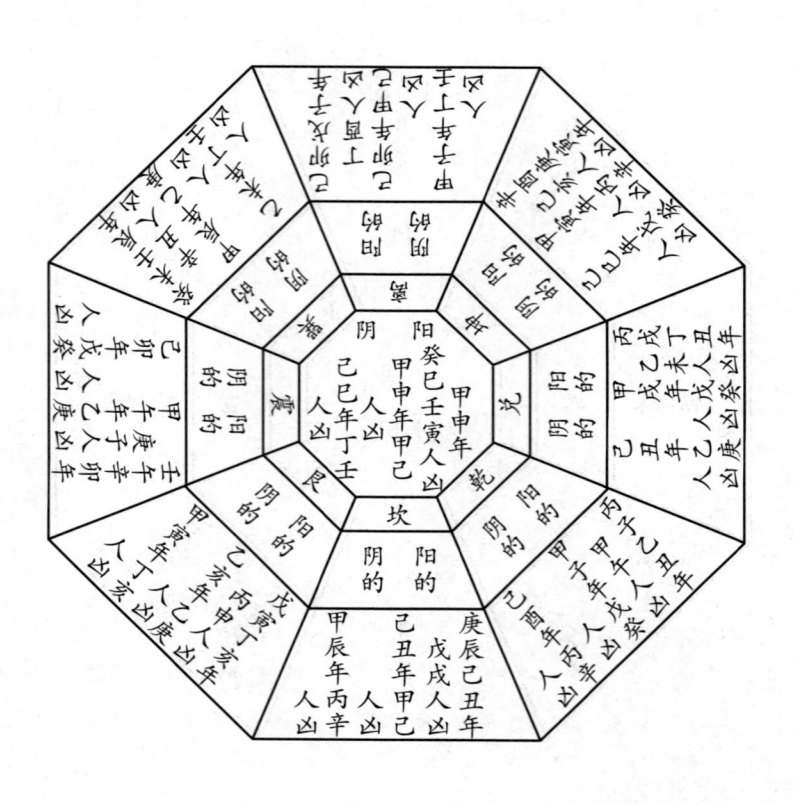

乙庚太岁乙庚生人阴阳的煞图

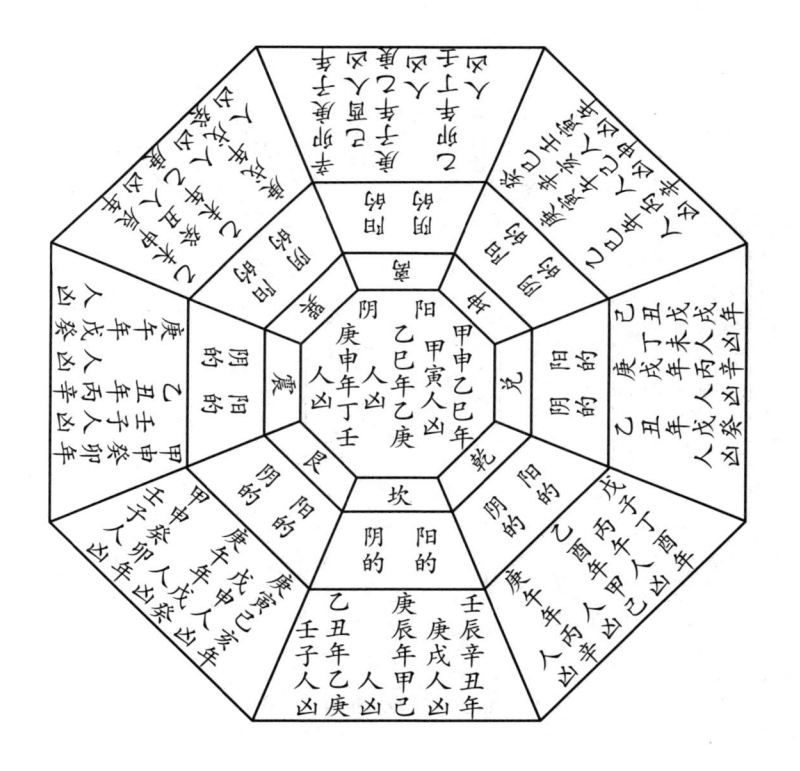

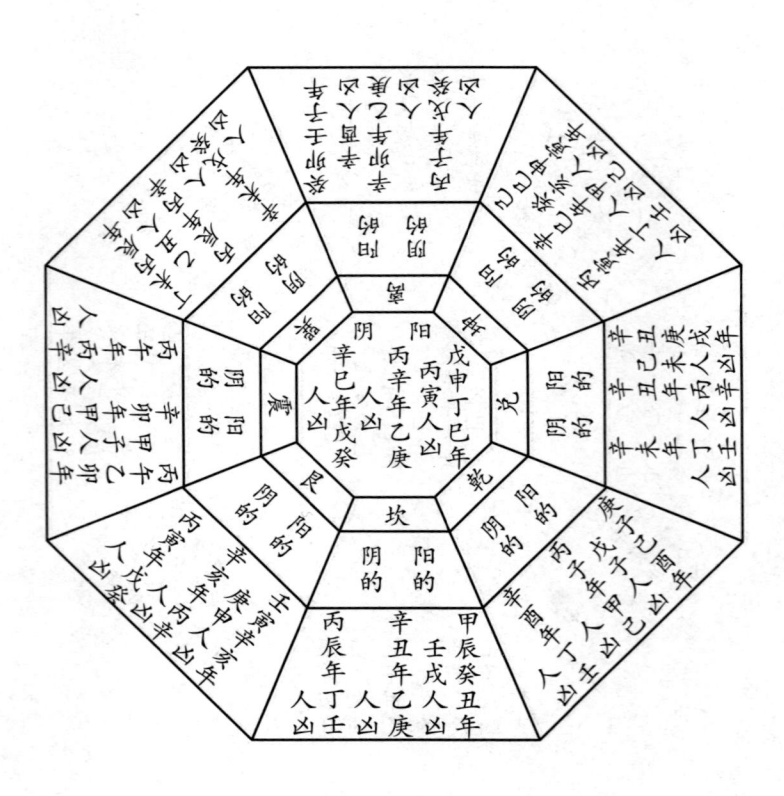

丙辛太岁丙辛生人阴阳的煞图

丁壬太岁丁壬生人阴阳的煞图

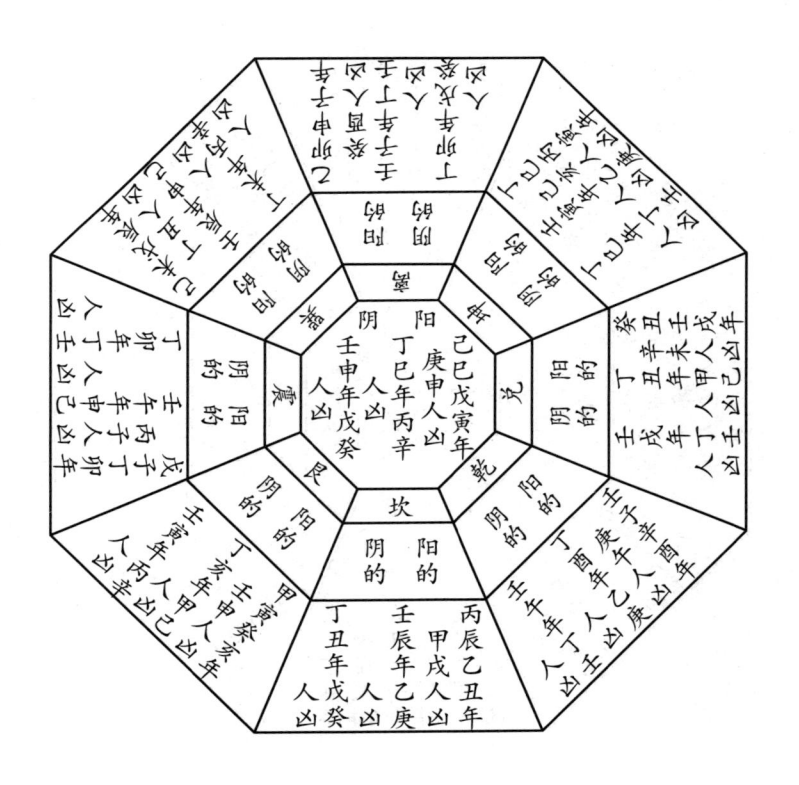

戊癸太岁戊癸生人阴阳的煞图

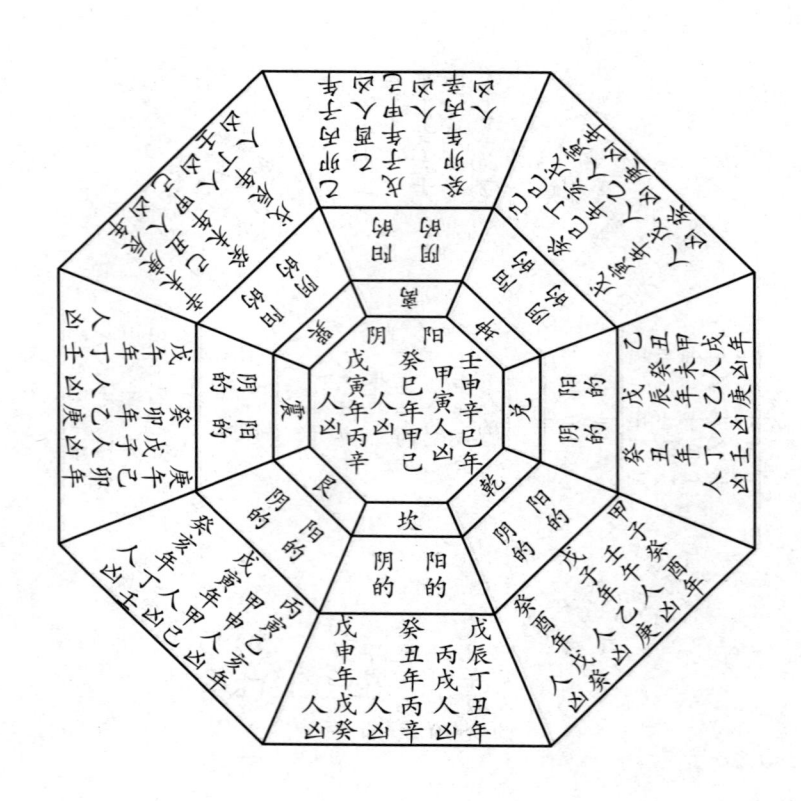

按索图星煞考注补 附

原星煞各有起例，各有妨忌，集图谨录妨忌数条，遗者尚多。兹细查详补起例来历及制伏之法附后，以便留心选择者知所根据考索，不致混淆云。

干支图吉星

帝星年起例

子卯午酉年巽四宫起关，丑辰未戌年七兑宫起关，寅巳申亥年坎一宫起关。

星序：关、帝、尊、太、纪、镇、纽、罡、纪。

只帝尊太纪四星吉，余凶。修作值此尊帝太纪，主生贵子，且有非常之福禄。月帝星起例同。

九星起例

星序：贪、巨、禄、文、廉、武、破、辅、弼。

只贪武辅弼四星吉，余凶。造作进官禄，益财产，添人丁。

子年贪起中五逆行，丑年贪起巽四，寅年贪起震三，卯年贪起坤二，辰年贪起坎一，巳年贪起离九，午年贪起艮八，未年贪起离九，申年贪起坎一，酉年贪起坤二，戌年贪起震三，亥年贪起巽四。

三白年起例

分上中下三元，六十年为一元，三六一百八十年又周而复始。此只取紫白吉星入吊替。

子丑寅	卯辰巳	午未申	酉戌亥
一九八	一九八	一九八	一九八
七六五	七六五	七六五	七六五
四三二	四三二	四三二	四三二

上元一白起甲子，中元四绿却为头，下元七赤兑方发，逆寻年分把星流。

弘治甲子为上元，嘉靖甲子为中元，至天启甲子为下元，并逆布求值年星，入中宫顺飞。凡太岁一星等杀例，在年局内用吊替法寻。

三元月白起例

子午卯酉年正月起八白，辰戌丑未年正月起五黄，寅申巳亥年正月起二黑，并逆布寻值月星，复入中宫，顺飞八方。须察好、合、反、伏、吞、食，以验吉凶祸福，所谓"白中有煞少人知"者，此也。凡灭门煞、暗剑杀等例，在月局内用吊替法寻。其日白时白例具《宝海》，此不赘。

奏书博士起例

亥子丑乾（奏书）冈（博士巽），寅卯辰艮（奏书）乡（博士坤），巳午未年巽（奏书）（博士乾），申酉戌坤（奏书）方（博士艮），此为奏书煞，博士对宫装。

此岁之吉神，天之掌记，其方不宜穿掘，候岁天道、天月德同到，泥饰之吉。博士宜忌同奏书。

天道方起例

正巳二申三月亥，四酉五子六寅是，七丑八卯九月午，十辰仲未十二戌。

天道月临方：寅戌子月南骦马（正、九、十一月天道行南方），卯巳丑月还自西（二、四、十二月天道行西方），辰午申月于北地（三、五、七月天道行北方），未酉亥东为定期（六、八、十月天道行东方）。天道所行之方，乃阴阳开通之地，凡出行、移徙、嫁娶、动作、修营等事，值之上吉。《时宪》用本方，《元经》入吊替。

利道起例

其法常在太岁前十字取四位，每位占干支二位，一年干支共八吉位，修作值之，主进人口、田宅、财产、六畜。

人道起例

大月方：

正	二	三	四	五	六	七	八	九	十	十一	十二
癸	艮	甲	乙	巽	丙	丁	坤	庚	辛	乾	壬

小月方：

正	二	三	四	五	六	七	八	九	十	十一	十二
丁	坤	庚	辛	乾	壬	癸	艮	甲	乙	巽	丙

人道方凡出入移徙，修作营造大吉，移床就人道方病痊。

岁德起例

甲年在甲乙年庚，丙逢丙位丁壬连，戊德在戊己德甲，庚同庚位辛年丙，壬德在壬癸寻戊，岁德临方百福臻。

如壬年三月作壬方，天德、月德、岁德丛集壬山，作之大吉。

天德起例

正丁二坤己宫，三壬四辛同，五乾戊六甲上，七癸八艮己中，九丙十居乙，子巽戊丑庚中。

此天地福德之神，阴阳感通之位，宜起造、安葬、修营、上官、移居、入宅、出行、求财，诸事十全大吉。又宜藏胎衣。

月德起例

正五九月居丙方，二六十月甲中藏。三七十一壬为是，四八十二庚日当。

此月内福德之辰，阴阳感通之位，诸凡封拜上官、谒贵求贤、营造出入、移徙婚娶、动作修造、葬埋纳财并大吉，与天德、岁德同位更吉。

月空起例

寅午戌月逢壬地，亥卯未月合庚金。申子辰月求丙火，巳酉丑月甲干寻。

此月内阴辰，吉庆之位，宜设谋定策，上书陈言，修产室，造床帐，取土动土，修造并吉。

天赦起例

春逢戊寅夏甲午，秋值戊申天赦露。冬月甲子最为良，百事逢之多吉助。

宜修造起工，入宅移居，疏狱施恩，祀神赛愿，百事吉。

解神起例

正申二酉三戌推，四亥五子六丑是。七寅八卯九辰当，十巳十一午腊未。

即天医，宜报方退煞散讼，检举刑狱，能解一切凶杀，修造遇之大吉。

生气起例

正子二丑三月寅，月月逢开生气神。四卯五辰六巳顺，十二支中触类轮。

开位是即华盖方。此月内极富之辰，宜上任拜官，婚嫁出行，修造动土，填基开肆，避病种植，泥饰造葬，合寿木，百事吉。其方修营，主加官禄，进横财。

天乙贵人起例

甲戊庚牛羊，乙己鼠猴乡。丙丁猪鸡位，壬癸蛇兔藏。六辛逢马虎，天乙贵人方。

宜上官、赴举、受封、兴修造葬，百事大吉。有太岁之贵人，以月建入中飞遁寻。有本命之贵人，以太岁入中飞遁寻。

飞天禄起例

甲禄在寅乙在兔，丙戊到巳丁己午。庚申辛酉壬到亥，癸禄居子从头数。

歌云："禄到山头贵子生。"《直指》云："禄马临山旺子孙。"

催官鬼使起例

春乙、夏丁、秋辛、冬癸。取四季天干旺神。春乙夏丁秋用辛，冬癸须知是吉神。假如丙子年五月，艮宫丁酉吊宫寻。能依此例修方报，来岁荷衣必定新。

作之主士子登科，官吏荣迁，闲谪起复。

水德起例

以月建入中飞遁，寻壬癸到方便是。能制压诸家火星凶星，修造诸事吉。

干支图凶煞

太岁例

子	丑	寅	卯	辰	巳	午	未	申	酉	戌	亥
年	年	年	年	年	年	年	年	年	年	年	年
子	丑	寅	卯	辰	巳	午	未	申	酉	戌	亥

岁破例

大耗须知问破乡，又为岁破一同群。假如子年午是破，年支冲处较君量。

一名大耗，太岁所冲，天上之天罡也。忌兴工动土、移徙嫁娶、远行安葬，犯杀宅长。

岁刑例

子刑卯上卯刑子，寅刑巳上巳刑申。申刑寅上戌刑未，丑刑戌上定其真。酉刑酉兮午刑午，亥刑亥兮辰刑辰。

此五行生旺之气，恃强相刑，其方不可兴工，主争斗、血光。

岁三杀例

申子辰杀在南巳午未，巳酉丑杀在东寅卯辰，寅午戌杀在北亥子丑，亥卯未杀在西申酉戌。主杀小口，横凶。

豹尾黄幡例

水局寻辰墓，火局在戌乡。木局原居未，金库在丑场。

忌开门、取土、嫁娶、纳财、收畜。豹尾方最忌纳有尾之畜。此太岁之墓也，其色黄，封树如旌幡，故名。

黄幡所指，随而变之，动静疾速如豹尾然。忌嫁娶及作百事，损人丁六畜。

岁杀例

的杀原从何处穷，申子辰年未是踪。水局长生申上起，数到养处例雷同。

一名的杀，一名大禁，犯主官灾、疾病、失财。

土皇例

子丑辰巳年，乾巽主忧煎。寅卯戌亥岁，坤艮灾殃起。午申酉三载，子午方上裁。惟有未太岁，卯酉为不利。

凡在一方，则游对冲一方，各占二位，其形如狮子，部从甚众，公馆私家，切忌动作，犯主一年内瘟疫非灾，并破败怪梦。

陈希夷云：仍分阴阳轻重断之。秋分后五日得风地观卦。用事无碍。

旌头起例

寅申巳亥年丑寅方，辰未戌丑年未申方，子午卯酉年在中宫。癸巳至己酉十七日中宫动作，大凶。

天命起例

子午二年庚酉辛，卯酉二年巳午未。辰戌二年丑艮寅，未丑二年甲卯乙。寅申二年戌乾亥，巳亥二年未坤申。

一名游年赤毒，修造动土犯最凶。法用三奇、二德、太阳、岁命贵禄马，天寿星临方，修之吉。犯多夭亡，依法修之，又主多寿。

太阴起例

太阴方：

子	丑	寅	卯	辰	巳	午	未	申	酉	戌	亥
戌	亥	子	丑	寅	卯	辰	巳	午	未	申	酉

太阴，土星之精，太岁之后妃，常居岁后二辰。凡兴工动土、移徙，抵犯损女人小口，召阴私之厄，只宜学道，吉。

将军起例

北方亥子丑年酉，东方寅卯辰年子。南方巳午未年卯，西方申酉戌年午。

此金神之精，若与三杀、岁刑等凶会于一处，名曰群丑，凶不可言。忌修作，禁一百步，惟修饰无妨。

蚕室起例

年	子	丑	寅	卯	辰	巳	午	未	申	酉	戌	亥
	未	未	戌	戌	戌	丑	丑	丑	辰	辰	辰	未
	坤	坤	乾	乾	乾	艮	艮	艮	巽	巽	巽	坤

蚕室在将军后三辰，将军之妻，大忌春间修作，犯主年年损蚕。

力士起例

（年）亥子丑衰病夹处求，寅卯辰巽宫不用擒。巳午未坤地何须记，申酉戌乾宫力士宾。

犯主瘟疫，防手足之灾。

剑锋起例

假如正月建寅方，建前一位剑锋乡。寅月甲方卯月乙，依此推之悉可详。

凡修造安坟犯之，六十日杀肉千斤，二百日内损二人，及招官事瘟疫。此杀在方名剑锋，在日名重丧。

按：复者，复也。如寅中有甲，又复见甲，卯中有乙，又复见乙，名重日。为一切吉事则复吉，为一切凶事则复凶，故凶事于复日，又为重赙。

正月甲、二月乙、四月丙、五月丁、七月庚、八月辛、十月壬、十一月癸，三六九十二月己，皆名复日，忌成服、斩草、行丧、殡埋等事。大抵在方忌修方，若三奇吉星到，亦能制伏。在日止忌丧葬，作诸凶则复凶，作诸吉则复吉也。

崩腾起例

子地丑天寅岁辛，卯乙辰丙巳居壬。午庚未甲申年癸，酉丁戌己亥鸡鸣。

犯主杀宅长，以至灭门，三年内应。一云千斤崩腾，犯主杀宅长，并忌行丧。

千斤起例

鼠狗蛇怕寅，马牛猪犯辰。兔猴忌亥上，羊虎相牛经。龙鸡占何处，长蛇当道侵。

犯损六畜，单忌修方。

飞廉大杀例

正戌二巳三是午，四未五虎六月兔。七辰八亥九子真，十牛子猴丑鸡拒。造作栏圈如犯着，六畜闻之皆怖畏。

乃岁之阴神，起造动土，嫁娶移徙，百事凶。

病符起例

年	子	丑	寅	卯	辰	巳	午	未	申	酉	戌	亥
方	亥	子	丑	寅	卯	辰	巳	午	未	申	酉	戌

此岁后一辰，即闭位，与帝辂同，犯主疾病损人，招瘟疫。

丧门起例

年	子	丑	寅	卯	辰	巳	午	未	申	酉	戌	亥
方	寅	卯	辰	巳	午	未	申	酉	戌	亥	子	丑

造作百事凶，并不宜行丧。

刀砧起例

正九刀砧杀在丁，二十庚三十一辛。四十二壬五癸上，六甲七乙八丙嗔。犯主损六畜，凶变。

流财起例

正三十月甲庚位，二四八月居丁癸。五七十一乙辛方，六九十二丙壬地。修造犯主破财，若月财、横财诸吉加之，修反进财。

飞地官符例

岁君起建须寻定，定字原来是此神。泊宫生旺紧回避，山向方犯官事临。一名死气官符，一名县官符，一名牢狱，一年只占一字。凡修造安葬、开山立向犯之，主口舌、官非横祸。而飞宫尤不可犯。若犯山头，官灾自内发；若立向修方，官灾自外来。

飞天官符例

天官符杀在临官，水局须知亥地看。火局巳宫木寅位，金局申宫是的端。一名天太岁、州官符、州牢杀、宅长杀，一年止占一字。山向修方有犯，立见公讼，吉不能制，主杀宅长及非横官灾。若飞宫与马同到，祸尤速。

独火起例

子年山上丑寅雷，卯坎辰巳怕风摧。午兑未申离方地，戌亥祸从天上来。一名飞祸，即盖山黄道。年月内朱雀五鬼星，一年止占一字。忌修营盖屋动土，主火灾破财，惟葬不忌。如午子年用离卦，五鬼在艮是。又丑寅年用坤卦，五鬼在震是。上杀将月建入中，飞吊丙丁同到，立见火发，吉不能制。

小月建例

阳起中宫阴起离，阴阳二年并顺推。九宫数至遇何月，到此一宫杀小儿。

一名小月建，又名顺小儿杀，起造动土犯之，损小口。然阳宅滴水檐外尤紧，禁无步数，犯之见凶祸。

大月建例

甲癸丁庚起艮乡，乙辛戊岁起中央。丙壬巳向坤宫发，逆走三元定建方。

一名暗建杀，一名逆小儿杀。一行禅师以此为阴中太岁。凡将军、大杀、官符及诸凶煞，犯者尚可禳，惟此不可犯，主先杀宅长，次杀子孙。

黑游神例

立春占艮春分巽，不作冬兮春月慎。夏不南兮立夏震，夏至在亥动生嗔。秋不作西夏至坤，秋分在离不堪亲。九秋霜降仍离立，秋不西兮岂用轮。立冬后坎不作北，冬至后乾腊同评。此是黑游神煞地，修造犯着祸难平。

凡修造动作犯之凶。

游废杀例

正月立春后在巳，二月春分居巽位。三月春分后卯宫，四月立夏占寅是。五六夏至后在子，七月立秋占坤地。八月秋分后酉宫，九逢霜降后离栖。十月立冬未坤上，十一冬至午宫推。十二冬至依然午，游废修犯主灾危。

凡修造动土犯之凶。

月厌起例

正犬二鸡三猴来，四羊五马六蛇裁。七龙八兔九虎口，十牛十一鼠腊亥。

正月起戌，逆行十二月，百事犯之不利，忌造酒醋。

九良星例

正二良星占石阶，三四厨房不用猜。五六东方及水路，七在丙兮八巳午。季秋十月大门神，仲冬十二占中庭。

所占处修作损人口，凶。

九良煞例

子丑二岁占中庭，丑岁排来到厨寅。丑上寅年为何吉，卯春后堂动无宁。龙见寅辰皆不利，巳门酉南亦非宜。马立戌亥方难折，羊从小路不易行。堂庙岂于戌年整，寺观的在亥岁灵。此杀修营君须避，却是京本九良神。

血道起例

执破夹干干取冲，冲宫即是血道宫。假如子年壬是夹，夹丙冲宫壬是踪。

犯主刀兵之厄，及损血财六畜，杀孕妇。

火道起例

子午二年丁癸方，寅申丑未申庚乡。卯酉二载乙辛位，辰戌巳亥丙壬场。犯主失火、官刑、疾病不测之灾，并杀小口。

五鬼起例

子年在犬丑年癸，寅卯寻猴同一例。辰巳两载乙方居，午丙未鸡不差移。申听鸡鸣酉年巳，戌寻牛地亥鸡啼。

土符起例

土符月方始终闭，二满三十执位取。四收五建六平生，七危八开九定是。十一成龙在其方，口诀教君切熟记。

切忌动土，百忌，云损人口，大凶。

帝车起例

四利三元遁太阳，太岁二位去消详。但逢除位君休造，犯主新妇入泉乡。新妇杀与太阳同位。

怨仇报三杀例

寅午戌月杀占寅卯辰方，亥卯未月杀占亥子丑方，申子辰月杀占申酉戌方，巳酉丑月杀占巳午未方。

此杀只忌葬埋、行丧。旺神同。

佐元直指

[明]刘基（伯温） 著

佐玄直指图解序

　　盖不佞束发受书举子业外，即旁搜百家言，若阴阳星律理数诸书，间得一寓目，思之至忘寝食云。一日从王父箧中探得刘伯温先生《佐玄直指赋》一篇，喜而叹曰："世固有抽玄抉秘如文成者乎？古称通天地人曰儒，公真其人也。翼运名世不虚耳！"遂时置案头展玩，王父觉而督过之，悉迁去，嗣后始降心习铅椠，然竟忽忽如有失。每忆昔人，不见异人，必见异书之言，未尝不津津技痒也。追释褐潭阳，意彼中书肆甲天下，当有异书以稍偿夙愿，竟访之不得。比量移长安，又束于官守，兢兢列署，应接都废。癸亥冬，得请归省侍养之暇，一意探奇，而江山人孟隆始挟种种奇书以进，《佐玄直指》其一也。余阅之，顿还旧观赋为经，以发天人之奥，图解十卷为传，直阐赋中所未悉。即山人初仅存六卷以观，余最后遍搜散帙，阅三载始克全。嗟乎！龙剑之合，固自有时哉！夫以文成构思草昧，岂非示趋避之宜以前民用？乃传录者竟掩为枕中之秘，恣意割裂，不绝如缕，而孟隆能苦心雠辑，出夜光于海底，可不谓公之忠臣哉！亟命剞劂，公之同好，不敢坐视此书之淹没无传也。然此特一班耳。《直指》中引用《元经》、《璇玑》诸书，世多不经见。叩山人亹亹若悬河，倘悉出其箧中之藏，安知不益以发吾覆而获睹天地之大全乎？繇斯以谈，宁直异书，即谓山人为今之异人也亦可。

古歙汪元标撰

佐元直指首卷

佐元直指赋

盖闻两仪判而人物生，一气分而星煞起，二至乃阴阳之数限，四时为天地之纪纲。别五行以入用，合八卦而区分。乾坎艮震，属阳神之健旺；巽离坤兑，为阴德以顺承。

四神属阳，造葬宜乎阳也。四神属阴，造葬宜乎阴也。

大要阴阳不驳，偏宜旺相得时。阳取相助，阴取旺资。阳资阴以昌，阴求阳以旺。

观水火于逆顺，辨节候之浅深。

火主南，水主北，司二至之顺逆也。六气之中有进气、正气、退气之浅深。

三八龙神，以化气演其休咎；二四方位，用正气察其盛衰。

三八廿四山须用化气五行变运，论造葬年月日时纳音生克之休咎。二四，八卦也。正气，五行也。

天干化合无凭，地支纳音有准。用支合煞，最怕暗冲；用干克煞，最宜明旺。

支合煞不要冲支，干克煞要干得令。

三煞勿会本方，堆干要堆本位。

合本方则损人财，堆本位则增福泽。

月建轮山，吊替中须防刑害；太岁伏煞，生旺处尤畏空亡。

月建入中宫轮山方，怕与太岁刑害；岁君制煞，怕太岁落空亡。

演五天五气之金精，推三元三白之帝驾。

五气喜金精到穴，白星乃三元帝驾，宜到山。

雷霆局取逆顺之相加，尊帝星遁周流之正到。

雷霆局中以血刃起子顺行，而逆布者为逆局，以血刃起丑逆行，而顺布者为顺局。二局之中，俱取太阳、金水、奇罗、紫气四吉星顺布交会。尊帝二星乃天河转运局中星也。周遁之法，一日一宫，三时一周天也，逆行不息，故曰转运。

禄马到山，切须有气。

假如庚辰岁命，用甲申为禄马，木元属水，秋冬为禄马有气，不宜落空亡。如五虎遁得甲申是庚辰岁命禄马，甲申旬中空午未于坤离二宫是。

贵人值向，且要无刑。

如壬癸生人，以卯为贵人，月建入中宫见卯入坎，为子刑卯也。明刑不害，暗刑不宜。明刑则四课日时刑也。

六十日为一气，进则盈也。

冬至后六十日为一气，雨水后六十日为二气，谷雨后六十日为三气，属阳。夏至后六十日为四气，处暑后六十日为五气，霜降后六十日为六气，属阴。此一年之六气，管三百六十日。初为进气，中为正气，末为退气。各以五行化气推之，在进气为福，退气为祸无用。

六十时为一局，满方超焉。

上中下三元之中，各以六十时为率，无令多少。如冬至十一月十七日甲子亥时交节，其日自子时至戌皆为大雪下局，交亥方用冬至上元。满六十时至己巳日戌时末，方用中元遁，则节气不差。三元得正而祸福验矣。

三奇临得使之宫，择日合乎禄马。

三奇即乙丙丁，遇六甲得使之宫，择日取禄马贵人到宫，随奇发福。

八门临不迫之位，选时助乎丙丁。

门无迫，五凶亦吉。门犯迫，三吉亦凶。

太阳正照，先求合朔藏神。

此历数太阳也，合朔藏神之妙，每月以所躔之宫，取宫时为藏神，对宫为合朔。如秋分后十一日躔寿星之次在辰，用辰时为藏神，用戌时为合朔。

乌兔迭临，只重玄堂入庙。

金乌，太阳也。玉兔，太阴也。照临山向，更玄堂入庙为吉。得金星入中宫，乌兔分南北，名玄堂入庙。例图具载于后，以便查览。

差方禄马，要合日辰；金柜库楼，并同岁贵。

如甲禄在寅，五虎遁丙寅到艮，则用丙寅日时合出为妙。库楼帝星，若与太岁禄贵同到山方，吉不可言。

天纲天极，内局尊帝之名；龙德福德，游年岁星之主。凶潜伏矣，吉莫大焉。

纲极为天河转运尊帝二星之行驾帝星也，龙福为行年太岁主宰。

试言起造之良规，细审向家之通利。

起造之法，只取山运生旺。凡吊替之吉星，并星杀之凶位，俱以向为主。如向上不犯凶神凶杀为吉，言人从向而入也。

四吉五辰，定造主行年之运；三元四白，审山方逐岁之星。

四吉则四神吉将，五辰则命前五辰，三元则紫微大卦，四白乃三元三白九紫也。

岁命二贵并临，诸凶摄伏；年月旺神全到，百福骈臻。雷霆结局增福泽，禄马临山旺子孙。

雷霆结局者，乃行年太岁雷霆星与所作之山合局，主增福禄。所作之山向星凶，行年凶，加之为祸。

再论葬埋不同造作。涓山运当令旺之时，寻亡命临极富之下。

山音当令旺发福，亡命合极富星尤佳。此极富星乃谷将星。

金鸡鸣，玉犬吠，乃捉煞白星。

捉煞星即与金盘局同，其星至十四位吉凶互见。

瓦婢籁，木奴歌，是晗龙黄道。

晗龙黄道是以年月日时上起青龙，轮十二位，坐向俱得黄道，大利造葬。

阴和阳畅，日暖风温。

深言晗龙星，得合气于山家也。

大凡修造营为，精察归元花甲。

归元花甲即《璇玑》归宫花甲也。

帑星卦例，金盘局中，虽不能召吉致祥，解可使藏神没煞。

帑星八卦之纳甲，金盘局与鸣吠同。

母仓天赦同二德，始有依归。

二星要二德辅佐，则得福。

金水奇罗合三白，允叨辅佐。

三白乃三元中之三白，雷霆上局取之以助其吉。

天道人道之方，宜报灾病；天德月德之下，可散官符。天赦入刑宫，官刑难免；贵人临喜位，婚喜随来。

天赦入刑，如戌中临巽是也。

吉星有气为福，凶曜逢囚无殃。会煞逢冲，死亡迭见；太岁遇煞，伤损频来。

五般会煞，如壬子到离，又逢午字冲战，则大凶。太岁一星属水，逢二黑来克，凶不可当。

剑锋临旺地，断损牲财；岁禁遇生乡，定伤小口。犯年月独火之星，举家疮疖；值三季转杀之神，合宅凶危。

　　月建中宫不退，兄弟隔角；金神杀同火血，六畜迍遭。其余大小之星辰，悉由消息于吊替。

　　撮编凶曜，例纂吉神。使召吉有方，避凶得法，不惭豹管之窥，庸泄天机之秘。宗斯道者，体察力行，谨赋。

　　洪武壬午岁九月吉日奉命征南进爵封诚意伯嚣嚣子刘基书于云阳行纛

佐元直指卷一

论山运要归泊旺地的以化气五行为用

地辟于丑，冬至后以丑为岁首，金山墓于丑，水土山墓于辰，木山墓于未，火山墓于戌。每以所用月建，分冬夏二至顺逆，求各山之墓字，泊生旺有气之宫，吉。落死绝败墓无气之宫，纵得诸吉并临，亦不能为福。大凡造葬，先以山运飞泊为主，次以吉星加之，乃为得法。且如戌年四月作兑，以月建丁巳入中宫，顺寻乙丑墓到巽，巽中有巳，为金生之地，况又当令，作之发越必快。又如甲年四月作兑，以月建己巳入中宫，寻丁丑墓到巽，是水墓绝于巳，又退气，纵得太阳四月到兑主照，并诸吉照临，亦不能发，但平稳而已。五行各有忌宫，如金山墓忌震离二宫，木山忌巽宫，水山忌兑宫，火山忌震宫，土山忌坤宫，皆的不可犯，克择之要，此为先也。

各以墓下纳音为主，审求始得真诀。

论四课生旺的以正五行为用

五行生旺，各须有时。惟土分三等，有阴有阳，有半阴半阳，故《元经》曰"三等殊生"是也。艮土属阳，坤土属阴，辰戌隶中宫，属半阳；丑未中宫，属半阴。艮旺立春之先，坤旺秋分之后，四墓于四季之下，各旺一十八日，此土之墓也。

木山旺于春季，除土旺一十八日之外，惟七十二日。又以冬至后一阳生处互论，自冬至至立春为进气，谓之向令；自立春至春分为正气，谓之得令；自春分至清明为旺气，谓之化令。

火山夏旺，自立春至惊蛰为进气，向令。自惊蛰至立夏为正气，得令。自小满至夏至为旺气，化令。夏至后火燥金流，物极必反，不可用也。

凡用火山，不宜大暑之后。

金山秋旺。自芒种至夏至为进气，向令。自夏至至立秋为正气，得令。

自处暑至秋分为旺气，化令。

水山冬旺。自立秋至白露为进气，向令。自秋分至霜降为正气，得令。自立冬至冬至为旺气，化令。

凡化令之时，乃他山进气之际，克择之消息，务以财禄培根，禀得中和，斯能发福。若以官旺加之，谓之大旺，倾危而祸矣。

用日之法：向令取其生气，得令用其胎养气，化令取其财源，便是妙理。如春月清明前后作寅山为化令，取甲日用之，为甲禄在寅。财者，并四墓，并纳音土也。又如得令、向令不同，进气、化令有异。如春震山，甲乙辅之，甲向冬至而生旺，震向春分而正旺，乙向清明而化旺。克择之法，取其将化者补以财禄，正旺者培以根元，向旺益以胎息，自无大过不及，损益得中可也。（此系比例，非以清明可作乙山，春分后可作卯山也。）

论月分司八卦方位不同

八卦之下，五行相同者，一月分上下而用之。相异者，分孟、仲、季而用之。如震山属木，甲乙相同，是为五行同也。一月之内，前半月司甲卯之半，后半月司卯乙之半。吊替神煞，此为避忌；运用吉神，亦此为定。且如甲卯乙之山，用日之法，要分刚柔，甲木刚，乙木柔。乙宜生旺之乡，甲宜财禄之地，此进气、退气之理。卯为四旺，与甲同取论。又如乾山，戌为阳土，亥为阳水，乾属阳金，各得三分，共成一月。如戌土冠带属阳，择季旺之节前九日内为当令之辰，阴阳俱吉。亥水临官，先属阳，择日辰之法，进气取其阴，退气取其阳。乾为先阴后阳之金，先取其旺而后取其相也。今将阴阳备录于后，以便克择云。

水山，阳先阴后，进气内取申酉戌为生气，正气化气后取亥子丑。木山，阳先阴后，进气内取亥子丑为生气，正气后取寅辰卯为乘气。土山，先后俱阴，进气正气之时以三方论，其生旺休废分阴阳三等用。金山，阴先阳后，进气内取申酉戌为生气，正气后取辰巳午未为乘气。火山，阴先阳后，进气内取巳午未为生气，正气后取寅卯辰为乘气。

五行分阴阳先后乃生成之理，惟土山俱阴，五行中又以阳土阴土半阴半阳三等互论，此取择日用时亦以方位论，学者详之。

山向穿山六甲龙论

干维极清，地支重浊，天常附地，地实包天。克择以天干地支常相依附，验之祸福有准。古人创制罗经，只十二支神为主。自殷国公因归藏以推卜，加入八干四维，共成二十四位，推洪范化气生克之理，于下布以六十龙为穿山遁甲，以备克择推墓运之由。其事其机，至微至著。夫以二十四位之下，统以六十花甲，谈阴阳者，一卦占三山，何说之谬哉，误之甚矣！择山向法，以子午针穿六十龙，依何宫坐定向取吉，以论变运。又以五虎遁六甲，以论冲克，则义全法备，实为全美。假如卯山，己丑年遁得丁卯到山，纳音属火，忌乙酉、乙卯入配太岁为凶。余仿此一例推之。

论吊替逆顺运用不同

吊宫者，以太岁入中宫顺行九宫，如太岁、本命、禄马、天月二德、阴阳的杀之类。替宫者，以本位星入中宫，再轮寻本元星辰，如太岁一星、三元白星、差方禄马之类。又分阴阳顺逆，察识好合吞食之理。且如冬至后一阳生，为阳局，八卦用遁，依此顺行。如乾山始戌，中乾，末亥，分一月所用。夏至后一阴生，为阴局，八卦用遁，依次逆行。如乾山始亥，中乾，末戌，分一月所用。《元经》、《璇玑经》备载明白，永为定式，消息吉凶，以元宫为体，加临星杀为用。大要体克用，用生体为吉；用克体，体生用为凶。

如六白虽吉，入震巽为吞食，入坤艮为好合。九紫入坎为吞食，入震巽宫为好合。又如九星反复相加，谓之反宫，虽吉亦凶。此排山之说也。

又以卦气纳甲顺逆阴阳，不论五行同异，只以正卦为主，纳甲分于正卦之下，如坎癸申辰一山是也。一月之中，互相主照，方位生旺休废，又以六甲归宫为用，更无他秘，学者详之。

佐元直指卷二 起造葬埋

起造例

论命前五辰专以纳音取

五行生旺不同，祸福以向为准。命主造作杂忌，诸家泛论，汗牛充栋，靡有定理，不足凭也。惟有命前五辰，纳音消息。且如乙丑金命，五辰得庚午土宅，乃生申、冠戌、官亥、旺子，为有气。又如甲戌火命，五辰得己卯土宅，生寅、冠辰、官巳、旺午，为有气。甲午金命，乙庚年五辰得丁亥土，生巳、冠未、官申、旺酉，为有气。惟土有三等，凡取四课生旺，以是为定。"六壬身运"备载《元经》、《璇玑经》中，亦有浩繁处，不能尽合。但以太岁、月建入中宫，看本命旺神到处。次以太岁加本命行年，寻神后、功曹、胜光、传送，互到旺神之宫，便为大利。不合四神，不犯天罡、河魁之凶，但合旺神，涓命前五辰有气年月，可谓美利。此例简略易用，又能速福，学者详之。

旺神例

金山命在戊申，生在艮，旺在离，衰在坤，败在兑，死在坎，官在巽。

火山命在丁酉，与上金山同。

木山命在壬寅，生在巽，败在离，冠在坤，旺在兑，绝在乾，死在坎，墓在艮，胎在震。

水山命在庚子，生在坤，败在酉，冠在乾，旺在坎，衰在艮，死在震，墓在巽，胎在离。

土山命在丙子，与土水山同。上旺神当墓绝死败无气之宫，要择生旺冠官之年月四课乃吉。

命前五辰年月定例用有气年月

金宅属阴，宜辰巳申酉未年月日时，在旺宫，大吉。
木宅属阳，宜亥丑寅卯戌年月日时到有气宫，吉。
水宅属阴，宜申酉戌亥子未午年月日时，吉。
土宅属半阴，宜申酉戌亥子未，半阳宜寅卯辰巳午丑年月日时，吉。
火宅属阳，宜寅卯辰巳午丑年月日时，吉。
凡造作年月，各以五行推之，从长生数至帝旺五位，皆为有气，衰至绝败五位，并为无气。胎养半吉，造作方向，竖柱上梁，合此年月，长生进益田宅人口，帝旺六畜获财，胎养进添人口，墓绝损人。

婚姻安葬又宜禄宅年月日时

甲癸生人禄宅土，乙戊生人禄宅水，亥子申酉戌未年月有气，吉。
丙辛生人禄宅木，亥子丑寅卯五位有气，吉。
丁生人禄宅金，午巳申酉未辰六位有气，吉。
己庚生人禄宅火，寅午卯辰巳年月有气，吉。
禄宅者，乃禄前五辰，以生命五虎遁去禄前五辰，谓之禄宅，俱以纳音为主论也。

修造制压神煞以太阳为主

造作易，修方难，尽古语也。宅长亦看命前五辰，合甲乙为青龙神入宅，合丙丁为明喜神入宅，合戊己为仓库神入宅，皆吉利，主招婚进喜，获财利，益人口。合庚辛为白虎入宅，合壬癸为盗贼入宅，主损血财，廿七个月内招官非灾祸。且如巳生人，丙寅年五虎遁得戊戌，巳命以戌为五辰，至戌得戊戌为仓库吉辰也。又如丁卯年，巳生命遁至戌得庚戌，为白虎入宅，凶也。行年得吉，又要年月三煞不犯造主本命的煞与本命官符，的煞与三煞交会，断定造主必亡之厄。本命官符与太岁三煞交会，主牢狱徒流之应。

既不犯已上之凶，考勘历数太阳到处，涓四神没藏之神会作主真禄马贵人到方，无不获吉。

本命的杀例

如甲子生人，癸丑年本命的杀在兑，九月壬戌入中宫，遁得甲子又到兑，为年月的煞，犯此三煞极凶。

本命官符例

本命官符，如乙丑生人，甲子年修兑。丑生人以申为官符，乙丑年得甲申，以甲子入中宫，遁见甲申在兑，为犯本命官符。倘修兑方，又与太岁官符相会，官灾立至。若以吉星禄马太阳捉之，克日散讼。

论埋葬专以坐山取吉

大凡埋葬亡命，先取山运飞泊有气宫，化命与日不相冲克，亡命不犯空亡，太岁一星、通天大煞、戊己都天、地支阴府、镇天杀、日宫大杀等凶，俱要避忌。

其极富星，五龙五库帝星，乌兔元堂，岁命禄马，俱要到山。诸凶星系埋葬所忌，不可轻忽。既得前吉，然后择雷霆顺局吉曜，扶助山运并坐下，中宫不必论。向恐犯前凶，而得真太阳正照，涓神藏煞没之日，又为吉也。今将吉日与分金合者，类录于后，以为学者式。

乙辛丁癸子午卯酉坐向宜用：

壬申合丁巳丙	甲申合壬辰乙	乙巳合丙子癸	丙申合乙壬癸
壬寅合甲辰乙	甲寅合癸未丁	戊寅合庚戌辛	庚申合辛酉乙

乾坤艮巽辰戌丑未坐向宜用：

癸酉合辛巳巽	庚午合壬戌乾	壬午合壬寅艮	丁酉合丙辰巽
丙午合丁亥巽	己酉合庚申坤	乙酉合丙子	

甲庚丙壬配寅申巳亥坐向宜用：

壬辰合壬辰	甲辰合庚辰巳	丙辰合甲申巳	己未合丙戌	甲戌合戊子

以上分金并金鸡、玉犬吠、瓦婢簸、木奴歌吉。

附行丧

金童撞命杀、会吊杀、丧门等，的不可犯。

丧门杀：子年寅、丑年卯、寅年辰、卯年巳。余仿此。

右以月建入中宫求各年所占字到方。

金撞杀：巳寅酉月丙方，申子辰月庚方，卯午戌月甲方，亥未丑月壬方。

右以月建入中宫，吊看所占字到何宫，若与吊宫丧门会合，大凶。行父丧六十日内损阴人，行母丧六十日内损阳人，的不可犯。

附天官符定例

申子辰年亥上寻，巳酉丑年申上论。亥卯未年居寅位，寅午戌年巳上真。三合临官须仔细，犯之官事必频频。

佐元直指卷三

雷霆太岁停星顺局图

火火燥凶 壬辛庚己 戌亥子丑	奇罗木上吉 癸戊丁 未寅卯 丙乙甲 辰巳午	土潙土 戊丁壬 子丑申 辛庚己 酉戌亥	天罡金吉 乙甲癸丙 卯辰巳寅
丙乙火半吉 甲癸己戊 申酉卯辰 丁丙乙庚 巳午未寅	太阳制三煞 紫气伏官符 奇罗伏流才 金水伏独火		台将土半吉 壬丙辛乙 午子未丑 庚己戊丁 申酉戌亥
水潦水凶 壬辛 子丑			金水水上吉 甲癸 寅卯
紫气木上吉 辛乙庚甲己 卯酉辰戌巳 癸戊丁甲丙 亥午未寅申	血刃金凶	太阳木上吉	月孛火凶 丙辛乙庚甲 戌巳亥午子 己癸戊丁壬 未丑申酉辰

甲子寻猪甲戌寅，甲申辰上好安身。甲午本宫扶上马，甲辰申上好排轮。惟有甲寅居戌上，逆求隔节去相寻。遇丑将寅连接去，逢癸中央跳两辰。不履子丑帝位路，就于年上起元正。

太岁住处起正月，顺寻用事之月，以所值之星入中宫顺行。如甲子二月用事，正月月孛，二月太阳，即以太阳入中宫，月孛乾甲，金水兑丁巳丑，周流八方，以定吉凶。

永定亥上起甲子，排定十二辰，即于本年上起正月，顺寻各用月之星入中顺行，看山方得何吉星，符合山运。此局专论到山，不论到向，各以乘旺气为主。

雷霆太岁停星逆局图

燥火 壬辛 子丑	奇罗 辛乙庚甲己 卯酉辰戌巳 癸戊丁壬丙 亥午未寅申	土潦	天罡
丙乙 甲己癸戊 申卯酉辰 丁丙乙庚 巳午未寅	工用逆局 / 工以上方 / 用顺局，千 / 工以下，千		台将 丙辛乙庚甲 戌巳亥午子 己癸戊丁壬 未丑申酉辰
水潦 壬辛庚己 戌亥子丑			金水 甲癸 寅卯
紫气 癸戊丁 未寅卯 丙乙甲 辰巳午	血刃 戊丁壬 子丑申 辛庚己 酉戌亥	太阳 乙甲癸丙 卯辰巳寅	月孛 丁壬辛乙 亥午未丑 庚己戊丙 申酉戌子

甲子寻台甲戌奇，甲申丙乙便相宜。甲午之宫寻紫气，甲辰太阳定行移。甲寅金水来相会，隔节逆行次第推。跳过罡瀿冤仇路，遇癸应须两越飞。如遇丑寅连接去，本年住处起正期。

太岁住处起正月，以所值之星入中宫逆行，以纳甲论其向首，亦要合坐下吉凶之星以定祸福。如甲子年四月用事，以奇罗入中，燥火巽丙乙震之类。此局专论到向，不论到山。

永定酉上起甲子，排定十二辰，即于本年上起正月，逆寻各用月之星入中逆行，看向上得何吉星，向与山俱吉，方为全福。

年合气例 并图

甲庚血刃丙壬金，丁癸还将月孛寻。六己三台戊紫气，乙辛年是太阳星。时师会得幽微理，富贵祯祥指掌陈。

如甲庚年俱以血刃入中顺行，太阳到乾甲山，月孛到兑丁巳丑山，金水到艮丙山，皆取纳甲钓卦合山运。山运者，洪范五行也。

占山年合气之图

中宫	乾甲	兑丁巳丑	艮丙	离壬寅戌	坎癸辰申	坤乙	震庚亥未	巽辛
孛	金	台	罡	瀿	奇	燥	丙	潦
阳	孛	金	台	罡	瀿	奇	燥	丙
刃	阳	孛	金	台	罡	瀿	奇	燥
紫	刃	阳	孛	金	台	罡	瀿	奇
潦	紫	刃	阳	孛	金	台	罡	瀿
丙	潦	紫	刃	阳	孛	金	台	罡
燥	丙	潦	紫	刃	阳	孛	金	台
奇	燥	丙	潦	紫	刃	阳	孛	金
瀿	奇	燥	丙	潦	紫	刃	阳	孛
罡	瀿	奇	燥	丙	潦	紫	刃	阳
台	罡	瀿	奇	燥	丙	潦	紫	刃
金	台	罡	瀿	奇	燥	丙	潦	紫

年升元值向例 并图

升元八卦少人知，甲己之年蛇是期（以上寄兑）。
但从孟春顺行度，住宫装卦定无疑。
乙庚坎上丁壬月（寄震），丙辛猴位永无违（寄坎），
戊癸直须探虎穴（寄离），并将血刃顺宫飞。
寻取卦头当位数，莫教容易泄天机。

年升元值向之图

	甲巳年	乙庚年	丙辛年	丁壬年	戊癸年
血刃	兑丁巳丑	坎癸申辰	坎申坤乙	震庚亥未	离壬寅戌
太阳	艮丙	坤	坤震	巽	坎
月孛	离壬寅戌	震	震巽	中	坤
金水	坎癸申辰	巽	巽中	乾	震
台将	坤乙	中	中乾	兑	巽
天罡	震庚亥未	乾	乾兑	艮	中
土滹	巽辛	兑	兑艮	离	乾
奇罗	中	艮	艮离	坎	兑
燥火	乾甲	离	离坎	坤	艮

月合气例 并图

丙辛燥火甲己罡，乙庚血刃入中央。丁壬紫气戊癸孛，将入中宫飞九方。
以值月星入中宫，飞看何星到山方合气为吉。

月合气之图

	甲己月	乙庚月	丙辛月	丁壬月	戊癸月
中	天罡	血刃	燥火	紫气	月孛
乾甲	土潨	太阳	丙乙	血刃	金水
兑丁巳丑	奇罗	月孛	水潢	太阳	台将
艮丙	燥火	金水	紫气	月孛	天罡
离壬寅戌	丙乙	台将	血刃	金水	土潨
坎癸申辰	水潢	天罡	太阳	台将	奇罗
坤乙	紫气	土潨	月孛	天罡	燥火
震庚亥未	血刃	奇罗	金水	土潨	丙乙
巽辛	太阳	燥火	台将	奇罗	水潢

月升元值向例 并图

月宫起刃逆寻去，寻作向宫得何星。将星入中飞入国，再看作向与方星。如戊申年三月作卯向，得天罡到卯是。又如戊申年十月作丁向，得台将到丁是。

升元值向定月之图（一）

		亥	子	丑	寅	卯	辰	巳	午	未	申	酉	戌
甲子 庚午 乙亥 辛巳 丙戌 壬辰 丁酉 戊申 癸丑 己未	亥	正	二	三	四	五	六	七	八	九	十	十一	十二
癸卯 甲寅	戌	二	三	四	五	六	七	八	九	十	十一	十二	正
乙丑 辛未 丙子 壬午 丁亥 戊戌 己酉 庚申	酉	三	四	五	六	七	八	九	十	十一	十二	正	二
丙寅 甲辰 癸巳 乙卯	申	四	五	六	七	八	九	十	十一	十二	正	二	三
壬申 戊子 庚戌 丁丑 己亥 辛酉	未	五	六	七	八	九	十	十一	十二	正	二	三	四

续表

		亥	子	丑	寅	卯	辰	巳	午	未	申	酉	戌
丁卯 癸未 乙巳 戊寅 甲午 丙辰	午	六	七	八	九	十	十一	十二	正	二	三	四	五
己丑 癸亥 庚子 壬戌	巳	七	八	九	十	十一	十二	正	二	三	四	五	六
戊辰 癸酉 己卯 甲申 庚寅 乙未 丙午 丁巳	辰	八	九	十	十一	十二	正	二	三	四	五	六	七
辛丑 壬子	卯	九	十	十一	十二	正	二	三	四	五	六	七	八
己巳 甲戌 庚辰 乙酉 辛卯 丙申 甲寅 丁未 庚午 癸亥	寅	十	十一	十二	正	二	三	四	五	六	七	八	九

升元值向定月之图（二）

血刃	亥壬	子癸	丑艮	寅甲	卯乙	辰巽	巳丙	午丁	未坤	申庚	酉辛	戌乾
太阳	戌乾	亥壬	子癸	丑艮	寅甲	卯乙	辰巽	巳丙	午丁	未坤	申庚	酉辛
月孛	酉辛	戌乾	亥壬	子癸	丑艮	寅甲	卯乙	辰巽	巳丙	午丁	未坤	申庚
金水	申庚	酉辛	戌乾	亥壬	子癸	丑艮	寅甲	卯乙	辰巽	巳丙	午丁	未坤
台将	未坤	申庚	酉辛	戌乾	亥壬	子癸	丑艮	寅甲	卯乙	辰巽	巳丙	午丁
天罡	午丁	未坤	申庚	酉辛	戌乾	亥壬	子癸	丑艮	寅甲	卯乙	辰巽	巳丙
土溽	巳丙	午丁	未坤	申庚	酉辛	戌乾	亥壬	子癸	丑艮	寅甲	卯乙	辰巽
奇罗	辰巽	巳丙	午丁	未坤	申庚	酉辛	戌乾	亥壬	子癸	丑艮	寅甲	卯乙
燥火	卯乙	辰巽	巳丙	午丁	未坤	申庚	酉辛	戌乾	亥壬	子癸	丑艮	寅甲
丙乙	寅甲	卯乙	辰巽	巳丙	午丁	未坤	申庚	酉辛	戌乾	亥壬	子癸	丑艮
水潦	丑艮	寅甲	卯乙	辰巽	巳丙	午丁	未坤	申庚	酉辛	戌乾	亥壬	子癸
紫气	子癸	丑艮	寅甲	卯乙	辰巽	巳丙	午丁	未坤	申庚	酉辛	戌乾	亥壬

升元值向定月之图（三）

	中	乾甲	兑丁巳丑	艮丙	离壬寅戌	坎癸申辰	坤乙	震庚亥未	巽辛
血刃	刃	阳	孛	金	台	罡	溽	奇	燥
太阳	阳	孛	金	台	罡	溽	奇	燥	丙
月孛	孛	金	台	罡	溽	奇	燥	丙	潦
金水	金	台	罡	溽	奇	燥	丙	潦	紫
台将	台	罡	溽	奇	燥	丙	潦	紫	刃
天罡	罡	溽	奇	燥	丙	潦	紫	刃	阳
土溽	溽	奇	燥	丙	潦	紫	刃	阳	孛
奇罗	奇	燥	丙	潦	紫	刃	阳	孛	金
燥火	燥	丙	潦	紫	刃	阳	孛	金	台
丙乙	丙	潦	紫	刃	阳	孛	金	台	罡
水潦	潦	紫	刃	阳	孛	金	台	罡	溽
紫气	紫	刃	阳	孛	金	台	罡	溽	奇

升元太阳合气值向定日例 惟日时最重

　　分阴阳二局，以所得星入中宫，阳局顺行，阴局逆行，各以所用事之辰入中宫，却以吊卦看其日得何吉星到坐向，合气为吉。顺局看到山，逆局看到向。

阳日顺局例

丑日 血刃	子 太阳	亥 月孛	戌 金水	酉 台将	申 天罡
未 土溽	午 奇罗	巳 燥火	辰 丙乙	卯 水潦	寅 紫气

阴日逆局例

子日 血刃	丑 太阳	寅 月孛	卯 金水	辰 台将	巳 天罡
午 土潨	未 奇罗	申 燥火	酉 丙乙	戌 水潨	亥 紫气

如阳日入中宫从乾顺行，阴日入中宫从巽逆行，并取吉星到坐与向合气相生为美。

顺逆二局日合气图

	甲己日	乙庚日	丁壬日	丙辛日	戊癸日						
顺局日论到山	子	丑	寅	卯	辰	巳	午	未	申	酉	戌	亥	
中宫	太阳	血刃	紫气	水潨	丙乙	燥火	奇罗	土潨	天罡	台将	金水	月孛	中宫
乾甲	月孛	太阳	血刃	紫气	水潨	丙乙	燥火	奇罗	土潨	天罡	台将	金水	巽辛
兑丁巳丑	金水	月孛	太阳	血刃	紫气	水潨	丙乙	燥火	奇罗	土潨	天罡	台将	震庚亥未
艮丙	台将	金水	月孛	太阳	血刃	紫气	水潨	丙乙	燥火	奇罗	土潨	天罡	坤乙
离壬寅戌	天罡	台将	金水	月孛	太阳	血刃	紫气	水潨	丙乙	燥火	奇罗	土潨	坎癸申辰
坎癸申辰	土潨	天罡	台将	金水	月孛	太阳	血刃	紫气	水潨	丙乙	燥火	奇罗	离壬寅戌
坤乙	奇罗	土潨	天罡	台将	金水	月孛	太阳	血刃	紫气	水潨	丙乙	燥火	艮丙
震庚亥未	燥火	奇罗	土潨	天罡	台将	金水	月孛	太阳	血刃	紫气	水潨	丙乙	兑丁巳丑
巽辛	丙乙	燥火	奇罗	土潨	天罡	台将	金水	月孛	太阳	血刃	紫气	水潨	乾甲
	丑日	子日	亥日	戌日	酉日	申日	未日	午日	巳日	辰日	卯日	寅日	逆局日论到向

顺局日论到山。逆局日论到向。

时合气值法例

甲己时燥火，乙庚时太阳，丙辛时天罡入中，丁壬时月孛，戊癸时紫气。各以所用时之星入中，飞取吉星值山方为美。如甲子日、甲子时，以燥火入中宫顺布，丙乙乾，水潦兑，紫气艮，血刃离，太阳坎，子时从坎，即太阳值子癸时并到子癸山方。余仿此例推寻。

时合气值山图

		甲己日 中宫值时星	乙庚日 中宫值时星	丙辛日 中宫值时星	丁壬日 中宫值时星	戊癸日 中宫值时星
坎	子时 癸	甲 燥 太阳	丙 罡 水潦	戊 紫 台将	庚 阳 土潦	壬 孛 奇罗
艮	丑时 艮	乙 阳 奇罗	丁 孛 燥火	己 燥 月孛	辛 罡 紫气	癸 气 天罡
艮	寅时 甲	丙 罡 天罡	戊 气 紫气	庚 阳 太阳	壬 孛 月孛	甲 燥 燥火
震	卯时 乙	丁 孛 丙乙	己 燥 金水	辛 罡 血刃	癸 气 土潦	乙 阳 燥火
巽	辰时 巽	戊 紫 燥火	庚 阳 水潦	壬 孛 紫气	甲 燥 天罡	丙 罡 月孛
巽	巳时 丙	己 燥 土潦	辛 罡 金水	癸 气 丙乙	乙 阳 土潦	丁 孛 血刃
离	午时 丁	己 阳 天罡	壬 孛 土潦	甲 燥 血刃	丙 罡 丙乙	戊 气 金水

续表

		甲己日 中宫值时星	乙庚日 中宫值时星	丙辛日 中宫值时星	丁壬日 中宫值时星	戊癸日 中宫值时星
坤	未时 坤	辛 罡 台将	癸 气 水潦	乙 阳 血刃	丁 孛 太阳	己 燥 奇罗
坤	申时 庚	壬 孛 金水	甲 燥 丙乙	丙 罡 土潦	戊 气 血刃	庚 阳 月孛
兑	酉时 辛	癸 气 太阳	乙 阳 金水	丁 孛 台将	己 燥 水潦	辛 罡 奇罗
乾	戌时 乾	甲 燥 台将	丙 罡 太阳	戊 气 奇罗	庚 阳 丙乙	壬 孛 水潦
乾	亥时 壬	乙 阳 台将	丁 孛 天罡	己 燥 紫气	辛 罡 燥火	癸 气 月孛

右雷霆逆顺局中，俱以太阳、金水、奇罗、紫气为吉。然顺局只论到山，逆局只论到向。山为地气，地气顺行，故用顺局。向为天气，天气逆转，故用逆局。坐向顺逆俱到，得合山合运，未有不速福者也。克择中此义最精微，玩熟自然得法。

传音例诀

传音一诀报君知，遁甲从寅五虎推。逆走三元从艮发，吉凶逐一莫猜疑。

假如甲子年，遁得是丙寅，将丙寅从艮上逆行，遁至甲子到巽，乃本年传音到巽。又如乙丑年，遁得是戊寅，将戊寅从艮上逆行，遁至乙丑到乾，乃本年传音到乾。余类推。

此报吉报凶之将，不可轻犯。

直符例诀

直符急事疾如飞，天门甲子起星移。顺走三元寻本日，凶吉传音一例知。

此赏吉罚恶之神，不可轻犯。

传音直符日总局具后

传音上，直符下。

甲子 巽乾	乙丑 乾兑	丙寅 艮艮	丁卯 坎离	戊辰 震坎	己巳 中坤
庚午 坎震	辛未 震巽	壬申 中中	癸酉 兑乾	甲戌 离兑	乙亥 中艮
丙子 兑离	丁丑 离坎	戊寅 坤坤	己卯 巽震	庚辰 乾巽	辛巳 坤中
壬午 巽乾	癸未 乾兑	甲申 艮艮	乙酉 坎离	丙戌 乾坎	丁亥 艮坤
戊子 坎震	己丑 震巽	庚寅 中中	辛卯 兑乾	壬辰 震兑	癸巳 中艮
甲午 兑离	乙未 离坎	丙申 坤坤	丁酉 兑震	戊戌 离巽	己亥 坤中
庚子 巽乾	辛丑 乾兑	壬寅 坤艮	癸卯 巽离	甲辰 乾坎	乙巳 艮坤
丙午 坎震	丁未 震巽	戊申 艮中	己酉 坎乾	庚戌 震兑	辛亥 中艮
壬子 兑离	癸丑 震坎	甲寅 中坤	乙卯 兑震	丙辰 离巽	丁巳 坤中
戊午 巽乾	己未 离兑	庚申 坤艮	辛酉 巽离	壬戌 乾坎	癸亥 艮坤

雷霆正杀

（眉批）经云：太岁泊处须起正，逆寻用月即知情。教君亥字顺轮转，卯字住处是雷神。此是雷霆真正杀，造葬逢之必伤人。庸愚不识误犯此，任尔金刚也化尘。

順前五位是雷殷年照停宮月逆輪	亥宮	戌宮	酉宮	申宮	未宮	午宮	巳宮	辰宮	卯宮	寅宮
	甲子庚午乙亥辛巳丙戌丁酉戊申癸丑壬辰己未	癸卯甲寅	乙丑戊戌辛未丙子己酉壬午丁亥庚申	丙寅甲辰乙卯癸巳	己亥壬申丁丑庚午戊子辛酉	丁卯乙巳戊寅癸未甲午丙辰	庚子辛亥己丑壬戌	戊辰丙午癸酉己卯丁巳甲申庚寅乙未	辛丑壬子	己巳甲戌庚辰乙酉辛卯壬寅丁未戊午丙申癸亥
正	卯	寅	丑	子	亥	戌	酉	申	未	午
二	寅	丑	子	亥	戌	酉	申	未	午	巳
三	丑	子	亥	戌	酉	申	未	午	巳	辰
四	子	亥	戌	酉	申	未	午	巳	辰	卯
五	亥	戌	酉	申	未	午	巳	辰	卯	寅
六	戌	酉	申	未	午	巳	辰	卯	寅	丑
七	酉	申	未	午	巳	辰	卯	寅	丑	子
八	申	未	午	巳	辰	卯	寅	丑	子	亥
九	未	午	巳	辰	卯	寅	丑	子	亥	戌
十	午	巳	辰	卯	寅	丑	子	亥	戌	酉
十一	巳	辰	卯	寅	丑	子	亥	戌	酉	申
十二	辰	卯	寅	丑	子	亥	戌	酉	申	未

烏兔太陽要合元堂入廟

烏兔乃太陰、太陽相對舉而用之。太陽論山不論向，太陰論向不論山。如丙申年七月立秋後，用丙申日作癸山，得太陽到癸，太陰到丁，故吉。

此例惟子午癸丁壬丙山向可得陰陽相對照，仍要合元堂入廟，方能發福，例具於後。

乌兔分南北例 照八节前后甲子论

冬至：丁卯、丙子、乙酉、甲午、癸卯、壬子、辛酉日合。
立春：己巳、戊寅、丁亥、丙申、乙巳、甲寅、癸亥日合。
春分：乙丑、甲戌、癸未、壬辰、辛丑、庚戌、己未日合。
立夏：甲子、癸酉、壬午、辛卯、庚子、己酉、戊午日合。
夏至：丁卯、丙子、乙酉、甲午、癸卯、壬子、辛酉日合。
立秋：己巳、戊寅、丁亥、丙申、乙巳、甲寅、癸亥日合。
秋分：乙丑、甲戌、癸未、壬辰、辛丑、庚戌、己未日合。
立冬：甲子、癸酉、壬午、辛卯、庚子、己酉、戊午日合。

元堂入庙例

太岁、太乙（即太阴）、大耗、丧门、吊客、天定（即紫气）、官符、小耗、病符、天乙（即太阳）、金神、将军。

艮丙兑丁巳丑山，寅上起太岁顺行。
震庚亥未离壬寅戌山，申上起太岁顺行。
乾甲山，巳上起太岁顺行。
坎癸申辰坤乙巽辛山，亥上起太岁顺行。
上顺布十二位，遇太乙、天定、天乙三位到山吉。

又：金神年月例 即星马贵人

申子辰年月，亥上起金神顺行。
巳酉丑年月，申上起金神顺行。
寅午戌年月，巳上起金神顺行。
亥卯未年月，寅上起金神顺行。
右遇太乙、天定、天乙三位吉，余凶。
历数太阳临四维，用四维时临八干、十二支，用八干、十二支时，乃为归垣合局，其诀一日只二时，妙甚。

佐元直指卷四

论天河转运尊帝内局帝星流行次第

天河转运尊帝之名，为天帝行宫之星，所到处为福最大。

年起例：上元、下元甲子起乾，中元甲子起坎顺行。月起例：阳年正月起艮，阴年正月起震顺行。日起例：冬至甲子起乾，夏至甲子起坎顺行。时起例：阳日子时起乾，阴日子时起坎顺行。俱不入中宫，其大概相同。运用之法，先贤多隐秘，不著于书，故世罕知之。其义一卦三山，止年家所用者，以月日时俱此取用，大不合理。如甲子阳年正月起艮，一月之内分占三山，每山各得十日。二月到离，乃四正之宫，又与四维之山同，故一月共管三山也。凡五行同者，一月共管。五行异者，一月分管。

用日之法，如甲子年正月丙寅日作艮，冬至后甲子起乾，乙丑兑、丙寅艮，其日尊星尚不在艮，只在丑；帝星不到坤，只到未。至第二轮甲戌尊星方到艮，第三轮壬午尊星方到寅，帝星方到申也。如五月用乙丑日，甲子起坎，乙丑坤，一轮尊星到中，帝星到寅。至第二轮甲戌日，尊星方到坤，帝星方到艮也。

用时之法，以五子遁看阳日、阴日用之。如丙寅日用寅时是阳日，子时起乾，丑时兑，寅时艮，顺局第一轮尊星只到丑，帝星到未。至第二轮戊时方到艮坤也。若丁卯日用寅时是阴日，子时起坎，丑时坤，寅时震，震管甲卯乙，逆局寅时是，第一轮尊星止到乙，帝星止到辛，至第二轮戊时尊星方到卯酉也。

二星五行无统属，各随花甲纳音定之，以取生旺。如夏至后己巳日作兑，纳音木当退气之时，不吉。癸酉日作坤，纳音金当进气之时，又正到坤位，申属金，大吉。能压伏一切之凶及速作福。仿此例推之。

纲极二星外局吉曜

天纲（吉）	天镇	天福（吉）	天火	天刑	金星
天极（吉）	天复	天常（吉）	天杀	天纽	七星

天纲、天极乃七政中之枢纽，亦为天帝行宫之星，主宰阴阳，调化神煞，纪纲造化，比之尊帝，发福尤重，极为妙用。例以甲己、丁壬、戊癸年月日时为阳，从酉上起子，顺行十二宫，乙辛、丙庚年月日时为阴，寅上起子，逆行十二宫。遍寻天纲、天极、天福、天常四星到处，四课全主吉。更逢岁命禄马贵同到山向方，则文为良相，武为良将，富贵双全。下人遇之，克日增益财禄，子孙昌盛。且如文婆地丙申四课，正合此局，天纲天极，主照癸丁，故三年内文丞相状元及第，此亦文魁星耳。

甲己丁壬戊癸阳年月日时

子年以天纲加酉，天镇加戌，顺布十二位，遇纲极福常四星吉。丑年天纲加戌乾，寅年加亥壬顺行。如甲子年月日时以天纲加酉辛，则天福在亥壬，天极在卯乙，天常在巳丙，四位吉。余仿此。

丙庚乙辛阴年月日时

子年以天纲加寅甲，天镇加丑艮，逆布十二位，遇纲极福常四星吉。丑年天纲加丑艮，寅年天纲加子癸逆行。如丙子年月日时，以天纲加寅甲，天常在午丁，天极在申庚，天福在子癸，四位吉。余仿此。

五龙五库帝星 用埋葬

五龙五库帝星乃金盘局中九星之别名也，亦与鸣伏相表里，专主葬埋，不论造作。经云"五龙五库照坟茔，富贵自然生"，其义可见。又曰"修着官符便发达，制着流财财更发。若遇空亡空里旺，又能压伏诸神煞"是也。但所到之处要与太岁禄马、亡命禄马同到，为帝驾得用，无不发福。禄马不到，帝星失辅，终难发越。若得禄马，又与雷霆合气，四吉交临，尤为美利。

此星只以月家为用，日时次之。星例具下：

朱雀主口舌	贵人旺人丁	损伤主夭亡	刑诛主官讼
五龙主贵显	罗睺主虚惊	孤宿主破亡	武库主横财
阴祸损女人	荧惑主火灾	五库制凶旺财	黑杀主瘟疫

龙库年月日时定局

年月日时	子	丑	寅	卯	辰	巳	午	未	申	酉	戌	亥
朱雀凶主口舌	子癸	丑艮	寅甲	卯乙	辰巽	巳丙	午丁	未坤	申庚	酉辛	戌乾	亥壬
贵人吉旺人丁	丑艮	寅甲	卯乙	辰巽	巳丙	午丁	未坤	申庚	酉辛	戌乾	亥壬	子癸
损伤凶主夭亡	寅甲	卯乙	辰巽	巳丙	午丁	未坤	申庚	酉辛	戌乾	亥壬	子癸	丑艮
刑诛凶主官讼	卯乙	辰巽	巳丙	午丁	未坤	申庚	酉辛	戌乾	亥壬	子癸	丑艮	寅甲
五龙吉主贵显	辰巽	巳丙	午丁	未坤	申庚	酉辛	戌乾	亥壬	子癸	丑艮	寅甲	卯乙
罗睺凶主虚惊	巳丙	午丁	未坤	申庚	酉辛	戌乾	亥壬	子癸	丑艮	寅甲	卯乙	辰巽
孤宿凶主破亡	午丁	未坤	申庚	酉辛	戌乾	亥壬	子癸	丑艮	寅甲	卯乙	辰巽	巳丙
武库吉主横财	未坤	申庚	酉辛	戌乾	亥壬	子癸	丑艮	寅甲	卯乙	辰巽	巳丙	未丁
阴祸凶主损女人	申庚	酉辛	戌乾	亥壬	子癸	丑艮	寅甲	卯乙	辰巽	巳丙	午丁	未坤
荧惑凶主火灾	酉辛	戌乾	亥壬	子癸	丑艮	寅甲	卯乙	辰巽	巳丙	午丁	未坤	申庚
五库吉能制凶旺财	戌乾	亥壬	子癸	丑艮	寅甲	卯乙	辰巽	巳丙	午丁	未坤	申庚	酉辛
黑杀凶主瘟疫	亥壬	子癸	丑艮	寅甲	卯乙	辰巽	巳丙	午丁	未坤	申庚	酉辛	戌乾

年月日时从本建上起朱雀,顺行十二宫,吉凶自见。此又与捉煞帝星同体,但捉煞帝星取黄道为用,不能为福,学者知之。

佐元直指卷五

太岁禄马贵人要生旺有气

太岁贵人禄马，能消化凶杀，召致吉福。须察生旺休废、进气退气之时，大怕月建相冲，空亡刑害。运用之秘，不专以到山到向为吉，合方合向亦为有力。但要乘气旺之时，到气旺之宫，得诸吉星同到，斯为全吉。且如辛巳年，以己亥为马，十月作艮，亥马在中宫。如再轮亥马到艮，艮中有寅，寅与亥合木，又临官于寅，合马有气，又乘生旺，得诸吉佐，吉莫胜言。其余禄马贵人，依此法用。但禄马喜临坐山，贵人喜临方向。

本命禄马贵人要引提冲合

禄马一例，取用贵人，分辨阴阳，所到之宫，禄马最怕空亡，贵人最忌刑害。空亡者，月家；刑害者，吊家。虽临旺地，亦不为妙，反有衣禄之厄，官讼之挠。且夫九宫飞遁，世所共晓，其中妙理，在引提冲合。又有守宫朝元不同，守宫到山，朝元到向。取用之法，守宫禄马宜冲，朝元禄马要合。贵人不论阴阳，俱要引合，乃能获福。如甲申命，甲子年十月作艮，禄马同途在艮，艮寅同宫，岁命本禄俱在艮，真禄飞遁又在艮，作之吉。然扦山坐要用申字冲出寅字，用亥字合出寅字，又得诸吉佐助，发福爽快。

若贵人又是一家，取用与禄马不同。如甲命以丑未为贵人，十月作用，未贵人主事，十月飞遁到巽，又阴宫最妙，要取壬癸日贵引动飞遁本宫之贵，壬癸以巳为阴贵，巳巽同宫。他仿此。

又如甲命，禄到乾，用壬甲日吉，壬甲从乾，壬禄在亥，亥隶乾，甲禄到寅，寅与壬禄之亥合，故吉。又如甲禄到寅，用乙亥，乙禄在震，亥又与寅合，亦吉。又甲命，贵人丑到兑，用丁日，丁贵在酉，甲贵到巽，用壬癸日，贵人在巽，巽隶巳，皆是临合临引之地，最元最妙。《直指》中此为紧切，故备引以与学者共焉。

又法，如甲禄在乾用壬日，癸禄在坤用庚日之类，皆吉。贵人到兑用酉日，到震用卯日，吉。各具图于下：

禄到乾，宜壬申卯未日，取亥隶乾，壬日禄在亥。
禄到兑，宜用辛巳酉日，取酉隶兑，辛日禄在酉。
禄到艮，宜用甲午戌日，取寅隶艮，甲日禄在寅。
禄到离，宜用丁己寅戌日，取午隶离，丁己禄居午。
禄到坎，宜用癸申辰日，取子隶坎，癸日禄在子。
禄到坤，宜用庚子辰日，取申隶坤，庚日禄在申。
禄到震，宜用乙亥未日，取卯隶震，乙日禄在卯，又亥日合卯。
禄到巽，宜用丙戊申子酉丑日，取巳隶巽，丙戊日禄在巳。
甲命禄寅，宜申日冲出。乙命禄卯，宜酉日冲出。
丙戊命禄巳，宜亥日冲出。丁己命禄午，宜子日冲出。
庚命禄申，宜寅日冲出。辛命禄酉，宜卯日冲出。
壬命禄亥，宜巳日冲出。癸命禄子，宜午日冲出。
贵人与禄马取用不同，要在分辨阴阳。
阳贵人冬至后用之有力，飞在阳宫尤有力。
阴贵人夏至后用之有力，飞在阴宫尤有力。
贵到兑，宜丙丁酉日引出，取酉隶兑，丙丁贵在酉。
贵到震，宜壬癸卯日引出，取卯隶震，壬癸贵在卯。
贵到坎，宜乙己子日引出，取子隶坎，乙己贵在子。
贵到离，宜辛日午日引出，取午隶离，辛贵在午。
贵到乾，宜丙丁亥日引出，取亥隶乾，丙丁贵在亥。
贵到巽，宜壬癸巳日引出，取巳隶巽，壬癸贵在巳。
贵到坤，宜乙巳申日，甲戊庚未日引出，取申未隶坤，乙己贵在申，甲戊庚贵在未。
贵到艮，宜辛日寅日，甲戊庚丑日引出，取寅丑隶艮，辛贵在寅，甲戊庚贵在丑。

论禄马贵人当用《元经》吊替不当泥八山定局

乾甲山，禄在寅，取寅年月。贵在丑未，取丑未年月。
坎癸申辰山，禄在子，取子年月。贵巳卯，取巳卯年月。
艮丙山，禄在巳，取巳年月。贵亥酉，取亥酉年月。

震庚亥未山，禄在申，取申年月。贵丑未，取丑未年月。
巽辛山，禄在酉，取酉年月。贵在午寅，取午寅年月。
离壬寅戌山，禄在亥，取亥年月。贵巳卯，取巳卯年月。
坤乙山，禄在卯，取卯年月。贵子申，取子申年月。
兑丁巳丑山，禄在午，取午年月。贵亥酉，取亥酉年月。

此八山定局之禄贵，庸俗专以之取日，然历考之，仅能免灾祸而已。若欲的然召吉发福，仍当取《元经》之吊宫贵人禄马。

又，《元经》中有贵人大会法，最吉。此法惟戊年三月作艮，吊得己未到艮，是阴贵会阳贵之宫。庚年六月作坤，吊得己丑到坤，是阳贵会阴贵之宫，更得甲戌庚日时，又得宅长是甲戌庚命，修此方道，主财喜婚姻，福禄吉庆，子孙文章贵显。

吊宫天星禄马贵人到山

视天上七政，宜当有气、进气之时，宜涓本命禄马旺相干支纳音日时以补之，则发福速。

天星贵禄马所属：

子丑二宫属土。寅亥二宫属木。卯戌二宫属火。

辰酉二宫属金。巳申二宫属水。午宫太阳。未宫太阴。

如甲子太岁生命，甲禄寅，木为禄元。子申辰马在寅，木为马元。甲岁命以丑未为贵人，土与太阴为贵元。视台历上其星到山为守宫，到向为朝元。经云："天上星辰照地支，用年宫主好详推。一飞朝揖尤为贵，禄马双全自古稀。"一以月建入中，飞寻前禄马贵元到山向，宜有气生旺进气之时，更在得地旺相之宫，再得本命禄马旺相，干支日时扶补之，则发福速。如甲年十二月作乾宫山，甲年禄寅，属木马，寅又属木，以月建丑入中飞遁，见寅禄马俱在乾，又当十二月进气，在亥又为长生得地，尤吉。更择木局日时并甲乙干及纳音木以扶补寅木之禄马，则发福速而耐久也。

差方禄马贵人所到之方要日辰合出 用修造

此贵人禄马，惟用造作修方，不用葬埋，更有气为妙。

冬至阳局，甲子、甲午起乾，甲戌、甲辰起震，甲申、甲寅起离。顺布六仪，逆布三奇。

夏至阴局，甲子、甲午起乾，甲戌、甲辰起离，甲申、甲寅起震。逆布六仪，顺布三奇。

起例歌诀

坎求羊位艮龙头，离宫犬吠巽宫牛。
乾宫赤马无人问，坤宫鼠子闹啾啾。
金鸡飞上扶桑树，玉兔还归西岭游。
假如冬至甲子日起乾，乾宫赤马，即午上起天罡为真马，顺布十二星。戌上传送为正禄，寅上神后为贵人。禄马主加官进财，贵人主生贵子。夏至甲子逆布，俱取三合方吉。又看盖山白星，如丙子日在坎，即移一白入中宫，六白坎，八白震，九紫巽，不问阴阳皆顺飞。

捷 诀

坎兑皆宜木局方，艮坤水局位真艮。
震巽二方金局吉，乾离火局兆祯祥。
看前阴阳二图，某日到坎兑，则亥卯未三方禄马贵人吉。到坤艮，则申子辰三方吉。到震巽，巳酉丑三方吉。到乾离，寅午戌三方吉。

旬中三奇局

冬至后用此局：

| 甲子
甲午 旬 | 乙 中
丙奇 巽
丁 震 | 甲辰
甲戌 旬 | 乙 坎
丙奇 坤
丁 离 | 甲申
甲寅 旬 | 乙 艮
丙奇 兑
丁 乾 |

夏至后用此局：

| 甲子
甲午 旬 | 乙 兑
丙奇 艮
丁 离 | 甲辰
甲戌 旬 | 乙 坎
丙奇 坤
丁 震 | 甲申
甲寅 旬 | 乙 巽
丙奇 中
丁 乾 |

差方禄马贵人盖山白星阴阳三遁定局

冬至阳遁顺局

乾	兑	艮	离
甲子　戊辰 辛巳　丁亥 甲午　戊戌 辛亥　丁巳	己巳　壬午 丙戌　丙辰 己亥　壬子	庚午　癸未 乙酉　庚子 癸丑　乙卯	辛未　丁丑 甲申　戊子 辛丑　丁未 甲寅　戊午
寄中艮 乙丑　庚辰 癸巳　乙未 庚戌　癸亥	乾宫起甲子、乙丑、丙寅、丁卯，逆行戊辰还原宫顺行。 震宫起甲戌、乙亥、丙子、丁丑，逆行戊寅还原宫顺行。 离宫起甲寅、乙卯、丙辰、丁巳，逆行戊午还原宫顺行。			
巽	震	坤	坎
丙寅　己卯 壬辰　丙申 己酉　壬戌	丁卯　甲戌 戊寅　辛卯 丁酉　甲辰 戊申　辛酉	癸酉　乙亥 庚寅　癸卯 乙巳　庚申	壬申　丙子 己丑　壬寅 丙午　己未

夏至阴遁逆局

乾	兑	艮	离
甲子　戊辰 辛巳　丁亥 甲午　戊戌 辛亥　丁巳	乙丑　庚辰 癸巳　乙未 庚戌　癸亥	丙寅　己卯 壬辰　丙申 己酉　壬戌	丁卯　甲戌 戊寅　辛卯 丁酉　甲辰 戊申　辛酉
寄中艮 己巳　壬午 丙戌　己亥 壬子　丙辰	乾宫起甲子顺行，戊辰还原宫逆行。 离宫起甲戌顺行，戊寅还原宫逆行。 震宫起甲寅顺行，戊午还原宫逆行。			
巽	震	坤	坎
庚午　癸未 乙酉　庚子 癸丑　乙卯	辛未　丁丑 甲申　戊子 辛丑　丁未 甲寅　戊午	壬申　丙午 己丑　壬寅 丙子　己未	癸酉　乙亥 庚寅　癸卯 乙巳　庚申

冬至用此图

	甲子	乙丑	丙寅	丁卯	癸酉	壬申	辛未	庚午	己巳
	甲午	乙未	丙申	丁酉	癸卯	壬寅	辛丑	庚子	己亥
	戊辰								
	戊戌								
				甲戌甲辰	乙亥乙巳	丙子丙午	丁丑丁未		
	辛未辛巳	庚辰庚戌	己卯己酉	戊寅戊申				癸未癸丑	壬午壬子
	丁亥丁巳						甲申甲寅	乙酉乙卯	丙戌丙辰
		癸巳癸亥	壬辰壬戌	辛卯辛酉	庚寅庚申	己丑己未	戊子戊午		
	乾	中	巽	震	坤	坎	离	艮	兑
天罡 正马	午丁	未坤	丑艮	酉辛	子癸	未坤	戌乾	辰巽	卯乙
传送 正禄	戌乾	亥壬	巳丙	丑艮	辰巽	亥壬	寅甲	申庚	未坤
神后 贵人	寅甲	卯乙	酉辛	己丙	申庚	卯乙	午丁	子癸	亥壬
一白	离	坎	坤	震	巽	中	乾	兑	艮
六白	中	乾	兑	艮	离	坎	坤	震	巽
八白	兑	艮	离	坎	坤	震	巽	中	乾
九紫	艮	离	坎	坤	震	巽	中	乾	兑

夏至用此局

	甲子	乙丑	丙寅	丁卯	癸酉	壬申	辛未	庚午	己巳
	甲午	乙未	丙申	丁酉	癸卯	壬寅	辛丑	庚子	己亥
	戊辰								
	戊戌								
				甲戌 甲辰	乙亥 乙巳	丙子 丙午	丁丑 丁未		
	辛巳 辛亥	庚辰 庚戌	己卯 己酉	戊寅 戊申				癸未 癸丑	壬午 壬子
	丁巳 丁亥						甲申 甲寅	乙酉 乙卯	丙戌 丙辰
		癸巳 癸亥	壬辰 壬戌	辛卯 辛酉	庚寅 庚申	己丑 己未			
	乾	兑	艮	离	坎	坤	震	巽	中
天罡　正马	午丁	卯乙	辰巽	戌乾	未坤	子癸	酉辛	丑艮	丑艮
传送　正禄	戌乾	未坤	申庚	寅甲	亥壬	辰巽	丑艮	巳丙	巳丙
神后　贵人	寅甲	亥壬	子癸	午丁	卯乙	申庚	巳丙	酉辛	酉辛
一白	坎	坤	震	巽	中	乾	兑	艮	离
六白	中	乾	兑	艮	离	坎	坤	震	巽
八白	震	巽	中	乾	兑	艮	离	坎	坤
九紫	坤	震	巽	中	乾	兑	艮	离	坎

天罡正马，属土，旺季月。曾仙《行程记》云："马到山头加官职，指日登科第。"此星到山向方，主克日加官进职，庶人主得贵人提携，或商贾致富，逢生旺月立应。到坤艮进田土、山场、牛羊，到乾兑进金银古器，到坎进水田，及舟车、鱼盐发财，到离进山场，到震巽进山林树木。月令旺更逢三白，主白手接契书，进横财。

传送正禄，属金，旺秋月。曾公云："禄到山头发横财，外处送将来；金神发旺立秋中，富贵显英雄。"禄到山向方，立见发横财，进田土金银，应一月，或六十日、一百二十日，主大旺蚕丝财禄。

神后贵人，属水，旺冬月。曾公云："贵人与白同生旺，贵子朝堂上。神后贵人旺于冬，克日到三公。"贵人到山向方，主周年三载，加官进职，士庶生贵子，大旺田蚕。

禄马贵：到午丁，宜用寅戌未时引出合之。
　　　　到戌乾，宜用寅午卯时引出合之。
　　　　到寅甲，宜用午戌亥时引合出之。
　　　　到亥壬，宜用卯未寅时引出合之。
　　　　到卯乙，宜用亥未戌时引出合之。
　　　　到未坤，宜用亥卯午时引出合之。
　　　　到申庚，宜用子辰巳时引出合之。
　　　　到子癸，宜用申辰丑时引出合之。
　　　　到辰巽，宜用子申酉时引出合之。
　　　　到巳丙，宜用酉丑申时引出合之。
　　　　到酉辛，宜用巳丑辰时引出合之。
　　　　到丑艮，宜用巳酉子时引出合之。

论用贵人宜太岁登殿

贵人之神，乃岁命之主宰，能为福，又能化凶。但忌犯空亡，为贵人无力，不能召吉。其贵人所在之方，喜居本干得禄之宫，名为贵人升殿，十分致福。此法最验，难于速遇耳。

立成定局于下：
甲年贵人飞到艮，艮隶寅，甲禄在寅。
乙年贵人飞到震，震隶卯，乙禄在卯。
丙戊年贵人飞到巽，巽隶巳，丙戊禄在巳。

丁己年贵人飞到离，离隶午，丁己禄居午。

庚年贵人飞到坤，坤隶申，庚禄在申。

辛年贵人飞到兑，兑隶酉，辛禄在酉。

壬年贵人飞到乾，乾隶亥，壬禄在亥。

癸年贵人飞到坎，坎隶子，癸禄在子。

此贵人临禄而升殿最玄最妙，次以贵人所临之宫，用其宫主建禄之日时以提之，此提贵人之法，亦在发福，但不及登殿之妙。

贵飞到兑，宜用辛日时提之。

贵飞到震，宜用乙日时提之。

贵飞到坎，宜用癸日时提之。

贵飞到离，宜用丁己日时提之。

贵飞到乾，宜用壬日时提之。

贵飞到巽，宜用丙戊日时提之。

贵飞到艮，宜用甲日时提之。

贵飞到坤，宜用庚日时提之。

佐元直指卷六

麒麟星要同二德

麒麟星，甲乙年辛戌，丙丁年乙辰，戊己年癸丑，庚辛年丁未，壬癸年亥壬。

麒麟星以吊宫飞遁为的，与天月二德相合者，能助速福，能报凶星。如庚子年五月作坎，月建壬午入中顺轮，见丁亥到坎。丁为麒麟，又为天德，是麟星与天德同宫，一切凶煞，悉能压倒。但止二德到而麟星不到，为孤德；倘麟星到而二德不到，为独麟，俱不能召福。若二德同麒麟所在之方更会金乌与胜光、神后、功曹、传送加行年，可催嗣续。

求嗣例，以本命壬诀行年加太岁，遁至修造山方，得匹吉星，与金乌相会报之，更得岁贵禄马并命贵禄马，差方贵禄马，真太阳、帝星、岁德、天月德、男生气、女天医、生麟青龙、金柜天喜并临，择雷霆太阳、开休生三奇同日，修之立生贵子。定局布下：

天德麒麟同宫还宫时	甲年辛戌 己年癸丑	乙年辛戌 庚年丁未	丙年乙辰 辛年丁未	丁年乙辰 壬年亥壬	戊年癸丑 癸年亥壬
正月丁	丁乾 戊同	丁中 麟同	丁震 乙同丁同	丁坎 壬同	丁艮 丑同
二坤己	己兑 辛同	己中	己巽 辰同	己坤 还宫	己离
三 壬	壬离	壬兑	壬中	壬巽 辰同壬同	壬坤 壬同
四 辛	辛兑 辛同还宫	辛中 辛同	辛癸 辰同	辛坤	辛离
五乾戊	戊巽	戊坤 未同	戊离 丁同	戊兑	戊中
六 甲	甲艮 丑同	甲乾 戊同	甲中	甲震 乙同还宫	甲坎 乙同壬同

续表

天德麒麟同宫还宫时	甲年辛戌己年癸丑	乙年辛戌庚年丁未	丙年乙辰辛年丁未	丁年乙辰壬年亥壬	戊年癸丑癸年亥壬
七 癸	癸乾戌癸同	癸中	癸震乙同	癸坎子同	癸艮乙同壬同
八艮己	己坤	己离丁同	己兑	己中	己巽
九 丙	丙兑午同	丙中	丙巽辰同	丙中	丙离还宫
十 乙	乙中	乙巽	乙坤乙同未同	乙离乙同	乙兑
十一巽戊	戊兑辛同	戊中	戊巽辰同还宫	戊坤	戊离
十二庚	庚艮子同	庚乾戌同	庚中	庚震	庚坎

月德麟星同宫还宫时	甲年辛戌乙年癸丑	乙年辛戌庚年丁未	丙年乙辰辛年丁未	丁年乙辰壬年亥壬	戊年癸丑癸年亥壬
正丙方	丙中	丙巽	丙坤	丙离还宫	丙兑
二 甲	甲震还宫	甲坎	甲艮	甲乾亥同	甲中
三 壬	壬离	壬兑辛同	壬中	壬巽辰同壬同	壬坤壬同
四 庚	庚乾戌同	庚中	庚震乙同	庚坎壬同	庚艮丑同
五 丙	丙坤	丙离丁同还宫	丙兑	丙中	丙巽
六 甲	甲艮丑同	甲乾戌同	甲中	甲震还宫	甲坎癸同壬同
七 壬	壬申	壬巽	壬坤壬同	壬离壬同	壬兑壬同
八 庚	庚震	庚坎	庚艮	庚乾亥同	庚中
九 丙	丙兑辛同	丙中	丙巽辰同	丙坤	丙离还宫
十 甲	甲中	甲震还宫	甲坎	甲艮	甲乾

续表

月德麟星同宫还宫时	甲年辛戌乙年癸丑	乙年辛戌庚年丁未	丙年乙辰辛年丁未	丁年乙辰壬年亥壬	戊年癸丑癸年亥壬
十一壬	壬坤	壬离丁同	壬兑	壬中壬同	壬巽壬同
十二庚	庚艮壬同	庚乾戌同	庚中	庚震乙同	庚坎癸同

金乌星

贪狼、巨门、太阳、禄存、文曲、廉贞、武曲、玉兔、破军、金乌、左辅、右弼。

子年贪狼加乙辰，寻金乌在癸丑方。丑年壬子，寅年乾亥，卯年辛戌，辰年庚酉，巳年坤申，午年丁未，未年丙午，申年巽巳，酉年乙辰，戌年甲卯，亥年艮寅。

	子年	丑年	寅年	卯年	辰年	巳年	午年	未年	申年	酉年	戌年	亥年
贪狼	乙辰	甲卯	艮寅	癸丑	壬子	乾亥	辛戌	庚酉	坤申	丁未	丙午	巽巳
巨门	巽巳	乙辰	甲卯	艮寅	癸丑	壬子	乾亥	辛戌	庚酉	坤申	丁未	丙午
太阳	丙午	巽巳	乙辰	甲卯	艮寅	癸丑	壬子	乾亥	辛戌	庚酉	坤申	丁未
禄存	丁未	丙午	巽巳	乙辰	甲卯	艮寅	癸丑	壬子	乾亥	辛戌	庚酉	坤申
文曲	坤申	丁未	丙午	巽巳	乙辰	甲卯	艮寅	癸丑	壬子	乾亥	辛戌	庚酉
廉贞	庚酉	坤申	丁未	丙午	巽巳	乙辰	甲卯	艮寅	癸丑	壬子	乾亥	辛戌
武曲	辛戌	庚酉	坤申	丁未	丙午	巽巳	乙辰	甲卯	艮寅	癸丑	壬子	乾亥
玉兔	乾亥	辛戌	庚酉	坤申	丁未	丙午	巽巳	乙辰	甲卯	艮寅	癸丑	壬子
破军	壬子	乾亥	辛戌	庚酉	坤申	丁未	丙午	巽巳	乙辰	甲卯	艮寅	癸丑
金乌	癸丑	壬子	乾亥	辛戌	庚酉	坤申	丁未	丙午	巽巳	乙辰	甲卯	艮寅
左辅	艮寅	癸丑	壬子	乾亥	辛戌	庚酉	坤申	丁未	丙午	巽巳	乙辰	甲卯
右弼	甲卯	艮寅	癸丑	壬子	乾亥	辛戌	庚酉	坤申	丁未	丙午	巽巳	乙辰

四帝星 年月日时同

申子辰年贪狼星，寅午戌年巨门神，亥卯未年禄存位，巳酉丑年还破军。此四帝星也，年月日时同。

子年贪狼入中宫，丑亥年巨门入中宫，寅戌年禄存，卯酉年文曲，申辰年廉贞，各入中宫，只用贪巨禄文廉武破七星。辅弼不用。

法以逐年星入中，顺寻各年帝星到向方，作之吉。如子年贪狼入中，顺寻本年贪狼帝星到震向，吉。丑年巨门入中，顺寻本年破军帝星到坎向，吉。

吊宫定局立成：

	子	丑	寅	卯	辰	巳	午	未	申	酉	戌	亥
此逐年入中星	贪	巨	禄	文	廉	武	破	武	廉	文	禄	巨
此各年帝星到	贪	破	巨	禄	贪	破	巨	禄	贪	破	巨	禄
向方吉惟巽向不临	震	坎	坤	坤	艮	乾	兑	离	艮	艮	坤	乾

此星到向到方最有力，能制太岁、流财、官符、金神、三杀等凶。又能进禄旺财，报诸凶犯。

论四课吊替不可克山

凡以月建入中宫，吊得本山支辰到山为极凶。如正月作坤，以月建寅入中宫，吊得申到坤，为宅长煞。他仿此。

凡取年月，义分君臣佐使，故云"太岁有帝王之统，月建司侯伯之权"。四课八字，须要与本山不相克战为佳。如甲己年扦坎，五虎遁得丙子水管山。如丙辛年作坎，五虎遁得庚子土管山。此四年坎山得水土龙，各忌四课冲克本局管山之支，此为最凶。穿山透地，克择吉凶，先当以此主，再以六十龙论生克制化，最为停当。

论克择取日宜宝义为主

其义以干生支为宝，支生干为义，干支比为和，又名重辰，干克支为制，支克干为伐。

凡造作、葬埋、婚娶，宝义为吉。造六畜栏圈，和日为吉。求财、官讼、出行，制日为吉。伐日凡事不宜。

宝日：甲午、乙巳、丙辰、丙戌、丁丑、丁未、戊申、己酉、庚子、辛亥、壬寅、癸卯。

义日：甲子、乙亥、丙寅、丁卯、戊午、己巳、庚辰、庚戌、辛丑、辛未、壬申、癸酉。

和日：甲寅、乙卯、丙午、丁巳、戊辰、戊戌、己丑、己未、庚申、辛酉、壬子、癸亥。

制日：甲辰、甲戌、乙丑、乙未、丙申、丁酉、戊子、己亥、庚寅、辛卯、壬午、癸巳。

伐日：甲申、乙酉、丙子、丁亥、戊寅、己卯、庚午、辛巳、壬辰、壬戌、癸未、癸丑。

上吉日：甲子、丙寅、丁卯、庚戌、庚辰、癸酉、乙亥、甲午、辛亥、丙辰、壬寅、癸卯、戊申、丁未。

次吉日：壬午、丙申、乙未、壬申、戊申、辛未、癸巳、庚寅、甲辰、甲戌。

下吉日：庚申、壬子、丙午、丁巳、辛酉、癸亥、乙卯、甲寅、己丑、己未。

逐年五天五气到山定局

乾亥山戌	坎癸山壬	艮寅山丑	震乙山甲	巽巳山辰	离丁山丙	坤申山未	兑辛山庚
壬戌土 辰戌年	戊子水 子午年	丙寅木 寅申年	庚戌土 辰戌年	辛卯木 卯酉年	己巳火 亥巳年	癸酉金 卯丁年	丁未土 丑未年
壬申金 卯酉年	戊戌土 巳亥年	丙子水 丑未年	庚申金 卯酉年	辛巳火 寅申年	己未土 戌辰年	癸亥水 寅申年	丁酉金 子午年
壬午火 寅申年	戊申金 辰戌年	丙戌土 子午年	庚午火 寅申年	辛未土 丑未年	己酉金 酉卯年	癸丑金 丑未年	丁亥水 亥巳年
甲辰土 丑未年	戊午火 卯酉年	丙申金 巳亥年	庚辰土 丑未年	辛酉金 午子年	己亥水 申寅年	乙卯木 子午年	丁丑土 戌辰年

续表

乾亥山戌	坎癸山壬	艮寅山丑	震乙山甲	巽巳山辰	离丁山丙	坤申山未	兑辛山庚
甲寅木 子午年	戊辰土 寅申年	丙午火 辰戌年	庚寅木 子午年	辛亥水 巳亥年	己丑土 丑未年	丁巳火 亥巳年	丁卯木 酉卯年
甲子水 亥巳年	戊寅木 丑未年	丙辰土 卯酉年	庚子水 亥巳年	辛丑土 辰戌年	己卯木 午子年	乙未土 戌辰年	丁巳火 申寅年

逐年金精明气到山定局

乙庚丁为明气，吉。甲辛丙为暗气，凶。

太岁	子午年	丑未年	寅申年	卯酉年	辰戌年	巳亥年
壬山	庚〇	丁〇	甲●	辛●	丙●	乙〇
子山	辛●	丙●	乙〇	庚〇	丁〇	甲●
癸山	丁〇	甲●	辛●	丙●	乙〇	庚〇
丑山	辛●	丙●	乙〇	庚〇	丁〇	甲●
艮山	庚〇	丁〇	甲●	辛●	丙●	乙〇
寅山	甲●	辛●	丙●	乙〇	庚〇	丁〇
甲山	甲●	辛●	丙●	乙〇	庚〇	丁〇
卯山	乙〇	庚〇	丁〇	甲●	辛●	丙●
乙山	辛●	丙●	乙〇	庚〇	丁〇	甲●
辰山	甲●	辛●	丙●	乙〇	庚〇	丁〇
巽山	乙〇	庚〇	丁〇	甲●	辛●	丙●
巳山	丁〇	甲●	辛●	丙●	乙〇	庚〇
丙山	丁〇	甲●	辛●	丙●	乙〇	庚〇
午山	丙●	乙〇	庚〇	丁〇	甲●	辛●
丁山	甲●	辛●	丙●	乙〇	庚〇	丁〇
未山	甲●	辛●	丙●	乙〇	庚〇	丁〇
坤山	乙〇	庚〇	丁〇	甲●	辛●	丙●
申山	丁〇	甲●	辛●	丙●	乙〇	庚〇
庚山	乙〇	庚〇	丁〇	甲●	辛●	丙●
酉山	甲●	辛●	丙●	乙〇	庚〇	丁〇

续表

太岁	子午年	丑未年	寅申年	卯酉年	辰戌年	巳亥年
辛山	庚○	丁○	甲●	辛●	丙●	乙○
戌山	丁○	甲●	辛●	丙●	乙○	庚○
乾山	丙●	乙○	庚○	丁○	甲●	辛●
亥山	庚○	丁○	甲●	辛●	丙●	乙○

璇玑六甲归宫图

巽 戊子己巳下吉 庚辰辛巳甲午乙未 壬申癸酉上吉 庚辰丙申中吉	中 甲戌乙未乙巳下吉 甲子丙辰丁巳庚子 辛丑己未戊子上吉 庚午辛未戊申己酉 中吉	乾 辛丑丁亥甲申戊戌 己亥中吉 戊申丁巳丙戌上吉 壬子癸丑甲寅下吉
震 丁未乙亥下吉 甲寅己亥庚寅己未 上吉 戊戌丙子癸丑壬午 癸未中吉		兑 己巳乙巳下吉 戊申丙辰丁巳辛未 壬申辛巳上吉 乙未癸酉丙戌庚辰 中吉
坤 丙申丁酉戊子壬寅 壬申下吉 丙戌丁巳甲申乙酉庚 午辛未戌午丁亥上吉 癸巳甲午己酉中吉		艮 丁未己丑乙未甲戌 乙亥丙午中吉 戊寅戊申己卯丙寅 丁卯己酉上吉 甲午壬寅庚辰辛卯 下吉
坎 丙子庚申壬戌中吉 壬申丙申丙子癸巳 辛亥庚申癸亥上吉 丙午乙酉庚戌下吉		离 乙未辛巳壬午己巳 丙午中吉 戊寅丙寅庚午丙戌 辛未上吉 庚辰癸未甲辰下吉

金匮星定局

四旺星也。经云"进财生子名金匮"。

逐月泊宫	正月	二月	三月	四月	五月	六月	七月	八月	九月	十月	十一月	十二月
申子辰年	子	乾	中	巽	震	坤	坎	离	艮	兑	乾	中	兑
寅午戌年	午	离	艮	兑	乾	中	兑	乾	中	巽	震	坤	坎
亥卯未年	卯	乾	中	兑	乾	中	巽	震	坤	坎	离	艮	兑
巳酉丑年	酉	震	坤	坎	离	艮	兑	乾	中	兑	乾	由	巽

库楼星定局 即下劫帝星

万岁 建金	木母 除水	天狱 满火	土曲 平土	房显 定金	毒水 执木
天符 破火	荧惑 危火	天水 成火	地传 收水	天牛 开土	太白 闭金

建破伤家长，除危宅母亡。满成损男女，执闭杀牛羊。开定招财帛，平收益田庄。八凶君莫犯，四吉为最良。

法以年建、月建、日建、时建加万岁顺数去，遇平定收开四位吉。平是土曲，主官贵。定是房显，主财帛。收是地传，主田庄。开是官国，主荣显。得四吉临照山方，有官升迁，庶人进财，更同岁贵尤妙。

龙德福德定局

一名压杀太阳，一名转天关，能制白虎等杀。

法以用事月建入中宫，寻太岁泊处起。一太岁，忌修作。二太阳，招子。三丧门，损人。四太阴，生女。五官符，口舌。六死符，死人。七岁破，破财。八龙德，兴家。九白虎，孝服。十福德，兴旺。十一吊客，孝服。十二病符，瘟灾。

飞轮九宫，视太阳、太阴、龙德、福德所在之位，作之吉。如丁巳年正月，以壬寅月建入中顺飞，丁巳太岁泊坤，则太阳在震，龙德离，福德坤，太阴中。定局具下：

太岁泊宫	中	乾	兑	艮	离	坎	坤	震	巽
太阳	乾	兑	艮	离	坎	坤	震	巽	中
龙德	震	巽	中	乾	兑	艮	离	坎	坤
太阴	艮	离	坎	坤	震	巽	中	乾	兑
福德	中	乾	兑	艮	离	坎	坤	震	巽

雷霆帝星运身定局 即雷霆结局增福泽

阳干命顺行 阴干命逆行	一十	二十	三十	四十	五十	六十	七十	八十	九十	零年	位位	而效
甲庚生人	顺	巳燥火	午奇罗	未土潦	申天罡	酉台将	戌金水	亥月孛	子太阳	丑血刃	寅紫气	卯水潦	辰丙乙
丙壬生人	顺	申天罡	酉台将	戌金水	亥月孛	子太阳	丑血刃	寅紫气	卯水潦	辰丙乙	巳燥火	午奇罗	未土潦
戊生人	顺	午奇罗	未土潦	申天罡	酉台将	戌金水	亥月孛	子太阳	丑血刃	寅紫气	卯水潦	辰丙乙	巳燥火
己生人	逆	未土潦	午奇罗	巳燥火	辰丙乙	卯水潦	寅紫气	丑血刃	子太阳	亥月孛	戌金水	酉台将	申天罡
丁癸生人	逆	卯水潦	寅紫气	丑血刃	子太阳	亥月孛	戌金水	酉台将	申天罡	未土潦	午奇罗	巳燥火	辰丙乙
乙辛生人	逆	辰丙乙	卯水潦	寅紫气	丑血刃	子太阳	亥月孛	戌金水	酉台将	申天罡	未土潦	午奇罗	巳燥火

法以一十入中顺飞，先看行年住何宫，却以本生运星入中顺飞，看行年得何吉星，再以行年星入中顺轮，看修造方得何吉星，须要行年星与修造方向星两吉结局，主增福泽。

甲庚燥火丙壬罡，丁癸还归水潦场。六戊奇罗己土潺，乙辛丙乙运身方。仍入中宫主行发，看他方位好修装。

涓山运要令王之时

将洪范变运以月建入中，寻禄马贵人生王有气。

甲寅辰巽戌坎辛申丑癸坤庚未水土山

	禄	贵	煞	空	生	王	死	财	马
甲己年戊辰木运	巽	坤坎	乾兑	乾	乾	震	离坤	坤艮	艮
乙庚年庚辰金运	坤	坤艮	离	坤兑	巽	兑	坎艮	震	艮
丙辛年壬辰水运	乾	震巽	坤艮	离坤	坤	坎	震艮	离	艮
丁壬年甲辰火运	艮	坤艮	坎	震艮	艮	离	兑	兑	艮
戊癸年丙辰土运	巽	乾兑	震	坎艮	坤	坎	震	坎	艮

兑丁乾亥金山

	禄	贵	煞	空	生	王	死	财	马
甲己年乙丑金运	震	坤坎	离	乾	巽	兑	坎	震	乾
乙庚年丁丑木运	离	乾兑	坤艮	坤兑	坤	坎	震	离	乾
丙辛年己丑火运	离	坎坤	坎	离坤	艮	离	兑	兑	乾
丁壬年辛丑土运	离	离艮	震	巽	坤	坎	震	坎	乾
戊癸年癸丑水运	坎	震巽	兑	艮	乾	震	离	坤艮	乾

震辰巳木山

	禄	贵	煞	空	生	王	死	财	马
甲己年辛未土运	兑	离艮	乾兑	乾	坤	坎	震	坎	巽
乙庚年癸未木运	坎	震巽	离	坤兑	乾	震	离	艮坤	巽

续表

	禄	贵	煞	空	生	王	死	财	马
丙辛年乙未金运	震	坎坤	离	巽	巽	兑	坎艮	震	巽
丁壬年丁未水运	离	乾兑	坤艮	艮震	坤	坎	震巽	离	巽
戊癸年己未火运	离	坎坤	坎	艮坎	艮	离	兑乾	兑	巽

离壬丙乙火山

	禄	贵	煞	空	生	王	死	财	马
甲己年甲戌火运	艮	坤艮	坎	坤兑	艮	离	乾兑	兑	坤
乙庚年丙戌土运	巽	乾兑	震	离坤	坤	坎	震巽	坎	坤
丙辛年戊戌木运	巽	艮坤	兑	巽	乾	震	离坤	坤艮	坤
丁壬年庚戌金运	坤	坤艮	离	震艮	巽	兑	坎艮	震	坤
戊癸年壬戌水运	乾	巽震	离艮	坎艮	坤	坎	震巽	离	坤

　　冬至后顺轮，夏至后逆转。

　　如运泊禄宫，主横财，因官发达，为官增禄。马宫商贾发财，遇贵接引成家。贵宫克日加官生贵子。财宫进田财、蚕丝、牛马。生王宫生贵子，进财产。鬼杀宫杀家长，损丁生事，破财瘟火。官符宫官非口舌。劫杀宫生横祸，盗贼杀伤人。咸池宫小辈酒色奸非。灾杀宫跌伤疾病。空亡宫吉多则见财见福，凶多则退产退财。死绝宫家活冷退，疾病死亡。

　　如乙庚年水土山庚辰金运，生巳、沐午、冠未、官申、旺酉、衰戌、病亥、死子、墓丑、绝寅、胎卯、养辰、庚禄申、马寅、贵丑未、害卯、劫杀巳、灾杀午、官符申、咸池酉。余仿此。

　　水宫，一六数，主船载鱼盐生财。

　　火宫，二七数，主炉冶生财拾遗。

　　木宫，三八数，进山林园圃木植。

　　金宫，四九数，进金银古窖蚕丝。

　　土宫，五十数，进田山及寄物。

　　右山运，与年月日时克应，其吉凶生王，亦随年月日时上五行断之。年应周年三载，月应六十日或一百二十日，时应三日，五、七日，十二、十五日。

极富星

以太岁与月建吊到山为吉，亡命极富同。

子年命辛戌，丑年命卯甲，寅年命子壬，卯年命巳巽，辰年命寅艮，巳年命未丁，午年命辰乙，未年命酉庚，申年命午丙，酉年命亥乾，戌年命申坤，亥年命丑癸。

月极富星：正七艮、二八乙、三九丙、四十坤、五十一辛、六十二壬。

帑星卦例

	用甲壬年		用丁年		用乙癸年		用己年
乾山	月 子寅辰午申戌	兑山	月 巳卯丑亥酉未	坤山	月 未巳卯丑亥酉	离山	月 卯丑亥酉未巳
	用辛年		用庚年		用丙年		用戊年
巽山	月 丑亥酉未巳卯	震山	月 子寅辰午申戌	艮山	月 辰午申戌子寅	坎山	月 寅辰午申戌子

即八卦纳甲由家数，立成见《三古通书》子九集。

天道吊宫立成

	正	二	三	四	五	六	七	八	九	十	十一	十二
天道	巳	申	亥	酉	子	寅	丑	卯	午	辰	未	戌
吊宫	艮	坎	震	离	坤	震	坎	坤	巽	坎	震	中

人道方立成。惟此不须吊，有灾病宜移床就人道方，吉。

	正	二	三	四	五	六	七	八	九	十	十一	十二
大月方	癸	艮	甲	乙	巽	丙	丁	坤	庚	辛	乾	壬
小月方	丁	坤	庚	辛	乾	壬	癸	艮	甲	乙	巽	丙

五般会杀最凶，更逢日时冲战尤烈

离合杀： 戊癸年正月作震，月建吊辛酉到震，忌卯冲。
丁壬年腊月作兑，月建吊乙卯到兑，忌酉日。
阴合杀： 丁壬年七月作离，月建吊壬子到离，忌午日。
丙辛年十二月作坎，月建吊丙午到坎，忌子日。
罗网杀： 丁壬年三月作乾，月建吊乙巳到乾，忌亥冲。
丁壬年二月作巽，月建吊辛亥到巽，忌巳日。
又，戊癸年三月吊丁巳到乾，二月吊癸亥到巽。
魁罡杀： 甲己年二月作乾，月建吊戊辰到乾，忌戌冲。
丙辛年正月作巽，月建吊戊戌到巽，忌辰日。
刑害杀： 戊癸年四月作艮，月建吊庚申到艮，忌寅冲。
丁壬年七月作坤，月建吊甲寅到坤，忌申日。

剑锋临地

甲子，三月作坤，腊月作艮。乙丑，十二月作兑。丙寅，九月作乾。丁卯，六月作坤，八月作兑。戊辰，正月作艮。己巳，五月作离，七月作坤。庚午，十二月作震。辛未，二月作震，四月作巽。壬申，二月作巽。辛卯，二月作震，三月作巽。壬辰，二月作巽。癸巳，十一月作坎。甲午，九月作艮。乙未，九月作兑。丙申，九月作乾。丁酉，六月作坤，八月作兑。戊戌，正月作艮。己亥，五月作离，七月作坤。戊午，正月作艮。辛酉，二月作震，十月作乾，四月作巽。癸酉，十一月作坎，十二月作离。甲戌，十二月作艮。乙亥，十二月作兑。丙子，九月作乾。丁丑，六月作坤，八月作兑。戊寅，正月作艮。己卯，五月作离，七月作坤。庚辰，三月作坤。辛巳，二月作震，十月作乾。庚子。辛丑，二月作震，四月作巽。壬寅，二月作坤，三月作巽。癸卯，十一月作坎。甲辰，正月作震，二月作离。乙巳，二月作艮。丙午，九月作乾。丁未，六月作坤，八月作兑。戊申，正月作艮。己未，五月作离，七月作坤。壬戌，三月作巽。壬午，三月作巽。癸未，十一月作坎。甲申，十二月作艮。乙酉。丙戌，九月作乾。丁亥，六月作坤、八月作兑。戊子，正月作艮。己丑，五月作离，庚寅，三月作中。己酉，五月作离，七月作坤。庚戌，六月作艮。辛亥，二月作震，四月作巽。壬子，三月作巽。癸丑，三月作震，六月作中。甲寅，三月作艮。乙卯。丙辰，九月作乾。丁巳，六月作坤，八月作兑。庚申。癸亥，十二月作坎。

年独火例：子年艮，丑寅年震，卯年坎，辰巳年巽，午年兑，未申年离，酉年坤，戌亥年乾。

月独火例：正月巳，二月辰，三月卯，四月寅，五月丑，六月子，七月亥，八月戌，九月酉，十月申，十一月未，十二月午。

年独火除夏火旺时勿作，余值秋冬或壬癸水日，纳音水，月家一白，或吊壬癸到方，更水命作主，或月建纳音水制之，作无妨。月独火窑灶大凶，忌葬埋，猪牛栏，马厩，羊栈，筑墙，主疮毒，惟穿池塘反为福。若僧道官员作修其方，却吉。

四季转杀例

二月卯日，乙卯天转，辛卯地转，癸卯正转。
五月午日，甲午天转，戊午地转，丙午正转。
八月酉日，辛酉天转，癸酉地转，丁酉正转。
十一月子日，壬子天转，丙子地转，庚子正转。
按：春兔、夏马、秋鸡、冬鼠，乃四旺之神，与荣官同日不凶。忌与月建同日，主杀人。

金神七杀，亦分天金神、地金神、纳音金神。忌与火血同，损六畜。

吊宫火血立成定局

	甲己年	乙庚年	丙辛年	丁壬年	戊癸年
正月申	壬申金坤	甲申水坤	丙申火坤	戊申土坤	庚申木坤
二月亥	乙亥火巽	丁亥土巽	己亥木巽	辛亥金巽	癸亥水巽
三月寅	戊寅土乾	庚寅木乾	壬寅金乾	甲寅水乾	丙寅火乾
四月巳	己巳木中	辛巳金中	癸巳水中	乙巳火中	丁巳土中
五月酉	癸酉金艮	乙酉水艮	丁酉火艮	己酉土艮	辛酉木艮
六月子	丙子水坎	戊子火坎	庚子土坎	壬子木坎	甲子金坎
七月卯	己卯土震	辛卯木震	癸卯金震	乙卯水震	丁卯火震

续表

	甲己年	乙庚年	丙辛年	丁壬年	戊癸年
八月午	壬午木中	甲午金中	丙午水中	戊午火中	庚午土中
九月戌	甲戌火中	丙戌土中	戊戌木中	庚戌金中	壬戌水中
十月丑	丁丑水兑	己丑火兑	辛丑土兑	癸丑木兑	乙丑金兑
十一月辰	庚辰金离	壬辰水离	甲辰火离	丙辰土离	戊辰木离
十二月未	癸未木坤	乙未金坤	丁未水坤	己未火坤	辛未土坤

吊宫岁禁定局

		正月	二月	三月	四月	五月	六月	七月	八月	九月	十月	十一月	十二月
子年	旁杀未	坎	离	艮	兑	乾	中	兑	乾	中	巽	震	坤
	的杀午	离	艮	兑	乾	中	兑	乾	中	巽	震	坤	中
	照杀巳	艮	兑	乾	中	巽	乾	中	巽	震	坤	坎	坤
丑年	旁杀申	坤	坎	离	艮	兑	乾	艮	兑	乾	中	巽	震
	的杀未	坎	离	艮	兑	乾	中	兑	乾	中	巽	震	坤
	照杀午	离	艮	兑	乾	中	兑	乾	中	巽	震	坤	坎
寅年	旁杀酉	震	坤	坎	离	艮	兑	乾	艮	兑	乾	中	巽
	的杀申	坤	坎	离	艮	兑	乾	中	兑	乾	中	巽	震
	照杀未	坎	离	艮	兑	巽	中	兑	乾	中	巽	震	坤
卯年	旁杀戌	巽	震	坤	坎	离	艮	兑	乾	艮	兑	乾	中
	的杀酉	震	坤	坎	离	艮	兑	乾	中	兑	乾	中	巽
	照杀申	坤	坎	离	坤	兑	乾	中	兑	乾	中	巽	震
辰年	旁杀亥	中	巽	震	坤	坎	离	艮	兑	乾	艮	兑	乾
	的杀戌	巽	震	坤	坎	离	艮	兑	乾	中	兑	乾	中
	照杀酉	震	坤	坎	离	艮	兑	乾	中	兑	乾	中	巽

续表

		正月	二月	三月	四月	五月	六月	七月	八月	九月	十月	十一月	十二月
巳年	旁杀子	乾	中	巽	震	坤	坎	离	艮	兑	乾	艮	兑
	的杀亥	中	巽	震	坤	坎	离	艮	兑	乾	中	兑	乾
	照杀戌	巽	震	坤	坎	离	艮	兑	乾	中	兑	乾	艮
午年	旁杀丑	兑	乾	中	巽	震	坤	坎	离	艮	兑	乾	艮
	的杀子	乾	中	巽	震	坤	坎	离	艮	兑	乾	中	兑
	照杀亥	中	巽	震	坤	坎	离	艮	兑	乾	中	兑	乾
未年	旁杀寅	艮	兑	乾	中	巽	坤	坎	离	艮	兑	乾	艮
	的杀丑	兑	乾	中	巽	震	坤	坎	离	艮	兑	乾	中
	照杀子	乾	中	巽	震	坤	坎	离	艮	兑	乾	中	兑
申年	旁杀卯	乾	艮	兑	乾	中	巽	震	坤	坎	离	艮	兑
	的杀寅	中	兑	乾	中	巽	震	坤	坎	离	艮	兑	乾
	照杀丑	兑	乾	中	巽	震	坤	坎	离	艮	兑	乾	中
酉年	旁杀辰	兑	乾	艮	乾	中	巽	震	坤	坎	离	艮	艮
	的杀卯	乾	中	兑	乾	中	巽	震	坤	坎	离	艮	兑
	照杀寅	中	兑	乾	中	巽	震	坤	坎	离	艮	兑	乾
戌年	旁杀巳	艮	兑	乾	艮	兑	乾	中	巽	震	坤	坎	离
	的杀辰	兑	乾	中	兑	乾	中	巽	震	坤	坎	离	艮
	照杀卯	乾	中	兑	乾	中	巽	震	坤	坎	离	艮	兑
亥年	旁杀午	离	艮	兑	乾	艮	兑	乾	中	巽	震	坤	坎
	的杀巳	艮	兑	乾	中	兑	乾	中	巽	震	坤	坎	离
	照杀辰	兑	乾	中	兑	乾	中	巽	震	坤	坎	离	艮

佐元直指卷七

排定逐月起造吉日以命主不相冲克为主

正月：丁卯、壬午、甲午、丙午、戊午、丁未。

二月：乙丑、辛未、丁丑、癸未（次吉）、甲午、乙未、辛亥。

三月：丙子、丙寅（次吉）、戊寅、戊子。

四月：丁卯、丁丑、癸丑、乙卯。

五月：甲戌、壬辰（次吉）、己亥、壬寅、庚戌（次吉）、丙辰。

六月：乙亥、壬辰、己巳（次吉）。

七月：丙子、庚子、壬子。

八月：乙丑、己巳、丁丑、丁巳（次吉）、癸丑。（查，巳日乃鬼哭，乙巳日用之死人，若丁巳日卯时可用。）

九月：壬午、甲午、丙午、戊午、庚申。

十月：辛未、癸酉、乙酉（鬼哭日）、甲午、辛卯、丁未、辛酉。（查十月不可用壬子、乙未。）

十一月：甲戌。

十二月：己巳、己亥。

右吉日出司天监历，但合山家并逐年龙运不相冲克，山家有气遇太阳雷霆合气，台历神藏煞没，三奇八门接气，无不获福。

一发槌竖屋忌太岁退方。

支神退例

午未乾山退，子丑巽兑凶。申酉坤艮位，戌亥离不通。寅卯辰巳岁，君休下坎宫。犯主冷退。

排定逐月葬埋吉日以亡命不相冲克为主

正月：乙酉、丁酉、己酉（次吉）。
二月：壬申、庚申。
三月：壬申、甲申、乙酉、丙子。
四月：庚午（大吉）、己酉（次吉）、辛酉（次吉）。
五月：甲申（次吉）、丙申、壬寅。
六月：丙午、丙申、庚申、庚午、癸酉、丁酉、壬午、甲申。
七月：癸酉、乙酉、丙午、己酉。
八月：壬申、庚申。
九月：癸酉、壬午、丁酉、丙午。
十月：庚午。
十一月：壬寅、庚申、庚寅、丙申。
十二月：壬申、壬午、甲辰、癸酉、丁酉、辛酉。

右吉日要与山合气，合太阳正照之辰，岁命禄马到山临穴，更合升元结局，契合山运与元堂入庙，斯为尽美，无不吉利。

报人丁例　取四神加行年

男取报天干，女取报地支，各从《璇玑》起例，寻太阳、太阴、玉兔、金乌为旺人星，吉。其法各以命主六壬行年与太岁反复相加，求胜光、神后二星同命所在之地，择雷霆太阳、开休生三门，喜神并临，立生贵子。凡报金乌太阳方主生男，玉兔太阴方主生女。男合雷霆合气太阳，女用青龙太阴。又法，人家频生女者，择金乌方理之，可报男也。

男报天干者，如子年报丙是也。女报地支者，如子年报午是也。男女同命者，子年合报丙午是也。余例仿此。

散讼报本命官符

散讼见《元经》，以阳官符报贵人，阴官符报干德，乃天官符也。地官符报之亦验，但不及报本命官符，取阴贵阳德会合，自然散讼。本命禄马到方，因讼得财。又得阴阳各遁元宫，必主灾害永息。例具《元经》。

报瘟取天瘟方

天瘟方例：正、六月坎，二、九月震，三、五月艮，四、十月坤，七、十一月乾，八、十二月离。

凡报天瘟，须择天恩所在处报之，且喜天月二德及天喜报之。择天恩日，切忌本年入中吊本命所在之方，不可轻报，法见《璇玑》。

天瘟例诀：

正月羊位报用权，二八逢危事却偏。三五十月寻建上，七十一除不周全。蛇收鸡闭牛场满，记取天瘟莫犯焉。

正月未、二月戌、三月辰、四月寅、五月午、六月子、七月酉、八月申、九月巳、十月亥、十一月丑、十二月卯。

按：天瘟方忌竖造、修方、入宅、归火、移徙、安床、修牛栏、马枋、猪槽、羊栈、鸡鹅鸭栖，并宜忌之。

辟火星取水宿七日

起造辟火四课，取山家自旺进气之时，又能作福。其例以七元甲子寻各元内起之，依节取用之日，轮到所至之宫，再以官历日下所值之宿入中宫，顺飞到坐下得危月燕、毕月乌、张月鹿、心月狐四兽到坐，渭六神藏、四杀没时起造，为日月合璧。若得真太阳到向，吉不可加。

一元甲子起坎，二元甲子起坤，三元甲子起震，四元甲子起巽，五元甲子起中，六元甲子起乾，七元甲子起兑。

如正月一元内用事，庚午日起造，便以甲子起坎，轮至兑上得庚午，值奎木狼管事，便以奎宿入中宫，行见毕月乌到离，其日作丙午丁、壬子癸等向，择对宫四煞没时为日月合璧，能免火灾，又消瘟疫。

嫁娶不将起例

月厌正戌逆旋装，以右为前左后方。月厌杀翁厌对姑，嫁娶不用为相妨。厌前干配厌后支，阴阳不将最吉昌。春冬取己夏秋戌，戌己之干更审详。厌后干配厌前支，阴阳俱将夫妇亡。厌前干支自相配，阴将杀妇期非良。厌后干支自相配，是为阳将夫必伤。更勿伤初许嫁日，大门勿值死惊伤。时遇五神临本命，夺门而入杀神藏。

嫁娶择日要诀

娶妇取女命为主，女婿乘龙岁始昌。

八紫龙，二十黄，嫁年犯忌疾，产厄，子五。

忌午疾，少寸命，未真见，而天刀二横天，主再娶，亥不嫁，不于三新郎大宜。

又，男合者，以也最美，日辰合不将，更符宝义，善主大吉。德合、明合、周堂、无翘、八龙并九虎、七乌、六蛇，知往亡、烟火、勾绞，防缢厄。子午命嫌卯酉乡，卯酉命嫌子午日。寅申尤妨巳亥伤，丑未便嫌辰戌日，吉神多则用无始，罗帐白虎尤当避，太白鹤神天狗方。

论利月

黄帝日，阳女命以大吉加本命功曹下为行嫁月，利女家，传送下为行嫁月，利男家。阴女命以太冲加本命功曹下为行嫁月，利女家，传送下为行嫁月，利男家。各位下俱有妨忌，立成图局于左，以便选择。例出大六壬。

日女命嫁娶月分妨忌图

子命	子月	丑	寅	卯	辰	巳	午	未	申	酉	戌	亥
寅命	寅月	卯	辰	巳	午	未	申	酉	戌	亥	子	丑
辰命	辰月	巳	午	未	申	酉	戌	亥	子	丑	寅	卯
午命	午月	未	申	酉	戌	亥	子	丑	寅	卯	辰	巳
申命	申月	酉	戌	亥	子	丑	寅	卯	辰	巳	午	未
戌命	戌月	亥	子	丑	寅	卯	辰	巳	午	未	申	酉
阳女命	大吉	功曹	太冲	天罡	太乙	胜光	小吉	传送	从魁	河魁	登明	神后
	妨女兄弟	利女家	妨首子	妨公姑	妨男伯叔	妨夫	妨男兄弟	利夫家	妨媒	妨女父母	妨女伯叔	妨女身

各妨忌月俱不可用。

丑命	丑月	寅	卯	辰	巳	午	未	申	酉	戌	亥	子
卯命	卯月	辰	巳	午	未	申	酉	戌	亥	子	丑	寅
巳命	巳月	午	未	申	酉	戌	亥	子	丑	寅	卯	辰
未命	未月	申	酉	戌	亥	子	丑	寅	卯	辰	巳	午
酉命	酉月	戌	亥	子	丑	寅	卯	辰	巳	午	未	申
亥命	亥月	子	丑	寅	卯	辰	巳	午	未	申	酉	戌
阴女命	太冲	天罡	太乙	胜光	小吉	传送	从魁	河魁	登明	神后	大吉	功曹
	妨女兄弟	妨女身	妨女伯叔	妨女父母	妨媒	利男家	妨男兄弟	妨夫	妨男伯叔	妨公姑	妨首子	利女家

逐月不将吉日

正月	月厌戌	厌前取阴干，丙丁己庚辛
	厌对辰	厌后取阳支，亥子丑寅卯
	不将	丙子、丁亥、丁卯、己亥、庚子、辛亥
		丙寅、丁丑、己丑、己卯、庚寅、辛丑、辛卯
二月	月厌酉	厌前取阴干，乙丙丁庚己
	厌对卯	厌后取阳支，戌亥子丑寅
	不将	乙亥、丙戌、丁亥、己亥、庚戌、庚寅
		乙丑、丙子、丁丑、己丑、庚子、丙寅
三月	月厌申	厌前取阴干，甲乙丙丁己
	厌对寅	厌后取阳支，酉戌亥子丑
	不将	甲戌、乙亥、丙戌、丁亥、己亥、己酉、己卯是
		甲子、乙丑、丙子、丁丑、己丑、乙酉，人民合

续表

四月	月厌未	厌前取阴干，甲乙丙丁戊
	厌对丑	厌后取阳支，申酉戌亥子
	不将	甲戌、乙酉、丙申、丁酉、戊戌、戊申
		甲子、甲申、丙子、丙戌、戊子
五月	月厌午	厌前取阴干，癸甲乙丙戊
	厌对子	厌后取阳支，未申酉戌亥
	不将	癸未、癸亥、甲戌、乙亥、丙申、戊申
		癸酉、甲申、乙未、乙酉、丙戌、戊戌
六月	月厌巳	厌前取阴干，壬癸甲乙戊
	厌对亥	厌后取阳支，午未申酉戌
	不将	壬午、壬戌、甲午、甲戌、戊午、戊戌
		壬申、癸酉、甲申、乙酉、戊申、癸未
七月	月厌辰	厌前取阴干，壬癸甲乙戊
	厌对戌	厌后取阳支，巳午未申酉
	不将	壬午、癸巳、癸未、乙巳、乙酉、戊申
		壬申、癸酉、甲午、乙未、戊午、甲申
八月	月厌卯	厌前取阴干，辛壬癸甲戊
	厌对酉	厌后取阳支，辰巳午未申
	不将	辛巳、壬辰、壬午、癸未、甲午、戊辰
		辛未、壬申、癸巳、甲辰、甲申、戊午
九月	月厌寅	厌前取阴干，庚辛壬癸戊
	厌对申	厌后取阳支，卯辰巳午未
	不将	庚午、辛巳、壬午、癸卯、戊辰、庚辰
		辛卯、辛未、癸未、癸巳、戊午、壬辰

	月厌丑	厌前取阴干，庚辛壬癸己
十月	厌对未	厌后取阳支，寅卯辰巳午
	不将	庚寅、庚辰破、辛巳破、壬辰、癸卯、己卯
		庚午、辛卯、壬寅无翘、壬午地寡、癸巳破、己巳破
十一月	月厌子	厌前取阴干，丁己庚辛壬
	厌对午	厌后取阳支，丑寅卯辰巳
	不将	丁丑、丁巳、己卯、庚寅、辛丑、辛巳
		丁卯、己丑、己巳、庚辰、辛卯、壬辰
十二月	月厌亥	厌前取阴干，丙丁己庚辛
	厌对巳	厌后取阳支，子丑寅卯辰
	不将	丙子、丙辰、己丑、庚子、庚辰、辛卯
		丙寅、丁卯、己卯、庚寅、辛丑、丁丑

春八龙：甲子、乙亥。夏七乌：丙子、丁亥。秋九虎：庚子、辛亥。冬六蛇：壬子、癸亥。

新妇入门忌踏丧路方

正、五、九未方，七、三、十一丑方，二、六、十戌方，四、八、十二辰方。

罗帐白虎定局

```
┌─────────────┐
│  门      窗 │
│ 死       厨 │
│ 床         │
│  堂  灶    │
└─────────────┘
```

大月从厨向灶顺行，小月从灶向厨逆行。
白虎值堂堂正当，若值床时新妇亡。
门路厨灶皆无碍，惟有死困大吉昌。

太白游方日 忌犯

正东，初一、十一、二十一。东南，初二、十二、二十二。正南，初三、十三、二十三。西南，初四、十四、二十四。正西，初五、十五、二十五。西北，初六、十六、二十六。正北，初七、十七、二十七。东北，初八、十八、二十八。中央，初九、十九、二十九。在天，初十、二十、三十。

鹤神游方日 忌犯

戊子、己丑、庚寅、辛卯、壬辰，游正北坎。
癸巳日至戊申日在天宫。
己酉、庚戌、辛亥、壬子、癸丑、甲寅，游东北艮。
乙卯、丙辰、丁巳、戊午、己未，游正东震。
庚申、辛酉、壬戌、癸亥、甲子、乙丑，游东南巽。
丙寅、丁卯、戊辰、己巳、庚午，游正南离。
辛未、壬申、癸酉、甲戌、乙亥、丙子，游西南坤。
丁丑、戊寅、己卯、庚辰、辛巳，游正西兑。
壬午、癸未、甲申、乙酉、丙戌、丁亥，游西北乾。

夫妇反目杀 犯主夫妻不和

如男女子午卯酉生命者，不可犯子午卯酉年月日时。余仿此推。

天狗头方 忌犯

冬	秋		夏	春
子	酉卯	头在卦 尾在卦 前足卦 背在卦 腹在卦 后足卦 狗◇	午 孤寡杀姑翁	卯
午	酉		子 妨夫主伤娌姒	卯
丑	辰		未 六年子生	戌
卯	午		酉 主二年子生	子
酉	子		卯 主周年子生	午
巳	戌		丑 主六年子生	辰
巳	申		亥 后终子无	寅

右嫁娶犯头，一世孤寡。犯尾，伤妯娌。犯足，伤男女。从腹进门，当年有子，惟背不忌。

此以新人出轿，头一脚踏地方位乃主，以花烛之桌作中宫分八卦，从十二支方位断之，甚验。

男婚年 主疾少乐

生命加未顺行，以生日后为准。

生命	子	丑	寅	卯	辰	巳	午	未	申	酉	戌	亥
年	未	申	酉	戌	亥	子	丑	寅	卯	辰	巳	午

女嫁年 主产厄，多忧疾患

生命加卯逆行，以生日后为准。

生命	子	丑	寅	卯	辰	巳	午	未	申	酉	戌	亥
年	卯	寅	丑	子	亥	戌	酉	申	未	午	巳	辰

烟火勾绞

年月日时嫁女凶，如子午女命忌卯酉日时。
子午卯酉，丑未辰戌，寅申巳亥，卯酉子午，辰戌丑未，巳亥寅申。

红沙日 巳酉丑乃准

红沙杀：正、二、三、四月酉日，五、六、七、八月巳日，九、十、十一、十二月丑日是也。
四仲酉日四孟蛇，四季丑日是红沙。
若人不信此神杀，生离死别嫁三家。

人 隔 即临神

正酉、二未、三巳、四卯、五丑、六亥、七酉、八未、九巳、十卯、十一丑、十二亥。

五神拦路

　　新人入门时，忌命值凶神。以月将加新人入门时，寻看新人本命位上值何将，如值天罡（辰）、胜光（午）、传送（申）、登明（亥）、神后（子）、太冲（卯）临本命位上为吉。如值太乙（巳），为螣蛇，主房中哭声。大吉（丑）、小吉（未）为白羊、青牛，主生灾厄。从魁（酉）为巫鸡，主夫妻不睦。河魁（戌）为天狗，主伤嗣续。功曹（寅）为白虎，刑子。如犯上五凶神拦路，镇用五谷铜钱，草节纸钱，鼓乐喧响，新人夺门而入，参香火家堂，化财马，则大吉。

佐元直指卷八

安香火 附祭祀事例

香火为司命之主，择日取天德、月德日合神在为吉，成、开、危日合毕、危、张、心四月宿，主神安物阜。

凡祭祀宜神在日，忌天狗下食日时，子日亥时，丑日子时，每一日只一时。每月忌用初一、初四、初五、初十、二十七，尤忌九月初一、初四，大凶。

天狗下食日时定局：

子	丑	寅	卯	辰	巳	午	未	申	酉	戌	亥
亥	子	丑	寅	卯	辰	巳	午	未	申	酉	戌

合寿木造生基忌天瘟木随

凡合寿木，择本命长生旺相有气之日，于空亡位上作之。忌日辰冲克命主纳音，并忌天瘟、木随、木建日。

木随例

正月申辰、二月寅子、三月戌申、四月未申、五月午酉、六月申辰、七月巳酉、八月丑酉、九月卯亥、十月卯亥、十一月午酉、十二月未辰。

木建日例

正月庚寅、二月辛卯、三月戊辰、四月己巳、五月壬午、六月癸未、七月庚申、八月辛酉、九月戊戌、十月己亥、十一月壬子、十二月癸丑。

合寿木吉日例

宜二、四、六、八、十、十二双月吉，单月不用。二月忌五戌，为天会月煞，寅日木随。四月、五月木随辰日，天瘟会月煞。六月、八月申日，天瘟会月煞。十月忌辰戌，十二月忌子日。

生旺有气例

如甲子生命属金，从巳上起甲子，顺轮十二宫至生年起一十，零年亦一岁一宫，遇子午卯酉为旺，寅申巳亥为生，辰戌丑未为墓。凡生旺之说，如本命生寅，亥为有气，巳申亦须不用，卯为旺，余旺亦不用。他仿此。

右旺要金龙星

地伤（木旺），土星，墓绝（火生），天喜，天瘟，紫气（金生），木星，病死（水土生），福生。当作九宫数。

上以本命纳音生处起甲子，分男顺女逆，寻本命上住处起一十，顺逆寻行年，遇各生旺有气之宫，不犯天瘟宜造坟。只忌行年到坤艮与中宫为本命上不可犯。生坟择日与合木同。

净栏煞

以太岁上起建顺行，逢执、破是，即大小耗星。（月净栏同。）
净栏煞例：

子	丑	寅	卯	辰	巳	午	未	申	酉	戌	亥
巳	午	未	申	酉	戌	亥	子	丑	寅	卯	辰
午	未	申	酉	戌	亥	子	丑	寅	卯	辰	巳

四季净栏煞例：春巽、夏坤、秋乾、冬艮。

月灾杀

正五九月丙壬方，二六十月丁癸方，三七十一月甲庚方，四八十二月乙辛方。

上各季各月犯处只忌牛畜，余畜不忌。

造羊栏诀

羊之为物，易旺易衰。凡造羊栈，取太岁九宫方位，方道只以《元经》中为主。凡栈木以四季不易叶之木为上，所向之处，喜本命位未方有山起，则羊承不替。羊属商音，宜长生并临宫方，又未申酉方更合龙，绵远大吉。三元向星于太岁白星上，取木宜高八尺一寸，松木最吉。造羊栈取年家紫气并临为吉。

造牛屋忌逐年净栏煞方

酉年卯，丑年巽，寅年艮，卯年酉，辰年丙，亥年乾。此方损畜。

养六畜血财必须知血刃

凡报血财，须知自旺年上血刃顺逆所到处，合本命与太岁旺神方。报牛畜要岁命禄马会年流财，报猪畜要年血刃会岁命旺神与火血在处，鸡、鹅、鸭、马用岁命生气合太阳在处。报骡马须用岁命活马、真马到处会太阳、奇罗在处乃吉。生气即紫微卦生气。

血刃顺逆例　干逆支顺

甲己顺巳逆甲求，乙庚顺子逆辛周，丙辛顺申逆在丙，丁壬顺亥逆庚游，戊癸顺从寅上觅，逆从壬起血刃头。

顺逆定局于后

		血刃	太阳	月孛	金水	台将	天罡	土潨	奇罗	燥火	丙乙	水潦	紫气
甲己月	顺	巳	午	未	申	酉	戌	亥	子	丑	寅	卯	辰
	逆	甲	艮	癸	壬	乾	辛	庚	坤	丁	丙	巽	乙
乙庚月	顺	子	丑	寅	卯	辰	巳	午	未	申	酉	戌	亥
	逆	辛	庚	坤	丁	丙	巽	乙	甲	艮	癸	壬	乾
丙辛月	顺	申	酉	戌	亥	子	丑	寅	卯	辰	巳	午	未
	逆	丙	巽	乙	甲	艮	癸	壬	乾	辛	庚	坤	丁
丁壬月	顺	亥	子	丑	寅	卯	辰	巳	午	未	申	酉	戌
	逆	庚	坤	丁	丙	巽	乙	甲	艮	癸	壬	乾	辛
戊癸月	顺	寅	卯	辰	巳	午	未	申	酉	戌	亥	子	丑
	逆	壬	乾	辛	庚	坤	丁	丙	巽	乙	甲	艮	癸

年流财方

戌亥酉丑年未坤方，子巳午未年戌乾方，寅卯申辰年子丑方。

月流财方

正三十月甲庚位，二四八月丁癸位，五七子月乙辛位，六九十二月壬丙位。

紫微卦生气起例

乾甲坎癸申辰山辰上起一德。巽辛离壬寅戌山戌上起一德。坤乙兑丁巳丑山丑上起一德。艮丙震庚亥未山未上起一德。

星次例

一德、虎豹、狐狸、贪狼、太阳、豺狼、三台、奇罗、血刃、刀兵、刀砧、紫气。

以各山加一德，轮十二位吉凶。

右作报之法不同造作，凡大报之则大旺不替，小报之则周十二太岁，吉气已尽。

紫微生气立成定局

	墓	绝	胎	养	生	沐	冠	官	王	衰	病	死
	一德	虎豹	狐狸	贪狼	太阳	豺狼	三台	奇罗	紫气	血刃	刀兵	刀砧
乾甲坎癸申辰山	辰巽	巳丙	午丁	未坤	申庚	酉辛	戌乾	亥壬	子癸	丑艮	寅甲	卯乙
坤乙兑丁巳丑山	丑艮	寅甲	卯乙	辰巽	巳丙	午丁	未坤	申庚	酉辛	戌乾	亥壬	子癸
艮丙震庚亥未山	未坤	申庚	酉辛	戌乾	亥壬	子癸	丑艮	寅甲	卯乙	辰巽	巳丙	午丁
巽辛离壬寅戌山	戌乾	亥壬	子癸	丑艮	寅甲	卯乙	辰巽	巳丙	午丁	未坤	申庚	丙辛

一德旨中宜养马，三台位上利猪方。牛屋奇罗为上吉，羊栈紫气定高强。贪狼位上安鸡鸭，太阳六畜尽为良。虎豹狐狸俱不吉，如逢血刃大难当。刀兵连及刀砧杀，六畜必教见灭亡。

造牛屋吉年月

申子辰亥卯巳年，不论向背，大吉。二、四、六、七、八、九月大吉。春，戌子亥日凶。夏，寅卯丑日凶。秋，巳午辰日凶。冬，申酉未日凶。

牛神出宅日

每月初一、初五、初六、十二、十三、十五日大吉。

牛屋吉向方诀云：亥子母成群，丑向自回程。艮安戌招盗，坤申大发祥。卯酉巽皆吉，辰向旺牛牲。向丑自归，向艮无盗贼，向辰大旺，向巽悖牯吉，向卯吉，向酉半吉，向坤申牛大发，向戌招盗贼，向亥子母成群。

造牛屋取年家太阳奇罗会日，月家太阳奇罗并临为吉。

兴工起造牛屋吉日

上吉：壬子、壬寅、甲寅、戊辰、戊申、壬辰。
次吉：戊午、戊寅。
下吉：癸巳、辛酉、辛未。又，戊己、庚辛、壬癸日亦可用。
择合雷霆太阳，合月德到处吉。
忌金星、暗建、的煞、血刃到方，凶。纵得吉旺亦不久。栏木宜松杨栗，上吉。大柱二间，每间长六尺七寸，大吉利。

造猪栏法

取太岁于合寸合阳，次吉阳合阴，上吉合奇罗、紫气，择重辰日造之，猪旺又不招灾。紫微卦中生气不必吊取，到方为验。

又法：福德永远大旺。

凡造猪栏，每年台将星会日月家台将星到方为大吉。

猪入栏吉日：初一、初四、初七、十三、十九、廿五。出《大龙历》。

造马厩取紫气会临，用三奇、生门、开门，各年顺逆血刃不可犯之。紫微卦坐中无有位，以《金镜图》福德、龙德二三吉星到方为妙。

造鸡栖

择年月生气方用之，并重辰生气日时为吉，四季旺相日等。

大月定日、小月危日为狐狸煞，不犯便无耗失。

作灶方年月

作灶之法，要烧西方金，避南方火，注北方水，用此泥之，万无一失。其择日造作，先取月德合方，造主与太岁以月建入中宫，泊于生旺有气之宫，并得生气日辰，用之吉利。

作灶日

癸酉、庚申、辛酉、壬辰、癸巳、壬寅、癸卯、癸丑并吉。

忌壬子日，乃灶神死日，用之主招灾祸。取二德方土泥之吉，主少疾病。神龛之后，永不宜作，主招讼。丙丁方位，丙丁日，主家长奴仆疮病。用大杀日泥之，主不招客。泥作之日，壬癸为上，甲乙次之，庚辛又次之。戊己为中宫煞，丙丁为的命杀，犯之主灶神不安，人口疾病。

（眉批）《通书》云：戊戌、己亥、庚子、辛丑、壬寅，此五日登太微宫，修作灶，祭祀凶。又，初八、十六、十七忌拆。又，初七、十五、廿七日忌移动。

大杀日定局

月	正	二	三	四	五	六	七	八	九	十	十一	十二
日	戌	巳	午	未	寅	卯	辰	亥	子	丑	申	酉

亦忌入宅。

造鱼塘日

造鱼塘之诀，取牛、娄、亢、鬼四金兽，值辰、戌、丑、未日为美。寅日为尾火虎，尤吉。此例取断除百耗盗贼之害。凡放水合四兽，取生旺日安沟坎，主鱼不走失，无耗害。放鱼入塘宜亢金龙日，忌四废、四方耗、鬼贼日，外烧五方土地社稷神龙钱马，大吉。

天耗日：正七申，二八戌，三九子，四十寅，五十一辰，六十二午，同天贼日不利。

地耗日：正月辰，二月酉，三月寅，四月未，五月子，六月巳，七月戌，八月卯，九月申，十月丑，十一月午，十二月亥。

鬼贼日：正月二日，三、四月五日，五、六、十月三日，七、八月五日，九月初十日，十一月九日，十二月七日。

右开塘日合四金兽庚戌、乙未、庚辰、乙丑大吉。

佐元直指卷九

造仓诀 附塞鼠穴

修造仓库，取收、满二日合本命人仓为主。申子辰年以月建入中宫寻丑字，寅午戌年以月建入中宫寻未字，亥卯未年以月建入中宫寻辰字，巳酉丑年寻戌字，更加天仓、地仓并临，尤佳。

天仓：以各年月上起建，遇收日是。

地仓：正子午，二巳亥，三卯酉，四寅申，五卯酉，六丑未，七子午，八辰戌，九卯酉，十寅申，十一辰戌，十二寅申。

各以月建寻之，用十二月月食日兴工，天狗下食日时竖，免盗贼。

天狗食鼠日定局

正月子日，二月丑日，三月寅日，四月卯日，五月辰日，六月巳日，七月午日，八月未日，九月申日，十月酉日，十一月戌日，十二月亥日。

以上俱天狗食鼠日，宜塞鼠穴，再用大杀方取土塞之，或月厌方亦可。

造仓吉日：春己丑、己巳、丁未、丁巳。夏甲午、甲辰。秋丁亥、丁未。冬甲申、壬戌。

塞鼠穴吉日：壬辰、庚寅及满、开日，正月辰日是鼠死日。

结飞禽网日：正、五、九月寅日，二、六、十月亥日，三、七、十一月巳日，四、八、十二月申日。

忌用飞惊日：大月初一、初五、十五、廿五。小月初九、初十、十七、廿七、廿九。俱不宜结网。

结走兽网日：正、八、十二月酉日，二月辰日，三、十一月午日，四、十月未日，五月子日，六月寅日，七月申日，九月巳日。

安碓磨碾方

取十干禄位起，不落支上者为佳。如申山用庚上，寅山用甲上是。

补谷将星例

寅午戌申子辰六阳命，于本命纳音墓上起建顺行，得危字是谷将星。巳酉丑亥卯未六阴命，于本命纳音墓上起建逆行，得危字是谷将星。

极富星例

六阳命自寅上起一岁，子十一，顺寻本命行年。六阴命自申上起一岁，戌十一岁，逆寻本命行年。看在何宫住，即移住星宫加太岁上顺布十二宫，看所作山方，值胜光、神后、传送、功曹四吉为极富星。

歌云：四吉名为极富星，星辰课出甚分明。移取行年加太岁，二墓须求谷将星。月将加临太岁位，看他方上是何神。功曹传送敌国富，胜光神后粟陈陈。功曹传送家十口，胜光神后百余丁。

二墓者，一从本命纳音墓上起建，逢危位是谷将星。一从本命墓上起天罡顺行，逢胜光、神后、传送、功曹为极富星。

又，以月建入中宫飞遁谷将星同四吉星到尤妙。

假如癸未年六月修庚酉山、甲卯向，六月月将胜光午，即以午加癸未太岁上顺数至庚酉山，得传送吉星。其癸未木墓在未，就未上起建顺行，值危字在寅。又将月建未入中宫顺飞，得危字到甲卯向，是谷将星逢功曹极富星，相合最妙。

逐年谷将吉方

年	子	丑	寅	卯	辰	巳	午	未	申	酉	戌	亥
方	未	申	酉	戌	亥	子	丑	寅	卯	辰	巳	午

造仓库取谷将星，吉。

行年星方定局　行年岁数定局

一岁	二	三	四	五	六	七	八	九	十	十一	十二
十三	十四	十五	十六	十七	十八	十九	二十	廿一	廿二	廿三	廿四
廿五	廿八	廿七	廿八	廿九	三十	三一	三二	三三	三四	三五	三六
三七	三八	三九	四十	四一	四二	四三	四四	四五	四六	四七	四八
四九	五十	五一	五二	五三	五四	五五	五六	五七	五八	五九	六十
六一	六二	六三	六四	六五	六六	六七	六八	六九	七十	七一	七二
七三	七四	七五	七六	七七	七八	七九	八十	八一	八二	八三	八四
八五	八六	八七	八八	八九	九十	九一	九二	九三	九四	九五	九六

申子辰寅午戌阳命行年星：功曹、太冲、天罡、太乙、胜光、小吉、传送、从魁、河魁、登明、神后、大吉。

巳酉丑亥卯未阴命行年星：传送、从魁、河魁、登明、神后、大吉、功曹、太冲、天罡、太乙、胜光、小吉。

行年加太岁寻四吉星定局

行年星	子年	丑年	寅年	卯年	辰年	巳年	午年	未年	申年	酉年	戌年	亥年
天罡	子	丑	寅	卯	辰	巳	午	未	申	酉	戌	亥
太乙	丑	寅	卯	辰	巳	午	未	申	酉	戌	亥	子
胜光	寅	卯	辰	巳	午	未	申	酉	戌	亥	子	丑
小吉	卯	辰	巳	午	未	申	酉	戌	亥	子	丑	寅
传送	辰	巳	午	未	申	酉	戌	亥	子	丑	寅	卯
从魁	巳	午	未	申	酉	戌	亥	子	丑	寅	卯	辰
河魁	午	未	申	酉	戌	亥	子	丑	寅	卯	辰	巳
登明	未	申	酉	戌	亥	子	丑	寅	卯	辰	巳	午

续表

行年星	子年	丑年	寅年	卯年	辰年	巳年	午年	未年	申年	酉年	戌年	亥年
神后	申	酉	戌	亥	子	丑	寅	卯	辰	巳	午	未
大吉	酉	戌	亥	子	丑	寅	卯	辰	巳	午	未	申
功曹	戌	亥	子	丑	寅	卯	辰	巳	午	未	申	酉
太冲	亥	子	丑	寅	卯	辰	巳	午	未	申	酉	戌
四吉到山 申传送	乙辰	巽巳	丙午	丁未	坤申	庚酉	辛戌	乾亥	壬子	癸丑	艮寅	甲卯
寅功曹	辛戌	乾亥	壬子	癸丑	艮寅	甲卯	乙辰	巽巳	丙午	丁未	坤申	庚酉
午胜光	艮寅	甲卯	乙辰	巽巳	丙午	丁未	坤申	辛戌	乾亥	壬子	癸丑
子神后	坤申	庚酉	辛戌	乾亥	壬子	癸丑	艮寅	甲卯	乙辰	巽巳	丙午	丁未

假如甲戌阳命，修造艮坤山方，壬寅年廿九岁，行年得胜光，便移胜光加太岁寅上，轮到艮坤山方，值胜光、神后星，大吉。

月将太岁寻四吉星定局　逐月查太阳过宫后为准

		正	二	三	四	五	六	七	八	九	十	十一	十二
子年	胜后	未丑	申寅	酉卯	戌辰	亥巳	子午	丑未	寅申	卯酉	辰戌	巳亥	午子
	传曹	酉戌	戌辰	亥巳	子午	丑未	寅申	卯酉	辰戌	巳亥	午子	未丑	申寅
丑年	胜后	申寅	酉卯	戌辰	亥巳	子午	丑未	寅申	卯酉	辰戌	巳亥	午子	未丑
	传曹	戌辰	亥巳	子午	丑未	寅申	卯酉	辰戌	巳亥	午子	未丑	申寅	酉卯
寅年	胜后	酉卯	戌辰	亥巳	子午	丑未	寅申	卯酉	辰戌	巳亥	午子	未丑	申寅
	传曹	亥巳	子午	丑未	寅申	卯酉	辰戌	巳亥	午子	未丑	申寅	酉卯	戌辰
卯年	胜后	戌辰	亥巳	子午	丑未	寅申	卯酉	辰戌	巳亥	午子	未丑	申寅	酉卯
	传曹	子午	丑未	寅申	卯酉	辰戌	巳亥	午子	未丑	申寅	酉卯	戌辰	亥巳
辰年	胜后	亥巳	子午	丑未	寅申	卯酉	辰戌	巳亥	午子	未丑	申寅	酉卯	戌辰
	传曹	丑未	寅申	卯酉	辰戌	巳亥	午子	未丑	申寅	酉卯	戌辰	亥巳	子午

续表

		正	二	三	四	五	六	七	八	九	十	十一	十二
巳年	胜后	子午	丑未	寅申	卯酉	辰戌	巳亥	午子	未丑	申寅	酉卯	戌辰	亥巳
	传曹	寅申	卯酉	辰戌	巳亥	午子	未丑	申寅	酉卯	戌辰	亥巳	子午	丑未
午年	胜后	丑未	寅申	卯酉	辰戌	巳亥	午子	未丑	申寅	酉卯	戌辰	亥巳	子午
	传曹	卯酉	辰戌	巳亥	午子	未丑	申寅	酉卯	戌辰	亥巳	子午	丑未	寅申
未年	胜后	寅申	卯酉	辰戌	巳亥	午子	未丑	申寅	酉卯	戌辰	亥巳	子午	丑未
	传曹	辰戌	巳亥	午子	未丑	申寅	酉卯	戌辰	亥巳	子午	丑未	寅申	卯酉
申年	胜后	卯酉	辰戌	巳亥	午子	未丑	申寅	酉卯	戌辰	亥巳	子午	丑未	寅申
	传曹	巳亥	午子	未丑	申寅	酉卯	戌辰	亥巳	子午	丑未	寅申	卯酉	辰戌
酉年	胜后	辰戌	巳亥	午子	未丑	申寅	酉卯	戌辰	亥巳	子午	丑未	寅申	卯酉
	传曹	午子	未丑	申寅	酉卯	戌辰	亥巳	子午	丑未	寅申	卯酉	辰戌	巳亥
戌年	胜后	巳亥	午子	未丑	申寅	酉卯	戌辰	亥巳	子午	丑未	寅申	卯酉	辰戌
	传曹	未丑	申寅	酉卯	戌辰	亥巳	子午	丑未	寅申	卯酉	辰戌	巳亥	午子
亥年	胜后	午子	未丑	申寅	酉卯	戌辰	巳亥	子午	丑未	寅申	卯酉	辰戌	巳亥
	传曹	申寅	酉卯	戌辰	巳亥	子午	丑未	寅申	卯酉	辰戌	巳亥	午子	未丑

月将例

正登明将，二河魁将，三从魁将，四传送将，五小吉将，六胜光将，七太乙将，八天罡将，九太冲将，十功曹将，十一大吉将，十二神后将。

制太岁一星法

以上元一白坎宫起甲子，中元四绿巽宫起甲子，下元七赤兑宫起甲子，各寻本元内逆轮寻太岁住处。如泰定七年庚午，系上元甲子起一白坎宫，乙丑离，丙寅艮，丁卯兑，戊辰乾，己巳中，庚午太岁在巽。即以四绿入中宫顺行，五黄乾，六白兑，轮巽位得三碧。以三碧入中，见四绿在乾，太岁系四绿管事在乾，乾宫有亥，为岁建杀。

月家以月建入中宫顺行，寻亥字到何宫为太岁到处。又以乾上起正月，二月中，三月巽，四月震，以三碧入中宫，又见四绿到乾，是月岁还本位，大凶。亦有制法，择岁命贵人合禄马，雷霆真太阳到方，反见发越。此理难于控制，非知道之深者难用，不可轻用，以招大祸。

永定下元甲子六十年太岁一星定局 如下元甲子起七赤

甲子	癸酉	壬午	辛卯	庚子	己酉	戊午	七赤入中	太岁一星在震
乙丑	甲戌	癸未	壬辰	辛丑	庚戌	己未	六白入中	太岁一星在巽
丙寅	乙亥	甲申	癸巳	壬寅	辛亥	庚申	五黄入中	太岁一星在中
丁卯	丙子	乙酉	甲午	癸卯	壬子	辛酉	四绿入中	太岁一星在乾
戊辰	丁丑	丙戌	乙未	甲辰	癸丑	壬戌	三碧入中	太岁一星在兑
己巳	戊寅	丁亥	丙申	乙巳	甲寅	癸亥	二黑入中	太岁一星在艮
	庚午	己卯	戊子	丙午	乙卯	丁酉	一白入中	太岁一星在离
	辛未	庚辰	己丑	丁未	丙辰	戊戌	九紫入中	太岁一星在坎
	壬申	辛巳	庚酉	戊申	丁巳	己亥	八白入中	太岁一星在坤

此照刘诚意公起例吊替，按《元经》太岁一星逐年在岁破位却不同。

造葬忌岁月建吊到本山

凡吊寅申巳亥到山头，损长子。辰戌丑未到山头，杀小男小口。子午卯酉到山头，损妻妾、妇女、中子。俱例于下：

年月	子	丑	寅	卯	辰	巳	午	未	申	酉	戌	亥
宅长煞	亥	申	巳	寅	亥	申	巳	寅	亥	申	巳	寅
宅母煞	未	申	酉	戌	亥	子	丑	寅	卯	辰	巳	午
长儿煞	寅	卯	辰	巳	午	未	申	酉	戌	亥	子	丑
中儿煞	申	酉	戌	亥	子	丑	寅	卯	辰	巳	午	未
小儿煞	未	辰	丑	戌	未	辰	戌	酉	未	辰	戌	丑
新妇煞	丑	寅	卯	辰	巳	午	未	申	酉	戌	亥	子

以上例各以月建入中宫，行见所忌之字到本山，的凶。如会太岁、三煞、的煞，主损人口。退方定主破财，论到山不论到向。

又例，以月建寻太岁到山损长子，以太岁寻月建到山损中小，财畜须忌之。

大月建杀 会的杀、年禁杀大凶

甲癸庚丁年起艮逆，乙辛戊年起中央逆，丙己壬年起坤逆。

中宫：四月　　　　　　正、十月　　　　　　七月
乾：三、十二月　　　　九月　　　　　　　　六月
兑：二、十一月　　　　八月　　　　　　　　五月
艮：正、十月　　　　　七月　　　　　　　　四月
离：九月　　　　　　　六月　　　　　　　　三、十二月
坎：八月　　　　　　　五月　　　　　　　　二、十一月
坤：七月　　　　　　　四月　　　　　　　　正、十月
震：六月　　　　　　　三、十二月　　　　　九月
巽：五月　　　　　　　二、十一月　　　　　八月

又，小月建杀，阴年正月起一顺行，阳年正月起中顺行。三杀与太岁、月建、命主的杀俱会，大闪。凡三元白星之下，不避年禁诸凶，惟忌犯此。

十干煞例

阴府	甲	乙	丙	丁	戊	己	庚	辛	壬	癸
	巽	兑	坎	离	震	巽	兑	坎	离	震
烈火	午	辰	巳	兑	中	午	辰	巳	兑	中
	乾	坎	艮	未	中	乾	坎	艮	未	中
血刃	丙申	寅	壬子	亥	己申	甲酉	寅	壬子	亥	己申
	辛未	辛巳	辛卯	辛亥	辛酉	未	巳	卯	亥	酉
浮天	壬	丁	乙	庚	丁	丙	丁	丙	庚	乙
	丙	癸	辛	卯	癸	壬	癸	壬	甲	辛

阴府：不动土不忌，忌动土安葬。
烈火：忌修方，忌营盖起造。
血刃：忌造六畜栏，忌修方立向，主损人。

岁流

年方	子	丑	寅	卯	辰	巳	午	未	申	酉	戌	亥
方	卯	癸	酉	丁	卯	癸	酉	丁	卯	癸	酉	丁

忌修方。

右杀不吊替，但有岁命禄马贵人到，可伏。

都天官符最忌动土修造

又名戊己都天，虽真太阳到，亦不可动。

甲己年辰巳方，乙庚年寅卯子丑方，丙辛年戌亥方，丁壬年申酉方，戊癸年午未方。

动土犯之，主瘟疫、水肿，杀人最烈，大凶。

游天朱雀杀

初一行嫁，主损新妇，不久再娶。初九造作，不旺人丁，犯回禄。十七埋葬，损人冷退。二十五移居，损家长、长妇。

呻吟杀方

忌修造，犯之家长不安，人口灾难。

孟月寅申巳亥日酉方，仲月子午卯酉日巳方，季月辰戌丑未日丑方。

土皇杀年

年方	子	丑	寅	卯	辰	巳	午	未	申	酉	戌	亥
方	乾	巽	坤	艮	巽	乾	午子	酉卯	子	午	艮	坤

土皇杀月并土符月

月	正	二	三	四	五	六	七	八	九	十	十一	十二
方	巳	辰	卯	寅	丑	酉	寅	戌	酉	未	未	午
	寅	巳	酉	巳	未	午	酉	子	辰	申	戌	丑

年家生气方

年家生气方，名年极富星，修，横来财物。

年	子	丑	寅	卯	辰	巳	午	未	申	酉	戌	亥
方	戌	卯	子	巳	寅	未	辰	酉	午	亥	申	丑

月家生气方

名月极富星，阳月开，阴月满。

月	正	二	三	四	五	六	七	八	九	十	十一	十二
方	子	巳	寅	未	辰	酉	午	亥	申	丑	戌	卯

后 跋[①]

　　尝闻地犹车弩也：地之有年月，犹车之有轮，弩之有机也。舍年月无以焕地灵，舍轮与机则车弩虽具，将焉用之？予生而偃蹇，无当世用，独于俯察之学醉心焉。每读《郭氏元经》并《璇玑》《宝海》诸书，觉前人示我以趋吉避凶之意，反复阐发，不一而足。年来获睹刘文成《佐玄直指》，尤觉集诸贤之大成。蚤夜研思，演图纂注。其于阴阳变合之妙，时运终复之秘，颇领其趣，乃敢稍出其说，与明公商订，而古法玄奥，致索解人不得也。经曰："相山之法，势为难，形次之，方又次之。"是集遍考遗编，不敢参一臆见，期于邕先辈之旨，并以竟夫景纯方位之说云尔。若曰以克择造人之福，改天命而夺神功，则予岂敢铨衡，公忻然有当于心也。亟付剞劂以前民用，其嘉惠世道之意深矣。用是和盘托出，与世之同志者共焉。

古婺芙蓉山人江之栋跋

---

① 此跋乾隆庚戌年乐真堂本置于《璇玑经》卷首。

三白宝海

[元] 幕讲禅师 著

九星钩玄叙

　　予门人丁生道冲，偕其戚吴君，以所藏《三白宝海》谒予且请叙，且告予曰："是书也，河洛卦畴之髓，而形家之密谛也。其说溯源于古至人，迄元有幕讲禅师者，研精抽奥，条理井然。试按其法求之，无不历历奇中，将鬼神所司械钥，悉不出运掌，而大化根蒂，果可窥耶？意盖洒然异之。"予曰："此不足异也。物生而有象，象有滋，滋有数，有位，有形，有情形，有逆顺。数有奇偶，位有旁正，情有好恶，至人消息之。有制有化，因而有权。权设于心，妙于用，通于微，故鳌可断，熊可锁，卜洛之龟可食，补天之石可炼。纵横扑落，不越寸灵。即丘索所陈，箕文所剖，亦剩语耳。唯是二君，褒衣矩步，有事铅椠，而泛滥之观，乃及青乌。幕讲禅师，予不知何许人，计亦佛之徒，治佛之说，悉空一切，恒沙世界，无不以幻尘拨之，奈何入是尘沙中，作种种筹量也。是则大可异者。虽然，以大化中人筹量大化，一揉而团之，一摧而灭之，一会而融之，惟空故活，惟活故灵，惟灵惟活，故方之则儒之轨，圆之则佛之照。二君必通予言，而后免夫小道之泥，亦并以告。"夫得是书而洒然异之者。

武林味水居士李日华撰

三白宝海卷首

太极数

易有太极生两仪，两仪生四象，四象生八卦，以镇八方。乾为天，为父，位西北；坤为地，为母，位西南，故曰"天地定位"。艮为山，位东北；兑为泽，位正西，故曰"山泽通气"。震为雷，位正东；巽为风，位东南，故曰"雷（阴）风（阳）相薄"。坎为水，位正北；离为火，位正南，故曰"水火不相射"。各有配偶，化生万物。则知乾与坤二老相配，震巽长男妇相配，坎离中男妇相配，艮兑少男妇相配。乾三坤六，合成九画；震五巽四，坎五离四，艮五兑四，皆成九画。造化之端，夫妇之道，生育之本，吉凶之原，俱由天数，故曰："分阴分阳，迭用刚柔。"乾居北，坎艮震三男次之，从乎父也；坤居南，巽离兑三女夹之，从乎母也。以辰南戌北斜分一界，在东与北为阳，在南与西为阴。乾兑属金，震巽属木，坤艮属土，坎水离火，此五行生旺制化之自然也。八卦居八方，不动则无吉凶，动则吉凶生矣，故曰"吉凶悔吝生乎动"者也。以地言，八山飞流动变，而关煞之方尤忌冲刑。以年月日时言，误犯煞方，应固不爽，而关煞都天报应尤烈，决无空过之理。法心晦迹林泉，究心缁学，窃叹先贤正经沉埋于世。兹按古本纂校，分九九八十一局飞星布运，以度世人，不致迷于祸患云。　　　　　岢

　　　　　　　　　　　　　　至正辛卯岁次仲春　元沙门法心无着序

太极图

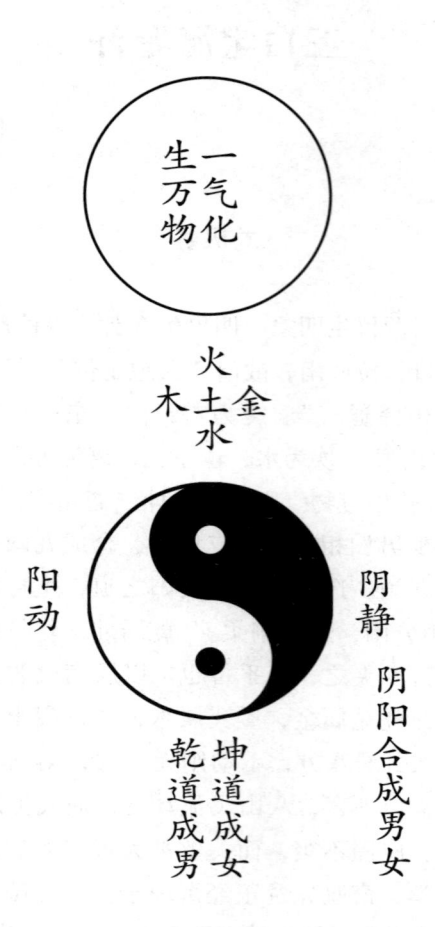

一气化生万物

火土金
木　水

阳动　　　阴静　阴阳合成男女

坤道成女
乾道成男

　　此阳变阴合而生水火木金土也。☽者阳之变，☾者阴之合。水阴盛居右，火阳盛居左。木阳稚，次坎；金阴稚，次离；土冲气居中。阴根阳，阳根阴，出水而木、而火、而土、而金，金复生水，循环无端，五气顺布，四时行焉。合而言之，统体一太极也；分而言之，各具一太极也。能参动静之机，于堪舆思过半矣。

河 图

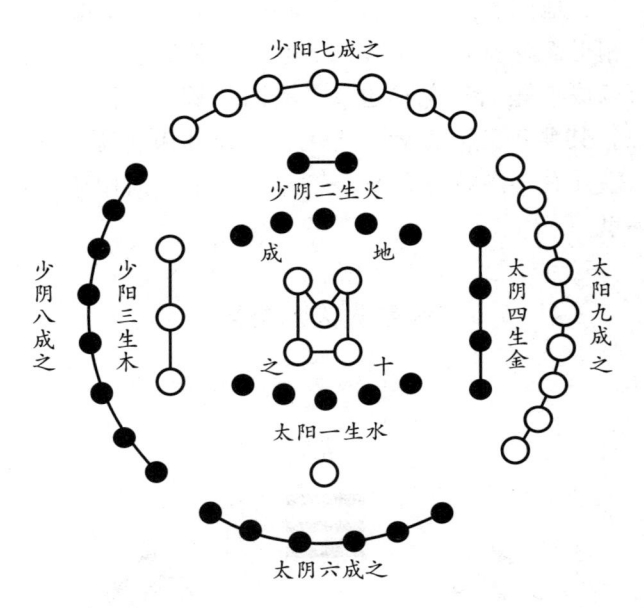

少阳七成之

少阴二生火
成　　地
太阴四生金　太阳九成之
少阴八成之　少阳三生木
之　　十
太阳一生水

太阴六成之

洛 书

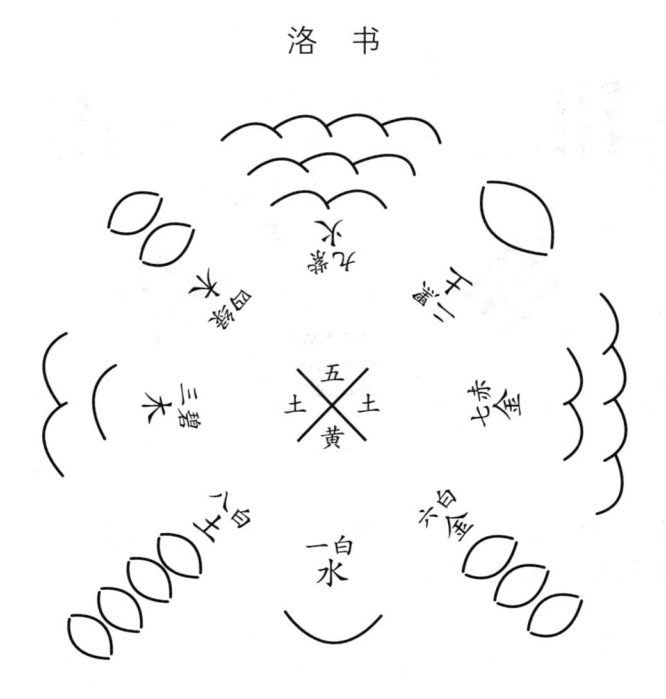

四绿木　九紫火　二黑土
三碧木　五黄土　七赤金
八白土　一白水　六白金

按:"河图"者,伏羲氏王天下,龙马负图,遂因其文以画八卦。"洛书"者,禹治水时,神龟负文,自一至九,禹因其叙以成九畴。易曰:天一、地二、天三、地四、天五、地六、天七、地八、天九、地十。天数五,地数五,五位相得而各有合。天数二十有五,地数三十,凡天地之数,五十有五,此所以成变化而行鬼神也。"河图"圆,"洛书"方。圆者,星也,纪历之数,其兆于此。方者,土也,画州井田之法,其仿于此。河数七前六后,八左九右;洛数戴九履一,左三右七。河图洛书相为经纬,八卦九畴相为表里。

伏羲先天八卦图

天地定位,山泽通气,雷风相薄,水火不相射。八卦相错,数往者顺,知来者逆。自乾至兑为顺,巽至坤为逆。

文王后天八卦之图

帝出乎震，齐乎巽，相见乎离，致役乎坤，说言乎兑，战乎乾，劳乎坎，成言乎艮。

三白宝海卷上

玉镜正经论

伏羲、神农、皇帝,三圣继天立极,而制三坟、五典、九丘、八索,画卦别州,决阴阳,明造化,定吉凶,指趋避。夫阴阳者,乃天地之元气,万物之根荄。八卦者,乃阴阳之窟宅,造化之枢纽。原于河图,窍于洛书。贪、巨、武、文、廉、禄、破、辅、弼,九星是也;金、木、水、火、土,五行也。五行分布十干,属天运而不止;十二支属地,镇而有常。会合三元,配偶四时,而生万物。物物共禀,百法同途,人之寿夭穷通,贫贱富贵,善恶继绝,皆原于此。盖气机顺则万物生而育焉,气机逆则万物拂而蔽焉。凡一静一动,靡非阴阳造化之所为,而况常居此以受天地之气者乎?故立宅营坟,必择善而处。择之善者,得气之正,则子孙昌茂,神清气爽,正直忠贞。择之不善者,得气之戾,则顽蠢昏迷,贫苦夭折,灭宗斩祀。禀受有原,安能改易?是皆气化使然,造物岂有心倾覆哉!古圣人悯世救人,指点龙穴真机,剖示飞星卦象,俾营扦获吉,妥存殁于不替。

凡择地,先看形势,次认来脉,中分顺逆。势急从缓,势缓从急。如高山为主将也,高冈为主星也。惟喜来势雄耸,来冈迥远,顿峰轩昂,重叠秀丽,左右趋迎,宾主拱顾,生气魁曜,峙列巍峨之上,罗睺关煞环卫降伏之乡,风门水口,星卦比和,众将扶佐,诸凶潜伏。形势得此,为入格之地。再得年月吉星照临,太乙太阳合向合坐,二德三奇临局临方,不避吉凶恶煞,大可兴工营造。更取吉星之山冈水路立向,及生方开池穿井,置立门路,主三十年后大发,世代荣华。若本山低陷,关煞高昂,水口笑开,明堂倾塞,卦爻驳杂,形势散漫,气色萧然,立见灾祸。三十年后败,七十二年绝。祸福无门,惟地所主。故吉人天相,凶人鬼相,趋避之道,可不慎欤!若生气星峰更合关煞星峰,名善恶相半,纵为官不善终,虽富厚不忠孝,家门不正,心术不良。若行生气方门路,饮关煞方水,作关煞方灶,及房厕动用之类,虽富贵,主子孙必带恶疾,更生恶心,毫发不爽。是书久秘人间,兹悉心演出，业是书者，其待人而行哉！

紫白原本连山洪范论

北方九九八十一气，除一白得八十数，故甲寅辰巽戌坎辛申八山属水。水为气君之长，外有一白。

南方七七四十九气，除九紫，余得四十数，故离壬丙乙四山属火。火气者，气君之长，外有九紫。

东方三十四气，除四余得三十数，故震艮巳三山属木。木气臣之稚，合天三生木之数。

西方二十六气，除六余得二十数。二黑戊土得禄于巽巳，金气生巳，故得巽四绿之气，而兑丁乾亥四山属金。

冬生春，春生夏，夏不能生秋，故金资戊土禄处以寄生。

中央地气，辰戌丑未，地承天数，该气一伯，每墓分数于五，四墓皆五气，五五二十五，故丑癸坤庚未五山属土，而土又五行之尊，故五黄居中。

又西北六白得六气，正北一白得九气，东北八白得八气，正南九紫得七气，皆孕气盈复，综之六六三十六，九九八十一，八八六十四，七七四十九，故六白、一白、八白、九紫，皆为吉也。

正西之七赤得一气，正东之三碧得三气，综之成九；西南之二黑偶之为四，东南之四绿综之为十六，其气皆不足分，借中黄一伯气成之。兑一借中二十五成二十六，震九借中黄二十五成三十四，巽十六借中黄二十五成四十一，坤四借中黄二十五成二十九，故赤碧绿黄黑皆不足为吉也。

是书布洛书之方位，遁气化之周流，首论山白，次论宅白，又次论年月日时之白，以备选择之用。运以月建，错以九星，综以五行相生相克，而吉凶悔吝生焉，祸福定焉，皆古先哲之妙用。而《时宪书》所载年图、月图悉原本于夏易连山洪范也。志斯道者，讵可忽诸！

（眉批）洪范五行：甲寅辰巽大江水，戌坎申辛水亦同。艮震巳山原属木，离壬丙乙火为宗。兑丁乾亥金山处，丑癸甲庚未土中。

山头白星起例

子山一白是贪狼，丑艮八白定分明。卯龙三碧天罗起，辰巳四绿地都寻。午山应龙是紫布，未申二黑地福星。酉龙七赤推天计，戌亥六白地尊星。

如酉山龙，即以七赤入中宫顺飞，八白到乾为吉，更乾亥山方峰峦耸秀，尤吉。

此为体，凡造葬修方合此，不避诸凶杀。

流年白星起例

申子辰年一白入中宫，寅午戌年九紫入中宫，巳酉丑年七赤入中宫，亥卯未年三碧入中宫。（开山移冢用。）

右九星顺布，九宫须与原值宫星相生吉，相克凶，比和旺相吉，克泄冲关凶。此为用，年月日时同。

三元主风水行龙星论

上元甲子起贪狼，一白水元龙管八山风水，八山得贪狼山冈水路朝顾宅穴，主六十年富贵。

中元甲子起文曲，四绿木元龙管八山风水，八山得文曲山冈水路朝顾宅穴，主六十年富贵。

下元甲子起破军，七赤金星元龙管八山风水，八山得破军山冈水路朝顾宅穴，主六十年富贵。

此三元者，下元完复起上元，每元六十年，共合三六一百八十年。凡三元所管之山方，得生气比和，主六十年大吉；得死退气亦六十年小吉；得煞气，六十年平稳。

弘治十七年甲子为上元，嘉靖四十三年甲子为中元，天启四年甲子为下元，康熙二十三年甲子又为上元，今乾隆九年甲子为中元。

九星所属公位克应

坎宫：一白一宫，贪狼天尊星，坎卦管中男，正北方，属水，天蓬休门值事，一旬一月一年应。生旺发中男，相克杀中男。

坤宫：二黑二宫，巨门地福星，坤卦管宅母，西南方，属土，天芮死门值事，二旬二月二年应。生旺发宅母，相克杀宅母。

震宫：三碧三宫，禄存天罡星，震卦管长男，正东方，属木，天冲伤门值事，三旬三月三年应。生旺发长男，相克杀长男。

巽宫：四绿四宫，文曲地计星，巽卦管长女，东南方，属木，天辅杜门值事，四旬四月四年应。生旺发长妇，相克杀长妇。

中宫：五黄五宫，巡逻五鬼廉贞星，居中央，属土，五旬五月五年应。所在处为凶不小。

乾宫：六白六宫，武曲地尊星，乾卦管宅长，西北方，属金，天心开门值事，六旬六月六年应。生旺发宅长，相克杀宅长。

兑宫：七赤七宫，破军天计星，兑卦管少妇，正西方，属金，天柱惊门值事，七旬七月七年应。生旺发少女，相克杀少女。

艮宫：八白八宫，左辅明龙星，艮卦管少男，东北方，属土，天任生门值事，八旬八月八年应。生旺发少男，相克杀少男。

离宫：九紫九宫，右弼应龙星，离卦管中女，正南方，属火，天英景门值事，九旬九月九年应。生旺发中女，相克杀中女。

生气论 生我者

生气即父母，印绶星也。五行相生，万物煦育，禀得生气门路，纵扦凶地，还一生富贵，久后贫穷。禀得杀气门路，纵扦吉地，初年不利，久后富贵。若值星峰耸拔，绵亘秀丽，如母之顾子，宾之顾主，更与魁星两全，此为大贵入格之地。或百里，或数十里发脉作祖者，名发将山也，主生三男九子，孝义良善，科甲传芳，寿命延长。或山冈小、水近促者，亦富贵贤良。隔远相去，亦主丰足。如凹陷，不吉。

诗曰：生气完聚出贤人，孝义忠良佐圣君。

兄友弟恭家和顺，自然富贵万年春。

魁星论

魁星，贪狼星也，乃九宫之魁首，为文章牙笏之星。在天为万灵之主宰，在地为百脉之权衡，最吉之曜也。若大江大水送此山重叠回环朝顾，得此营造，主子孙聪明迈众，世代为官，文章德业，压倒一世。即山路隔绝气脉，隐隐微露者，亦出清奇儒雅高才达士，衣食饶足。此星若为死气，亦出名僧高士。若为退气，亦出艺术能人。

诗曰：魁星叠叠耸高峰，九九星中第一龙。

扦此年年生福德，子孙世代沐重封。

土星见一白贪狼水，木星见八白佐辅土，火星见六白武曲金，皆是魁星。

退气论 我生者

火山见土，土山见金，金山见水，水山见木，木山见火，本山泄气方是。此方造作，有井、灶、房、厕、门、路，主退田产，损六畜，小人浅度，恩多成怨，义重招非，利客不利主。

诗曰：退气絕来最不良，家坟犯着祸难当。

营谋失本仍招怨，产业萧条后不昌。

死气论 我克者为死气

凡人家作此方屋，行此方路，及开此方门，主生女，后败绝。如火山见金，金山见木，木山见土，土山见水，水山见火皆是。

诗曰：水路山冈犯死神，家门寂寂主孤贫。

冷退迍遭频见祸，看看后代又无人。

杀气论 克我者

火山见水，水山见土，土山见木，木山见金，金山见火是。造化失常，阴阳反逆，相刑相克，为仇为害。凡山冈水路为此局，杀气来冲来克，主恶疾刑伤，忤逆凶顽，溺缢雷诛，遭官殁阵，孤夭寡弱，贫荡败绝。

诗曰：六趣生来受此殃，只因定局欠思量。

急须移改凶为吉，免得儿孙患久长。

关 论 对冲者

夫关即巡山罗猴、五黄廉贞星也。若山冈水路，须案平横绕，谓之关杀势伏，名为护龙，此地起造营坟，大吉。若关方山峰昂耸，或大水刑冲，波涛响闹，名为绝龙，此地大凶。主子孙凶顽，恶逆奸盗，徒流刀缢横亡，伶仃败绝，件件有之。金关木主绝，木关金主瘟，水火相关主绝，土关土主亡。

诗曰：五气相关恶逆侵，山家冲破对朝临。

干上相关尤自可，支内相关立见凶。

太岁巡山罗猴论

每年太岁方为建，对宫向方为破。建为天罡游都大杀，破为河魁巡山罗猴。太岁为一年之主，众杀之主，动作犯之，飞灾横祸，财物消耗，暴疾卒亡，更损家长，害田蚕。若在杀方，并年月日时之煞，其祸尤烈。犯岁破与犯建同，犯暗建、暗破亦与太岁同。如一白入中宫，忌作坎离方；二黑入中宫，忌作艮坤方。余仿此。

诗曰：太岁伤家长，巡逻损小房。
　　　山家合太岁，全室祸非常。

比和论 即兄弟，即比肩

木见木，水见水，金见金，土见土，火见火，是旺气星方，又名纳气星方，宜造作。凡山冈、水路、房、灶、门、厕在其方者，次于生气，如值管龙之运尤吉。主富贵文章，子孙繁炽，家和意协，兄友弟恭。若关煞相侵，则手足俱受其克，与关煞同论。

诗曰：比和兄弟旺诸星，管局之时运逾兴。
　　　若遇失时关与煞，依然驳杂祸来侵。

关煞生气混杂论

关煞峰高与生气相等，或水路亦然，名为善恶相半。此地立宅营坟，虽富而无礼，贵不善终。出人口善心狠，强言夺理，好讼喜争，克众起家，易成易败。若开生方门，立凶方向，行生方路，凿杀方池，作生方灶，饮杀方水，纵有人丁，常缠灾害，纵有衣食，破耗无端，痴呆恶疾相仍，男女骨肉相伤。

诗曰：山家关破祸非常，瘟毒盲聋见血光。
　　　只因善恶星相杂，故令安处隐危亡。

起建方诀

前论太岁为建，岁破为破，此论山峰为建，低处水际为破。如平地以坐心为主起建，以水为破，建为主，破为客。且如离山，坎方有水，便是离山坎水。如坎山，离方有水，便是坎山离水。又如乾山，巽方是水，便是乾山巽水。如艮山，坤方是水，便是艮山坤水。如震山，兑方是水，便是震山兑水。兑山，震方有水，便是兑山震水。皆以水为破，以山为建。若四围皆水，便作中宫局论。

凡定局不可执一，假如乾山来脉，便作乾山局论。如带辛兑来，亦宜作兑山局转展兼论。如带壬癸坎气，可将坎局吉凶通融取用，庶无失也。余局仿此。

认水相局起例诗

东南乾局西南艮，东北为坤西北巽。北离西震兑因东，南方水路坎山同。四方相等是中宫，远近须从香火论。

祖墓暗建杀

凡八山造葬，忌犯祖墓暗建方，亦名暗建杀，主杀长房予孙。建方者，阴宅之主位，若葬祖墓建方，主子孙忤逆不和，尊卑无序故也。

诗曰：建主长房伤，破主杀小房。
　　　魁罡中房死，犯者自身当。

又：作建山家杀，全家主暴亡。君如求保佑，急报在生方。

阴阳二宅侵杀论

阳气道侵阴，阴气道侵阳。侵阴阴受克，侵阳阳受伤。

如阴宅杀方忌起造，是侵阴也；阳宅杀方忌安坟，是侵阳也。如先有阳宅，后作阴坟，在阳宅生方则吉，杀方则凶。作阴宅亦然。故二宅同方，惟取皆作吉方为妙。更值山局乘龙气生旺之年月日时，必主骤发。倘二宅相犯，阴阳反背，更遇死气关杀之年月日时，发祸尤烈。

建造所属五行

屋属土，以其方也。碓属水，以其动也。井属木，以其深也。厕属金，以其圆也；厕方又为土。锥属火，以其尖也。

论五黄在宫在方在村落

五黄所在处，皆忌修造动土，犯主瘟火横亡，应以五数。以五黄为瘟瘟之主，宫数五故也。

在离方建锥子，以二火助五黄之杀，主毁五数人家，杀五数人。造碓则减祸，水克火也。

在坤艮方造屋，以二土结成局，必主发瘟瘟，穿井则减祸，木克土也。

在震巽方穿井，以二木克制五黄之杀，则祸少，不宜造屋与锥。

在乾兑方造圆厕，泄五黄之气，其祸少减。造方厕则祸重，不可救。

在坎方造碓，乃五黄所制之地，或瘟或火，任其所之，无不酷烈。

大抵五黄凶星，宜落受制之方，不宜落制方之地，此天地生成之理，人当知所避忌。

凡五黄关杀所在之方，不动则祸不见，不助则祸不烈，遇克则祸减，知此避祸，即知此生福，总一理也。

关煞凶方加临戊己都天断

凡杀气、死气、退气、五黄凶方，更遇戊己都天杀，如临其上，或月建加临，立见凶祸。吉凶各有所主：堆木料人口灾损，六畜栏圈主眼疾官事，厕屋损人口六畜，灰舍损小口，空屋主丧事自缢，土堆主堕胎落水，山水冲射主心痛病死。阳年损宅长，阴年损宅母。

递年戊己都天临方 以五虎遁寻戊己所在方便是

甲己年在辰巳方，乙庚年在寅卯方，丙辛年在戌亥方，丁壬年在申酉方，戊癸年在午未方。犯主火盗、瘟疫、横死，杀人最烈，值五黄关杀更甚。

三白宝海卷中

洛书本图 乙局

此星卦照洛书后天方位，一定不移者，第因各山飞动变迁，吉凶不一，故取吊白钩元，穷山川之变态耳，非有所添设也。

纳甲五行：坎癸申辰在水津，离壬寅戌火为营。巽辛震庚亥未木，乾甲兑丁巳丑金。艮丙坤乙原是土，归元纳甲月华明。西南纳乙，西北纳甲，正南纳壬寅戌，正北纳癸申辰，东南纳辛，东北纳庚，正东纳庚亥未，正西纳巳丑。

东南 巽辛 四绿木文曲 辰	正南 丁 九紫火右弼 午	西南 未 二黑土巨门 申
正东 乙 三碧木禄存 卯 甲	中央 五黄土 廉贞	西 庚 七赤金破军 酉 辛
东北 八白艮土 左辅 寅 丑	正北 一宫坎水 贪狼一白 癸 壬	西北 六白乾金 武曲 戌 亥 乾

山局吊白方图 论山九局

坎山局九星图

上三，卯酉辰巳命发。 中三，子辰申命发。 下三，子午寅申命发。	子山用戊申、丙辰、丙午、壬辰，下后极富。	壬山用寅申酉三日葬吉，子山用寅申未酉四日吉，癸山用庚申、壬寅、壬子、乙未四日吉。
辰 巽 巳 九紫火，中宫克，死气方，山高水来吉。去，凹陷凶。	丙 离 丁 五黄土，克中宫，杀气方，又为巡逻五鬼，冲关。山水低平拱抱，吉。	未 坤 申 七赤金，生中宫，为生气方，下元大吉。未申利，山高大水朝迎，吉。
乙 震 甲 八白土，克中宫，杀气方，凶。山低拱，水环绕，吉。高压冲射，凶。	中 局 坎 一白水为主，子年一白入中宫，申酉子年吉，辰巳凶。	辛 兑 庚 三碧术，中宫生，退气方，凶。木气归兑，为背禄之乡。山水平伏，吉。
寅 艮 丑 四绿木，泄中宫，为退气方，中元吉。山平伏，水围绕，吉。高昂冲射凶，水满棺。	癸 坎 壬 六白金，生中宫，为生气方。山高大水朝迎，吉。	亥 乾 戌 二黑土，克中宫，杀气方，凶。土杀归乾，有肃杀之意。山水低平拱抱，吉，高大凶。

（眉批）右关阳巽入首，气属庚金，配丁火向，须庚辛坤申临官山照穴，发贵极速。在平地可作顾祖，立巽向，为官极速。水归丑中，此上格。因水口以立向，用向消水为紧要法门。一白山前起巽峰，坤龙坎立又重重。卯乾离位皆拱朝，子孙万代振家风。

坎山局（离方有水绕是）。一白水入中宫，天蓬管局，羽音，居北方壬子癸，卦属中男，贪狼星，属水，半阴半阳山也。

若坎巽坤三方山峰顿起高厚，主子孙英俊豪杰，孝义贤良，一举登科。或艮震离兑峰高水射，主子孙夭亡、刑伤、官灾、绝灭，横案环绕则吉。

诗曰：坎局原来帝王乡，坤方水路坐生长。
　　　　营坟立宅皆荣贵，此局应须认水场。

又：山言坐向水言局，水路朝迎坐吉凶。
　　坤坎汪洋关煞没，不问三元福泽同。

此星遇子年月日时，大利营造，主百日内君子迁官，庶人进财，中男先发，纵值太岁诸杀无害。若犯无气年月并入墓之辰，中小房见凶，申子辰年应。修造一白年月值生气，主三六九年进宫羽音财物，从北方来。

（眉批）左阳关坎龙入首，申酉方来，气属壬水，配辛金，合坤申乙辰立向，水归东南是也，要辛亥水朝为贵。立午向为坎离交泰，水火既济，水归戌口是也，主出贵。右关坎入首，气属癸水，配甲木，合坤壬乙申辰立向，水归辰口是也。立午丁二向，戌口未口是也，皆主富贵。少有差误，必生灾患。

坎山坎卦：武曲星领事，名地尊曜。《玉镜》云，山峰顿耸圆厚，营坟紫气盖棺，亡人安稳，子孙富贵和义。立宅世代荣华，应申子辰年。如本山低陷，不吉。

诗曰：坎山坎水吉星临，冈水朝迎值万金。
　　　　世代子孙家鼎盛，居官贤达且遐龄。

蹇卦：坎山艮水，天辅星领事，化地都。《玉镜》云，如山峰尖射，水路冲激，营坟水浸棺木，木根贯尸，先杀小房男女，诸房并凶盗奸淫，恶疾夭绝。山水低降不妨。（宅同。）

诗曰：坎山艮水号囚冈，无限家赀雪见汤。
　　　　休望子孙□□业，中元方许保田庄。

屯卦：坎山震水，天任星领事，化明龙。《玉镜》云，如山峰尖射，水路冲激，营坟狐蚁入穴，损棺木，坏东墙，先杀长房，诸皆凶，火盗刑疾，血产横绝。如冈抱水绕，吉。（宅同。）

诗曰：坎山震水犯河魁，万镒仓箱化作灰。
　　　　刚有作房无障碍，其余移改莫胡为。

井卦：坎山巽水，天英星领事，化应龙。《玉镜》云，如山峰圆秀，水路朝迎，作墓亡人安，中房富，诸房亦吉，但后代人丁冷绝。（宅同。）

　　诗曰：坎山巽水势昂昂，福荫人家中女郎。

　　　　　积蓄悭贪家业维，儿孙虽少赛孟尝。

既济：坎山离水，天禽星领事，化巡逻。《玉镜》云，如山峰尖射，水路冲激，营坟不祥，棺欹尸乱，蚁聚蛇藏，小房盲聋喑哑，金水命人恶疾凶死，诸房并凶。山平案横，吉。（宅同。）

　　诗曰：坎山离水是罗睺，废尽赀财百祸稠。

　　　　　常被瘟火相缠害，更来淫妒总堪愁。

比卦：坎山坤水，天柱星领事，化破军。《玉镜》云，如山峰圆秀，水路朝迎，葬埋紫气盖棺，亡人安稳，小房旺财置产，福厚登科，诸房并吉。如山水无情，不吉。（立宅同，下元大吉。）

　　诗曰：坎山坤水小房强，冈水朝迎百事昌。

　　　　　后代官高并富厚，如扦此地姓名香。

节卦：坎山兑水，天冲星领事，化天罗。《玉镜》云，如山峰昂射，水路直冲，营坟立宅杀长房，诸房火盗，官刑，破败。

　　诗曰：坎山兑水号天罗，下后儿孙疾病磨。

　　　　　恶曜相伤家廪耗，更防绝灭祸灾多。

需卦：坎山乾水，天芮星领事，化杀鬼。《玉镜》云，如山水冲压，主杀宅母，中房先灭，诸房并凶，瘟火夭绝。（宅同。）

　　诗曰：坎山乾水怕冲流，败殃凶灾已可忧。

　　　　　恶疾百般并火盗，更防官讼少蚕收。

（眉批）子山用四癸亥年月日时，丙辰土运。子山用壬申、戊申、丁巳命。子山用庚子、甲申、壬申、戊申，六十日即发。又戊申、丙辰、丙午、壬辰，下后极富。龙运用正五行，山运用洪范五行。山运如乾亥丁酉四金山，甲己年用，先年冬至后乙丑金运，忌四柱纳音火。乙庚年用，先年冬至后丁丑水运，忌四柱纳音土。丙辛年用，先年冬至后己丑火运，忌四柱纳音水。丁壬年用，先年冬至后辛丑土运，忌四柱纳音木。戊癸年用，先年冬至后癸丑木运，忌四柱纳音金。寅丑庚坤未五山，甲己年用戊辰木运，乙庚年用庚辰金运，丙辛年用壬辰水运，丁壬年用甲辰火运，戊癸年用丙辰土运。

坤山局九星图

六丙命不上坤山。	申山用申酉未三日，寅申巳亥命发。	坤山用寅申午巳四日，寅卯丑未发。	未山用酉申午三日，辰戌丑未发，后发巳卯午。
巽 一白水，中宫克，死气方，山水圆秀朝迎吉。紫气满棺，冲射，凶。	**离** 六白金，中宫生，退气方，山水高大吉，低陷凶。	**坤** 八白土比助中宫，旺气方，吉。山高水大圆秀吉，紫气盖棺，亡人安。
震 九紫火，生中宫，生气方，吉。山水高大，吉，紫气盖棺，低陷凶。	**中局坤** 二黑土为主，喜巽丙丁砂水。	**兑** 四绿木，克中宫，杀气方，凶。水满圹，山水平伏围绕吉。
艮 五黄土，巡逻冲关，凶。山水低平拱伏，吉。冲射，凶。高大凹陷，白蚁损棺。	**坎** 七赤金，中宫生，退气方，山水高大吉，下元吉。	**乾** 三碧木，克中宫，杀气方，凶。狐蚁入穴，损坏棺木。山水平伏环拱，吉。

（眉批）诗曰：老阴山前起震峰，巽为魁曜午为龙。上元此局多豪富，犹恐中元绝少童。

右关阴坤龙入首，合申子辰坤壬乙水局，由兑成胎而来，主富贵。若左关由午未来，是乘金羊之发，出人寿夭，寡母掌家。左关阳申龙入首，气属壬水，配辛金，合坤壬乙子辰向，发富贵。但龙乘坤未金羊之杀，主人寿夭。若右关阴申龙带坤申庚气，则属癸水，配甲木，合坤壬乙子辰局，再得卯峰高耸，旺人丁。兑山高，发贵。左关未入首，自午至丁而来，暴发一代儒官。若右关坤未到头，必主孤绝。

坤山局：二黑入中宫，天芮星管局，宫音，属土，居西南方，主宅母，纯阴山也。

若坤震巽离顿峰朝顾，主子孙温良孝义、富贵优游。若艮兑乾三方山冈水路朝顾，主遭刑犯法，男女夭亡，奸淫恶疾。若低平横案围绕，获福，上元旺。

诗曰：致役原来属太阴，雷门为母巽为金。
　　　鸡犬不宁生虎伏，自然声价重南金。

坤卦：坤山坤水，天任领事，化司命。《玉镜》云，如山峰雄昂秀丽，水路朝迎，营坟紫气盖棺，亡人安，益小房，诸并吉，子孙繁衍，富贵良善。（立宅同。）如低平水背，平平。

诗曰：坤山坤水起峰峦，富贵荣华百代欢。
　　　百子千孙都俊秀，家藏珍宝有千般。

临卦：坤山兑水，天辅星领事，化狂龙。《玉镜》云，如山峰尖射逼压，营坟圹中水满八分，蛇蚁屯聚，先杀长，诸房并凶，疯痨痫瘫，缢溺夭败，中元三十年无妨。（立宅同。）

诗曰：坤山兑水忌朝冲，长女先亡祸患生。
　　　一旦荒凉家道绝，中元也是暂兴隆。

泰卦：坤山乾水，天冲星领事，化病龙。《玉镜》云，如山峰尖射，水路冲激，营坟狐蚁入冢，棺损骨消，先杀长，诸房并凶，子孙忤逆，火盗瘟疫，刑伤灭绝。（立宅同。）如低降不妨。

诗曰：坤山乾水起高冈，疫讼诸凡不可当。
　　　更有一般堪畏处，家门孤寡子孙亡。

师卦：坤山坎水，天柱星领事，化天魔。《玉镜》云，如山峰圆秀，主小房男女平善。若尖射水路冲激，营坟凶灾。下元亦发福，上中元不吉。此方宜静不宜动。（立宅同。）

诗曰：坤山坎水是元龙，他日平平退气同。
　　　山若低降犹自可，倘逢尖射总是凶。

谦卦：坤山艮水，天禽星领事，化螣蛇。《玉镜》云，如山峰尖射，水路冲激，营坟圹中蛇蚁屯聚，棺损尸穿，先害小房，诸房并凶，淫荡遭刑，忤逆败伦，残疾瘟夭。（立宅同。）

诗曰：坤山艮水号凶神，门户乖张恼杀人。
　　　若得低横无空缺，翻然祸去福相亲。

复卦：坤山震水，天英星领事，化天财。《玉镜》云，如山峰高厚圆秀，水路朝迎，营坟紫气盖棺，亡人安，生人福，先发中房，诸房并吉，子孙孝义良善，荣耀登科。（立宅同。）如低平，不吉。

诗曰：坤山震水合真机，此地原来世所稀。
　　　　下后诸房今发迹，常乘车马拜丹墀。

升卦：坤山巽水，天蓬星领事，化生龙。《玉镜》云，如山峰耸拔圆秀，营坟开圹见生气异宝，亡人安，生人福，紫气盖棺，子孙贤孝，文章科甲，先发长，诸房并吉，置外郡庄田。如山低平，不吉。（立宅同。）修造加官爵，此方宜动。

诗曰：坤山巽水喜相亲，庭下春风日日新。
　　　　诸子贤良多富贵，英雄不让孟尝君。

明夷：坤山离水，天心星领事，化太常。《玉镜》云，如山峰牙笏，水路之玄，营宅坟立，主孝友良善，出名僧仙道、聪明技巧之人。低陷凶。

诗曰：坤山离水紫微星，长幼和同家道兴。
　　　　富贵荣华休要问，守株待兔乐生平。

震山局九星图

六乙命不上震山。	乙山用亥卯午未四日，葬吉。卯辰巳亥命发。	卯山用未申寅三日，卯子命发。	甲山用寅申午未辰五日，卯酉巳午命发。后发丑未辰戌命。
巽 二黑土，中宫克，死气方，凶。山顿峰圆厚，吉。	离 七赤金，克中宫，杀气方，凶，下元吉。山水平伏环抱，吉。	坤 九紫火，中宫生，退气方，凶。山水平伏吉，高大凶。
震 一白水，生中宫，生气方，吉，魁星。山顿圆，水绕抱，吉。	中 天冲 三碧木为主。	兑 五黄，中宫克，死气方，凶，冲关。山水低平围绕吉。酉年大凶。
艮 六白金，克中宫，杀气方，凶。杀气。山低平，水围绕，吉。	坎 八白土，中宫克，死气方，凶，善曜。山水高大吉，紫气盖棺，子年葬造大利。	乾 四绿木，比中宫，旺气方，吉。山水耸秀吉，亡人安，戌亥年大利。

（眉批）诗曰：青阳山前乾巽峰，卯为雷部离为龙。离兑艮方低伏拱，子孙世世出三公。

左关阳卯龙入首，气属甲木，配癸水，合乾亥丁未向，由北方来财。卯木有根，立丁亥二向，富贵双全。亦可立庚辛二向，坤未水口。右关阴卯入首，气属乙木，配丙火，合亥未，午上有峰则丁旺，立庚辛丙三向，丑戌水口是也，主科名。左关阳乙龙入首，甲卯而来，亦发贵。若右关阴乙龙入首，申辰而来，虽亦周正，必欢中有悲，苦乐并见。甲龙左右二关停，主疯疾，一发就败。

震山局：三碧入中宫，天冲星领局，三宫角音，居东方甲乙木，卦管长男，正阳山也。宜坎、巽、乾峰峦顿耸，主子孙孝义贤良，登科及第。若艮、离、坤、兑顿峰峻削，水路冲射，主子孙残疾，官灾刑伤，败绝。

诗曰：东来帝旺祖业兴，元武青青百里迎。
　　　管取上中元内运，科名荣贵值千金。

震卦：震山震水，天蓬星领事，化鸾举。《玉镜》云，如山峰水路，圆秀之元，回龙顾祖，营坟紫气盖棺，亡人安，中房先发富贵，置外郡田庄，诸房英才特达，荣登科第。（宅同。）

诗曰：本山矗矗起高峰，下后赀财胜石崇。
　　　子孙英迈多豪贵，上中元内作三公。

恒卦：震山巽水，天芮星领事，化福龙。《玉镜》云，如山峰圆厚，水路朝迎，营坟紫气盖棺，亡人安稳，允旰长，诸房均子孙良善，富贵昌盛。如山凹陷，平常。（宅同。）

诗曰：震山巽水正相当，财物年年满库仓。
　　　宅长却应招贵子，门闾光彩不寻常。

丰卦：震山离水，天柱星领事，化绝命。《玉镜》云，如山峰尖射，水路冲激，营坟坏棺穿尸，先杀长房男女，诸并凶，忤逆乱伦，瘟火残疾，变怪绝灭。下元平过。（立宅同。）

诗曰：震山离水若冲刑，万祸千灾尽发萌。
　　　骨肉伶仃多夭折，下元死里可逃生。

豫卦：震山坤水，天英星领事，化权龙。《玉镜》云，如山峰尖射，水路冲破，营坟骨坏尸穿，先杀中房，诸房并凶。子孙痴呆恶疾，家门不和。（立宅同。）

诗曰：震山坤水损中房，疾病年年见血光。
　　　不但刑伤并灾祸，人丁寂寂泪汪汪。

归妹：震山兑水，天禽星领事，化五鬼。《玉镜》云，如山峰尖射，水路冲激，葬后坏棺损尸，蚁聚狐屯。六年六旬，火盗官刑，夭亡卒死。如山水低平略可。（立宅同。）

诗曰：震山兑水是廉贞，千灾万祸苦难禁。
　　　不但风声传外境，全家败绝更伤心。

大壮：震山乾水，天辅星领事，化六合。《玉镜》云，如山峰圆秀，水路朝迎，营坟紫气盖棺，亡人安稳，先旺长房，诸尽旺盛。（立宅同。）

诗曰：地都星曜两分明，秀丽龙冈拱宅庭。
　　　惟有中元家业盛，上元下元只平平。

解卦：震山坎水，天任星领事，化左辅。《玉镜》云，如山峰圆顿，水路朝迎，营坟八九尺见古铜异物或金雀金鱼，紫气盖棺，亡人安稳，先发小房，诸房并吉。（宅同。）

诗曰：震山坎水向财宫，二子丰荣似石崇。
　　　朱紫满堂官职显，滔滔应在上元中。

小过：震山艮水，天心星领事，化六律。《玉镜》云，如山峰尖射，水路冲激，营坟棺坏尸穿，先杀宅长，诸房并凶，子孙受祸，孤寡伶仃。山低平环绕，吉。（立宅同。）

诗曰：震山艮水来冲破，犯主祸患无差错。
　　　先须宅长受刑伤，次后诸房亦多故。

平洋之法，寻龙难，认水易，故定局即所以认龙也，是即龙到头也。

先求龙砂水之体以定形，次就生旺之方以立局，其向朝来水而背去水，其坐饶下砂而减上砂，到头一节，乃是真踪。卦气必不可杂，此迎官取禄之法也。

巽山局九星图

六甲命 不上巽山。	巽山用申未巳三日，巳山寅申午未酉五日，巳卯子午人命发。	辰山用庚午未申寅四日，此山不入天星，一代即败。
巽 三碧木，比中宫，旺气方，吉。山水高大圆秀，吉。	离 八白土，中宫克，死气方，凶。山水圆秀。吉。	坤 一白生中宫，生气方，吉。山水环抱围绕，吉。

震 二黑土。中宫克，死气方，凶，水蚁侵棺。山水圆厚，环绕，吉。	由 天辅，四绿木为主，午未年吉。	兑 六白金，克中宫，杀方，凶。山水平伏，环抱，吉。
艮 七赤金，克中宫，杀气方，凶。山水低平围绕，吉。	坎 九紫火，退气方，中宫生。山水平伏围绕，吉。	乾 中宫克，巡逻星，五黄，冲关。山水平降环抱，吉。

（眉批）诗曰：绿山前卯峰，为魁曜为龙。

左关阳巳龙入首，气属庚金，配丁火，合酉丑，带巽出贵。右关阴巳入首，气属辛金，配壬水，合巳酉丑辛壬立向，带丙有克，宜坤申庚酉辛亥子上有山水朝，主富，出女冠诸。

左关巽入首，气属庚金，配丁火，得坤申山水照穴，发贵极速。借立辛向，生女章秀。在平地可作顾祖，即立巽向。辛向辰水口，巽向丑水口。右关巽入首，气辛金，配壬水，合庚癸，立庚辛壬癸四向，得壬子山水朝，贵。巽巳高山，出人显贵。辛亥壬子水催官星见，主科名显达。

辰入首，左关到头，初下有灾，后略出一贵，不久即出夭，凶。右关辰入首，由乙辰向至，主贫绝。

巽山局：西北乾方水是，四绿入中宫，天辅星领局，居东南角音，招摇文曲属木，为风，卦管长女，正阴山也。若震巽离坤顿峰圆厚，主子孙登科，置外郡田地，名传天下，富贵绵延。乾坎艮兑若有山冈、水路冲射朝顾，主疯癞恶疾，淫荡自刎，诸凡不吉。

诗曰：十有文曲号天府，六秀之中我为祖。

午坤生气发荣华，中上二元无间阻。

巽卦：巽山巽水，天冲星领事，化天罗。《玉镜》云，如山峰圆秀，水路朝迎，营坟主紫气盖棺，亡人安，生人福，良善富贵。如丑恶凹陷，主子孙忤逆淫荡。（立宅同。）

诗曰：巽山巽水起重峰，细看原来是本宫。

更得中元星又吉，定生贤子显家风。

家人：巽山离水，天任星领事，化凤辇。《玉镜》云，如山峰圆秀，水路朝迎，营坟紫气盖棺，亡人清泰，小房富贵，诸房并吉，置外州庄田，孝义豪华。（立宅同。）

　　诗曰：巽山离水正当权，日日家门进宝钱。
　　　　　守拙优悠林下士，定教脱白禄高迁。

　　观卦：巽山坤水，天蓬星领事，化天宝。《玉镜》云，如山峰远来，重厚圆秀，水路之玄朝拱，营坟见生气，葬后紫气饶棺，亡人安，中房先发科第，置外郡庄，诸房并吉。（立宅同。）

　　诗曰：重重牙笏叠嵯峨，置立庄田财产多。
　　　　　莫道中房偏折桂，诸房还许尽登科。

　　中孚：巽山兑水，天心星领事，化绝命。《玉镜》云，如山峰尖射，水路冲刑，营坟开圹，见砂石水窠，先杀宅长，子孙火盗、刑废、残疾、缢溺、荡败、忤逆、夭绝。水绕山平无妨。（宅同。）

　　诗曰：巽山兑水起峰高，百出无端祸自来。
　　　　　任尔赀财千万石，如汤泼雪没分毫。

　　小畜：巽山乾水，天禽星领事，化地狱。《玉镜》云，如山峰尖射，水路冲破，营坟狐蚁屯聚，棺损尸穿，子孙疯癞恶疾，盲聋喑哑，火盗官刑，孤贫败绝。如山横案低平，吉。（宅同。）

　　诗曰：巽山乾水远来冲，此地营坟惹祸凶。
　　　　　若得低平环作案，化凶为吉莫疑猜。

　　涣卦：巽山坎水，天英星领事，化独火。《玉镜》云，如山峰尖射，水路冲激，营坟狐蚁屯聚，先杀小房，诸房并凶，主恶疾、官灾、火盗、忤逆。上元凶，中元略可。（立宅同。）

　　诗曰：巽山坎水不相伤，若在中元也不妨。
　　　　　木见火时为退气，箕裘不振实堪伤。

　　渐卦：巽山艮水，天柱星领事，化泣龙。《玉镜》云，如山峰尖射，水路冲激，营坟先杀小房，诸房并凶。其凶祸与巽山乾水同，惟下元六十年略可。（立宅同。）

　　诗曰：巽山艮水起崚增，叠叠难当祸患生。
　　　　　绝嗣灭宗无可奈，下元甲子保康宁。

　　益卦：巽山震水，天芮星领事，化福龙。《玉镜》云，如山峰圆秀，水路朝迎，营坟开圹见生气异物，紫气绕棺，主子孙文章豪华，置外郡田产。如山低水直，凶。（立宅同。）

　　诗曰：巽山震水最堪夸，巨土临门富贵家。
　　　　　诸子英贤多特达，管教世代享荣华。

中宫局九星图

巽 四绿木，克中宫，杀气方，凶。山水冲压凶，环绕吉。	离 九紫火，生中宫，生气方，吉。山高耸，水朝迎，大吉。低凹凶。	坤 二黑土，比助中宫，旺气方，吉。山水朝迎，阴阳二宅皆吉。
震 三碧木，克中宫，杀气方，凶。山水高压冲射，凶。	中 天禽，五黄土为主，巡山五鬼。伏吟。	兑 七赤金，中宫生，退气方，凶。下元吉。山水冲激，凶。
艮 八白土，比助中宫，旺气方，吉。山水朝迎，高拱，阴阳二宅吉，造作皆吉。	坎 一白水，中宫克，死气方，凶。山水朝迎，紫气盖棺，吉。冲射凶。	乾 六白金，中宫生，退气方，凶。山秀丽，水朝迎，亡人安，吉。

（眉批）诗曰：五黄山前起长峰，坎为财帛午为龙。震巽二方低拱伏，上元管取福盈盈。

中宫局：周围皆水是。五黄天禽星入中宫局，宫音，戊己上，廉贞巡逻五鬼星，居中央，卦寄坤也。此山喜坎艮离坤方，山峰圆厚，主子孙温良贤德，富贵寿考。巽震兑山峰水路冲射，主遭刑犯法，恶疾横夭，鳏寡败绝。若低平横案回抱则吉。此星主时行瘟疫，遇申酉戌亥子年月日时为有气，营造大吉。辰戌丑未年入墓，凶。在宫出宫皆忌，犯此大凶。

诗曰：四水周围号中宫，坎离交媾必亨通。

　　　惟有上元能发福，兰玉传芳到九重。

坎卦：中宫坎水，天蓬星领事，化魁星。《玉镜》云，如山峰重叠圆秀，水路朝迎，营坟紫气盖棺，亡人安泰，先发中房科名财禄，如值太岁生气到方修造，加官进禄。（立宅同。）

诗曰：魁星叠叠印重重，起伏迢迢远脉通。

　　　有福人来居此地，官封五马禄千钟。

艮卦：中宫艮水，天任星领事，化天官。《玉镜》云，如山峰远来厚重，水路朝顾，营坟紫气盖棺，亡人安稳，主小房富贵贤良，诸房并吉，子孙繁衍。（立宅同。）

　　诗曰：明龙拱顾势昂昂，葬后家门百事昌。
　　　　　更得好星来一助，子孙忠孝佐朝廊。

震卦：中宫震水，天冲星领事，化天刑。《玉镜》云，如山峰尖射，水路冲激，营坟狐屯蚁聚，棺损尸穿，先杀长房，恶疾奸淫，火盗官刑，投军作贼，荡败夭灭，诸房并凶。（立宅同。）

　　诗曰：中宫震水杀星临，无限凶危百沸兴。
　　　　　莫道长房先夭丧，全家败绝可伤情。

巽卦：中宫巽水，天辅星领事，化哭曜。《玉镜》云，如山峰尖射，水路冲刑，营坟狐蚁屯聚，竹木穿尸，先杀长房子孙，火盗官灾，缢溺淫酗，荡逆残形，千灾百祸，各房绝继，国家犯之祸同。如山低水曲，不妨。（立宅同。）

　　诗曰：中宫巽水起高峰，造化逢之百事凶。
　　　　　人口赀财如扫地，上元一见便和同。

离卦：中宫离水，天英星领事，化进财。《玉镜》云，如山峰秀拔，水路朝迎，营坟紫气绕棺，亡人安泰，中房先发财禄，富贵忠良，置外州田庄，诸房并吉。如低陷平平。（立宅同。）

　　诗曰：太阴会合是真龙，来去回龙左右逢。
　　　　　一片完全钟秀地，子孙代代禄重重。

坤卦：中宫坤水，天芮星领事，化明堂。《玉镜》云，如山峰厚重圆秀，营坟立宅，子孙聪明和睦。如山丑恶，凶。

　　诗曰：巨门圆厚起高峰，子媳聪明福禄崇。
　　　　　水拱山朝人口旺，长幼和同万事通。

兑卦：中宫兑水，天柱星领事，化勾陈。《玉镜》云，如山峰尖射，水路冲激，营坟立宅，此星为带甲金神，小房男女孤寡贫穷，残疾血刃，男少女多。下元六十年可。

　　诗曰：西方太白夜猴精，自古称为血刃星。
　　　　　耗尽家资伤小口，下元阴极又阳生。

乾卦：中宫乾水，天心星领事，化福德。《玉镜》云，如山峰圆秀，水路朝拱，营坟，亡人安，先旺宅长，子孙贤孝，世享荣华，声名远播。立宅主出老人。

　　诗曰：武曲之水远来朝，进入庄田福自饶。
　　　　　清白传家姻族睦，长年康健晚年高。

乾山局九星图

戌山不取，六丁命不上乾向。	亥山壬寅、甲申、壬申三日，寅申巳亥命发。	乾山甲申、甲午、壬寅、庚午、乙酉日，辰戌巳亥命发。
巽 五黄土，巡山五鬼，凶。山水冲射，凶。	离 一白水，中宫生，退气方，凶。山水圆秀环抱，吉。午年魁星到，大利。	坤 三碧木，中宫克，死气方，凶。山水平伏围绕，吉。
震 四绿木，中宫克，死气方，凶。中元吉。山水圆秀朝迎，吉。	中 天心，六白金为主，利未申酉年，丑寅年入墓，凶。	兑 八白土，生中宫，生气方，吉。山顿峰，水朝顾，吉，大宜动作。
艮 九紫火，克中宫，杀气方，凶。山水横案，低伏，吉。	坎 二黑土，生中宫，生气方，吉。山水圆秀高大，吉。	乾 七赤金，比助中宫，旺气方，吉。山水高秀朝迎，吉。

（眉批）诗曰：六白山前兑坎峰，午为魁曜亥为龙。艮巽二方低拱伏，利名世世有荣封。

关乾入首，申亥来者可迁一代，若左关戌来，亢阳主孤绝，龙入首不拘。右二关祸重轻可畏，戌乃魁罡之杀。

关亥龙入首属甲木，配癸丁卯未，立卯向，水归未口、坤口。癸乃正立巽丁二向。关阴亥龙入，气属乙木，配丙火合亥卯未，借立丙向冠带，乃迎官就禄，干以高应位，甲水来丁旺，甲乙方水来聚，催官极速。

乾山局：巽方之水近是。六白金，天心星入中领事，商音，居西北方，属金，卦管宅长，天门之位，正阳山也。此山宜坎、离、兑方耸峙，生子孙登科及第，富贵寿考。忌艮震巽坤山冈水路冲射，主恶疾夭亡，诸凡不吉。

诗曰：足跟一跳自天门，魁曜南来势益尊。
　　　坎兑齐来相绕护，子孙科甲勒西昆。

乾卦：乾山乾水，天柱星主事，化天计。《玉镜》云，如山峰相顾，水路朝迎，营坟立宅，主小房兴旺，孝义忠良，下元六十年富贵荣显。

　　诗曰：乾山乾水势昂昂，紫气金精不磷刚。
　　　　　长幼和谐家道盛，下元应自出朝廊。

　　讼卦：乾山坎水，天芮星领事，化紫微。《玉镜》云，如山峰圆秀，水路朝顾，营坟紫气绕棺，亡人安泰，主旺宅长，子孙富贵良善，进外州田庄，诸房并吉。（立宅同。）

　　诗曰：乾山坎水吉星来，大喜仓箱积宝财。
　　　　　更主登科官禄至，白衣身到凤凰台。

　　遁卦：乾山艮水，天英星领事，化天罗。《玉镜》云，如山峰尖压，水路冲射，营坟蛇蚁屯聚，先杀中男，诸男并凶。（立宅同。）

　　诗曰：乾山艮水主刑伤，产后疯痨又血光。
　　　　　淫盗官灾瘟疫死，更防绝灭败田庄。

　　无妄：乾山震水，天冲星领事，化病龙。《玉镜》云，如山峰圆秀，水路朝迎，营坟立宅，先旺长男，聪明秀发，后孤贫。中元六十年吉，下元败绝。

　　诗曰：乾山震水远来峰，长子荣华福禄崇。
　　　　　惟有中元春色好，下元依旧主孤穷。

　　姤卦：乾山巽水，天禽星领事，化血曜。《玉镜》云，如山峰尖射，水路冲激，营坟蛇蚁入穴，瘟疫奸盗，孤贫恶疾，灾祸与艮无异。如山平拱作案反吉。（立宅同。）

　　诗曰：乾山巽水不宜来，此地营居无限灾。
　　　　　人口颠亡并夭折，仓箱百万化尘埃。

　　同人：乾山离水，天蓬星领事，化绿襦。《玉镜》云，如山峰圆秀，水路朝拱，营坟开圹，见生气异物，紫气绕棺，亡人安泰，中房男女英秀，富贵忠良，诸房并吉，上元六十年发。

　　诗曰：乾山离水上元兴，衣紫披绯上帝京。
　　　　　莫道此星常吉利，他年也有不相应。

　　否卦：乾山坤水，天冲星领事，化天罗。《玉镜》云，如山峰尖射，水路冲刑，营坟蛇蚁入穴，竹木穿尸，长房先绝，诸房并凶顽贫逆，军贼漂亡。（立宅同。）

　　诗曰：乾山坤水本相伤，先祸其家长位郎。
　　　　　即有田园皆退落，妻儿父子各参商。

　　履卦：乾山兑水，天任星领事，化天宫。《玉镜》云，如山峰远来蠹秀，水路朝拱，营坟开圹，见椁内温暖，紫气瑞藤绕棺，亡人安泰，先主小房聪明科第，诸房并吉，孝义忠良，世世荣达。（立宅同。）

　　诗曰：明龙滚滚自西来，日见门庭进横财。

　　　　　先许小房登甲第，诸子相继上云台。

兑山局九星图

　　酉山申寅午未四日，辛山申寅卯午未四日，子午卯酉命发。庚山同，卯酉辰戌发。

巽 六白金，比助中宫，旺气方，吉。山水圆秀朝拱，大吉。	离 二黑土，生中宫，生气方，吉。凡百吉。山水高木耸秀，吉。	坤 四绿木，中宫克，死气方，凶。中元吉，山水圆秀，吉。
震 五黄土，巡逻，凶。山水平伏，吉。	中 天柱，七赤入中为主。	兑 九紫火，克中宫，杀气方，凶。山水平伏，吉。
艮 一白水，中宫生，退气方，凶。山水高大圆秀，吉。	坎 三碧木，中宫克，死气方，凶。山水平伏，吉。	乾 八白土，生中宫，生气方，吉。山水高昂拱顾，吉。

　　（眉批）诗曰：七赤山前巽而峰，乾为美相同。震兑二山无破损，儿孙相继去扳龙。

　　左关庚龙入首，属庚金，配丁火，合巽癸，立巽丁癸卯四向，坤申山水朝主高官，侍驾得宠。右关庚入首，气辛配壬，合巽癸壬子申庚山水旺局，大发富贵。巽辛二向，辛卯艮向，俱为上格。

　　左关兑入首，气庚配午，合癸巽巳丑，扦丁巽子癸向皆富贵。右关阴兑入首，气辛配壬，合巳丑立巽向，坤申山水为生旺。巽巳高，申山水朝堂，主极富贵。

　　左关辛入首，气庚配丁，遇辰合火气，立巽丙向，为阴阳正配，宜庚丁山水朝。立艮丙向，宜寅巳卯巽山水朝，准发科名。

　　右关辛入首，气辛配壬，合庚丁局，辛巽巳之向。若艮丙向，巳酉山水应位为极，向若犯戌气，福力有患，灾祸不免。

兑山局：正东之水是。七赤入中宫，天柱星领事，商音，属金，破军，位西方庚辛，卦管少女，正阴山也。喜艮巽离乾山峰顿秀，主世代为官，堆金积玉。忌坎震坤兑逼压冲射，主男女刑伤，恶疾横夭，百凡不吉。

诗曰：少女山前离巽峰，乾为善曜艮为龙。
　　　兑震二方无破损，拖朱纡紫世朝宗。

兑卦：兑山兑水，天英星领事，化天灭。《玉镜》云，如山峰尖射，水路冲刑，营坟蛇蚁屯聚，先杀小房，诸房并凶，子孙顽逆，作贼投军，孤寡夭折，灾祸百出。（立宅同。）

诗曰：本山灾发火星高，横祸飞来怎得逃。
　　　中少二房俱杀尽，诸房也自不相饶。

夬卦：兑山乾水，天任星领事，化武相。《玉镜》云，如山峰高厚圆结，水路朝迎，造坟开圹，见生气紫茜绕棺，亡人安妥，小房先发财禄，诸房并吉，子孙贤良富贵，世代为官。

诗曰：夬卦繇来西北宜，兑山得此可营居。
　　　富贵聪明天付与，胜如万石及陶朱。

困卦：兑山坎水，天冲星领事，化白露。《玉镜》云，如山逼压冲射，水荡反飘激，营坟蛇蚁入穴，竹木穿尸，先杀长房，诸房并凶，凶顽飘荡，贫贱孤寡，百祸齐至。如低平无碍。

诗曰：兑山坎水不宜朝，葬后家赀似雪消。
　　　祸患贫穷尤自可，长房先灭次难逃。

咸卦：兑山艮水，天蓬星领事，化天后。《玉镜》云，如山峰圆秀，水路朝拱，造坟紫气绕棺，亡人安泰，中房男女良善聪明，文章冠世，诸房荣贵。如山水无情，不吉。（立宅同。）

诗曰：兑山艮水本元微，艺术方能事事奇。
　　　执守生涯应待兔，上元方许步云梯。

随卦：兑山震水，天禽星领事，化夭瘟。《玉镜》云，如山峰尖射，水路冲激，造坟蛇蚁入穴，主子孙瘟疫恶疾，一如官到，灾祸并至，与兑山兑水同凶。平拱作案，吉。（立宅同。）

诗曰：兑山震水要潜踪，露出冲关百祸从。
　　　产厄血光淫悍女，定然孤寡一场空。

大过：兑山巽水，天心星领事，化文秀。《玉镜》云，如山峰圆秀顾祖，水路朝迎，造坟紫气盖棺，亡人安泰，先旺宅长，长房聪明良善，康宁寿考，名传外邑。如山丑恶，水反背，不吉。（立宅同。）

诗曰：兑山巽水子孙昌，宗族和谐仁义堂。

家长长房饶福庆，寿同彭祖享安康。

革卦：兑山离水，天芮星领事，化贵人。《玉镜》云，如山峰远来，重叠回顾，水路朝迎，之元到堂，营坟紫气绕棺，亡人安泰，先旺宅母，子孙孝义忠良，世登科第，翰苑蜚声，名播天下，进外州庄田，诸房并吉，下元尤利。如山冈低陷，水城背反，不吉。（立宅同。）

诗曰：兑山离水远来迎，得此滔滔福祉生。

不但仓箱无限积，高迁禄位旺人丁。

萃卦：兑山坤水，天辅星领事，化六合。《玉镜》云，如山峰圆结，水路朝迎，造坟立宅，男女聪明，中元富贵，上下元凶。

诗曰：兑山坤水旺中元，他日仍教退福田。

不作萧条林下客，也为僧道免孤寒。

艮山局九星图

又壬戌、庚戌、壬午、壬寅，知府，进财丁。又癸巳、丁巳、癸酉、壬戌，代代入朝。又丁巳、乙巳、癸酉、丁巳，三年后出仕。	子午寅申丑未命大利，巳亥寅申三代为官。艮山壬寅、壬子、壬午、壬寅五代富贵。	艮山用寅午申酉四日，葬三代富而贵。丑山用申酉二日葬，寅山用寅午巳三日葬，吉。六辛命不上艮山。
巽 七赤金，中宫生，退气方，凶。山圆秀，水朝迎，吉。冲射，凶。	离 三碧木，克中宫，杀气方，凶。山低平，水环绕，吉。	坤 五黄，巡逻五鬼，凶。山水横伏作案，吉。
震 六白金，中宫生，退气方，凶。山高水厚，吉。	中 天任，八白入中为主，喜丑兑砂水，恶二砂水。	兑 一白水，中宫克，死气方，凶。上元吉。山水圆秀吉。低陷，凶。
艮 二黑土，助中宫，旺气方，吉。山水高秀，吉。	坎 四绿木，克中宫，杀气方，凶。山水平伏，吉。	乾 九紫火，生中宫，生气方，吉。山水圆秀朝拱，吉。低陷，凶。

（眉批）艮山金舆，丙寅。凤辇：戊寅、戊申、甲寅、甲申、壬寅。

诗曰：八白山前震巽方，兑为魁曜起乾龙。子午坤山低拱伏，丰财厚禄上元中。

左关阳艮入首，由西北来，气丙配乙，合丙辛，立丙丁二向，寅午高山主科第。借立庚向，文武功名。立巽向木克，不吉，主夭绝。右关艮入首，由巽卯来气，丁配庚，合丙辛，立丙丁向，丙丁砂水朝，官禄朝元，富贵双全。立庚向，巳酉丑山高水朝，人丁旺盛。

右关丑入首，气己土，无配，合巳酉乃金气库神，即水法全亦下格。左关丑入首，少生息，虽龙真穴正，水秀砂明，亦能发福，究竟下格也。寅龙不拘，左右皆主（原眉批至此）

艮山局：西南方有水是。八白入中宫，天任星管事，宫音，佐辅明龙，属土，位东北。卦管少男，正阳山也。此山震乾兑起高冈，秀丽朝拱，主中房男女发福，各房吉，小房登科。巽离坤方忌山水冲射，子孙不吉。

诗曰：脉从东北秀方来，左辅明星善曜开。
　　　　若得乾山紫为印，上元声价到三台。

艮卦：艮山艮水，天芮星领事，化天医。《玉镜》云，如山岸圆洁，水路朝迎，营坟立宅，子孙衣禄自饶，贤良孝义，秀丽聪明，宅母有益。如山低水背，平平。

诗曰：艮山艮水足金银，好水分明出富人。
　　　　下后儿孙还茂盛，贤良孝义福如春。

颐卦：艮山震水，天心星领事，化少微。《玉镜》云，如山峰圆秀，水路之玄朝顾，营坟立宅，子孙孝义良善，出名僧道士。

诗曰：艮局东方若有山，一家和气自幽闲。
　　　　风清月白还堪许，锦帐藏春不可攀。

蛊卦：艮山巽水，天柱星领事，化白虎。《玉镜》云，如山峰尖秀，水路曲朝，营坟立宅，子孙孝义忠良。下元六十年丰亨，上中退耗，此方宜静。

诗曰：艮山巽水下元龙，中上二元孤且穷。
　　　　若是水山俱丑恶，子孙飘荡更顽凶。

贲卦：艮山离水，天冲星领事，化天刑。《玉镜》云，如山峰尖射，水路冲激，营坟蛇蚁入穴，草木穿尸，先杀长房男女，诸房并凶，盲聋暗哑，瘟疫暴夭，瘫痪忤逆，怪异人命，终归绝灭。如山低平，无碍。（立宅同。）

诗曰：艮山离水是凶神，水若来冲定损人。
　　　　孤寡荒淫犹自可，更愁一旦化灰尘。

剥卦：艮山坤水，天禽星领事，化天牢。《玉镜》云，如山峰尖射，水路冲刑，造坟蛇蚁聚穴，亡人魂荡，子孙淫盗，忤逆杀人，军徒夭灭。如山平无水，吉。（立宅同。）

　　诗曰：艮山坤水两相冲，葬后儿孙去不还。

　　　　　坤水自来名孤寡，况逢此地愈伤残。

　　损卦：艮山兑水，天蓬星领事，化迎财。《玉镜》云，如山峰圆秀，回龙水路朝迎拱揖，造坟开圹，见生气异物，先主中房文章登第，诸房并吉，世代英忠，置外郡田庄。（立宅同。）

　　诗曰：艮山兑水喜昂昂，金玉赀财足万箱。

　　　　　子嗣文荣超等列，水来屈曲万年昌。

　　大畜：艮山乾水，天英星领事，化进宝。《玉镜》云，如山峰远结，圆厚顺祖，水路之玄环绕，造坟紫气盖棺，亡人安泰，中房先发财禄，诸房并吉，子孙聪明特达，文章冠世，科甲联芳。如山飞水背，不吉。（立宅同。）

　　诗曰：艮山乾水旺儿孙，富比陶朱贵迈伦。

　　　　　中房先主发科第，诸房相继侍明君。

　　蒙卦：艮山坎水，天辅星领事，化哭曜。《玉镜》云，如山峰尖射，水路冲激，造坟动作，大略与艮山离水同凶，但上下元小差，中元绝灭无遗。如山平水去无妨。

　　诗曰：艮山坎水不宜扦，墓宅逢之祸必缠。

　　　　　才到中元生百福，他年亦自不堪言。

离山局九星图

丁山酉未午寅申，吉。	离山酉申寅三日吉。	丙山寅申未酉四日，子午巳亥命发。
巽 八白土，中宫生，退气方，吉。山水高大朝迎，吉。	离 四绿木，生中宫，生气方，吉。山水高大围绕，吉。	坤 六白金，中宫克，死气方，凶。下元吉。山水圆秀朝拱，吉。
震 七赤金，中宫克，死气方，凶。山水圆秀朝迎，吉。	中 天英，九紫火入中为主。	兑 二黑土，中宫生，退气方，凶。山水平伏围绕，吉。
艮 三碧木，生中宫，生气方，吉。山水高大朝迎，吉。	坎 五黄土，巡逻星，凶。山水平伏作案，吉。	乾 一白水，克中宫，杀气方，凶。上元吉。山水平伏，吉。

（眉批）九紫山前兑震峰，离为善曜艮为龙。乾坎二山平作案，自然荣富三元中。

左关阳丙入首，气丙配乙，合艮立丙向，水归戌乾，宜寅午山高水朝，主贵，借用艮气，忌水流坤艮。平地可作顾祖穴，发极速。右关阴丙入首，气丁配庚，合寅戌立向，如得庚酉山水入丁流去，极贵。平地可作顾祖穴，发最异。气丙辛，阴丁向戌，丑水口是。

左关阳丁入首，气甲木，配巽水，合乾甲亥卯未立向，卯向尤佳，发福最速。艮丙山高水入，科名立应，艮向先富后贵，平地宜作顾祖穴。

左关离入首，气丙配乙，立寅戌向，壬癸向，艮巽山高出贵，平地可作顾祖穴，发极速。右关离入首，气丁配壬，寅戌立向，主贵。借立辛庚向，酉水朝，人丁旺。立壬癸向，水辰乙，平地可作顾祖向，水归戌口。

离山局：正北方有水是。九紫入中宫，天英星管事，徵音，正南火位，丙丁火，卦管中女，半阴半阳山也。

宜艮巽离峰峦耸秀，主出文章秀士，早登科甲。不宜坎乾震兑山水冲射，主子孙孤贫败绝。

诗曰：火德南来是应龙，云连午马虎生风。
中元得气荧荧发，科名及第作三公。

离卦：离山离水，天辅星领事，化凤辇。《玉镜》云，如山峰远来厚结，水路迢递回龙，营坟开圹，见生气异宝，紫茜绕棺，亡人安泰，长房先发科甲，诸房并吉，世代为官，置外郡田庄，子孙孝义英才。如无山水朝顾，不吉。（立宅同。）

诗曰：本山耸出万山丛，百里迢迢崒禅峰。
一片洞天真福地，管教世代袭侯封。

晋卦：离山坤水，天心星领事，化金龙。《玉镜》云，如山峰圆秀重叠，水路朝迎回顾，营坟主子孙聪慧贤良，富贵德道，荫老人，出贤士。（立宅同。）

诗曰：离山坤水值地尊，子息贤良孝义门。
更得山冈圆耸秀，万年福禄荫儿孙。

睽卦：离山兑水，天芮星领事，化天罗。《玉镜》云，如山峰尖射，水路冲刑，营坟蛇蚁入穴，子孙飘荡，孤贫残疾，先损宅母，家破人亡。如山横拦作案，水环抱回顾，吉。（立宅同。）

诗曰：离山兑水不相宜，立宅安坟百事非。
骨肉相看如陌路，家徒四壁不胜悲。

大有：离山乾水，天蓬星管事，化天英。《玉镜》云，如山峰尖射，水路冲激，营造水浸尸棺，先杀中房，诸房并凶，子孙疯痨，瘟火盗贼，官刑忤逆，凶悍破家灭祀，应中下元。如在上元，前三十年旺，后三十年平过。（立宅同。）

　　诗曰：离山乾水忌相逢，葬下儿孙一旦空。

　　　　　所喜上元生意好，下元中甲祸尤凶。

未济：离山坎水，天禽星领事，化死龙。《玉镜》云，如山峰尖射，水路冲刑，造坟蛇蚁入穴，主子孙盲聋喑哑，瘟灾火盗，奸淫败绝。（立宅同。）

　　诗曰：离山坎水祸滔滔，火盗疯癞人渐消。

　　　　　任尔石崇家富贵，定教门户变蓬蒿。

旅卦：离山艮水，天冲星领事，化禄存。《玉镜》云，如山峰圆秀，水路朝迎，营坟开圹，见生气异物，紫气绕棺，亡人安稳，先发长房，登科诸贵，孝义忠良，聪明俊秀。（立宅同。）

　　诗曰：离山艮水脉绵绵，葬宅儿孙福禄全。

　　　　　先主长房科第早，一门名达九重天。

噬嗑：离山震水，天柱星领事，化星池。《玉镜》云，如山峰圆秀，水路朝迎，造坟立宅，主小房男女聪明孝义，下元六十年发福，中上元孤贫，女多男少，后败绝。

　　诗曰：离山震水不相谐，下甲兴隆中上衰。

　　　　　山水若教粗丑恶，纵然龙过也生乖。

鼎卦：离山巽水，天任星领事，化青龙。《玉镜》云，如山峰圆秀，水路朝迎，营坟立宅，主小房男女聪俊魁梧，贤良贵禄，出名士高僧，文章技巧。如山飞水背，不吉。

　　诗曰：离山巽水只平平，立宅家和万事兴。

　　　　　若得大冈来顾祖，子孙荣显遇公卿。

论平原

以上乃高山坡原、水国兼用之图。如平原广漠，一望千里，气何不行？理何不贯？明哲之士，胸肠洞达，一了百了，岂平原另有一种道理不可类而触之、引而伸之乎！任尔平洋陆阜，龙之屈伸变化，千态万状，莫可端倪，亦自有水路相错，棋布星分，止聚界合。但地之善者，土脉隆厚，瑞气紫霭，凶者地气郁塞，沙砾水寨。大要于平原中细认砂水朝迎，趋吉避凶，收来水，合去水。如地局无水，以路为主。又看来脉何方来，到头合何局。如四围无水及无边靠者，亦作中宫局论。总要合三元之气数，识九星之善曜，避关杀之刑冲，斯得之矣。

论建宅

凡立宅兴造，先于杀方权盖茅屋舍宇，置立香火，暂安人眷后，好向生气吉方兴工动作。所有旧屋厨厕，尽行拆卸，不得停留。若旧屋仍在，是以旧屋为主，起造大凶。即新屋完备，其中宫并关杀凶方常宜安静，生比星方常宜动作。凡开门、行路、井、灶、床、厕，六神香火，迎宾款客，置立碓磨，事事合法，主子孙英俊良善，福寿双全。三元主龙星方不犯关煞，亦宜动用，其关煞凶方，只可安床贮货。盖房床最忌坐生向杀，为阴阳反背，凶；最喜坐煞方，向生方，大吉。

（眉批）此论阳宅起造。即以后天吊宫论生克，分六视之兴废。

宅局吊白圆图 论宅九局

今将各宅吊白吉凶及六事宜忌，详注各局之内，以便查考。

修造年月宜利附，大雪、冬至、小寒，此四十五日坎旺，宜修造坎宅。

坎宅吊白图

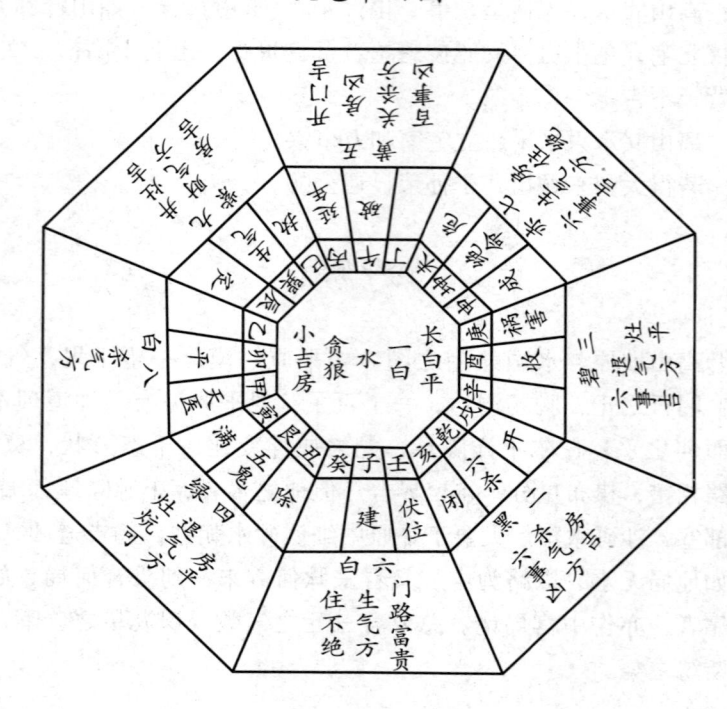

丙向丙位甲庚门，乙丁放水亦加官。若逢卯午坤巽位，军贼加临祸千般。

天井宜深，放丁癸艮申水，吉。井，乙方吉，申方次吉。灶宜辰巳申酉亥方，吉。床宜坎震巽离，吉。

午向午门庚及丁，水流丁乙自然兴。若逢坤巽行门路，人衰财散苦伶仃。

又云，行乙丙庚门，吉。天井宜深，放申壬癸水，吉。井，乙申方吉。余同丙向。

丁向丁门庚乙隆，丙乙放水亦亨通。开门遇在午坤未，破尽家财事事凶。

又云，行乙辰巽门上，吉，丙丁门次吉。天井宜浅，放巽水，上吉，甲乙水次吉。井，申丙巽方利。灶，申亥子方利。床同丙向。

衍义云：离方不利，乾兑坤艮不相配。

大游年：坎伏、艮五、震天、巽生、离延、坤绝、兑祸、乾六。

一层辰，宜开巽大门，宜开坎便门，泄坎气而助离火。门户六事要合坎离震巽四吉位，莫犯乾坤艮兑四凶位。

衍义云：本宅坐宫全吉，但忌作房，可开门。

凡观外砂吉凶，顺用小游年。

小游年：坎伏、艮巨、震武、巽贪、离禄、坤破、兑廉、乾文。

衍义之震巽中吉。

（眉批）《玉辇》开门法以坐山为主，庚辛申辰癸壬山可开门方：申酉乾亥子癸甲卯巽午丁坤。艮丙二山门可开亥子艮寅卯乙丙午坤酉辛乾辰巽。庚亥未申四山可开寅卯巽巳午丁庚酉乾子癸艮。离壬寅戌并四山可开申酉辛乾亥丑艮卯巽巳午未。坤乙二山可开坎壬申卯辰巽木，未庚戌乾壬用丁巳丑三山，不可开酉戌壬子丑艮乙辰丙未坤庚。甲乾山可用巳午坤申酉辛壬子艮卯乙巽壬，可开门。门楼经二生法，前哲留言以足惧，主人不用。

衍义云：坎宅巽门生气而吊死气，坤以绝命破军而吊生星，须绕门星，草移齐之，而又不以吊白为用。

此坎宅遇子年月日时，大利营造，主百日内君子进职，庶人进财，中男先发，遇太岁诸杀不妨。若犯无气年月日，辰巳入墓之辰，中小儿凶，申子辰年应。

生气在坎方，伏位，房忌门吉，遇子年，武曲生气到山，造大利，七八月吉。

退气在艮方，五鬼廉贞。遇丑寅年，文曲退气到山，造损宅长入吉。

杀气在震方，巨门天医。遇卯年，左辅杀气到山，损中小房，诸并凶。

死气在巽方，生气贪狼。遇辰巳年，右弼死气到山，修作小利，七八月吉。

巡逻在离方，武曲延年。遇午年廉贞五鬼到山，犯主瘟疫火盗，大凶。

生气在坤方，破军绝命。遇未申年，破军生气到山，修造大利，七月更利。

退气在兑方，禄存祸害。遇酉年禄存死气到山，损长房，诸并凶。

杀气在乾方，文曲六煞。遇戌亥年，文曲杀星到山，杀宅母，大凶。

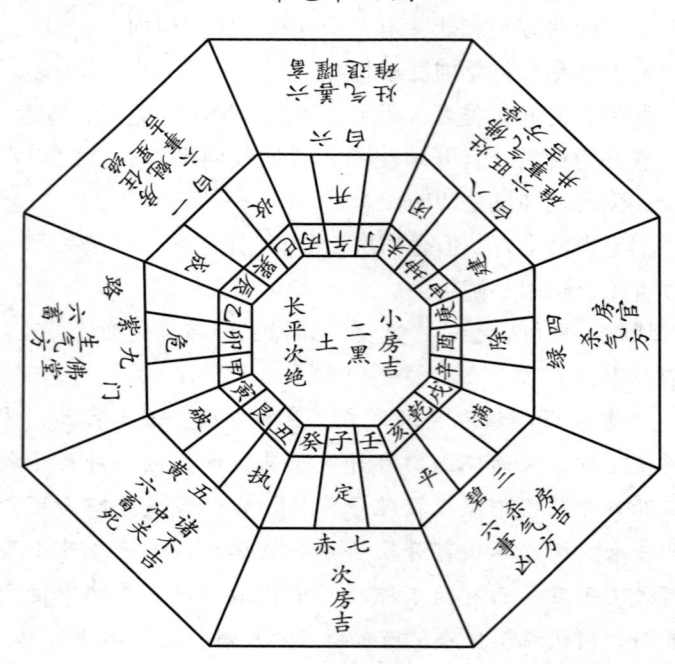

坤宅吊白图

丑向癸戌门路吉，壬门水路可追求。若开艮位颇遭祸，乾亥之方疾病愁。

天井宜深，放巽乙辛丙水，吉，壬八杀，申白虎。穿井辛乾申，吉。作灶亥子申方，吉。安床乾兑坤艮，吉。

艮向癸甲赦文星，水放壬乙祸非轻。子位黄泉卯位毒，人家绝嗣没人丁。

艮门吉。天井宜浅。放巽乙水，吉，忌甲癸黄泉、八杀，丑白虎。井，乾方吉。灶，乾亥壬子癸申庚方吉。安床同丑向。

寅向寅门壬乙强，水流壬乙亦宜塘。再开艮巽卯亦吉，其余定主少年亡。

行寅巳亥门，吉。天井宜深。放丁坤巽辛水，吉，辰八杀，未白虎。井，巳癸乾方吉。灶，巳午丑寅方吉。床同丑向安，吉。

大游年：坤伏、兑天、乾延、坎绝、艮生、震祸、巽五、离六。

坤宅武曲相金乾，此一层静可，宅中艮向乃生卯宅，当门司宅，武在生，吉。大门宜开乾坎坤，门宜开在坎生，顺武金穿，土金相反生。

凡观外砂吉凶用小游年。

小游年：坤伏、兑武、乾禄、坎破、艮贪、震廉、巽巨、离文。

（眉批）《门楼经》开门法以坐山为主，乾亥壬子癸丑六山，乙丙未坤戌乾子癸卯；艮寅甲三山，庚申乾戌丑艮乙卯午；卯乙震巽四山，戌乾子癸卯乙巳丙申；巳午丙三山，亥壬丑艮辰巽午丁酉；坤申庚酉四山，寅申辰巽未坤酉辛子；丁未辛戌四山，辰巽午丁酉辛亥壬寅。

此星未申年入中宫，利申酉戌亥子年月日，有气。辰巳年月犯墓绝，凶。修造犯之，主瘟疫、官事、横死。

退气在坎方，破军绝命。遇子年破军到山，忌造作，下元不忌。

巡逻在艮方，贪狼生气。遇丑寅年廉贞五鬼到山，犯主杀孕妇，瘟火。

生气在震方，禄存祸害。遇卯年右弼生气到山，造作大利。

魁星在巽方，廉贞五鬼。遇辰巳年贪狼到山，造作利。

退气在离方，文曲六煞。遇午年武曲到山，造作小利。

旺气在坤方，伏位，六事吉。遇未申年左辅旺气到山，小利。

杀气在兑方，天医巨门。遇酉年文曲杀星到山，造作大凶，杀长。

杀气在乾方，武曲延年。遇戌亥年，禄存杀星到山，杀长房人口。

（眉批）大暑、立秋、处暑，此四十五日坤旺，宜修造坤方。

震宅吊白图

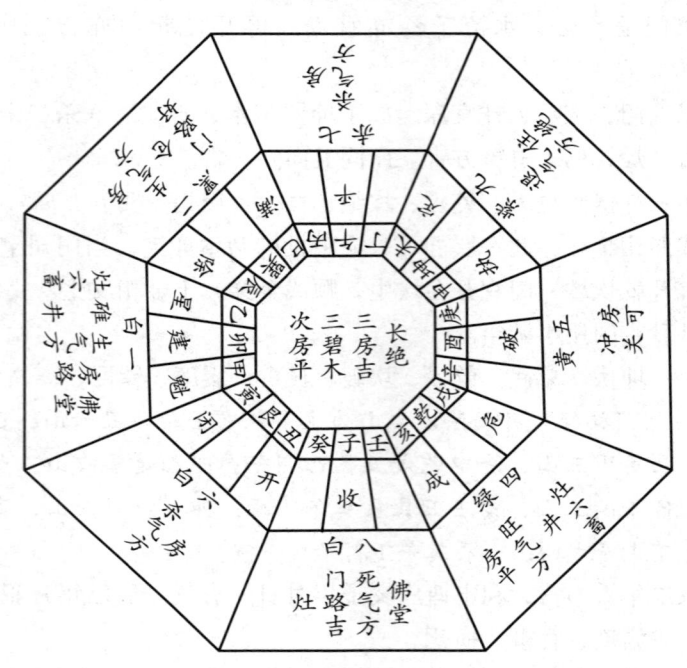

庚向庚壬门最吉，丙辛放水为第一。酉辛二位不宜行，申犯黄泉丁不得。

又云，丁壬向庚门吉。天井宜坦，辛癸艮乙水吉。井，宜丁丙壬方。灶，未申亥子巽方吉。床，震巽离坎吉。

酉向酉巳申门临，太阳拱照在庚辛。放水必从丁辛去，乾坤二位祸来频。

又云，亥壬丁酉门吉。天井宜深，放丁庚癸巽辛吉。井，亥丙丁方。灶，戌亥寅卯吉。床同庚向。

辛向丙辛丁与壬，正辛之位爵星临。好放宅水庚壬去，乾坤酉戌祸来侵。

又云，壬辛丁癸门吉。天井宜坦，放庚癸壬巽水。井宜甲方。灶，戌亥寅方吉。床，震巽坤离吉。

大游年：震伏、巽延、离生、坤祸、兑绝、乾五、坎天、艮六。

震宅：大门宜离方，开便门震方，开则生贪穿宫，木火相生。坎巽便门亦吉。

凡观外砂吉凶，以小游年看吉凶。

小游年：震伏、巽禄、离贪、坤廉、兑破、乾巨、坎武、艮文。

（眉批）衍义云，此宅坐宫全美，余不纯。其吉其凶，逐年按之。

此星卯年入中宫，利亥子丑寅卯年月日时，为有气。未年月入墓，修造犯之凶。五六七所在之方，且忌修造，大凶。

死气在坎方，巨门天乙。遇子年左辅星到山，修造小利。

杀气在艮方，文昌六杀。遇丑寅年武曲星到山造作，杀宅长，诸并凶。

魁星在震方，伏位。遇卯年贪狼生气到山，造作大吉。

死气在巽方，武曲延年。遇未巳年巨门星到山，修造小利。

杀气在离方，贪狼生气。遇午年破军星到山，忌修造，犯之杀人。

退气在坤方，禄存祸害。遇未申年右弼星到山，忌修造，犯主损人口。

巡逻在兑方，破军绝命。遇酉年廉贞五鬼到山，杀孕妇，瘟灾横祸。

旺气在乾方，廉贞五鬼。遇戌亥年文曲星到山，造作大利。

（眉批）惊蛰、春分、清明，此四十五日震旺，宜修造震宅。

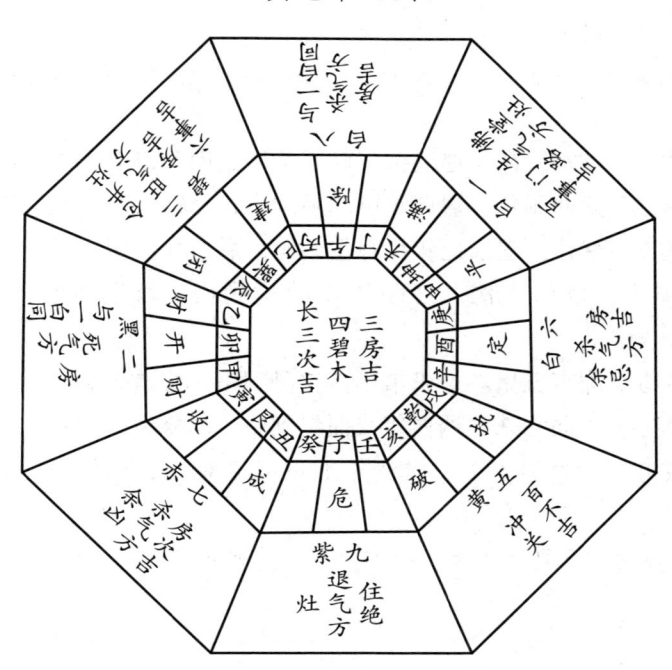

巽宅吊白图

戌向行门壬癸庚，壬癸放水亦宜行。怕逢艮乾黄泉位，遇甲子酉总堪嗔。

又，从癸丑申酉未壬戌门皆吉。天井宜深，放癸壬甲水，吉。井，申方吉。灶，申酉辰巳吉。床，震巽坎离吉。

乾向乾坤是吉神，外门之路有开庚。放水应宜庚癸位，壬子黄泉八杀临。

又云，乾癸艮坤门吉。天井宜深，放丁酉庚水，吉。井，卯方吉。灶，亥寅申巳吉。床与戌向同方。

亥向亥位独为佳，癸辛门水壬安排。壬门亦得高官爵，兼壬壬杀是祸胎。

又云，癸寅壬酉亥门吉。天井宜深，放辛庚丁水吉。井，丁方吉。灶，寅卯巳方吉。床同戌向。

大游年：巽伏、离天、坤五、兑文、乾祸、坎生、艮绝、震延。

巽宅，宜开坎大门，巽便门，木气穿宫，水木相生。

小游年：巽伏、离武、坤巨、兑文、乾廉、坎贪、艮破、震禄。

（眉批）衍义云，此宅坎方俱吉，震是财宫，坤宫亦利井灶，余不得令。

此星辰巳年入中宫，利亥子丑寅卯年月日时，有气。午申次利。未年月入墓，修造犯之百祸至。

退气在坎方，贪狼生气。遇子年右弼到山，忌修造，犯损中房，诸皆凶。

杀气在艮方，破军绝命。遇丑寅年破军杀星到山，修造犯之大凶。

死气在震方，武曲延年。遇卯年巨门星到山，修造大利。宜二五月吉。

旺气在巽方，伏位。遇辰巳年禄存星到山，忌造作，犯之凶。

死气在离方，巨门天医。遇午年左辅星到山，修造大利，辰午未申月吉。

生气在坤方，廉贞五鬼。遇未申年贪狼星到山，修造大利，宜七八月吉。

杀气在兑方，文曲六杀。遇酉年武曲星到山，忌修造，犯主杀人，凶。

巡逻在乾方，禄存祸害。遇戌亥年廉贞五鬼到山，忌修造，犯杀孕妇，瘟讼。

（眉批）谷雨、立夏、小满，此四十五日宜修造巽宅。

中宫宅吊白图

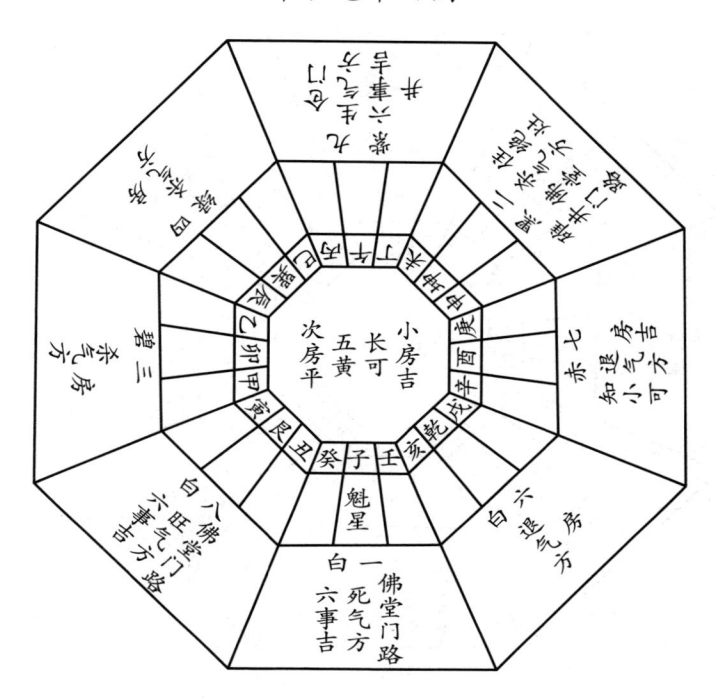

一白起贪狼入中宫。

此星主时行灾疫，遇申酉戌亥子年月日时为有气，营造大吉。辰戌丑未年月为入墓，犯主刀兵瘟火，盗贼官刑。应五年、五月、五旬，或云杀五人。此星在宫出宫皆忌犯，大凶。

子年一白入中宫，造作大利，君子加官，小人进财。

丑寅年八白入中宫，旺气到山，大利修造。

卯年三碧杀气入中，犯主飞灾横祸，长不利。

辰巳年四绿入中宫，杀气到山，犯主疯瘼恶疾，先杀长，诸并凶。

午年九紫入中宫，生气到山，加官进禄，喜自南来。

未申年二黑入中宫，修造犯之，损宅母。

酉年七赤入中宫，修造犯之，主刀刃伤。

戌亥年六白入中宫，虽退气，得善曜，小利。

乾宅吊白图

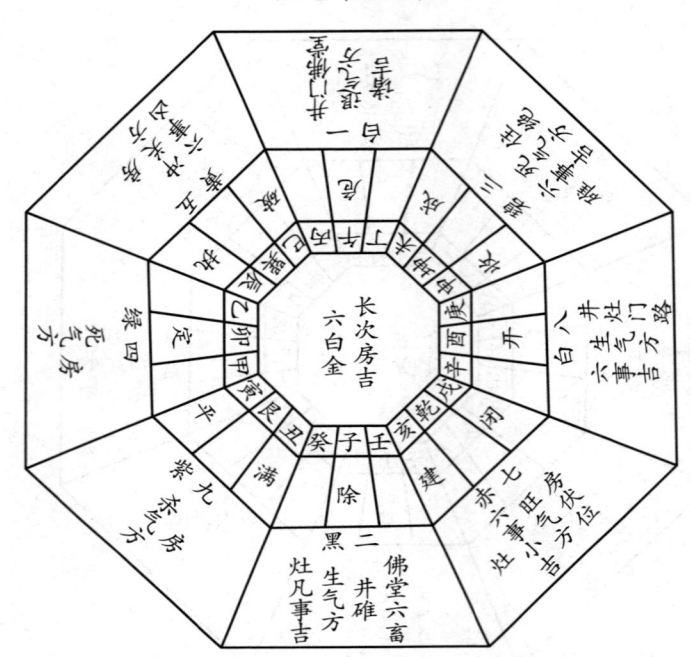

艮向辰门甲乙丁，流水子甲乙方荣。卯午坤位皆有损，巽巳黄泉大不宁。

又云，行辰未丑门吉。天井宜深，癸甲丁壬水吉。井，宜申艮方。灶，辰巳申酉方吉。床，坤兑艮乾方吉。

巽向巽门丁甲方，水流丁甲不宜塘。莫逢卯午黄泉位，犯着凶灾贼盗殃。

又云，行艮巽坤门吉。天井宜浅，放丁壬水吉，坤癸申次吉。井，寅巳方吉。灶，丑寅巳午吉。床与辰向同。

巳向丙丁门最强，丙丁乙方水宜行。巽位黄泉君莫犯，卯午坤辰莅祸灾。

又云，中寅巳门吉。天井宜深，丁辛水吉。井，申寅方吉。灶，亥子申方。床同辰向。

霜降、立冬、小雪，此四十五日宜修造乾方。

小游年：乾伏、坎文、艮武、震巨、巽廉、离破、坤禄、兑贪。

此小游年用以观外砂吉凶。

乾山静宅，禄存土司门，宅宜在坤方开大门，兑方开便门，武金主事，巨穿宫，土金相生。便门开艮方亦吉。

大游年：乾伏、坎六、艮天、震五、巽祸、离绝、坤延、兑生。

（眉批）衍义云：坤艮有疵，坎离震巽皆非吉配，惟乾辛宫及兑为吉。又云，坤艮兑可开门。

此星戌亥年入中宫，利午未申酉年月日时，为有气。逢丑寅入墓，犯主瘟夭，生子。壬酉八白生气到方，修造主异常喜庆。

生气在坎方，文曲六杀。遇子年巨门星到，修造大利。

杀气在艮方，巨门天乙。遇丑寅年右弼杀星到，忌修造，犯主杀人。

死气在震方，廉贞五鬼。遇卯年文曲星到，修造小利，候天月二德贵人到。

巡逻在巽方，禄存祸害。遇辰巳年廉贞星到，忌修造，犯主大凶。

魁星在离方，破军绝命。遇午年贪狼星到，小利。

死气在坤方，武曲延年。遇未申年禄存星到，造作利。

生气在兑方，贪狼生气。遇酉年左辅星到，大利造作。

纳气在乾方，伏位。遇戌亥年破军星到，忌修中宫。

（眉批）乾山巽向，静宅乃禄土司门宅，即祸害星，土生乾金，亦发财。但乾克木向，不利陆人及兄弟，宜改大门在坤，兑方开便门，则武曲延金主事，巨门天医土穿丁财。便门开艮亦吉。

兑宅九星吊白图

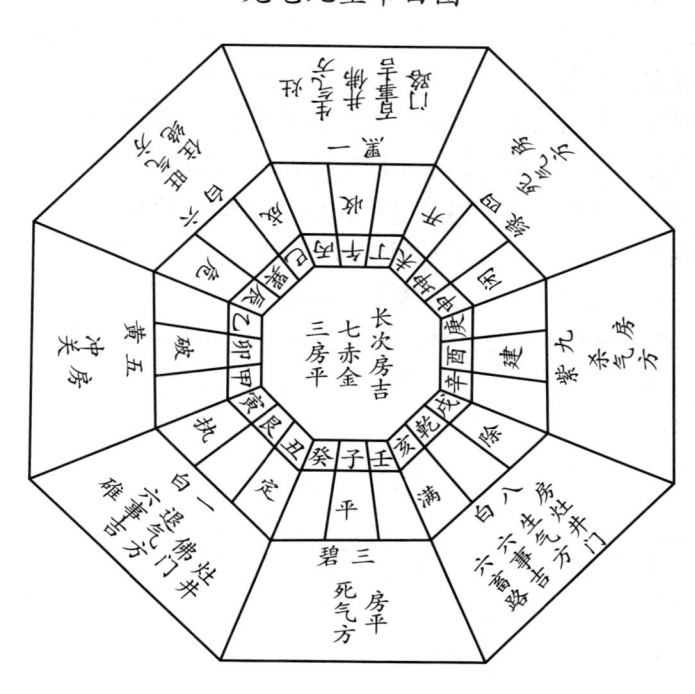

甲向丙门乙癸隆，壬门一位十分荣。放水便从癸乙出，艮丑卯辰灾患重。

又云，寅艮巳癸壬门吉。天井宜浅，放巳丁壬辛水。井，寅癸吉。灶，巳午丑寅吉。床，宜乾坤艮兑，吉。

卯向卯开申癸昌，更行辛位亦高强。放水丙交甲乙去，巽是黄泉惹祸殃。

又云，寅丑巳丙午子门吉。天井宜深，放丁甲壬水。井，乾巳方吉。灶，辰巳申方吉。床同甲向。

乙向甲门一癸昌，水放丙甲不宜塘。卯辰午位频频祸，巽是黄泉总不祥。

又云，丙乙丑癸丁门吉。天井宜坦，放丁壬水吉。井，卯方。灶，辰巳申酉戌方吉。床同甲向。

大游年：兑伏、乾生、坎祸、艮延、震绝、巽六、离五、坤天。

兑宅辛山乙向，大门宜开在艮，便门开在坤，便门开乾亦吉。

小游年：兑伏、乾贪、坎廉、艮禄、震破、巽文、离巨、坤武。

此星酉年入中宫，利巳午未申酉年月日时，为有气。逢丑寅年月入墓，犯之凶。如在八方亦忌犯之，杀人、刀兵、火盗。

死气在坎方，禄存祸害。遇子年禄存星到山，不利。

退气在艮方，武曲延年。遇丑寅年魁星贪狼到山，大利修作。

巡逻在震方，破军绝命。遇卯年五鬼星到山，大凶，犯主瘟讼、杀人。

旺气在巽方，文曲六杀。遇辰巳年武曲星到山，修造小利。

生气在离方，廉贞五鬼。遇午年巨门星到山，修造合天月德，大利。

死气在坤方，巨门天乙。遇未申年文曲星到山，不利。

杀气在兑方，伏位。遇酉年右弼星到山，忌造作，犯主凶灾。

生气在乾方，贪狼生气。遇戌亥年左辅星到山，修作大利。

（眉批）白露庚旺，秋分兑旺，寒露辛旺，此四十五日宜修造兑宅。

艮宅吊白图

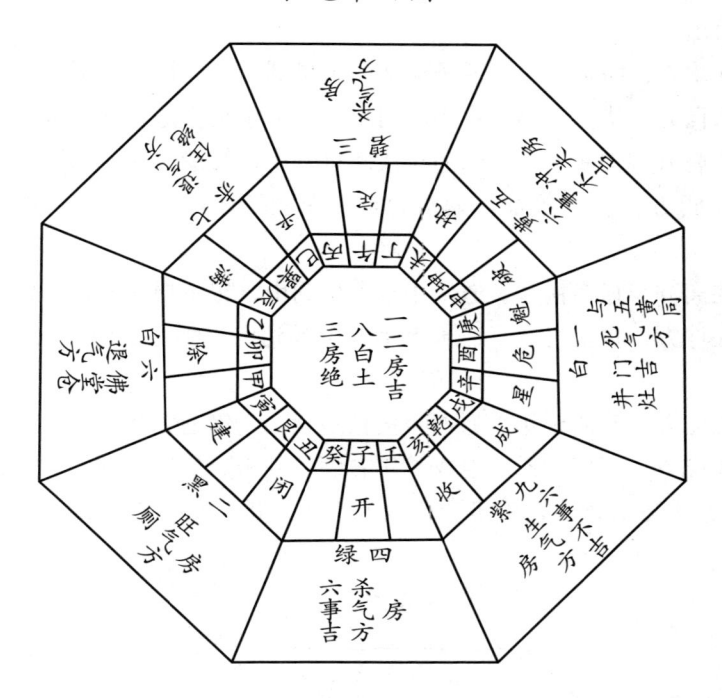

未向庚辛及丙丁,丙辛放水亦尊荣。行门切忌坤酉午,祸属黄泉家不宁。

又云,辛戌门上吉,未庚门中吉。天井宜阔,放巽辛水,上吉,丙丁水次吉。井,庚酉方,灶,坤申亥卯辰方,吉。床,乾坤艮兑方吉。明堂宜塘,左水到右,吉。

坤向最吉丙辛门,水流丙辛亦足折。水门当避酉及午,病讼多凶不可言。

又云,坤巽辛酉门吉。天井宜浅,放癸丙水,吉。井,辛未方吉。灶,辰申酉卯方吉。床同未向。

申向丁辛出庙郎,水流辛丙足田庄。莫逢申酉午坤路,横事遭官多败亡。

又云,亥申门吉。天井宜深,放甲乙辛水。井,未方。灶,未申亥子寅方。床同未向。

大游年：艮伏、震六、巽绝、离祸、坤生、兑延、乾天、坎五。

艮宅寅山申向,生贪司门宅,大门宜开在兑,便门开艮,武金穿宫主事,金土相生。便门开乾方亦吉。

小游年：艮伏、震文、巽破、离廉、坤贪、兑禄、乾武、坎巨。观外砂吉凶。

（眉批）衍义云,本宫乾方俱上吉,兑方次之,坎离震巽非吉也。

此星丑寅年入中宫，利申酉戌亥子年月日时，为有气。逢辰年月入墓，犯主灾祸百出。

杀气在坎方，廉贞五鬼。遇子年文曲杀星到山，先损长，诸并凶。

旺气在艮方，伏位。遇丑寅年巨门星到山，小利修造，即天医土。

退气在震方，文曲六杀。遇卯年武曲星到山，修造欠利，即延年金。

退气在巽方，破军绝命。遇辰巳年破军星到山，忌造作，大凶，即绝命金。

杀气在离方，禄存祸害。遇午年禄存星到山，犯主损人败畜，即禄存土。

巡逻在坤方，贪狼生气。遇未申年五鬼星到山，犯主瘟讼、火盗，大凶，即廉贞火。

魁星在兑方，武曲延年。遇酉年贪狼星到山，修造大利，即生气。

生气在乾方，巨门天乙。遇戌亥年右弼星到山，修造大利。

（眉批）大寒、立春，雨水，此四十五日艮旺，宜修造艮宅。

离宅吊白图

壬向壬门庚甲开，水流辛癸得和谐。子丑艮门皆不吉，乾亥黄泉惹祸胎。又一说，行甲辰庚癸门吉。天井宜坦，放癸巽丁庚水吉。乾黄泉，丑八杀，亥气杀，午白虎。井，甲方吉。灶，寅卯戌亥吉。

子向子门辛甲癸，辛寅水路亦佳祥。若逢丑艮黄泉位，损害人财有祸殃。

又云，行甲壬卯子门吉。天井宜深，放癸坤子乙壬水吉。余同壬。

癸向癸门亦可宗，外门宜乙甲辛宫。水流甲乙壬方吉，丑艮卯酉四门凶。

又云，天井平坦，放壬乙辛庚坤水，吉。其余同子。

大游年：离伏、坤六、兑五、乾绝、坎延、艮祸、震生、巽天。

离宅丁山亥向，延年武曲司门宅，大门宜开在壬戌，后门开在离，贪生主事，穿宫星壬山如必用坎正门，当开震巽便门，或起高屋，泄坎杀，生离火，则康宁富贵。

小游年：离伏、坤文、兑巨、乾破、坎禄、艮廉、震贪、巽武。

（眉批）离山动宅正门对向，一层武金，二层文水，三层贪木，四层廉火。屋宜高大，便门巽宜改低。四层再于震方加造一楼，的主三层木气泄坎水生离，为上吉。

衍义云：此宅震巽二方吉，六事皆宜，坤艮虽不能配合，亦略云吉。

此星午年入中宫，利寅卯辰巳午年月日时，有气。逢戌年月入墓，忌修造，犯主瘟疫、横祸，九月、九旬、九日应。到坤艮中宫大利，获横财，吉庆。遇天月德、黄道并照，更吉。

巡逻在坎方，武曲延年。遇子年五鬼星到山，犯主瘟疫，杀孕妇。

生气在艮方，禄存祸害。遇丑寅年禄存星到山，修造大利。

死气在震方，贪狼生气。遇卯年破军星到山，修造犯主损三房丁。

善曜在巽方，巨门天乙。遇辰巳年左辅星到山，修造小利。

生气在离方，伏位。遇午年文曲星到山，更天月德并照，修造大利。

死气在坤方，文曲六煞。遇未申年武曲星到山，修造小利。

退气在兑方，廉贞五鬼。遇酉年巨门星到山，忌造作，凶。

杀气在乾方，遇戌亥年贪狼到山，忌造作，犯杀中房。

以上吊白九局，专为阳宅六事，依法而行，万无一失。

以结局山卦入中宫为主，顺布加临为客。又，方白为体，时白为用，体用一源，天地乃动。

（眉批）芒种、夏至、小暑，四十五日离旺，宜修造离宅。

八宅书总以大门为主，以乾向开门，则以乾六天五逐层论此。另一论非杨公法也。

论住房主孤绝断诗

乾坎西南震绝同，坤艮东南离亦逢。惟有巽山并兑局，东南正北绝同宫。此大游年看宅吉凶。

乾六天五祸绝延生，巽天五六祸生绝延。坎五天生延绝祸六，离六五绝延祸生天。艮六绝祸生延天五，坤天延绝生祸五六。震延生祸绝五天六，兑生祸延绝六五天。

（眉批）一左辅、二禄存、三天医、四武曲、五文曲、六贪狼、七廉贞、八破军、九右弼。

三白宝海卷下

论井灶厕畜栏碓磨门路

凡开池穿井，取贪狼壬癸水，出文才富贵聪明之人；武曲庚申水，主一家孝义，福寿双全。或就本局生气方及吉星方取水亦吉。最忌关煞方开掘池井，必主疯瘸恶疾，以应关煞凶祸。三元主龙生气方作灶，大吉。犯关煞主目疾、腹痛、刑伤、夭折（厕同）。凡造畜圈马厩，亦宜取贪狼星方与生旺星方则吉。最忌破军位与关煞方，犯主六畜贼偷、兽残、瘟耗。安碓磨亦宜吉方，忌关煞方。凡门路开置本宅关煞凶方，祸不可言。此方或通邻人往来，主百祸相侵；或被他家门路冲射凶方，亦主灾非重叠。

大要以中宫星为主，再看生克在何方，以知吉凶。生中宫为生气星方，中宫生者为退气星方，克中宫者为杀气星方，中宫克者为死气星方，与中宫比和者为助旺星方，即一气流通之说。

（眉批）如震山宅墓，中宫不可动，或势不能已，查九紫或一白更好司局月分，便可修平。如乾兑二山以二黑为生气，殊不知吊在震土，被木克少力。凡杀退气到中宫，不可修祖茔，修中房。

凡人家开生气方门，行生气方路，穿生气方井，食生气方水，造生气方碓，挖生气方厕，造生气方栏，愈造愈旺，愈修愈吉，慎勿轻忽，以滋百祸。

修造迁移论

凡迁居、葬坟、造屋，俱宜本宅生旺方，主君子加官禄，庶人进横财，或九十日，或二百日、周年应。如误犯本宅关煞凶方，主损宅长，次伤小口。更值天罡河魁关煞年月日时，其应尤速，主飞灾横祸，火盗官刑，或于关煞凶方开张市肆，亦招盗劫官非，急宜迁改。或本吉方犯年月日时之凶，急宜报工；或他家作犯本宅，亦须报工。

（眉批）如九紫值年，离山宅墓，八白到巽泄气，用此。五黄司局，月建巽调本宫，克艮生离，大吉。余仿此。

如子山午向，坎宅，二黑到巽为杀，不可修附。若紫白得八白局，吊兑到巽，则年土生月金，反利。

论报工

凡修造犯本山关煞及年月魁罡凶方，或他家犯凶方，必须报工。法在本家凶方，合年月飞白吉星、天月德、贵禄马、太阳、库楼，黄道诸吉并临方所报之，化凶为吉。（库楼图具《佐玄》）

太岁飞宫生克宜忌法

凡兴造或修中宫或方向，须以当年太岁入中顺寻八方，看太岁生气方，大利修造。如太岁辛卯，纳音木，将辛卯入中宫，壬辰乾、癸巳兑，壬辰、巽巳长流水，水能生木，乾兑二方乃太岁生方，修造大利。甲午艮、乙未离，甲午、乙未砂中金，金能克木，乃太岁杀方，凶。丙申坎、丁酉坤，丙申、丁酉火，泄太岁木，坎坤亦凶。戊戌震、己亥巽，二属木，与太岁比助，修之吉。余仿此，推生克以知吉凶。

（眉批）以纳音生助太岁为吉。

天元身运起白例

欲说三元通利年，男人三九六宫迁。女命当推二八五，男顺女逆布周天。

上元一十起三碧，二十起四绿；中元一十起九紫，二十起一白；下元一十起六白，二十起七赤；零年逐位推。如修造宅舍，先推行年值紫白，吉可兴工。再以所值之星入中宫，顺飞八方，若得三白九紫并年月日时之紫白皆到所修作之方，尤为大利。

（眉批）年命所值之星入中宫。

五生命人须忌白中杀

金命人忌九紫火，木命忌六白金，水命忌八白土，火命忌一白水。此皆取三白吉星论之。

（眉批）即三白吉星不可克命，况黄黑乎？

年家白星起例

上元甲子起一白，中元四绿却为头。下元七赤兑方是，逆寻年分顺宫游。

月家白星起例

子午卯酉年正月起八白，辰戌丑未年正月起五黄，寅申巳亥年正月起二黑。

月家白法不难求，正月顺寻一白头。四孟巽宫四仲兑，四仲之年逐次游。

假如寅申巳亥年是四孟年，正月一白在巽，二黑在中，三碧在乾之类，二月一白在中，三月一白在乾，每月过一宫。余类推。

日家白星起例

日家白法不难求，二十四气六宫周。冬至雨水及谷雨，阳顺一四七中游。夏至处暑霜降后，九六三星逆行求。

如冬至后甲子为上元，起一白，乙丑二黑。雨水甲子为中元，起七赤，乙丑八白。谷雨甲子为下元，起四绿，乙丑五黄。并顺布，求值日星入中宫顺行。

夏至后甲子为上元，起九紫，乙丑八白。处暑甲子为中元，起三碧，乙丑二黑。霜降甲子为下元，起六白，乙丑五黄。并逆布，求值日星入中逆行。

时家白星起例

时家白法更精微，须知二至与三元。冬至三元一四七，子酉宫中须布之。夏至九六三星逆，九星挨巽震排之。顺逆两边如日例，戌丑亥寅一般施。

如子午卯酉日，冬至后子时起一白，丑时二黑顺行；夏至后子时起九紫，丑时八白逆行。辰戌丑未日冬至后子时起七赤，丑时八白顺行；夏至后子时起三碧，丑时二黑逆行。寅申巳亥日冬至后子时起四绿，丑时五黄顺行；夏至后子时起六白，丑时五黄逆行。

布定年月日时白星图局于左，以便查览。

（眉批）凡居宅不能无凶方，但使贪巨武辅四方位房屋高大为主，则禄破廉文自不能为祸。如生气降五，延制六，天欺绝，伏位压祸害，即所谓"一曜当权，群凶退避"是也。

生气降五鬼，延年制六杀，天医欺败绝，伏位压祸害。

三元年白之图

大清康熙二十三年甲子是上元	大清乾隆九年甲子是中元	明天启四年甲子是下元	甲子	乙丑	丙寅	丁卯	戊辰	己巳	庚午	辛未	壬申
			癸酉	甲戌	乙亥	丙子	丁丑	戊寅	己卯	庚辰	辛巳
			壬午	癸未	甲申	乙酉	丙戌	丁亥	戊子	己丑	庚寅
			辛卯	壬辰	癸巳	甲午	乙未	丙申	丁酉	戊戌	己亥
			庚子	辛丑	壬寅	癸卯	甲辰	乙巳	丙午	丁未	戊申
			己酉	庚戌	辛亥	壬子	癸丑	甲寅	乙卯	丙辰	丁巳
			戊午	己未	庚申	辛酉	壬戌	癸亥			
一白	四绿	七赤	中	乾	兑	艮	离	坎	坤	震	巽
二黑	五黄	八白	乾	兑	艮	离	坎	坤	震	巽	中
三碧	六白	九紫	兑	艮	离	坎	坤	震	巽	中	乾
四绿	七赤	一白	艮	离	坎	坤	震	巽	中	乾	兑
五黄	八白	二黑	离	坎	坤	震	巽	中	乾	兑	艮
六白	九紫	三碧	坎	坤	震	巽	中	乾	兑	艮	离
七赤	一白	四绿	坤	震	巽	中	乾	兑	艮	离	坎
八白	二黑	五黄	震	巽	中	乾	兑	艮	离	坎	坤
九紫	三碧	六白	巽	中	乾	兑	艮	离	坎	坤	震

月白之图

子午卯酉年	正月八白 二月七	正月 十月	二月 十一	三月 十二	四月	五月	六月	七月	八月	九月
辰戌丑未年	正月五 二月四	七月	八月	九月	十月 正月	十一 二月	十二 三月	四月	五月	六月
寅巳申亥年	正月二 二月一	四月	五月	六月	七月	八月	九月	十月 正月	十一 二月	十二 三月
○一白		兑	艮	离	坎	坤	震	巽	中	乾
●二黑		艮	离	坎	坤	震	巽	中	乾	兑
●三碧		离	坎	坤	震	巽	中	乾	兑	艮
●四绿		坎	坤	震	巽	中	乾	兑	艮	离
●五黄		坤	震	巽	中	乾	兑	艮	离	坎
○六白		震	巽	中	乾	兑	艮	离	坎	坤
●七赤		巽	中	乾	兑	艮	离	坎	坤	震
○八白		中	乾	兑	艮	离	坎	坤	震	巽
○九紫		乾	兑	艮	离	坎	坤	震	巽	中

三元日白顺局图

冬至 小寒 大寒 立春	雨水 惊蛰 春分 清明	谷雨 立夏 小满 芒种	甲子 癸酉 壬午 辛卯 庚子 己酉 戊午	乙丑 甲戌 癸未 壬辰 辛丑 庚戌 己未	丙寅 乙亥 甲申 癸巳 壬寅 辛亥 亥申	丁卯 丙子 乙酉 甲午 癸卯 壬子 辛酉	戊辰 丁丑 丙戌 乙未 甲辰 癸丑 壬戌	己巳 戊寅 丁亥 丙申 乙巳 甲寅 癸亥	庚午 己卯 戊子 丁酉 丙午 乙卯	辛未 庚辰 己丑 戊戌 丁未 丙辰	壬申 辛巳 庚寅 己亥 戊申 丁巳
一白	七赤	四绿	中	巽	震	坤	坎	离	艮	兑	乾
二黑	八白	五黄	乾	中	巽	震	坤	坎	离	艮	兑
三碧	九紫	六白	兑	乾	中	巽	震	坤	坎	离	艮

续表

四绿	一白	七赤	艮	兑	乾	中	巽	震	坤	坎	离
五黄	二黑	八白	离	艮	兑	乾	中	巽	震	坤	坎
六白	三碧	九紫	坎	离	艮	兑	乾	中	巽	震	坤
七赤	四绿	一白	坤	坎	离	艮	兑	乾	中	巽	震
八白	五黄	二黑	震	坤	坎	离	艮	兑	乾	中	巽
九紫	六白	三碧	巽	震	坤	坎	离	艮	兑	乾	中

三元日白逆局图

			甲子	乙丑	丙寅	丁卯	戊辰	己巳	庚午	辛未	壬申
			癸酉	甲戌	乙亥	丙子	丁丑	戊寅	己卯	庚辰	辛巳
夏至小暑大暑立秋	处暑白露秋分寒露	霜降立冬小雪大雪	壬午	癸未	甲申	乙酉	丙戌	丁亥	戊子	己丑	庚寅
			辛卯	壬辰	癸巳	甲午	乙未	丙申	丁酉	戊戌	己亥
			庚子	辛丑	壬寅	癸卯	甲辰	乙巳	丙午	丁未	戊申
			己酉	庚戌	辛亥	壬子	癸丑	甲寅	乙卯	丙辰	丁巳
			戊午	己未	庚申	辛酉	壬戌	癸亥			
九紫	三碧	六白	中	乾	兑	艮	离	坎	坤	震	巽
八白	二黑	五黄	巽	中	乾	兑	艮	离	坎	坤	震
七赤	一白	四绿	震	巽	中	乾	兑	艮	离	坎	坤
六白	九紫	三碧	坤	震	巽	中	乾	兑	艮	离	坎
五黄	八白	二黑	坎	坤	震	巽	中	乾	兑	艮	离
四绿	七赤	一白	离	坎	坤	震	巽	中	乾	兑	艮
三碧	六白	九紫	艮	离	坎	坤	震	巽	中	乾	兑
二黑	五黄	八白	兑	艮	离	坎	坤	震	巽	中	乾
一白	四绿	七赤	乾	兑	艮	离	坎	坤	震	巽	中

三元时白之图

冬至用	夏至用	子午卯酉日	子酉	丑戌	寅亥	卯	辰	巳	午	未	申
		辰戌丑未日	午	未	申	酉子	戌丑	亥寅	卯	辰	巳
		寅申巳亥日	卯	辰	巳	午	未	申	酉子	戌丑	亥寅
一白	一白		中	巽	震	坤	坎	离	艮	兑	乾
二黑	九紫		乾	中	巽	震	坤	坎	离	艮	兑
三碧	八白		兑	乾	中	巽	震	坤	坎	离	艮
四绿	七赤		艮	兑	乾	中	巽	震	坤	坎	离
五黄	六白		离	艮	兑	乾	中	巽	震	坤	坎
六白	五黄		坎	离	艮	兑	乾	中	巽	震	坤
七赤	四绿		坤	坎	离	艮	兑	乾	中	巽	震
八白	三碧		震	坤	坎	离	艮	兑	乾	中	巽
九紫	二黑		巽	震	坤	坎	离	艮	兑	乾	中

凡修造必先遁紫白到其方，更须有气，则福重，无气减福。又当避入墓等杀，所谓白中有杀少人知。

白中杀图

	九紫	一白	二黑	三碧	四绿	五黄	六白	七赤	八白
六捷杀	戌	辰	辰	未	未	辰	丑	丑	辰
暗建杀	离	坎	坤	震	巽	中	乾	兑	艮
受克杀	坎	中坤艮	震巽	乾兑	乾兑	震巽	离	离	震巽
穿心杀	坎	离	艮	兑	乾		巽	震	坤
交剑杀							兑	乾	
斗牛杀		震巽				震巽	震巽	震巽	震巽

修方要诀

作山不忌太岁，修方最忌太岁。凡修方，先看本山命星所到方隅，切忌动作，犯主杀宅长。（如坎山，吊一白到是。余仿此。）

再看杀星所在方隅，切忌动作，犯主杀宅长。（如坎山吊二黑八白到方，是为土克水也。余仿此推。）又看不犯本山墓绝否，犯主杀宅长。其要诀：先查山头白杀星到何方，次查三元年头白杀星到何方，又查月白杀星到何方，以知避趋。

假如上元壬子年，本宅是乾，欲修离方，本年中宫起七赤，顺轮八白乾，九紫兑，一白艮，二黑离，土能生金，此方修之吉。又如九紫到离，即上文本山所到方隅。

又如上元癸丑年，中宫起六白顺轮，一白到离，二黑到坎，三碧到坤，并是杀星。（一白到离，水克火也；二黑到坎，土克水也；三碧到坤，木克土也。）离坎坤三方皆杀星吊到，切忌修造。（即上文杀星所临方隅。）

（眉批）忌修中宫年月：壬寅年正十一月，辛卯年二月，庚辰年三月，己巳年四月，戊午年五月，丁未年六月，丙申年七月，乙酉年八月，甲戌年九月，癸亥年十月，壬子年十一月，辛丑年十二月，以上皆真太岁入中宫，忌修造中宫，大凶，共十二年。

三元按剑杀例

一白入中不作坎，二黑入中不作坤，三碧入中不作震，四绿入中不作巽，五黄入中不作乾坤艮巽，六白入中不作乾，七赤入中不作兑，八白入中不作艮，九紫入中不作离。

月建起黄道修方诀

月建属九星，以黄道为大吉，犯白虎治明堂，犯天牢治玉堂，以此伏彼，能消灾迎福。

建为青龙用为头，除是明堂黄道游。满为天刑平朱雀，定为金匮吉神求。执为天德真黄道，破为白虎危玉堂。成为天牢坚固杀，收为玄武盗贼愁。开为司命真黄道，勾陈为闭主徒流。

三元选择歌 麻衣先生著

人家起造并修作，选用须斟酌。吉星贡福祸星灾，年月日时排。先课行年家长命，吉凶分明定。进宫吉宿退宫方，方见有灾殃。天地阴阳并日月，五行分明别。三元根本最为精，五兆要相生。相克对冲家破败，只此为灾怪。相生灾鬼逐爻分，父母及儿孙。且论积算三元祖，九曜传今古。连珠遁甲替宫飞，一一要君知。年月日时四课上，仔细看端详。忽然紫白一时加，方道实堪夸。吉时有气方为吉，九紫三白位。凶星值旺一时凶，黄黑总皆同。吉凶为尔分明说，切怕临墓绝。五行中有筹箭杀，逐一要分别。刑杀若临伤暴厄，本命为端的。白中有杀少人知，临死却求医。六捷杀惟看四墓，辰戌丑未处。三年两载祸频频，退败又伤人。太岁一星名最恶，莫教侵犯着。破家瘟火事无休，夫妇女人忧。八白仍复审金木，三元五行足。木宫是木外来金，内外有相征。乾父坤母震居长，艮少坎中相。巽为长女妹中宫，兑少离女中。甲首乙喉丙两目，癸足丁心戊己腹。庚腰辛膝颔壬居，乾首坤腹震手足。三元互宫莫容易，五行亦同例。金来入水必遭殃，水土主瘟疫。木居土上多疮疖，产妇并伤折。火入金位必红光，瘟疫及灾殃。犯着太岁并月建，令人家破败。时师只道白居方，到了便为殃。生杀之宫元来吉，聪明多官职。修营必定进田庄，牛马遍山冈。二黑凶星君莫犯，多被时师赚。破家瘟火损其妻，水土报君知。三碧为生发长房，福禄更难量。若然为杀长房殃，暴死见阎王。四绿为杀莫兴工，长子祸重重。如作恩星福自来，长子库常开。五黄真是凶神位，瘟病遭官鬼。田园六畜尽皆伤，骨肉见分张。七赤为生发少房，少女得衣粮。如临杀地须防少，不可修方道。三元且有暗建杀，略与时师话。一白二黑至中宫，坤坎却为凶。九星墓绝真难识，五行数中觅。乾坤艮巽四宫流，入着便为休。水浸火土黄虚肿，土木奸邪重。斗牛交剑煞难当，金木自刑伤。申子辰水居一六，土五十寻逐。火数寅午戌为殃，二七莫商量。木杀怕逢亥卯未，三八分明忌。金逢四九莫匆匆，巳酉丑年凶。奉劝时师仔细算，诀定诸星断。但求五曜及三元，万古总流传。

三元兴废断诀

凡欲知九山兴废之运，当先观本山之局势属某山，次究所作之时属某元，及所作所居之主属某命，合三者而配合之，则吉凶可知矣。三元龙星主管九山风水，上元甲子六十年一白管，中元甲子六十年四绿管，下元甲子六十年七赤管。每一元又分作三运，各管二十年，究其获应不同而消长各别。盖虽统属龙星所管，而初二十年分属一白水，惟坎震巽三山受生旺之气，故获福。坤艮二山值死气，乾兑二山值退气，平平，离山值克杀之气，有祸。至中元二十年，属四绿木管，惟震巽离受生旺之气，为上；乾兑坎值死退之气，次之；坤艮值克杀之气，又次。下元二十年，属七赤金管，惟乾兑坎值生旺之气，为上；离坤艮值死退之气，次之；震巽二山受克杀之气，为祸。中下二元仿此推。但在本元甲子中所作之山，虽有不吉，犹未及于大祸。推移至他元甲子中，随其死退克杀之气而验其祸败，应如影响。又当观主人之年命，如值山家生旺之气则吉，值山家死退克杀之气凶。星卦比和，人地相得，方为全美。

凡欲知九山兴废之年，当以本年甲子随宫逆数去，数至本山，当得某干支，即杀入中宫，将干支随宫顺去，如遇生旺则吉，死退凶，克杀大凶。然必以中宫干支为本，以六甲为大本。盖中宫干支者，专临之君；六甲者，统临之君。统临专临皆善，吉不待言。如统临者不吉，而专临者善，不失为吉；统临者虽善，而专临者不善，则不免于凶。然凶犹未甚也，至统临、专临皆不善焉，则凶祸之来，不可救药。凡中宫干支每十年而一易，吉凶祸福亦随而迁。以是占之，百不差一。

欲知六亲兴废之数，当以本宫之星合本宫之卦，察其生克之理数，以验其一定之荣枯。假如坎山为例：一白入中，二黑乾是土中纳金，为本山之杀气，主父母虽受福而带耗有灾。三碧在兑，木受金克，主长房多夭折。又为本山退气，则财亦不聚。四绿在艮，木来克土，主长妇恃强凌幼，亦为本山退气，财亦不聚。六白在坎，金中纳水，主宅长初退，但为本山之生气，财常有余。七赤在坤，是金受土生，主少妇获福顺利。又为本山生气，财产谷粟常丰。八白在震，土受木克，主小房受制于长，而与长同居。九紫在巽，火受木生，主中妇遂意温裕，然为本山死气，常不免于灾。不特此也，并可以是而占病患死生焉。夫二黑在乾，是土为金耗，其生于先天正北（坤方）之位，而六白耗之，用于后天西南（坤方）之位，而七赤又耗之，且为本山杀气，主宅母有终身羸怯之疾而不能自支。三碧在兑，木受金克，长子早亡，然生于先天东北（震方）之位，而四绿辅之，用于后天正东（震方）之位，而八白反为所克，故主残疾，不能享遐龄也。四绿在艮，是木来克土，木有好争之疾，然生于先天西南（巽方）之位，而七赤铲其根，用于后天东南（巽方）之位，而九紫耗其气，故寿亦不永。六白在坎，是金为水耗，本有寒邪之疾，然生于先天正南（乾方）之位，而五黄育之，用于后天西北（乾方）之位，而二黑又生之，且为本山之生气，故宜寿弥高而福弥厚也。七赤在坤，是金受土生，又为本山生气，亦宜福寿两齐。然生于先天东南（兑方）之位，而九紫焚其身，用于后天正西（兑方）之位，而三碧受其克，虽得不死，而终不免于疾。八白在震，是土受木伤，宜早丧矣。然生于先天西北（艮方）之位，而二黑助之，用于后天东北（艮方）之位而四绿克之，又为本山杀气，主痼疾缠绵，九死一生，但赖源未断耳。九紫在巽，火受木生，本有庆而无恙，然生以先天正东（离方）之位，用于后天正南（离方）之位，而五黄又耗之，又为本山之死气，故终身有虚痨之疾，而莫可救药也。余仿此。

凡欲知六亲兴废之年，于后天八卦之上各加本山属卦，观其宫当得某卦，而某人是某卦之子孙，当属何五行，乃取本宫星次第加之，因其生克以得其吉凶一定之数。如星生卦则吉，星克卦则凶。盖先以此为大本，然后以《火珠林》卦象、卦气配合六爻，将本元流年甲子逐爻推生克断之，庶祸福有准矣。

定局辨龙论

夫龙者，乘其所起也；局者，葬其所止也。在山之法，向坎即离，向离即坎，向兑即震，向震即兑，向巽即乾，向乾即巽，向坤即艮，向艮即坤。而泽国之阡，大有异于山者。大抵以山之朝绕为山之到头，故兑山坎作，乾山坎作，离山坎作，震山坎作，巽山坎作，艮山坎作，坤山坎作，兑山离作，坎山艮作，乾山艮作，巽山艮作。惟四正之地，近南水即坎，北水即离，东水即兑，西水即震，东南水即乾，西北水即巽，西南水即艮，东北水即坤，皆以先到水际取局也。若系四隅之地，偏左为坤，偏右为艮，近前为乾，近后为巽。其法先看龙、砂、水三美，殊无走作缺陷。然后看水自何方来，砂自何方起。假如坎之生气在坤，艮之关煞在坤，今水自西南来，砂自西南起，而寺观楼台之类亦在西南，则作坎不作艮。又如巽水来朝，艮砂高峙，是兑所喜而乾所畏，则作兑不作乾。如兑水到来，坎砂昂起，是乾所乐而兑所恶，则作乾不作兑。如丙丁为水来堂，乾亥高峰昂耸，则作乾兑不作坎巽。如午方砂水相朝，丑寅冈泉并茂，则作离兑而不作乾坤。要之避杀就生，变凶为吉，迎官取禄，脱龙就局之妙法也。

（眉批）穴顶消砂，穴中乘气，向上纳水。

其向则朝来水而背去水，其坐则饶下砂而减上砂，到头一节，乃是真踪。故曰"众山止处为真穴，众水会处是明堂"。此言局而龙在其中矣。不则高山隆耸，认脉何难。而平洋水砂荡荡，田墩之类相杂而陈，有何起伏桡棹，知过峡东西？不过取其地之远而长者，命之曰龙，如扦巽，则曰龙自东南，扦乾则龙自西北，以至扦艮则龙自东北，扦离则龙自正南，坎兑震坤莫不皆然。则此一区之土耳，而龙头龙尾，东窜西奔，有是理哉？书云："来不来，只要金鱼水荫腮；落不落，细看交襟与合角。"又曰："有分无合成虚穴（其止不真），有合无分必有来（其末不明）。"噫！得之矣。此吊白之法所以穷山川之妙也。

（眉批）无蝉翼以蔽后则气寒，无牛角以抱于下则气散。上不分便有淋头，下无合则患割脚。

论三元龙运生克之数

上元甲子得一白贪狼，则震巽得生气，乾兑得退气，艮坤得克气，离得杀气（败绝）。中元甲子起四绿，离得生气，震得旺气，乾兑得鬼气，坤艮得克气，坎得退气。下元甲子起七赤，坎得生气，乾得旺气，离得财气，坤艮得退气，震巽得杀气。生则主渐发，旺则主并盛，财则主骤起，鬼则主败绝，退则主冷消，此大略也。然亦有不同者，生之福壮于旺，而退之祸减于鬼。体之真者，其施生也厚，而受克也深；体之杂者，其受伤也浅，而滋生也微。如震为真木，离为真火，坎为真水，坤为真土，兑为真金，以坎克离，以兑克震，以震克坤，三元之中，靡有不尽。而艮乃生木之土，巽乃生金之木，如艮值九六（火金）之吉，无三四五之凶；巽得一八（水土）之利，无五六七之冲，即在中下二元发福不减。如坎有六七之朝，无二五八之煞；乾有二八之生，无五九之克，即在中上二元兴旺无息。若少善曜而多恶星，虽逢生旺之际，福祸相参；一遇杀退之时，必无噍类。惟兑金之气，纯刚不毁，西东安妥，三元如一日矣。善择地者，先求龙穴砂水之美以定形，次就生旺退杀之方以合局，卒之循三元吉星，取六秀以乘运。虽羲禹复生，郭杨再起，能易我言乎？

三吉地论

凡山前更有吉星，朝顾水路到局，潆洄不绝，为一吉。地有车马往来朝顾，草木丛茂，瑞气温暖为二吉。地山前吉星方近庵观寺院，闻鼓钟声为三吉。地得三吉者，一遇山开运利，不避将军、太岁诸煞，便可兴工营建。若在本山关煞方，神前佛后，鸣钟击鼓，主亡人不稳，忧惊失道，因气受病，子孙痴狂，恶疾缠身，破耗没灭，不可枚举。

十恶地论

一、被霹雳，龙神涣散。二、流水冲破，流作坑坎。三、穷山独峰，四畔深陷，案山险恶，临大江无回顾，隔水方案。四、八风交吹，四兽不附，坐穴处高，四边低破。五、明堂窄狭，不容人存立。六、受死地，堂中浊水江涌，四时湿烂。七、天囚地，明堂深坑，天井损陷。八、天隔地，地深一尺有石，案山逼近反高，左右龙虎高于本主。九、天都地，土色焦枯，不生草木。十、天魔地，掘深一尺，即是湿泥，土色黑烂不干。此十恶地，造之即凶。凡葬童子，新地上吉，或值旧地，不宜仍在穴上，或上或下相去丈余。如穴在此中，不可上下，亦须尽去旧物，四围低下，削见新土方妙。

三瑞五不祥论

青乌白鹤云："若迁改坟墓，如见三瑞则不可移，移即受殃。一见龟蛇生气，二见温暖如雾，三见紫藤交合棺木，急止弗改。"

五不祥者：一、冢无故土自陷。二、冢上草木自死。三、家有淫乱风声。四、男女忤逆，颠痴为盗，被劫刑伤讼夭。五、田蚕六畜无收，家产退败，鬼怪见形。并宜改之。

三吉六秀与九星相参有用不用

大三吉六秀之原，起于地母卦。其说于七星之中，取贪狼为生气，巨门为天医，武曲为福德。贪狼居艮而艮纳丙，巨门居巽而巽纳辛，武曲居兑而兑纳丁，故以贪巨武为三吉，而以艮丙巽辛兑丁为六秀。夫所属各居一行。如属木者，则火所乐而土所忌；属水者，则木所喜而火所忧。金火与土莫不皆然。是六秀同为吉曜，而要之各有攸用。即如九星坤局，则喜巽丙丁而恶艮辛兑，巽局则喜丙丁而恶艮兑辛，中宫局则喜巽丙丁而恶巽，乾局则恶艮巽而喜丙丁兑辛，兑局则恶兑辛而喜丙丁艮巽，艮局则恶丙丁而喜辛兑，离局则恶所无而喜丙丁艮巽。恶者犯之，即得六秀，其祸立至；喜者就之，秀与星合，其福倍隆。即震坎二局，有恶无喜而大发财禄，斯可镜矣。

今人见三吉六秀，甘之如饴，见三煞退气，远之如敌，而不问喜忌，不辨生克，于古人立法之意毫不相参，则三尺童子，市书熟读，亦能朝诵暮言，口耳相传，亦能道听途说，何难之有？按图索骥，执簿呼名，乃有当避不避，而反避其不当避，误人多哉！

吉凶相反论

所喜者行凶坐善，所忌者行善坐凶。凡山冈水路，在关煞方发来，在生煞方结作，名行凶坐善。此地营居作穴，逢凶化吉，遇难呈祥有救，险中得财，患中成事，出外招尤，在家无事，此谓短中求长，然终非久远富厚之地。若山冈水路在生气方来，却在关煞方结作，名行善坐凶。此地营作，必主好事多磨，弄巧成拙，利客害主，变祥为祸，惹是兴非，不足忧愁，无端灾变，终难受福。

择日法 太岁、三杀、退气、值杀、值恩之论

太岁乃一年管领诸杀诸恩之尊神，而三杀、退气、金神诸杀之属，皆以年次居方，各得五行之一气。九局既属五行，则有所喜，有所忌。喜者生我则趋之，忌者克我则避之。奈何拘老生之常谈，而一切指为尤物哉！故善选择者，不泥其所当然，而直原其所以然，则趋避皆得其宜矣。盖古人立法，自有深意，要知一以生克为主，故君子未尝不恶其仇，盗贼未尝不爱其子，克与生尽之矣。顾生克之理，具于五行，而五行之理，根于阴阳。自古谈阴阳者，莫辨于《易》；叙五行者，莫悉于《书》。故曰：八卦九章，相为表里；河图洛书，相为经纬。即不言地理，而惟曰仰观俯察，则地理之原，实肇于此。循是杨、郭、曾、廖之著述，吕才、一行、淳风、天罡之选择，岂能有出于阴阳五行之外者乎？则知河洛者，四书五经也；后世之作述者，汉、宋儒之训诂也，互有得失矣。且如三煞之说，退气之论，原出理气，申子辰年煞在南，巳酉丑年煞在东，而亥卯未、寅午戌之年煞在西北者，何也？则以木火春夏发生之气，其时阳舒，主于受克；金水秋冬之令，其气阴惨，主于施克。故申子辰、巳酉丑之煞在东南，而亥卯未、寅午戌之煞居西与北也。乃若申子辰年，则退天之水气以生东方之木，亥卯未年则退天之木气以生南

方之火，巳酉丑年则退天之金气以生北方之水。至于寅午戌年而退气反在西北者，正于夏秋相接，金火参商，而赖火以生土，土以生金也。不然，巳火也，何以长生金耶？故必取九星为主，分九局以定五行，而以生克制化之法，运量其间。假如坎山一局，东方及西北为坐山之煞，万世不改，而八白、二黑有流年之煞及五黄所归之方，决不能轻动矣。其六白、七赤所值方位，因年求月，因月求日，务必查太阳、黄道、大月二德诸许吉辰，及《通书》入选十全之吉与其横历禁忌之神，然后因日求时。亦须黄道四大吉时与本山六七生气相合。如原坐恩方，流年恩到，万分之利。即遇太岁，谓之填恩，若星家所云"日犯岁君，五行有救"者也。即值三煞，谓之化难，若星家所云"煞旺生印"者也。即逢退气，谓之制杀，若星家所云"食神生财"者也。如在本山之关煞，而年月恩旺适到，修之无疑。如即本山之生旺，而年月仇难来填，断不可动。至于开山立局，则当据本山之纳音，看年月中宫有何恩难，太岁所临是何生杀，而又征之五山墓运之法，合则开之，否则止之，则九星理气体用兼该龙局水砂首尾照应，即尽黜诸家不经之论可也。彼区区神杀，即一三奇、一太阳亦能制之，而况众美交集，群吉皈依也哉！此生克制化之妙，万古不传之秘也。

停丧捷径论

凡人家停丧，不宜久远，久则以阴住阳，灾咎百出。自汉以来，天子七月，诸侯五月，大夫三月，士逾月，况以庶人，岂可久停？但得吉地，山开运利，金鸡鸣，玉犬吠，天牛吼，即横历诸星不利，亦可安葬。《青乌经》云："好年不如好月，好月不如好日，好日不如好时，好时不如好地。"盖时为果，地为根，故不避诸凶也。

（眉批）斗首五行：乾亥丙午癸丑火，辛戌巽巳壬子土，庚酉乙辰元属金，坤申甲卯戌水母，丁未艮寅作木神，先天真气无差误。

诸穴避忌论

凡择地，即得十吉，若其地有伏尸旧冢者，泄气莫用，用此立见家道萧索，人丁夭丧。且如四畔有旧穴在关煞方，亦宜避之。大概得童子新地，即七分地亦作十分。旧冢之地，直待几百年后开集尽绝，地此用也。然或虽在旧坟之旁，而其地正得元运，则宜择其旁之差可者，但不在穴之中可也。

暗黄法 名飞天大煞

其法以中元甲子起一白，法徒顺飞，甲丙戊庚壬阳年在对冲，乙丁己辛癸阴年在本位。其所到之方，犯之则祸烈于明黄。或九局之中，关煞之方，有物冲射，此星一到，便通发祸，其验如神，不可不晓也。

八宅明镜

[唐]杨筠松 著

序

　　愚性素常不信乎风水，不惑于地理，混混漠漠，任意迁居。或西或东，凶吉不一；或北或南，苦乐各异，实不知其所由也。偶于己酉仲冬，适有箬冠道人来家访余，谈及八宅之妙，余叩其术，曰："乾坎艮震，巽离坤兑，八宅分其吉凶。而屋有东四宅，西四宅；人有东四命，西四命。何为东四宅？坎震巽离是也。何为西四宅？坤乾兑艮是也。"又云："人有东四命，西四命，按甲子分上中下三元。如一坎、三震、四巽、九离为东四命，二坤、六乾、七兑、八艮为西四命。东四命宜居东四宅，西四命宜居西四宅。命与屋相合，无有不财丁并发者。如屋难以移迁，一室之内亦有二十四方向，按其位置改灶移床，即可应验。"余即叩授其术，箬冠道师探囊取书二本授余，名曰《八宅明镜》，并授天尺一枚，云乃杨筠松先生所著。如一宅不利，改门则利；一室不吉，改房门则吉。开门造床，依真尺寸趋吉避凶，应验如爽。然非梓人所用之周天尺也。令余细心玩阅，详载甚明。言讫而别。余随以膏继晷，静心玩读，并思亲友丁财并旺者，委系合命合宅；休咎衰亡者，确是命宅相反耳。若此，果阳宅之征信有凭，而房屋之吉凶有据，拾是桴鼓之相应也。书与尺，其理原属一致，并行不悖，兼而用之，良有益也。堪叹世人碌碌，倘逢命屋相背，关系非细，不但终身贫苦，抑且斩绝宗嗣，祸害岂浅鲜哉！故不敢私为枕秘，付之剞劂，以公海内，使方方兴旺，处处康宁，则余之所愿毕已。

　　峕

乾隆五十五年岁次庚戌仲春花朝胥江钓叟顾吾庐序

凡 例

一斯书系箬冠道人所授，并不见有刻本传流行世，即有师偶知九宫八宅之奥，以为独得之秘密，若天机不肯妄泄。每见求术改宅者，屡受居奇推托，故不敢私为枕秘，谨刊流行，以公海内。

一凡东四命宜居东四宅，西四命宜居西四宅，此千古不易之方向，必须用罗经为准，不可草率错误。

凡查命之九宫，须用排山掌诀，然初学者一时不能领会，莫若将《时宪书》后页纪年岁数之下有男几有女几宫，查看无差，甚为简便。

一凡三元是查命宫之纲领，如上元甲子年生男在坎一宫，女在艮八宫；中元甲子年生男在巽四宫，女在坤二宫；下元甲子年生男在兑七宫，女在艮八宫。余可类推。

一凡东命人东西宅不能迁徙者，亦可改门易灶，即能转祸为福。

一此书不但阳宅一家，而合婚实有至理存焉。如果东命配东妻，西命配西妇，非惟子多，抑且和睦。

凡艰嗣乏后者，细查命宫，照卦依象改门易灶，即可广嗣续后，应验如神。

一凡救贫求财者，细查生气方向改门换灶，即可富厚。

一凡除疾病，则将灶口或风炉口向本命之天医方位，所病可不药而速愈矣。

一凡奇灾异祸之人，查阅是书，亦可趋吉避凶，转祸为福。

一开门之尺，地师都用门光尺，梓人所用周天尺，今书所载天尺，实人间罕有之秘尺也，故绘刊传世。

一《玉辇经》开门放水等图、等歌，只可采其大意，莫若用天尺为效。

一集中或有重复之处，因前贤所述，不敢妄除删改。

一积善之家，虽居恶向，拱对煞星，天道断不令伊受祸；不善之家，虽居合命合宅之屋，拱对吉星，天道断不锡之以福。所以吉凶之不应者，皆由善恶所主也。

板藏药真堂，如欲玩阅者，在苏州胥门内学士街谭学龙学古斋中发兑。

八宅明镜卷上

论男女生命

人之生命不同，宅之宜忌各异，故祖孙或盛或衰，父子或兴或废，夫妇而前后灾祥不同，兄弟而孟仲休咎迥别。或居此多坎坷，或迁彼得安康，实皆命之合与不合，有以致此也。古人云："命不易知。"故从卦以演命之理，次从宅舍各事之宜，以合夫命，庶得趋所宜，而不拂天地八卦五行所生之理，则庆流奕业，而祥萃当身矣。

坎离震巽为东四宅，而男女命以三元起例，吊至此四宫者为东四命。乾坤艮兑为西四宅，而男女命以三元起例，吊至此四宫者为西四命。男之上元甲子起坎，中元甲子起巽，下元甲子起兑，自坎转离、转艮、转兑、转乾、转中、转巽、转震、转坤而逆行，得中宫则寄坤。女之上元甲子起中宫，中元起坤，下元起艮，自中至乾、至兑、至艮、至离、至坎、至坤、至震、至巽而顺行，得中宫则寄艮。俱以九宫排山掌诀，轮数而得其宫也。

六十花甲纳音

甲子金，乙丑金（海中）。丙寅火，丁卯火（炉中）。
戊辰木，己巳木（大林）。庚午土，辛未土（路旁）。
壬申金，癸酉金（剑锋）。甲戌火，乙亥火（山头）。
丙子水，丁丑水（涧下）。戊寅土，己卯土（城头）。
庚辰金，辛巳金（白腊）。壬午木，癸未木（杨柳）。
甲申水，乙酉水（泉中）。丙戌土，丁亥土（屋上）。
戊子火，己丑火（霹雳）。庚寅木，辛卯木（松柏）。
壬辰水，癸巳水（长流）。甲午金，乙未金（沙中）。
丙申火，丁酉火（山下）。戊戌木，己亥木（平地）。
庚子土，辛丑土（壁上）。壬寅金，癸卯金（金箔）。

甲辰火，乙巳火（覆灯）。丙午水，丁未水（天河）。
戊申土，己酉土（大驿）。庚戌金，辛亥金（钗钏）。
壬子木，癸丑木（桑柘）。甲寅水，乙卯水（大溪）。
丙辰土，丁巳土（沙中）。戊午火，己未火（天上）。
庚申木，辛酉木（石榴）。壬戌水，癸亥水（大海）。
按：白腊即铅锡也。

阴阳八卦次序之图

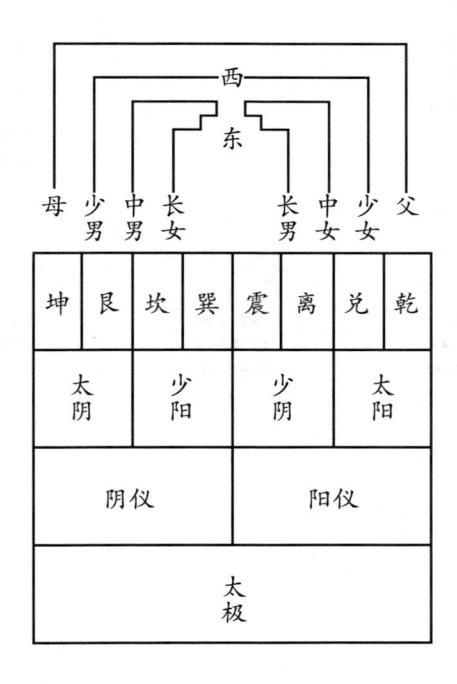

母	少男	中男	长女	长男	中女	少女	父
坤	艮	坎	巽	震	离	兑	乾
太阴		少阳		少阴		太阳	
阴仪				阳仪			
太极								

上方标注：西（外）、东（内）

坎离震巽为东四宅，少阳少阴之所生也，中长配合而成家之义也。乾坤艮兑为西四宅，太阳太阴之所生也，老少配合而成家之义也。

八宅明镜卷上

八卦分东西四宅之图

东四 长女
巽

东四 中女
离

西四 老母
坤

东四 长男
震

西四 少女
兑

西四 少男
艮

东四 中男
坎

西四 老父
乾

先天八卦方位

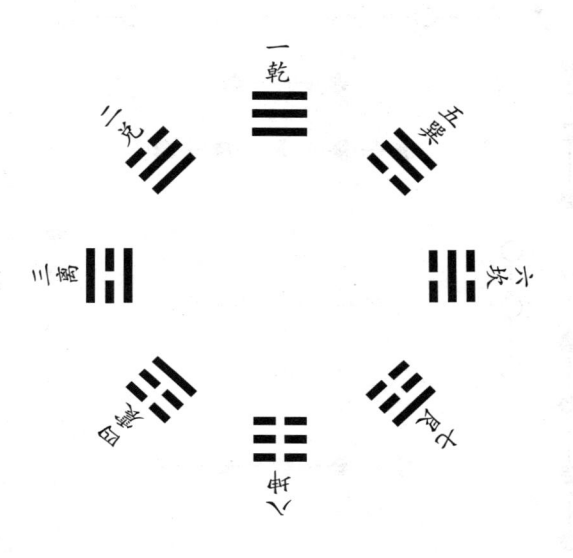

后天八卦方位

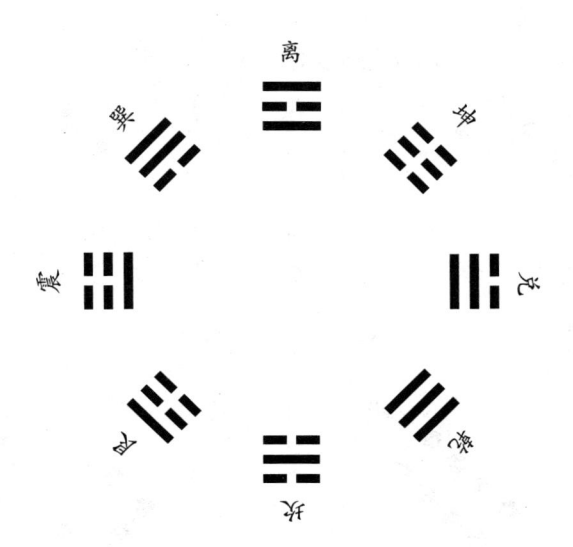

河 图

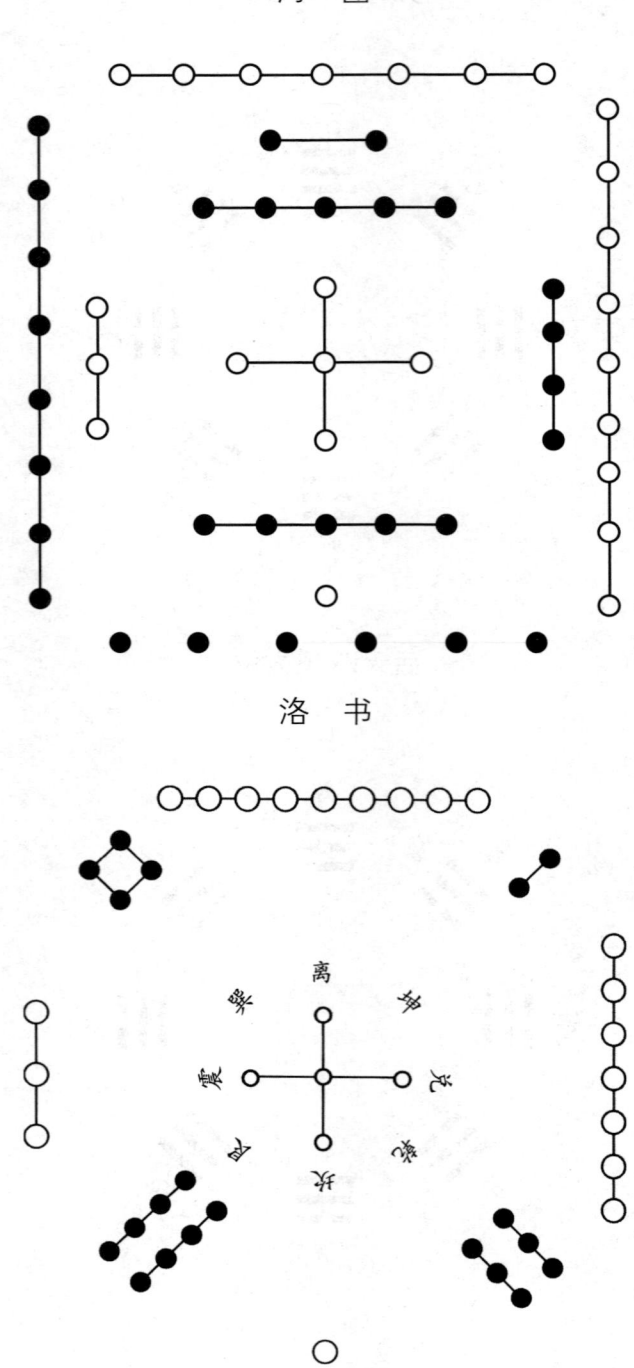

洛 书

先天卦配河图之象图

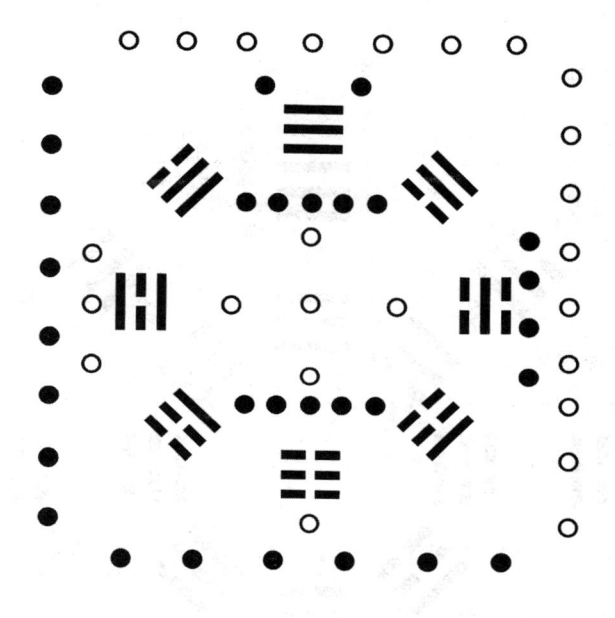

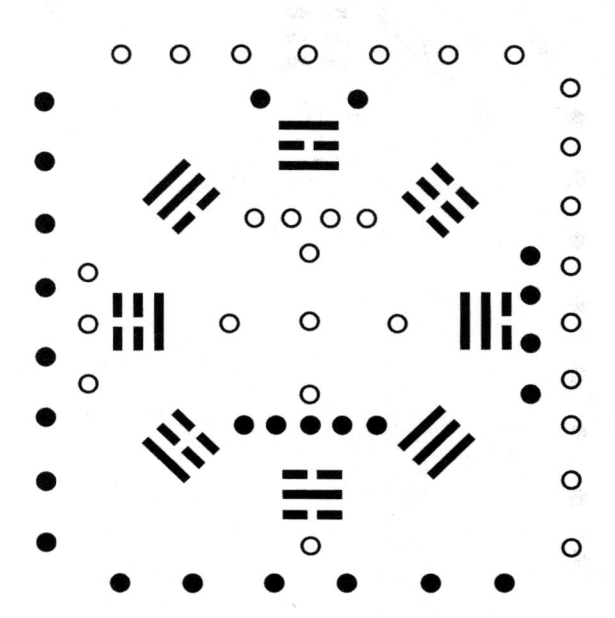

后天卦配河图之象图

八宅明镜卷上

401

先天卦变后天卦图

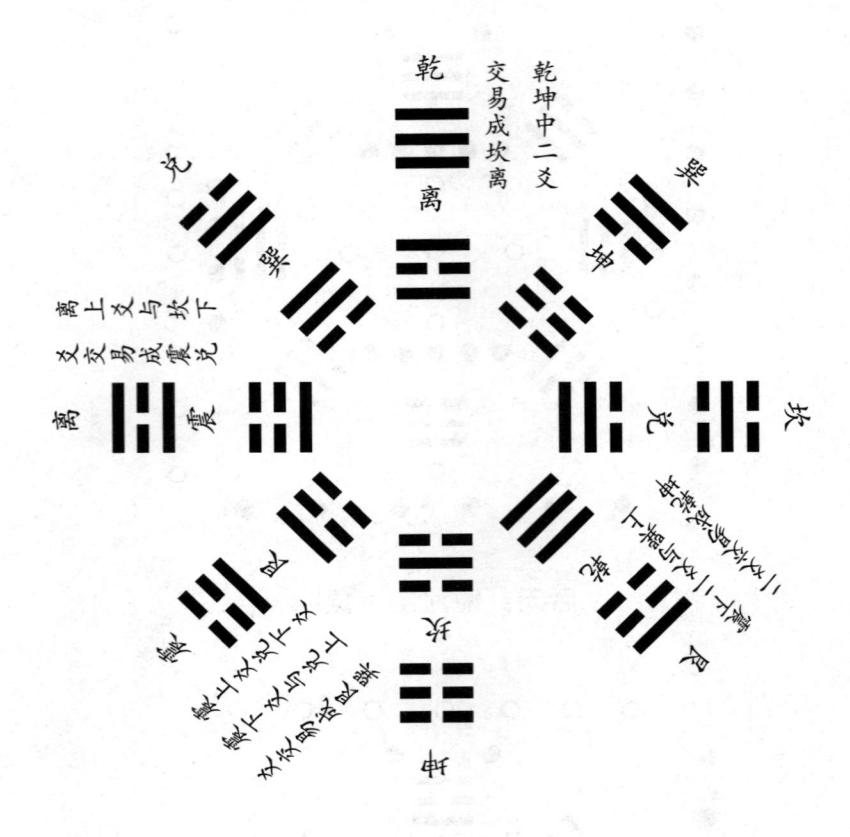

乾坤中二爻交易成坎离

乾
离

巽

坤

离上爻与坎下爻交易成震兑

震

兑

坎

震上爻与艮下爻交易成巽艮

艮

巽下爻与兑上爻交易成乾坤

坤

先天卦配洛书之数图

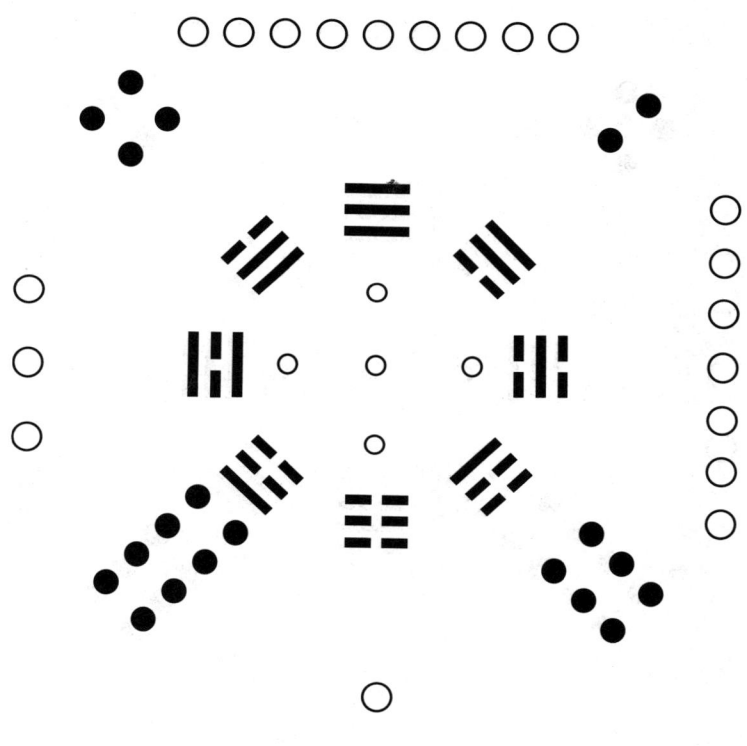

一坤，二巽，三离，四兑
六震，七坎，八艮，九乾

后天卦配洛书之数图

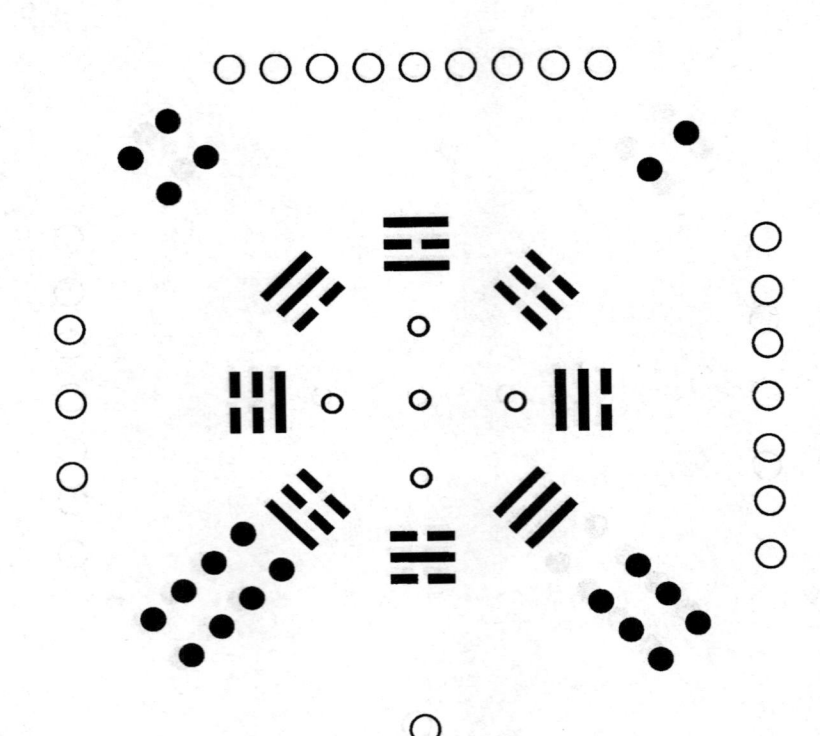

一坎，二坤，三震，四巽
六乾，七兑，八艮，九离

排山掌上起三元甲子诀

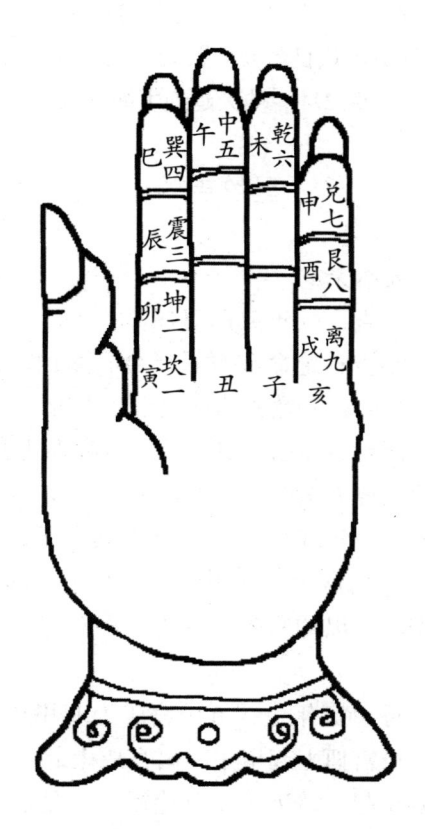

　　排山掌上起，从寅数到狗。一年隔一位，不用亥子丑。
　　上元甲子一宫连，中元起巽下兑间。上五中二下八女，男逆女顺起根源。

游年歌

坎艮震巽离坤兑，艮震巽离坤兑乾。乾六天五祸绝延生，坎五天生延绝祸六。震巽离坤兑乾坎，巽离坤兑乾坎艮。艮六绝祸生延天五，震延生祸绝五天六。离坤兑乾坎艮震，坤兑乾坎艮震巽。巽天五六祸生绝延，离六五绝延祸生天。兑乾坎艮震巽离，乾坎艮震巽离坤。坤天延绝生祸五六，兑生祸延绝六五天。

星煞吉凶

右弼所属不定，吉凶亦无定。

生气贪狼星属木，上吉；延年武曲星属金，上吉；天医巨门星属土，中吉；伏位佐辅星属木，小吉；绝命破军星属金，大凶；五鬼廉贞星属火，大凶；祸害禄存星属土，次凶；六煞文曲星属水，次凶。

生气辅弼亥卯未，延年绝命巳酉丑，天医禄存四土宫，五鬼凶年寅午戌，六煞应在申子辰，震巽坎离为东四，乾坤艮兑西四位。

假如上元甲子，宅主甲寅年生，一宫寅上起甲子，逆数跳入离宫戌上起甲戌，艮宫酉上起甲申，兑宫申上起甲午，乾宫未上起甲辰，中宫午上起甲寅，是谓中宫生人，寄坤，以坤宫生人主之，游年起"坤天延绝生祸五六"，按诀推之，以定吉凶。

又如三元甲子，宅母甲寅年生，五中宫午上起甲子，顺数乾宫未上起甲戌，兑宫申上起甲申，辰宫酉上起甲午，离宫戌上起甲辰，坎宫寅上起甲寅，是谓坎宫生人主之，游年起"坎五天生延祸六"是也。

东四宅诀

震	东	坎
	四	
巽	宅	离

艮	西	乾
	四	
兑	宅	坤

震巽坎离是一家，西四宅爻莫犯他。若还一气修成象，子孙兴旺定荣华。

西四宅诀

东南 巽	南 离	坤	西南
正东 震		兑	正西
东北 艮	坎北	乾	西北

四巽巳	五 中	未乾六
三震辰	午	申兑七
二坤卯		酉艮八
一坎寅		戌离九

乾坤艮兑四宅同，东四卦爻不可逢。误将他象混一屋，人口伤亡祸必重。

八卦三元九宫九星之图

		戴九		
四肩	中元 巽 辅弼 皆四 不绿伏 变木位	下元 离 廉贞 变九 下紫五 二气鬼	上元 坤 禄存 变二 下黑祸 一土害	二肩
左三	上元 震 贪狼 变三 上碧生 一木气	中元 五黄土	下元 兑 破军 变七 中赤绝 爻金命	右七
八足	下元 艮 巨门 变八天 下白医 二土	上元 坎 文曲 变一 上白六 下水煞	中元 乾 武曲 俱六 变白延 尽金年	六足
		履一		

其法以洛书九宫为序，坎一、坤二、震三、巽四、中五、乾六、兑七、艮八、离九。一、二、三为上元，四、五、六为中元，七、八、九为下元，此三元之序也。坎为一白，坤为二黑，震为三碧，巽为四绿，中为五黄，乾为六白，兑为七赤，艮为八白，离为九紫，此紫白之序也。坎为六煞文曲水，坤为祸害禄存土，震为生气贪狼木，巽为伏位辅弼木，五中黄无星，乾为延年武曲金，艮为天医巨门土，离为五鬼廉贞火，兑为绝命破军金，此峦头九星五行本宫之定位也。其变爻相配，另其图于后。

三元命卦配灶卦诀

如天启四年，甲子系下元，男起兑宫为兑命，逆行。乙丑生属乾命，丙寅属中寄坤是坤命，丁卯巽，戊辰震，己巳坤，庚午坎，辛未离，壬申艮，癸酉又属兑，以九宫逆行六十年。女命即顺轮九宫。

今康熙二十三年甲子，又为上元。

假如上元丁卯生女，即艮宫坐命，以艮命起大游年，"艮六绝祸生延天五"，此西四命也。看灶门即火门也，向西四吉，东四凶。

乾坤艮兑为西四命，坎离震巽为东四命，以大游年《摇鞭赋》断吉凶。灶屋方位，宜压本命之绝、六、祸、五方煞，不宜犯其宅、其年之都天、五黄，即灶口宜向本命之生、天、延、伏方，亦不宜向本宅之都天、五黄。故催财宜向生气，而坤艮二命五黄在坤艮，生气亦在坤艮，因五黄同交入伏，不宜向，向则有灾。催财丁灶口宜向伏位，俟其年天乙贵人到命，必生子，极验。天乙贵人即坤也。如上元甲子逆轮，庚辰年三碧值，即以碧入中，四乾、五兑、六艮、七离、八坎、九坤、一震。若巽命人伏位灶，即天乙坤到命也。余仿此。灶日用紫白遁得生气到火门，催财亦验，六十日应。

九宫命宅三元排掌图

巽四 中元甲子生男 起⊕	中五 上元甲子生女 起⊕	乾六 下元乙丑生男 上元乙丑生女
震三 中元乙丑生女 中元乙丑生男		兑七 下元甲子生男 起⊕
坤二 中元甲子生女 ⊕		艮八 下元甲子生女起 起⊕
坎一 上元甲子生男 ⊕		离九 上元甲子生男 下元甲子生女

男一宫一旬，至本旬宫逆数至生年本命；女一宫一旬，顺数至生年本命。

捷　诀

甲子、甲戌、甲申、甲午、甲辰、甲寅。（旬头子戌申午辰寅。）

一四七宫男起布，五二八宫女顺推。男五寄二女寄八，甲子周轮本命寻。上元甲子一宫连，中元起巽下兑开。上五中二下八女，男顺女逆起根源。

算定上中下三元不可差误。假如上元甲子生男起坎一宫坎命，逆行乙丑生是离命，丙寅生是艮命；中元甲子生男起巽四宫巽命，乙丑生是震命，丙寅生是坤命；下元甲子生男起兑七宫兑命，乙丑生是乾命，丙寅生是中五，寄坤二宫为坤命。

上元甲子生女起中五，寄八为艮命，顺行乙丑生乾命，丙寅生兑命；中元甲子生女起坤二宫坤命，乙丑生是震命，丙寅生是巽命；下元甲子生女起艮八宫是艮命，乙丑生是离命，丙寅生是坎命。余仿此。

上元男命入中寄坤宫

己巳、戊寅、丁亥、丙申、乙巳、甲寅、癸亥。

中元男命入中寄坤宫

壬申、辛巳、庚寅、己亥、戊申、丁巳。

下元男命入中寄坤宫

丙寅、乙亥、甲申、癸巳、壬寅、辛亥、庚申。

上元女命入中寄艮宫

甲子、癸酉、壬午、辛卯、庚子、己酉、戊午。

中元女命入中寄艮宫

丁卯、丙子、乙酉、甲午、癸卯、壬子、辛酉。

下元女命入中寄艮宫

庚午、己卯、戊子、丁酉、丙午、乙卯。
康熙二十三年上元甲子。

三元甲子男女宫位便览

乾隆九年甲子后所生男女系中元安命。

上中下	上中下	上中下	上中下	上中下	上中下
甲子 一四七 五二八	甲戌 九三六 六三九	甲申 八二五 七四一	甲午 七一四 八五二	甲辰 六九三 九六三	甲寅 五八二 一七四
乙丑 九三六 六三九	乙亥 八二五 七四一	乙酉 七一四 八五二	乙未 六九三 九六三	乙巳 五八二 一七四	乙卯 四七一 二八五
丙寅 八二五 七四一	丙子 七一四 八五二	丙戌 六九三 九六三	丙申 五八二 一七四	丙午 四七一 二八五	丙辰 三六九 三九六
丁卯 七一四 八五二	丁丑 六九三 九六三	丁亥 五八二 一七四	丁酉 四七一 二八五	丁未 三六九 三九六	丁巳 二五八 四一七
戊辰 六九三 九六三	戊寅 五八二 一七四	戊子 四七一 二八五	戊戌 三六九 三九六	戊申 二五八 四一七	戊午 一四七 五二八
己巳 五八二 一七四	己卯 四七一 二八五	己丑 三六九 三九六	己亥 二五八 四一七	己酉 一四七 五二八	己未 九三六 六三九
庚午 四七一 二八五	庚辰 三六九 三九六	庚寅 二五八 四一七	庚子 一四七 五二八	庚戌 九三六 六三九	庚申 八二五 七四一
辛未 三六九 三九六	辛巳 二五八 四一七	辛卯 一四七 五二八	辛丑 九三六 二五八	辛亥 八二五 七四一	辛酉 七一四 八五二
壬申 二五八 四一七	壬午 一四七 五二八	壬辰 九三六 六三九	壬寅 八二五 七四一	壬子 七一四 八五二	壬戌 六九三 九六三
癸酉 一四七 五二八	癸未 九三六 六三九	癸巳 八二五 七四一	癸卯 七一四 八五二	癸丑 六九三 九六三	癸亥 五八二 一七四

假如甲子下前一行小字，一四七数，乃男命三元九宫；甲子下后一行小字，五二八数，是女命三元九宫，余仿此。逢一坎、二坤、三震、四巽、五（男寄坤、女寄艮）、六乾、七兑、八艮、九离，依后天八卦方位合洛书之数。

此乃照《时宪书》所载三元九宫，亦与王肯堂《笔尘》所记以人。

乾坎艮震巽离坤兑东四西四八宅秘图

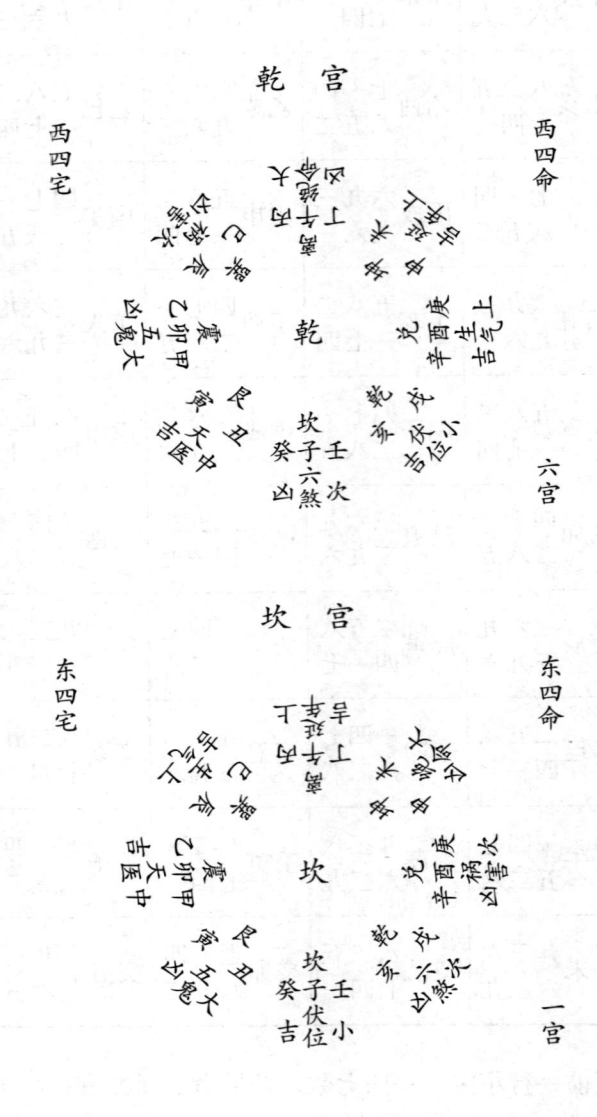

乾宫

西四宅 / 西四命 / 六宫

乾宫：乾、坎艮震巽离坤兑配位吉凶图示

坎宫

东四宅 / 东四命 / 一宫

坎宫：坎子伏位吉、壬小、癸吉等配位图示

艮宮

西四命　　　　　　　　　　　　八宮

西四宅

　　　　丁未延年吉　　　　庚酉辛天醫中吉
　　　　　　　艮
　　　　　　寅丑　　　　　　　乾亥
　　　　　　坎癸子五鬼凶　　　壬大

巽辰巳絕命大凶

乙卯甲震六煞凶

震宮

東四命　　　　　　　　　　　　三宮

東四宅

　　　　丁未生氣吉　　　　庚酉辛絕命大凶
　　　　　　　震
　　　　　　寅丑艮　　　　　乾亥
　　　　　　坎癸子天醫吉　　壬中

巽辰巳延年吉

乙卯甲震伏位小吉

巽宮

东四宅

东四命

	丁午离绝命	坤未六煞	兑辛酉庚祸害	乾戌亥六煞次
巳巽	**巽**			
乙卯震甲延年上	坎壬癸子生气吉大			
艮丑寅绝命				

四宫

离宫

东四宅

东四命

	丁午离伏位	坤未六煞	兑辛酉庚五鬼凶	乾戌亥绝命大
巳巽天乙吉	**离**			
乙卯震甲生气上吉	坎壬癸子延年吉			
艮丑寅祸害凶				

九宫

坤宮

西四命

西四宅

```
            离午丙
           吉六煞上
        巽巳  丁未坤  兑酉庚
       辰甲  坤  申辛  天医中吉
        乙卯震  丑艮  戌乾亥
        祸害次凶  生气上吉  延年上吉
            癸子坎
            壬大
            绝命
```

二宫

兑宫

西四命

西四宅

```
            离午丙
           吉五鬼上
        巽巳  丁未坤  兑酉庚
       辰甲  兑  申辛  伏位上吉
        乙卯震  丑艮  戌乾亥
        绝命大凶  延年上吉  生气上吉
            癸子坎
            壬次
            祸害
```

七宫

王肯堂论八宅生气等星吉凶之源

　　自太极分阴阳，阳之中有阴有阳，所谓太阳、少阴也；阴之中有阳有阴，所谓太阴、少阳也。太阳之中，阳乾阴兑；少阴之中，阳震阴离；少阳之中，阳坎阴巽；太阴之中，阳艮阴坤，所谓先天八卦也。乾父，坤母，震长男，巽长女，坎中男，离中女，艮少男，兑少女，所谓后天八卦也。阳道主变，其数以进为极，故乾父得九，震长男得八，坎中男得七，艮少男得六；阴道主化，其数以退为极，故坤母得一，巽长女得二，离中女得三，兑少女得四。此河图、洛书自然之数，而不离于五者也。故先天之合为生气焉，后天之合为延年焉，五数之合为天医焉。乾九合艮六，坎七合震八，坤一合兑四，巽二合离三，阳得十五而阴得五，故曰五数之合也。其不合者皆凶矣。乾与离，兑与震，坤与坎，艮与巽，皆以阴而克阳，凶莫甚矣，故为绝命也。乾与震，巽与坤，坎与艮，兑与离，皆阳克阳，阴克阴，其凶次之，故为五鬼也。乾与坎，艮与震，巽与兑，坤与离，皆六亲相刑，故为六煞也。乾与巽，坎与兑，艮与离，坤与震，金水土相克而子酉丑午相破，故为祸害也。总之，合皆比而生吉，不合者相克而生凶，此东四、西四八宅之所以判，而各星分配之所以殊也。画卦自下而上，变卦自上而下。故一变而乾得兑，兑得乾，离得震，震得离，巽得坎，坎得巽，艮得坤，坤得艮，所以为生气也。二变而乾得震，震得乾，坎得艮，艮得坎，巽得坤，坤得巽，兑得离，离得兑，所以为五鬼也。三变而乾得坤，坤得乾，坎得离，离得坎，震得巽，巽得震，艮得兑，兑得艮，所以为延年也。四变而乾得坎，坎得乾，艮得震，震得艮，巽得兑，兑得巽，离得坤，坤得离，所以为六煞也。五变而乾得巽，巽得乾，坎得兑，兑得坎，艮得离，离得艮，震得坤，坤得震，所以为祸害也。六变而乾得艮，艮得乾，坎得震，震得坎，巽得离，离得巽，坤得兑，兑得坤，所以为天医也。七变而乾得离，离得乾，坎得坤，坤得坎，艮得巽，巽得艮，震得兑，兑得震，所以为绝命也。世所传游年歌，其源实出于此，而将为捷法以括之。时师执流而忘源，不复深求其故，此吉凶所以无据也。

八	七	六	五	四	三	二	一
坤	艮	坎	巽	震	离	兑	乾
太阴		少阳		少阴		太阳	
阴				阳			

福 元

宅之坐山为福德宫，人各有所宜。东四命居东四宅，西四命居西四宅，是为得福元。如西而居东，东而居西，虽或吉不受福也。如东西之宅难改，当于大门改之；如大门难改，当权其房之吉以位之；如房不可易，当移其床以就其吉，则虽无力，贫家亦可邀福也。

宅舍大门

大门宜安于本命之四吉方，不可安于本命之四凶方，又须合青龙坐山之吉方以开门，又宜迎来水之吉方以立门，三者俱全，则得福而奕叶流光矣。屋有坐有向，命有东有西，若专论山向而不论命者，大凶；论命而不论山向者，小凶；合命又合坐向者则永福。如乾山巽向，乃西四宅也，大门宜在坤、兑、艮方，以配乾之西四坐山。而床、香火、后门、店铺、仓库之类，亦宜安西四吉之位，以合坐山。若灶座、坑厕、碓磨则宜安西四宅之四凶方，以压其凶。而灶之火门，又宜向四吉方，烟道宜出四凶方，以熏凶神。但此宅惟乾坤艮兑西四宅命居之吉，若坎离震巽东四宅命居之则凶矣。

按：宅基外势，临水临街，更有九局焉。局之真正者，其力量足以胜坐山也。

六 事

六事者，乃门、路、灶、井、坑厕、碓磨，居家必需之物。安放得所，取用便宜。人每忽其方道，一犯凶方，利用之物反为致害之由，暗地生灾，受祸不知，良可浩叹。

坑 厕

凡出秽之所用，压于本命之凶方，镇住凶神，反发大福，甚验。其方皆与灶、屋、烟窗相对，用以压之则吉矣。然详审方位，不可混错，或误改于屋之吉方，则同来路之凶矣。即尺基丈址，亦宜清楚的确。

分　房

分房者，祖孙、父子、伯叔、兄弟，分居所宜之房位也。虽分爨，未分爨，同居一宅之中，而东西南北四隅之房各异，俱可分别，违之则凶。即一进之屋，或仅一两间者，只丈尺之间合命者吉。故东命弟居东，西命兄居西，无不福寿。苟失其宜，贫夭不免矣。楼上下相同。

床　座

阳宅诸事，惟床易为。其立法有四：宜合命之吉方为最，又宜合分房之吉，又宜合坐山之吉，又宜合《照水经》以门论房之吉。然四者难全，当从其可据者以合其吉，不越乎可先后而已。若精心措置，则为人移床，生子发福，易于反掌，亦须四课助之。

如正屋坐山不合生命，可于侧房小屋之合命者安床居之。而以正屋正房与子孙合命者作房安床，则各无灾而获福矣。

灶座火门

锅灶人皆视为细小事，而不知为五宅之要务。如灶压本命生气方，则怀鬼胎，或落胎不产，即有子而不聪明，不得财，不招人口，田畜损败。若压天医方，则久病卧床体弱，服药无效。若压延年方则无寿，婚姻难成，夫妇不合，伤人口，损田畜，多病窘穷。若压伏位方，则无财无寿，终身贫苦。若压本命之破军、绝命方，则无病有寿，多子发财，招奴婢，又无火灾。如压六煞方，则发丁发财，无病无讼，无火灾，家门安稳。若压祸害方，不退财，不伤人，无病无讼。若压五鬼方，无火灾，无盗贼，奴婢忠勤得力，无病发财，田畜大旺。须丈量屋之基址，务使方位真正，不可猜度误事。当用大纸，将屋基及层数逐一量明丈尺，画成一图，每基一丈，折方一寸，将屋总图分作八卦九宫，写明二十四方向，而后知某方某位为某间，则吉凶昭然矣。火门者，锅底纳柴烧火之口，得向吉方，发福甚速，期月之间即验。子嗣贫富，灾病寿夭，以之日用饮食者，此为根本也。如东命人火门向东卦则吉，向西卦则凶；西命人火门向西卦则吉，向东卦则凶。西命火门，人身背西向东炊火则是吴。

所云将屋基量明丈尺，最为有理。如壬山丙向者，中为壬，右为亥，再右为乾，更右为戌；中左为子，再左为癸，更左为丑，而艮乃在墙外空处及东西之北矣。如癸山丁向者，中为癸，左为丑，再左为艮，更左为寅；中右为子，再右为壬，更右为亥，而乾乃在墙外空处也，及西南之北矣。即此推之，东西向之方位了然不爽。更有癸丁壬丙，不尽房中，而偏左偏右，即当以所偏之处为中宫矣。

作　灶

作灶宜用天德、月德、玉堂、生气、平、定、成等吉日。

东命人宜向南，或东南，或东；西命人宜向西，或西南吉方。以灶火门立向，宜取生气催丁。另载：作灶忌朱雀黑道、天瘟、土瘟、天贼、天火、独火、十恶大败、转煞、毁败、丰至、微冲、九土鬼、四废、建、破、丙、丁等日，逢午亦忌。

幕讲师论作灶吉凶断：灶入乾宫号灭门，亥壬二位损儿孙。寅申得财辰卯富，艮宫遭火巽灾瘟。子癸坤方皆用若，丑伤六畜福难存。乙丙益蚕庚大吉，若逢午位旺儿孙。申酉丁方多疾病，辛宫小吉戌难分。又云：房后灶前家道破。安灶后房前，子孙不贤。房前有灶在未坤丑艮上，生邪怪之祸。房前有灶，心痛脚疾。栋下有灶，主阴私痨怯。开门对灶，财畜多耗。坑若近灶，主眼疾疯病，邪事多端。灶后房前，灾祸延绵。灶后装坑地，绝嗣孤寡。井灶相连，姑嫂不贤。又云：灶在卯方，命妇夭亡。灶在后头，养子不收。灶在艮边，家道不延。

香　火

土地祠神，祖先祠堂，皆香火也。安本命之吉方则得福，凶方必有咎。古云：移烟改火者，谓无锅烟香火，有祸无福也。若误移其方，则变其吉之来路，反凶矣。凡出秽之所，用压于本命之凶方，镇住凶神，反发大福，甚验。其方皆与灶屋、烟窗相对，用以压之，吉矣。然当详审方位，不可混错。或谓改于屋外之吉方，则同来路之凶矣。即是基丈址，亦宜清楚的确矣。

论婚姻

命元是东四命者，宜婚东四命妻，则有子多福；误结西四命妻，则艰于子嗣，不和不发福。如坎命男配巽命女，巽为坎之生气，必有五子，又和而助夫成家。若坎命男娶艮命女，是为五鬼，虽有二子，必不和而窃财。古云：贪生五子巨三郎，武曲金星四子强。五鬼廉贞儿两个，辅弼只是半儿郎。文曲水星独一子，破军绝命守孤媚。禄存无子人延寿，生克休囚仔细详。此合与妻命固有准，即得来路灶向之合命者，亦可断其子之多寡有无也。如乾夫兑妻，生气有五子，但金见金相敌，主不和。坤延年妻，四子和睦。或云乾坤配合最宜，应六子。艮天医妻，三子。乾伏位妻，只一女。离绝命妻，无子。又离火克乾金，必惧内。坎六煞妻，一子相争。震五鬼妻，二子，长难招。又乾克震，夫欺妻。巽祸害妻，为腐木懒妇，常受夫辱。禄存妻无子，夫妇多寿。余命皆仿此推。然须论其星之生克吉凶与得位不得位，以为救助，庶可广嗣助吉矣。妻元论命之法较有益，于《通书》、《吕才合婚》之例，予屡试之，无如此的，确有实验也。世之求婚配者，先留意于此也。

按：《吕才合婚》之说，即从游年诀中来，所谓生煞、天医、五鬼、绝命固相同，而所云福德即延年，归魂即伏位，游魂即六煞，绝体即祸害，名虽异而实则同。但其下所住之数，即九宫之数。而细核之也，惟生、游、绝、归四条数不差，其福、天、体、五，四条俱错，皆后人以讹传讹，不考从来，习而不觉。外不知八卦中乾兑生于太阳，离震生于少阴，巽坎生于少阳，艮坤生于太阴。二太所生西四，二少所生东四，此命巽宅所由分，而各星吉凶皆从各卦挨变而起，理固有据，数亦可考，奈何迷其源而紊其流乎？固为订正，附录于后。至上元甲子起一宫，《时宪》现载书不以论男女命元婚姻之数。而旧传上元起七宫，与今当异。或云，以竹书讹年考之，实差一元，康熙甲子乃系下元，未知孰是，然毕竟以《时宪书》为准。

论女命利月 如入赘论男命

	子午生	丑未生	寅申生	卯酉生	辰戌生	巳亥生
大利月	六十二	五十一	二八月	五七月	四十月	三九月
妨媒人	正七月	四十月	三九月	六十二	五十一	二八月
妨翁姑 翁无姑不忌	二八月	三九月	四十月	五十一	六十二	正七月
妨父母 无父母不忌	三九月	二八月	五十一	四十月	正七月	六十二
妨夫主	四十月	正七月	六十二	五九月	三九月	五十一
妨女身	五十一	六十二	正七月	二八月	四十月	

凡亲属行嫁，大利月如前吉期，百无禁忌，新妇拜见无妨。若余月各有休咎，屡经屡验，不可不慎也。

和尚公杀 男命宜忌

巳午未生人忌用申子辰日，申酉戌生人忌用亥卯未日，亥子丑生人忌用寅午戌日，寅卯辰生人忌用巳酉丑日，名曰"和尚煞"。又云：孤神寡宿煞，及本命三煞，犯者主无子息。此例只论男命，不论女命。惟推大小利月论女命。但和尚是男子，若以女命而论者，错矣。若得男女俱不犯者，更妙。

论男女生命行嫁月孤虚煞

	孤	虚		孤	虚
甲子旬	九十月	三四月	甲戌旬	七八月	正二月
甲申旬	五六月	十一十二月	甲午旬	三四月	九十月
甲辰旬	正二月	七八月	甲寅旬	十一十二月	五六月

曲脚杀：己巳、丁巳、乙巳，人命遇之主克妻。

阴错阳差歌

阳并阴错是如何，辛卯壬辰癸巳多。丙午丁未戊申是，辛酉壬戌癸亥过。丙子丁丑戊寅日，十二宫中细细歌。

吕才合婚图

福德即是延年，游魂即是六煞，绝体即是祸害，归魂即是伏位。

合福德、生气、天医为上婚，主子孙昌旺，大吉。游魂、归魂、绝体为中婚，较量轻重，用之亦吉。五鬼口舌相连，绝命、祸害甚重，为下婚，避之则吉，不可不知之矣。

福德	生气	天医	归魂
一四六七 九三二八	一三六八 四九七二	六三七四 八一二九	一二三四 一二三四
九三二八 一四六七	四九七二 一三六八	八一二九 六三七四	六七八九 六七八九
游魂	五鬼	绝体	绝命
一三七九 六八四二	一二三七 八四六九	一三九六 七二八四	一三四六 二七八九
六八四二 一三七九	八四六九 一二三七	七二八四 一三九六	二七八九 一三四六

三元男女生命宫数

							上元	中元	下元
							男女	男女	男女
甲子	癸酉	壬午	辛卯	庚子	己酉	戊午	七五	八五	四八

续表

							上元	中元	下元
							男女	男女	男女
乙丑	甲戌	癸未	壬辰	辛丑	庚戌	己未	六六	九三	三九
丙寅	乙亥	甲申	癸巳	壬寅	辛亥	庚申	五七	八四	二一
丁卯	丙子	乙酉	甲午	癸卯	壬子	辛酉	四八	七五	一二
戊辰	丁丑	丙戌	乙未	甲辰	癸丑	壬戌	三九	六六	九三
己巳	戊寅	丁亥	丙申	乙巳	甲寅	癸亥	二一	五七	八四
庚午	己卯	戊子	丁酉	丙午	乙卯		一二	四八	七五八
辛未	庚辰	己丑	戊戌	丁未	丙辰		九三	三九	六六
壬申	辛巳	庚寅	己亥	戊申	丁巳		八四	二一	五二七

此通书所载男女生命三元宫数合婚之图，与合《时宪书》后所载各异，姑并识之。

嫁娶周堂图

凡选择嫁娶日，大月从夫顺数，小月从妇逆数，择第、堂、厨、灶日用之大吉。如遇翁、姑而无翁、姑者亦可用。

男女合婚辨谬

合婚之谬，张神峰谓之久矣，而诸家犹宗之道。从八宅起例者之宪书无不吻合，试之男女，应验如神。更有不准，则床灶之转移也。催丁之法，莫善于此，故时取而正之男女宫位，诀演宫卦，辨婚姻之宜忌；辙异东西，定房屋之吉凶。宜分左右，安床立户，随生命以转移；作炉置灶，旋乾坤于掌握。神奇莫测，变运八方。无端一行蛮貊，复遇吕才反诀，倒装生旺，逆取休囚，计陷蛮方，祸遗千古，特行订正。另设横推，使知生命之讹，一说合婚之谬矣。

假如坎命之男，得巽方来路与灶向，亦与得妻，巽妻命相同，皆是得生气，而有子且富贵也。曾有一坎命人，娶兑命妇人，犯祸害禄存，当无子。又其人云命犯孤神，来求挽救之法。师云："你去将灶门改朝汝坎命之东南巽方，乃得生气星食之，当有子。又将小灶或风炉另以口朝乾向，使妻独食，则妻亦得生气吉向，亦当有子。"其人从之，果生五子。屡应屡验。

凡命生七月以前者，作上元论。

修造论 新造同

凡添修拆补房屋，及换椽、盖瓦、修门，皆为修方，而吉凶立应。如修本命之吉方，旬日见福。予师令人于本命之吉方高造晒台，逾年即富。如乾命人修生气正西兑方，发大财，期年即见，后又出贵。或修东北西南坤及本位皆吉，若误修他方皆凶。诸命皆然，各以类推。然必须丈量基路，使吉方之卦位准的，方能应验。凡略动斧木，砌砖泥墙，造花台亭榭，皆修方。其犯来路灶向，与修方同凶。

坎方坑厕，未方能利盗贼；乾方作坑，男瞽女跛。

阳宅六煞

前高后低谓之过头屋，出孤寡。房屋两旁有直屋，为推车屋。前后平屋，中起高楼，二姓招郎。前正屋，后边不论东西南北中央，或一间、二间乱起，谓埋儿煞。四边多有屋，中间天井，出入又无墙门，谓扒尸煞。屋后有直屋，谓直射煞。左右屋低中高，谓冲天煞。前后两进，两旁厢房，中堂如口字，四檐屋角相对，谓埋儿煞。厅屋三间，中一间装屏门，两旁对一步者，谓停丧煞。不论前后，檐下水滴在阶檐上者，主血症。屋前如有梁木搭板，暗冲檐架者，谓穿心煞。屋后如箭暗冲者，谓暗箭煞。屋后白虎边另有一间横屋，谓自缢煞。屋后青龙上有一间横屋，谓投河煞。厅后高轩，又有正房如工字样，谓工字煞。前后两进，有一边侧厢者，谓亡字煞。不论前后天井两旁，如有山墙对照，谓金字煞，在西方者更甚。不论前后门首，或楹柱，或墙垛，或屋尖当门者，谓孤独煞。如屋大梁上又架八字木者，出忤逆。如一层前后翻轩，皆可作正面，主夫妻弟兄不和。门前四面围墙，中开一门，东西两家俱从一门出入，路若火字形，不宜。房门上转轴透出，主生产不易。一家连开三门如品字，多口舌。两门对面，谓相骂门，主家不和。面前如有鸡口朝对，不宜。前檐滴后檐，两层屋相连，不宜。面前左右有小塘，水满时或东放西，西放东，谓之连泪眼，不宜。卧房前不宜堆假山、土山，谓堕胎煞。乱石当门，谓磊落煞。住宅前有深林，主怪物入门。住屋前后有寺庙，不宜。禄存方向不宜有树被藤缠满者，谓之缢颈树。面前有路川字形，不宜。山尖冲开门，名穿煞，大忌。床横有柱，名悬针煞，主损小口。

花粉煞日 以夫妇年天干看之

甲乙生辰丑未日，丙丁卯酉实堪伤。戊己巳申须大忌，庚辛最怕虎猪强。壬癸辰戌是花粉，男嫁女婚犯须亡。

作灶忌绝烟火日主冷退

正五九月丁卯日，二六十月甲子日，三七十一月癸酉日，四八十二月庚午日。
又忌丙丁两干，为灶的命煞。戊己为灶土皇煞。更忌六壬死运日。

分居绝烟火煞 分居忌日

正七分居辰戌防，二四猪蛇不可当。三九切忌游子午，四十又怕犯牛羊。五十一月寅申忌，六十二月卯酉殃。世人不怕绝烟火，十人犯着九人亡。

九　星

贪、巨、禄、文、廉、武、破、辅、弼。

四吉星方

生气贪狼木，宜屋高，安门床并灶口向之，四吉方切忌发坑。天医巨门土，宜屋高，开门安此，坐东而会凶。延年武曲金，宜屋高，来路、安门、床、灶向，居西而获吉。伏位辅弼无专主，宜安房床只生女。

四凶星方

破军绝命金，犯之不吉，震巽离相克。六煞文曲水，犯之凶，坤艮巽皆不吉。五鬼廉贞火，犯之不吉，坎乾兑亦非宜。祸害禄存土，犯之凶。

本命之四凶方宜安灶座、坑厕、井、碓、磨等压之。

作灶求财法

灶座压东西命之杀方，火门向本命之生气、延年、天医等星吉方，取气为佳。元命合灶曰吉向，可以求财。合生气方大富，生气属木星，应在亥卯未年月。合天医亦吉，系巨门土星，应在申子辰年月。合延年武曲金星，应在巳酉丑年月。合伏位、辅弼木星有小财，亦应在亥卯未年月。

催子法

以灶座、十臭水、毛厕等类压本命之凶方，其灶火门向本命之生气吉星方，主周年生贵子，百事吉祥。

催财法

以十臭水、灶座、毛厕压住本命之六煞方位，灶火门向本命之延年吉方，主一月内得小财，三月得中财，一年得大财。

安床造床忌用日

心、昴、奎、娄、箕、尾等星宿值日，是日忌之。

罗天大忌日 忌修造

初一休问子，初三莫逢羊。初五马上坐，初九问鸡乡。十一休逢兔，十三虎在旁。十七牛眠地，廿一鼠偷粮。廿五怕犬吠，廿七遭兔伤。廿九猴作耍，日退最难当。

修造忌晦气煞日

丙子命忌辛丑日，丙申命忌辛巳日。甲子命忌己丑日，甲戌命忌己卯日。乙亥命忌庚寅日，丁亥命忌壬寅日。戊寅命忌癸亥日，丁丑命忌壬子日。

神嗷鬼哭日 百事忌用

正月壬戌日，二月癸亥日，三月丙子日，四月丁丑日，五月甲寅日，六月乙卯日，七月壬辰日，八月癸巳日，九月甲午日，十月乙未日，十一月甲申日，十二月乙酉日。闰月同前。

斩草破土忌用物

初一、初八、十五，并不用鸡祀为要。

戊己都天

甲己年辰巳，乙庚年寅卯，丙辛年戌亥，丁壬年申酉，戊癸年午未。阳年支重戊都，阴年支重己都。

八卦方位

乾、坎、艮、震、巽、离、坤、兑。

此即后天八卦方位。一卦管三山，戌亥属乾，壬癸属坎，丑寅属艮，甲乙属震，辰巳属巽，丙丁属离，庚辛属兑，未申属坤。共二十四山，统各八宅。

八宅东西

乾坤艮兑为西四宅，坎离震巽为东四宅。

八卦所属

乾为父，属金；坎为中男，属水；艮为少男，属土；震为长男，属木；并为阳。

巽为长女，属木；离为中女，属火；坤为母，属土；兑为少女，属金；并为阴。

九星五行

生气贪狼木，阳木上吉。天医巨门土，阳土次吉。延年武曲金，阳金次吉。五鬼廉贞火，独火凶。绝命破军金，阴金大凶。六煞文曲水，淫水次凶。祸害禄存土，阴土次凶。左辅右弼，随门而化。

三元九星

体为地盘		
巽 四绿	离 九紫	坤 二黑
震 三碧	中 五黄	兑 七赤
艮 八白	坎 一白	乾 六白

用为天盘		
巽四	中五	乾六
震三		兑七
坤二		艮八
坎一		离九

总论

黄时鸣云："凡京省府县，其基阔大，正盘已作衙门矣。民居与衙门相近者，不吉，秀气已尽钟故也。"

《发微》云：神前庙后乃香火之地，一块阴气所注，必无旺气在内。逼促深巷，茅坑拉脚，滞气所占，阳气不舒，俱无富贵之宅。屠宰场边，一团秽气；尼庵娼妓之旁，一团邪气，亦无富贵之宅。祭坛古墓，桥梁牌坊，一团敛杀之气；四边旷野，总无人烟，一块荡气；空山僻坞独家村，一派阴霾之气；近山近塔，一片廉贞火象，亦无吉宅。

形　势

凡阳宅，须基方正，入眼好看方吉。如太高、太阔、太卑小，或东扯西拉，东盈西缩，定损财丁。经云：屋形端肃，气象豪雄，护从整齐，贵宅也。墙垣周密，四壁光明，天井明洁，规矩翕聚，富贵宅也。南北皆堂，东西易向，势如争竞，左右雄昂，忤逆宅也。屋小而高，孤立无依，四边无护，孤寒宅也。东倒西倾，栋折梁斜，风吹雨泼，病痛宅也。屋宇黑暗，太阔太深，妖怪房也。屋宇不整，四壁破碎，橡头露齿，伶仃房也。基地太高，屋前深后陷，四水不聚，荡无收拾，贫穷宅也。屋高地窄者人财两退，地阔屋矮者一代发福。

黄时鸣云："住宅与衙门不同。衙门喜阔大壮观，住宅必翕聚始获福。"

卧房与外面客厅不同，厅前可以阔大，卧房之前阔大则气散。凡屋以天井为财禄，以面前屋为案山。天井阔狭得中聚财，前屋不高不矮，宾主相称获福。前屋太高者，主受欺；太低者，宾不称。太近者逼，太远者旷。前檐近则宜矮，前檐稍远则略高可也。住屋吉凶，全在此处。至于外之大厅又不同。以大厅之天井为小明堂，而前厅乃第一重案也。以前厅之外、大门之内为中明堂，而大门乃第二重案也。以前门之场为大明堂，而朝山乃第三重案也。小堂宜团聚，中堂略阔，而亦要方正，大堂宜阔大，亦忌旷野。

经云："屋少人多，为人克宅，吉；宅多人少，为宅胜人，凶。"

又云：两新夹故，死须不住；两故夹新，光显宗亲；新故俱半，陈粟朽贯。宅材鼎新，人旺千春；屋止半住，人散无主。间架成双，典尽衣粮；屋柱弯曲，子孙不睦。虫蛀木空，目盲耳聋；柱若悬空，家主命促。梁欹栋斜，是非反复；接栋接梁，三年一哭。

凡宅基最忌贪多，至有盈缺。诀云：乾宅屋基若缺离，中房有女瞎无疑。坎宅屋基若缺巽，长房多死少年人。艮宅基址若缺坤，长房无子谁人问。震宅基址若缺乾，长房遗腹不须言。巽宅基址若缺震，长房一定夭无人。离宅基址若缺乾，长房无子不待言。坤宅基址若缺艮，中房夭死少年人。兑宅基址缺无穷，诸房消灭一场空。

又云：坎宅屋基若盈乾，老翁花酒不须言。

楼

楼上为天，楼下为地。天克地，主卑小不吉，如上七下三是也。上下两向，主忤逆招盗；上高过下，自缢服毒。

凡正堂之上，不可安楼，厅堂亦忌，惟后堂可以安之。独高于众，四面风吹，住楼下人不吉。屋边有高楼压本屋，左压左凶，右压右凶。

间 数

每逢间架，宜用单数，不宜双数。三间吉，四间凶，五间定有一间空，七间定有两间空，试之奇验。

门 路

门有五种：大门、中门、总门、便门、房门是也。大门者，合宅之外大门也。最为紧要，宜开本宅之上吉方。中门者，在大门之内，厅之外，即仪门是也。关系略轻，除震巽乾兑不宜开直门外，其余从厅直出可也。若无两重门，则中门即大门，又必要上吉方。总门者，在厅之内，各栋卧房外之总门路也。盖屋小则专论大门之吉凶，则各房之去大门既远，吉凶亦不甚验也。其法单论各栋之出路，左吉则闭右而走左，右吉则闭左而走右，吉凶立验。便门者，合宅之通柴水左右之小便门也，亦宜三吉方，以助宅之吉。便门又名穿宫，书云"穿天门"，非也，还是穿本宅耳。大门吉，便门又吉，乃为全吉。房门者，各房之前后户也，宜三吉方。不论何门，自二扇以上，大小一律吉，左大换妻，右大孤寡。基窄屋小，则大门重而以便门与灶相助吉；基阔屋多，则大门远而不验。又以房之总门、便门为重，而以房门与灶相助吉。大门吉，合宅皆吉矣；总门吉，则此一栋吉矣；房门吉，则此一房皆吉矣。

宅无吉凶，以门路为吉凶。盖在坐山及宅主本命之生、天、延三吉方，则吉气入宅，而人之出入，步步去路自然获福矣。倘与人共居，门不能闭，而左右俱有门路，则气散而宅弱，祸福俱不应矣。此等屋惟灶在吉方者吉。

或大门在凶方，限于基址而不能改动，当于吉方另开一房门以收吉气，稍补于宅；或将客厅仍向前，卧房倒向后房，前吉，门吉，路亦吉。倒向则房后宜闭塞，房前要天井，宅之后墙不宜正中开门泄气，故便门必在两角上择三吉方开之。

凡门腰门必将罗经格定，量准丈尺方可开。法自后栋之后檐量至前栋之前檐，如得六十丈，则于三十丈下罗经，取吉方开门。开门宜在地支上，所谓"门向地中行"是也。

门不宜多开，多开则散气；路不宜多歧，多歧则宅弱矣。

屋门对衙门、仓门、庙门、城门者凶；街道直冲门者凶；街反出如弓背者凶。

宅门三重莫相对，宜相退让。

凡门楼，不可高压正堂，主招讼，损小口。若有牌坊欺压本堂者，克妻子，口舌官非被劫。在上堂之中者尤甚。

凡耳门在侧者宜相生。如癸山，大门在丁，耳门在巳，巳属火被癸克，主中男目疾。以正门属长，耳之左属中，而坎又为中男也。

定游星法

先从座上起游星到门上，后从门上起游星还本位，飞得吉星到本位，忌开后门、后窗以泄气。坐后不忌天井，但天井之后必有墙垣，上不宜开门与窗耳。凶门飞得凶星到本位，反宜开后门、后窗以泄之，则减凶。如一宅有高房，即从高房起游星，数至门上，系何星飞，如新造之宅，从吉宫数至门也。

屋高四五尺以上者，即以高屋作主。如止高二三尺，仍从门上论星。

如坐坎开巽门，坎上有高房为主星，轮至巽方为生气，大利。若艮方有高方，便从艮起星，巽变为绝命矣。星克宫已凶，况寄土宫乎？余例推。

闵海门云：生气木星之房必多子，即乾兑宫亦然，不忌宫克星。

天　井

天井乃一宅之要，财禄攸关。须端方平正，不可深陷落槽，不可潮湿污秽。大厅两旁有衔，二墙门常闭，以养气也。凡富贵天井，自然均齐方正；其次小康之家，亦有藏蓄之意。大门在生气，天井有旺方，自然阴阳虞节，不必一直贯准，两边必有辅弼。诀曰："不高不陷，不长不偏，堆金积玉，财禄绵绵。左畔若缺男先亡，右边崩缺女先伤。"

床

安床不宜担梁，后担金属阴，主梦魇压镇，担前金属阳，主有唆气疾。

安床在生气方，不可稍偏。如巽门坎宅，盖屋四栋，又四栋独高，是木得生方，上吉。安床须在当中一间，方乘生气。偏东便是绝命，偏西便是祸害，不利。若两旁有厢房，不必拘此。

安床总以房门为主，坐煞向生，自然发财生子，背凶迎吉，自然化难生恩。

床向宜明不宜暗，暗则主哭。如房不便开门见阳光，可将床安向前面近阳光可也。

床怕房门相冲，以一屏风抵之乃佳。

阳宅诸事，惟床最易，宜合命之吉方，宜合分房之吉方，宜合坐山之吉方，则生子发财，易如反掌。

灶

灶在乾宫是灭门（离宅忌之），亥壬二位损儿郎（坤宅忌之）。寅申得财辰卯富（宜于坎宅离宅），艮乙失火即瘟疫。子癸坤宫家贫困（坤宅忌之），丑伤六畜孕难存（乾宅忌之）。巳丙益蚕庚大吉（震宅喜之），如逢午位旺儿孙。辛酉丁方为病厄（坎宅忌之），甲巽申戌不为殃。

一人于壬山丙向第三进作乾灶，数月即损宅主。癸山丁向，作灶乾方，长子患疾。兑宅作乾灶，亦损长子。

凡灶门忌门路冲之，窗光射之，主病。

灶座宜坐煞方，火门宜向宅主本命三吉方。

井

凡井以来龙生气旺方开之，则人聪明长寿；若在来龙绝气方开之，而人愚顽。水倒左则左生气，在右则右生气。若水倒左，左边无水，则气又在上首矣。

诀曰：子上穿井出颠人，丑上兄弟不相亲。寅卯辰巳都不吉，不利午戌地求津。大凶未亥方开井，申酉先凶后吉论。惟有乾宫应坏腿，甲庚壬丙透泉深。

井灶相看，男女淫乱。穿井不宜在兑方，兑为泽，为少女，水主淫，宜静不宜动。山上开井，须于龙之转身处开，若背上则无水。

坑

不论乡居、城市，若于来龙之要处开一坑，则伤宅主，小则官非人命。艮坑不发文才，坤兑坑老母、幼女多病，坎离坑主坏目，卯酉坑主孤寡，乾坑主老翁灾。

诀云：坑作坤离，损丁伤妻；兑无财气，贫穷到底；乾犯禄存，目疾头晕；坎上开坑，夭亡子孙；若开艮位，痫疾瘟瘅。

黄泉诀

庚丁坤上是黄泉，坤向庚丁不可言。乙丙须防巽水先，巽向乙丙祸亦然。甲癸向中忧见艮，艮见甲癸凶百年。辛壬水路怕当乾，乾向辛壬祸漫天。

黄泉方房，俱有不犯为妙。黄泉方有门对，或空缺，或明沟、暗沟、屋角、墙角、屋脊、牌楼、直路、旗杆等类，只待都天一到，祸尤速。

碓能制煞，门路水港，如犯黄泉，宜对头打之，亦权制之法也。

门路沟水，不可犯黄泉字上。黄时鸣云："四路反复黄泉，皆以向论，不论龙与坐山也。然惟八干四维有之，若十二地支向，则无黄泉也。"

看黄泉水，不论几重屋，俱于滴水下下盘格之；看黄泉门于厂厅下下盘格之，在何辰定大门；其余各房正中看之。看黄泉路以大门下盘，如乾巽向，前檐滴水下下盘，看路在乙辰方上，主绝一房。门犯黄泉，纵开福德亦凶。

黄泉吉凶，阴阳二宅同。

庚丁坤上是黄泉：庚向，坤来吉，坤去凶；丁向，坤去吉，坤来凶；出辰，丁来吉；出丁，坤来凶。

乙丙须防巽水先：丙向，巽来吉，巽去凶；乙向，巽去吉，巽来凶；出丑，乙来吉；出乙，巽来凶。

甲癸向中忧见艮：甲向，艮来吉，艮去凶；癸向，艮去吉，艮来凶；出戌，癸来吉；出癸，艮来凶。

辛壬水路怕当乾：壬向，乾来吉，乾去凶；辛向，乾去吉，乾来凶；出未，乾来吉；出辛，乾去凶。

生 命

八宅之三吉方，开门走路宜致福应而反招祸者，生命不合也。故看宅必兼论生命方。

如木房木星，水命居之谓之化，金命居之谓之制，破军临巽克妻，若水命火房便不妨。

《斗灵经》云：凡定方向，止论家长年命，无弟男女姓及女命同起之理。若家长殁后以长子生命定之，其弟男子侄，各照生命东西定房。若止有主母当家，以母为主。

假如西四宅，妻是东命，夫是西命，其居法当何如？若住此房，夫居西间，妻居中间，盖中间即作坎位论矣。若住南房，夫居西间，妻居中间或东间，中与东即属巽离之位矣。若居东方，夫居北间，妻居中间或南间，中与南即属震巽之位矣。若居西房，则夫居中间，妻居正南或正北，南与北即可作坎离论矣。其安床大端，首向东南可耳。大抵夫妇生命不同，则当以夫为主，余仿此。

九星制伏

生气降五鬼，天医欺绝命。延年压六煞，制伏安排定。

八宅明镜卷下 内附救贫灶卦

辰南戌北斜分一界之图

巽	巳	丙	午	丁	未	坤
辰		东南阴方		西南阴方		申
乙		震		兑		庚
卯						酉
甲		东北阳方坎		坤阳方		辛
寅						戌
艮	丑	癸	子	壬	亥	乾

　　此阴阳东西，乃二十四位东西分阴阳也。阴阳卦即两仪所生之阴阳卦也，非游年东西之谓。巽离坤兑，四属阴卦，一卦管三山，故辰字起，至辛字止，十二位为阴，在界南；戌字起，至乙字止，乃乾坎艮震，四阳卦为阳，在界北。阳连阴断，一房一画，六爻成卦，而分东西之吉凶也。凡移居迁灶，各有来路。即出外赁房、客寓、上官、嫁娶、女往来母家，千里百里，丈基尺地，皆有所来之方，谓之来路。如旧居于街西，今移来街东居之，谓之震宅，是东四宅来路也，东四命居之吉。若西四命移此，凶，谓之来路无根，居一月后失财，百日后疾病口舌，半年后伤子退财。若西四命移居西方则吉，一月后得小财，一年后发大财，且有寿，若东四命移此又凶矣。灶座迁移之来路同断。若来路不吉，宜权借他灶食四十九日合来路改之，方吉。盖来路吉凶，不论远近久暂，即隔壁近移尺地丈基，即有应验。其为祸福之源，宅法不可不慎也。

迁者来路玄空装卦诀

玄空装卦诀，带去二爻呼。住宅为三象，气口返为初。

假如旧住在正东方，迁入正西方，是从阳人阴地，则正东为带去之来路，正西为新移之宅向矣。正东属震，在阴阳图斜分界之北，阳方也，即画一阳爻；正西属兑，在阴阳图斜分界之南，阴方也，即画一阴爻于前画阳爻⚋之上，第二爻即所谓"带去二爻呼"。如新迁之宅是兑宅，即画兑卦三爻加于前画阴阳二爻上，即所谓住宅为三象也。再看新宅大门、灶门在何卦内（大门、灶门皆名气口）。若开在南与西，在阴阳图斜分界之南，乃阴方也，即画一阴爻于前画五爻之下为初爻☵，即所谓气口返为初也。如此装成☵坎卦，为下卦三爻，根也；新迁兑宅所画兑卦☱，为上卦三爻，梢卦也，上下六爻配成泽水困卦。又命卦为身卦，配合根、身、梢三卦。今兑属金，坎属水，虽金水相生，奈兑为西四，坎为东四，系是变下一爻，为祸害禄存土星，主伤阴人小口，大凶。若更西四居之，立见凶败。如东四命人居此，其祸稍缓，盖身同道故也。若欲变凶为吉，则需急改大门、灶口于阴阳图斜分界之北阳方，即初爻气口亦变为阳象，换为纯兑☱，配出伏位，乾艮命人居之吉。以命卦与根梢卦配出生气、延年也。或再修宅之第三层、第六层，抽换成乾，为阴阳比和，合生气吉星，必有福应矣。余仿此。

渐移居者，作灶必用此诀，若但改灶，则位宅为三象，而梢卦可不论，第以命卦配来路阴阳吉凶为要。总之，来路装卦为根卦，本命所属为身卦，本宅所属为梢卦，根身尤重。

如坎宅灶，自西移东，而灶口朝巽，则本宅为坎☵卦，灶为巽卦，配出生气，东四命居之吉。

来路灶卦方向诀

灶座论方不论向，灶口论向不论方，若灶卦论方而又论向也。凡宅有动，即有卦应，而其用有三：一曰建宅，布爻画卦，顺逆造法，配卦也。二曰修宅，抽爻换象，三元进气，改卦也。三曰移灶，方向命卦配合来路，灶卦也。三者惟灶验尤速。方向来路之法，以地盘二十四字辰南戌北斜分一界，自辰巽顺行至辛属阴方，自戌乾顺行至乙，属阳方。假如西命人，旧灶在巽方，已不吉，今移往西北乾亥方去而从阴入阳，不论一尺地基，或百尺百丈，卦宜乾坤艮兑，灶口宜向西北则盘根。元空二灶法俱合，西四命人用之则吉，半月得财，年余生子。若东四命移此凶，应半月失财，年余损子矣。

东四命人，旧灶在西北乾亥方，不吉。今移往东南巽巳方，为从阳入阴，不论所移地基远近，卦宜坎离震巽，灶口宜向东南则盘根。元空二灶法俱合，东四命人用之吉，西四命人移此凶。

又灶所座之台基，即是烟通灶座也。人视为细事，不知宅之恶务也。安本命凶方则吉，压本命吉方则凶，屡试屡验。如压本命生气方，应主或堕胎无子，被人谤诽，不招财，人口逃亡，田畜破败。如压天医方，应主久病卧床，体弱肌瘦，服药不效。压延年方，应主无财少寿，婚姻难成，夫妻不睦，人口病，田畜败。压伏位方，应主无财困苦，诸事不顺。压绝命方，应主康寿添丁，生男易养，发财进人口。压六煞方，应主无讼有财，无火灾，不损人口。压祸害方，应主无讼无病，小退财。压五鬼方，应主永无火盗，招奴婢多人，忠心助主发财，无祸不病，田畜大旺。

其看真空方位，须量屋之基地始真，不可揣度致误。宜以大纸一幅，将屋基层层量定丈尺，绘图纸上，每屋一丈，折纸一寸，以便折算。将开折分八股，连中九股均分，而知其位之间架。分宫位，看灶居某方与宅长命合，灶居某方与宅长命不合，而吉凶分明矣。故宅法灶座论方，而灶口惟论向。如兑命人，灶口向兑则为伏位，百事如意；兑命人灶口向乾，则为生气灶，生财得子；兑命人灶口向坤，为天医灶，主无病，如有病易愈；兑命人灶口向艮，则为延年灶，主和合却病增寿。此四灶口，与兑命一路，皆西四命、西四灶也。余所向则犯祸害、六煞、五鬼、绝命，而凶立应矣。

若房门、房床、碓、厕之类，只论背座之方，不论向也。如东四命人，房床俱宜向东四一路，若反在西，急宜改房东方则吉。余可类推。

假如人有朝南屋一所，以左十数间为东房，如正一间房朝南，亦以房内左边为东方也。凡灶座、烟道、坑厕，但压得本命凶方，反致大福。若欲移过，必慎其所移之方。或误移凶方，或因移来路阴阳者，必有凶应，略过尺其移动亦存应验。总之，分房、来路、灶向俱合吉方，便有吉应。来路阴阳宜看往来路从阳入阴，或从阴入阳则吉。若阳移入阳界，阴移入阴界内则凶。重阴伤女，重阳伤男，三犯重入，破家绝嗣。

验过吉凶八位总断

易有八卦，宅有八方之向，又分四吉四凶，乃人人有之者也。八方之内，第一吉星曰生气贪狼木星，凡合得此生气八卦，必有五子，催官出大富贵，人口大旺，百庆交集，至期月自得大财。第二吉星曰天医巨门土星，若夫妇合命得之，及来路房床灶向得天医方，生有三子，富有千金，家无疾病，人口田畜大旺，至期年得财。第三吉星曰延年武曲金星，既男女生命合得延年卦，来路、房床、灶口向得之，主有四子，中富大寿，日日得财，夫妻和睦，早婚姻，人口六畜大旺，吉庆绵来。第四吉星曰伏位辅弼木星，得之小富中寿，日进小财，生女少男。然灶口火门向宅主之伏位方，天乙贵人到伏位，其年必得子，又好养，最准。以上四吉方宜安床、开大门、房门，又宜合元运、安香火、土地、祖祠、店铺、栏仓等类，俱宜合四吉方，忌四凶方。

第一凶星曰绝命破军金星，宅内方向本命犯此，主绝子伤嗣，自无寿、疾病、退财、散田畜、伤人口。第二凶星曰五鬼廉贞火星，犯此主奴仆逃走，失贼五次，又见火灾患病，口舌退财，败田畜，损人口。第三凶星曰六煞文曲水星，犯之主失财口舌，败田畜，伤人口。第四凶星曰祸害禄存土星，犯之主有官非疾病，败财，伤人口。凡本命四凶星反宜安厕坑、粪缸、灶座、烟道、井碓、缸磨、柴房、客座、床桌，为空间之房。此数件压本命四凶方上，镇其凶神，不但无灾，反而致福也。有家者宜慎之信之。

贪巨武文为阳星，禄破廉辅为阴星；乾坎艮震为阳宫，巽离坤兑为阴宫。宫为内，星为外。内克外半凶，外克内全凶。阳星克阴宫不利女，阴星克阳宫不利男。如禄存土星为阴星，临坎阳宫，生中男不利也。

增灶口向

灶口者，乃锅下尺许之口，纳柴进炊之火门也。此口能速发吉凶，期月即验。如东命人灶口向东吉，向西凶；西命人朝西吉，东向凶。必须烧火之人背对吉方，面对火门，是真吉向也。

增分房

分房者，祖孙、父子、叔侄、兄弟所居房床方向也。虽未分居各爨，而房内床之丈基尺地皆是。如西命宜在父母床身之西安床吉，东则凶。此法不论楼之上下，只论尺地之方合命，便无疾病而有福寿也。故弟兄东命居东，西命居西则吉，切勿执哥东弟西之俗例也。

增修方

修补房屋，皆谓修方。如东命人修造东方屋吉，忌造西方，半年之内，祸福立见，试之屡验。

生气图

	贪狼震木	
兑 ☱	乾 ☰	巽 ☴
离 ☲	变上一爻	坎 ☵
震 ☳	坤 ☷	艮 ☶

变上一爻为生气，生比自然，吉中最贵。乾变兑、兑变乾、离变震、震变离之类，皆生气也，皆生比也，皆自然也。乾兑震离，数往者顺；巽坎艮坤，知来者逆。而一二三四五六七八，此皆自然之数也。"帝出乎震"，生气资始，其性纯吉无凶。临在坎离震巽为得位，吉；在乾兑为内克，凶；在坤艮为战，减吉（彼克我为内克，我克彼为外战）。生气吉应在亥卯未年月。求财求子宜作生气灶。

天医图

	巨门艮土	
兑 ☱	乾 ☰	巽 ☴
离 ☲	变下二爻	坎 ☵
震 ☳	坤 ☷	艮 ☶

变下二爻为天医，未必自然，吉故次之。乾变艮，艮变乾，兑变坤，坤变兑，皆天医也，生比也。然乾一与艮七为天医，非若乾一即变兑之自然，故云未必自然，吉。天医虽五行有相生之义，不若生气浑沦而无迹，故为次吉之星。临在乾兑坤离为得位，吉；在震巽为内克，在坎为外战，减吉。天医吉应在申子辰年月。禳病除灾宜作天医灶。

延年图

　　三爻皆变为延年，未必皆生，吉又次焉。乾变坤，坤变兑，兑变艮，皆延年也，相生也。如坎离互变，则水火相克，虽是夫妇终有损，故云未必皆生。此图天地定位，山泽通气，雷风相薄，水火不相射。乾父与坤母配，未必天医纯是相生之义，其吉又次之。临在乾兑艮坤为得位，在离为内克，在震巽为外战，减吉。延年吉应在巳亥丑年月。却病增寿宜作延年灶。

	武曲乾金	
兑 ☱	乾 ☰	巽 ☴
离 ☲	变爻皆变	坎 ☵
震 ☳	坤 ☷	艮 ☶

祸害图

　　变下一爻为祸害，有生有克，是为次凶。乾巽震坤克也，坤兑离艮生也。祸害有生有克，克者固凶，生者又反凶，何也？如震克坤，乾克巽，东西相克，其理易见；至离生艮，兑生坎，其理难知。故曰：火生于木，祸发必速，由恩生子，子害于恩。祸害凶应在申子辰年月。争斗仇雠，因作祸害灶。

	禄存坤土	
兑 ☱	乾 ☰	巽 ☴
离 ☲	变下一爻	坎 ☵
震 ☳	坤 ☷	艮 ☶

六煞图

	文曲坎水	
兑 ☱	乾 ☰	巽 ☴
离 ☲	上下爻变	坎 ☵
震 ☳	坤 ☷	艮 ☶

上下皆变，文曲六煞，生克相济，宴笑戈甲。乾坎离坤，六煞相生；巽兑艮震，六煞相克，故曰相济。六煞生克，虽与祸害相等而卦不同，及西金克东巽木，东震克西艮土，东离生西坤土，西乾生坎水，盖生理不顺，反来盗败，遂致祸生谇佞故也，凶。六煞凶应在申子辰年月。耗散盗脱，因作六煞灶。

五鬼图

	廉贞离火	
兑 ☱	乾 ☰	巽 ☴
离 ☲	变上二爻	坎 ☵
震 ☳	坤 ☷	艮 ☶

爻变上二为五鬼，五鬼最毒，位位相克，灾随位发，昂头即应。五鬼之神虽与绝命同，而卦则异。西四乾金克东四震木，东四巽木克西四坤土，西四艮土克东四坎水，东四离火克西四兑金。世道牴牾，相及相磨，西王言所致也。五鬼凶应在寅午戌年月。官讼口舌，因作五鬼灶。

绝命图

兑 ☱	乾 ☰	巽 ☴
离 ☲	破军兑金 变中一爻	坎 ☵
震 ☳	坤 ☷	艮 ☶

爻变中一为绝命，东西上下，合着皆伤。绝命者，至凶之神，亦是先天克制而生。东四离火克西四兑金，西四兑金克东四震木，西四坤土克东四坎水，东四巽木克西四艮土，仇雠相克，不绝不休。绝命凶应在巳酉丑年月。疾病死亡，因作绝命灶。

伏位图

兑 ☱	乾 ☰	巽 ☴
离 ☲	辅弼巽木 三爻皆伏	坎 ☵
震 ☳	坤 ☷	艮 ☶

三爻不变为伏位，安静无为，可进可退。乾遇乾，坤遇坤，事事比和，所为如意。伏位吉应在亥卯未年月。求为如意，宜作伏位灶。

子嗣口诀

贪生五子巨三郎，武曲金星四子强。
五鬼廉贞儿二个，辅弼只有半儿郎。
文曲水星惟一子，破军绝命守孤孀。
禄存无子人延寿，生克休囚仔细详。

右诀非专以妻命论生子数目，假如坎命男女，得巽方来路，又灶向，又妻巽命相同，皆得生气，则有子而兼得富贵也。

西四东四八命之宅

乾命之宅

西四

绝
丙午丁

延
未坤申

生
庚酉辛

祸
辰巽巳

上元男命坎一白逆行戊
辰丁丑丙戌乙未甲辰癸丑壬戌
上元女命中宫五黄顺行乙丑甲戌
癸未壬辰辛丑庚戌己未
下元男命乙丑甲戌癸未壬辰辛丑
下元女命艮八白顺行辛未
庚辰己丑戊戌丁未丙辰

天
戌乾亥

六
壬子癸

伏
丑艮寅

巽方水绕乾局

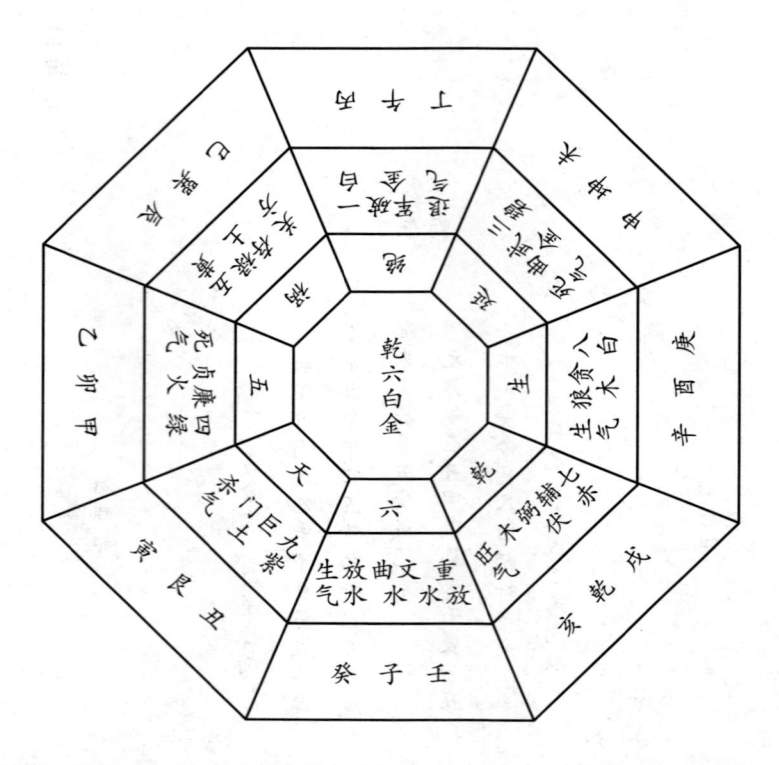

乾命东五鬼，如灶向与来路犯之，长子难招，后有两子。犯此六煞方，伤仲子而有一子。犯巽祸害，伤长子女而终无子。若改生气方，又当五子矣。

生气贪狼降五鬼，天医巨门欺绝命。延年武曲制六煞，九星制伏自安然。

如犯五鬼方，宜修生气则消祸矣。修其所生，以泄其凶也。灶卦克应附各图后。

乾命	伏	坎	艮	震	巽	离	坤	兑
	乾	六	天	五	祸	绝	延	生

婚姻

一乾命人问公，公曰："求婚难就，何法可速？"公为之改灶口向延年坤方，又于父母身床之坤方安床，又合延年分房，果半载得妻，委系延年坤方之女也。

子息

一乾命人难得子，公为之改灶口向生气兑，后生五子。似如移灶口向延年坤，有四子；向天医艮，有三子。予见公为乾命人，移灶向艮方，生三子；后改灶口朝兑向，又生五子，共生八子。总得生气方向，专发子孙，乃最验者。然用罗经须仔细，若灶口寅向误用甲，则犯五鬼；用丑向误用癸，则犯六煞，乾命人大凶。子方见乾命人，移西北乾方来路、灶口向乾口，生女无子，以辅弼星无主也。乾命灶门犯离命，主伤子。或不生子而自病夭，此绝命凶星，专主病夭绝嗣也。曾见乾命人于南方修火屋三间，而次年子绝孙殇，且自患痢，肛脱而死。有乾命人客往南方，竟不生还。总之，乾命若犯离方绝命，作灶口、移居、来路、出行、修造、出嫁，必大凶。一乾命女嫁往生气方，生五子。后改兑方灶口朝南，先伤仲子，继患痰噎，期月病终，三年内长子及三、四、五子俱亡。又乾命女嫁往南方，虽灶口向兑而生五子，后皆夭亡，以犯来路之绝命也。若能改灶口向生气，则无伤而有子矣。分房、修方、来路同验。又须门、房、灶、床皆压凶方向吉方，此为尽善，半月即见效验。生气者，兑方也。

疾病

一乾命男，误用灶口向离而伤乾金，心火炽克肺金，先心痛痰火，后咳嗽痨喘，吐血肺烂，头痛脑漏，鼻常流水。杨公令其莫食朝南旧灶，新添一小灶，或风炉口朝东天医艮方，炉压本命屋内之绝命离方，以除离卦之凶，食月余而病痊，并除根不发。盖天医乃专主除病之吉神也。

有一乾命人，犯震巽二方之来路、灶口，患生肝气目疾、跌伤手足、麻风、疮毒、瘫痪等症。又一乾命人犯五鬼方向，患伤寒、疟疾、脚疮、肾虚诸症。又一乾命女犯坎六煞，症犯赤白带下，经期停阻，叠次小产。若将来路、灶口等改向艮方天医位，即除病根。向坤方延年且多寿矣。

灾祸

一乾命人，犯灶口向离，即有官非口舌、火灾、仲媳忤逆、伤妻女。又一乾命人，灶与大门俱朝离，其妻淫乱，予师令其改灶口向兑，而灶座烟道压大门后丙午丁方，以除离凶，后果不淫。又乾命犯北方来路灶向，有人命牵连风波之事。犯震方，则奴婢窃取逃走，失贼火灾，兼伤长子。犯巽方有东南妇人唆讼，又伤母、妻及长子、女，俱照疾病门解除之法，用之大吉。

坎命之宅

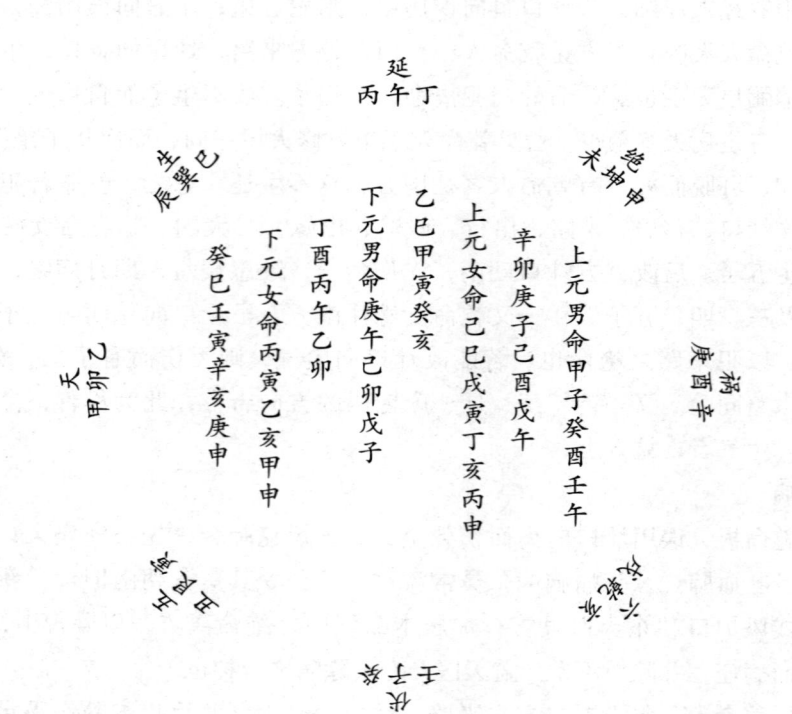

东四

延 午 丁
丙

绝
未 坤 申

辰 巽 巳

上元男命甲子癸酉壬午
辛卯庚子己酉戊午
上元女命己巳戊寅丁亥丙申
乙巳甲寅癸亥
下元男命庚午己卯戊子
丁酉丙午乙卯
下元女命丙寅乙亥甲申
癸巳壬寅辛亥庚申

祸
庚酉辛

天
甲卯乙

文亥壬

丑艮寅

丑 壬 癸

离方水绕坎局

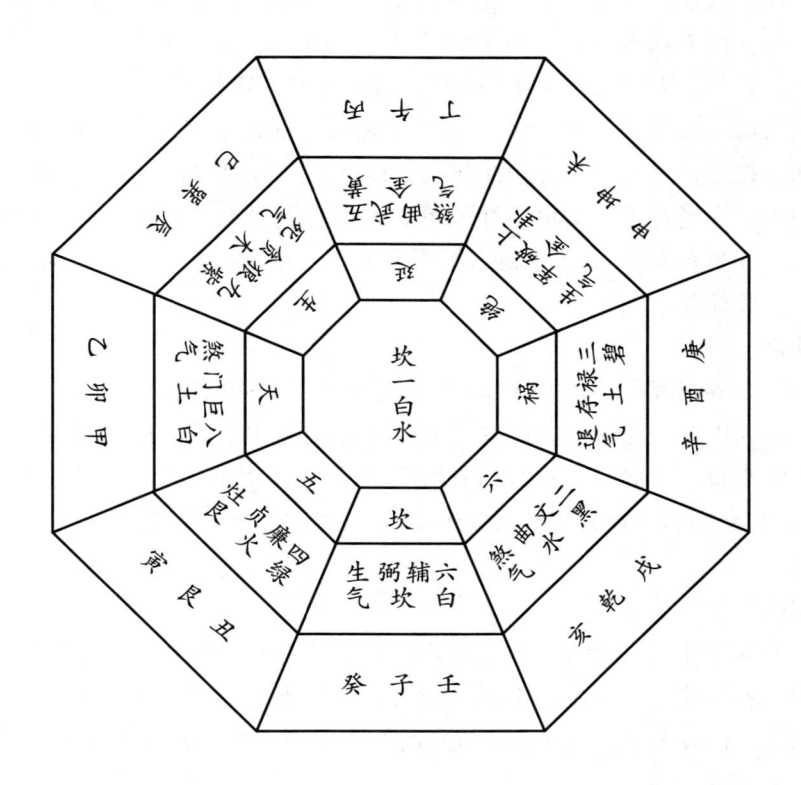

坎命得巽方来路，灶向生气，有五子。得离延年有四子，得震天医有三子，得坎方伏位只有女。犯绝命坤伤长子，后绝嗣；犯五鬼艮伤季子，后有二子；犯六煞乾伤长子，后有一子；犯兑祸害伤季子女而无子，若改生气方则又有子矣。娶兑命妻主不和，犯禄存土虽无子而有寿。

坎命	伏	艮	震	巽	离	兑	坤	乾
	坎	五	天	生	延	绝	祸	六

婚姻

坎命宜配巽妻，灶口宜向巽。求婚宜灶向离，及安床于父母身床之离方。分房、来路、修方同。坎命夫配巽命妻，有五子，又和睦，助夫成家。

子息

坎命男得巽来路、灶口，又与巽命妻相同，皆得生气，则有五子又富贵也。一坎命人初年无子，后添造东分房而生子五人。又见坎命人得巽命妻，果得五子。后来误改灶口向坤食之，十年而子皆死。又见坎命妇配巽命夫，生五子。后年老夫亡，误改灶口向坤，食八年子亦皆死。

又坎命人问师曰："我坎命，误取兑命妻，祸害禄存土，又命犯孤，当无子，何法挽之？"师曰："将大门改朝汝坎命之东南巽向得生气，当有五子，虽命犯孤，亦当有子。又将小灶或风炉另以口朝乾向，使妻独食，乃妻命生气吉向，亦当有子。"其人从之，后果生五子。可见阳宅之灶口方向，能挽回造化，神验如此。

疾病

一坎命妻犯脾泄，而夫开饭店。师过之寓焉，夜间闻病声，师曰："以小灶改向震天医方，与他饮食自愈。"店主曰："老妻脾泄，卧床半年，数日不食，将危难救。"师曰："新灶试煮汤灌之。"及饮半杯，病妇曰："香甜，好药也！"旬余而痊。盖其灶口向坤绝命方，故患脾泄。师曰："新灶改向天医震方也。"

灾祸

坎命人犯坤方，老母不慈，妻妾不和。又妻妾泄痢，并伤母妻子女，老婢绝嗣。若犯兑方，必生恼怒，吊缢刀伤，夫妻不睦，而见三光：火光、血光、泪光。伤妻及婢女，又有西方圆面女人唆讼破财。如若无此，必有疯狂、喑哑、痨噎诸疾。

一坎命妇食向兑祸害灶口，三年上吊十余次，幸来路吉。故屡得解救。后改灶口向东南巽，则永不吊矣。若夫命不利巽方者，又不可耳。故夫妻二命各东西者，宜以夫命定灶口吉向，而外以床、房、厕各爻救妻可也。

人问师曰："有坎命妻病，接丈母到家看妻，不知分房之方，而其病反凶。"师曰："令改丈母房在西方，而妻在丈母之东方，尺地或丈基便得分房之吉矣。"渠从之，又添向吉灶口与妻食，果痊。坎命犯乾六煞，受父兄责辱，如父老长子不孝，老仆不仁，刀伤自缢，长子、妻女皆痨死。

又一坎命，修造乾方大门，周年后有过路老人死此门下而败家，是以误修六煞者，皆有人命讼事。若坎命妇犯此六煞，当被翁夫责詈。坎命犯艮方，先伤季子，继伤小仆妻妾，失财被窃五次，奴仆逃走而有火灾也。

艮命之宅

西四

祸
丙午丁

巽巳辰

上元男命丙寅乙亥甲申
癸巳壬寅辛亥庚申
上元女命丁卯丙子乙酉甲午
癸卯壬子辛酉
下元男命壬申辛巳庚寅
己亥戊申丁巳
下元女命甲子癸酉壬午
辛卯庚子己酉戊午

未坤申

延
庚酉辛

乙卯甲

壬子癸

八宅明镜卷下

449

坤方水绕艮局

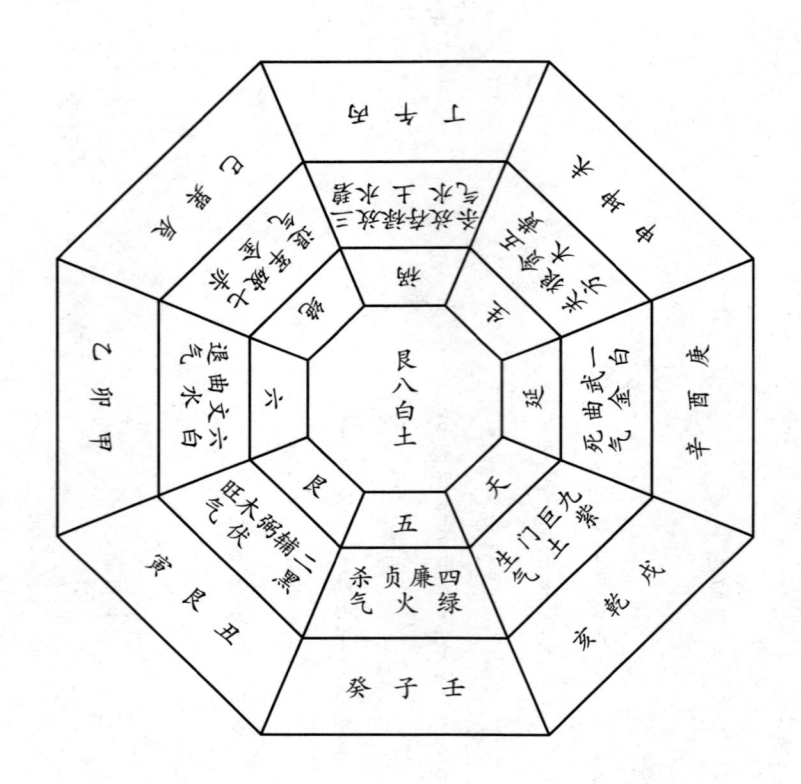

艮命得坤方生气灶口，有五子；得兑方延年，有四子；得乾方天医，有三子；若艮方伏位，只有女。犯巽方绝命，先伤长女，后伤长子而绝，皆脾泻、惊疳、疮麻、疯疾，或不生子而绝也。犯震伤长子而有一子，犯坎伤仲子而有二子，犯离伤仲子而终无子，以祸害亦在土绝也。

艮命	伏	震	巽	离	坤	兑	乾	坎
	艮	六	绝	祸	生	延	天	五

婚姻

艮命配坤命妻，有五子。配兑有四子，夫妻和睦。配乾有三子。灶口宜向生气坤，求嫁宜向延年兑。

子息

一艮命犯巽方绝命灶口，后果绝。

疾病

一艮命寡妇无子，食巽向灶口三年，有将笄之女，疯痨危笃。师曰："若添乾向天医灶口，与女独食，不但减病，亦可保寿。必须不食旧灶口，改坤向生气灶口食之，则不伤女矣。"从之，而女果得痊。父母能伤女，女岂不伤父母？皆可类推矣。故医病人，宜先治其父母方向，或先治其子女丈夫方向，又添改病人方向，则速验矣。

其生症，则艮命男女犯离方向，主伤风咳嗽、痰火、症疮、痈毒、吐血、黄瘦；犯震则痢疟泻血，跌伤手足，中疯瘫痪，至三年后大麻风死。若小儿犯巽灶口，或分房巽方，则脐疯慢惊；犯坎则伤寒、肾虚、遗浊等症。妇人则经闭、血崩、小产。皆用乾方天医向除病，或用兑方延年来路与分房方位则吉。

灾祸

艮命犯震方，有东哑喉长身木形人唆讼破财，犬子不孝，伤父母、长子。又自跌伤手足，若父告忤逆，则免人命讼矣。犯巽伤母妻、子女，至绝嗣。又自伤手足而夭，受父母督责。夫妻不睦，长子忤逆。犯离主妻淫声远播，或经官府恃权欺夫，扰乱家政，夫怒成病。即《水经》云"艮离阴人搅家风"也。又常有得胜之小官非，破财，常自哭泣，又有三光等灾。有一艮命富翁，大灶有七锅，而口俱朝南，共七妻，七妻艮犯坎，失贼五次，又火灾，妻妾窃财与父母，奴仆逃走，伤仲子，水灾，又伤寒肾虚，遗浊虚弱，贫穷也。

震命之宅

东四

生　丁午丙

祸　未坤申

　上元男命辛未庚辰己丑
　戊戌丁未丙辰
　上元女命辛未庚辰己丑
　戊戌丁未丙辰
　下元男命戊辰丁丑丙戌
　乙未甲辰癸丑壬戌
　下元女命戊辰丁丑
　丙戌乙未甲辰癸丑壬戌

延　巳巽辰

绝　辛酉庚

天　亥乾戌

伏　乙卯甲

六　癸子壬

兑方水绕震局

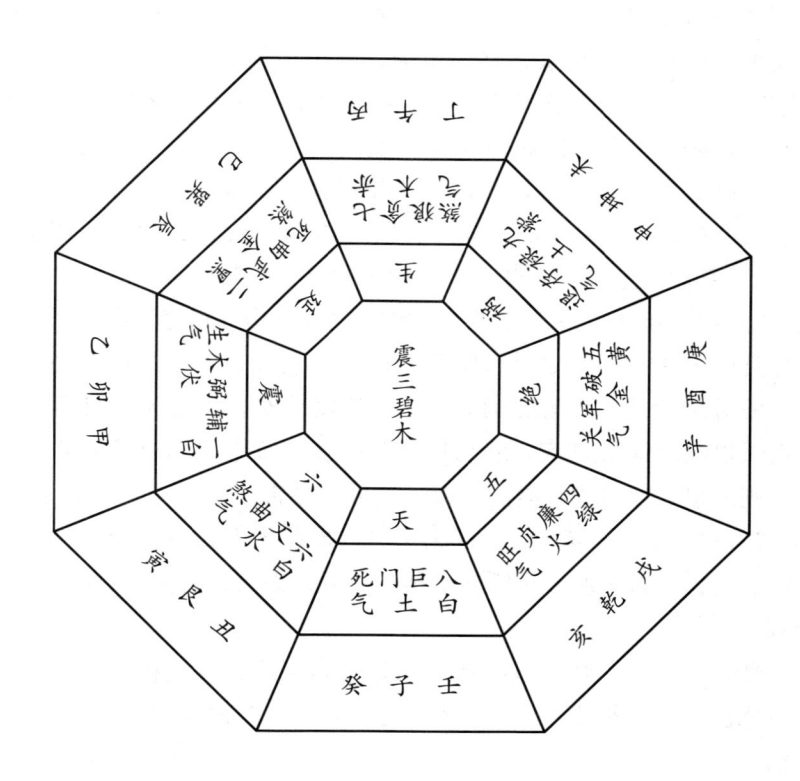

震命得南方生气来路、灶口，有五子，得巽延年有四子，坎天医有三子，伏位只有女。犯酉绝命，先伤季子，女麻痘、痨嗽而绝。犯艮六煞伤季子，后有二子。

震命	伏	巽	离	坤	兑	乾	坎	艮
	震	延	生	祸	绝	五	天	六

婚姻

震命宜配离命妻，巽坎次吉。求婚宜安床巽方，则易成配。兑妻或灶口向酉，主妻缢。

子息

震命灶口向离，必有五子。若年老不能生者，得向亦有雇工五人，或奴仆五人，僧道亦有徒弟五人，并可大得财，又可唤子归家。曾见一老人问师曰："子久客不归，有何法令其可归？"师为之以灶座、粪厕压其人之绝命方，又灶口朝生气以招子，其家食之，旬余，其子在外梦见绛袍玄冠灶神语曰："汝父唤急，何不早回？"其子遂归。予仿此法，为人唤子还家，虽螟蛉亦验也。师曾为人唤逃仆，亦以灶口朝主人生气方，又将灶座压主人五鬼方，其仆即来。盖以五鬼则其仆不逃，向生气则仆来也。又一震命人，半老无子，抱一周岁巽命螟蛉，取名压子，至三岁时，神附郡巫语曰："莫名压子，宜更名庆寿好。"其后老主百岁尚健，以震命得巽延年，有子而有寿也。

人问师曰："孩儿疮痘，夜哭，何也？""此分房灶口之误也。可将此东命子于父母身床之巽方尺基之卧，则除分房之凶而反得吉。又添一小灶，以灶口向巽，使乳母食之，以除旧灶之凶。"其孩果安。世之为父母者，不知此法，而误子以吐泻惊疳诸症，悲哉！若西命孩则宜于父母身床之西方去卧则吉，而东则凶也。灶口亦宜向西，而令乳母食之吉。予尝劝友人医士习此法，以治小儿痘疮之类，十孩九活，百无一失。授此术者，体上帝好生之德，广人世嗣续之美，在吾掌握，积阴功于冥冥，后人必昌，岂徒增取利禄乎哉！

疾病

震命灶口犯兑向，则咳嗽吐血，伤肺腹膈诸症；艮则杨梅漏毒，脾胃疟痢，对口恶疽；犯乾伤肺，吐血咳嗽；犯坤疟痢，泻血漏病。

灾祸

震命犯兑方，季子不孝，先伤长女，后伤长子、末女、小婢，绝嗣，又恐自缢。若女犯此，主痨瘵，不思食，或来路吉者有救。犯艮有东北黄矮人牵连人命官非，伤季子、小仆。犯乾方先伤老父，继伤长子、老仆，又孝有缢，失贼，又火灾仆逃。犯坤方有西南方黄矮人唆讼破财，又妻不和，老母不安宁，兼伤母妻、大女、老婢。

巽命之宅

东四

天
丙午丁

五未坤申
上元男命庚午己卯戊子
丁酉丙午乙卯
上元女命壬申辛巳庚寅
己亥戊申丁巳
下元男命丁卯丙子乙酉甲午
癸卯壬子辛酉
下元女命己巳戊寅丁亥
丙申乙巳甲寅

庚酉辛

辰巽巳

乙卯甲

延

乾方水绕巽局图

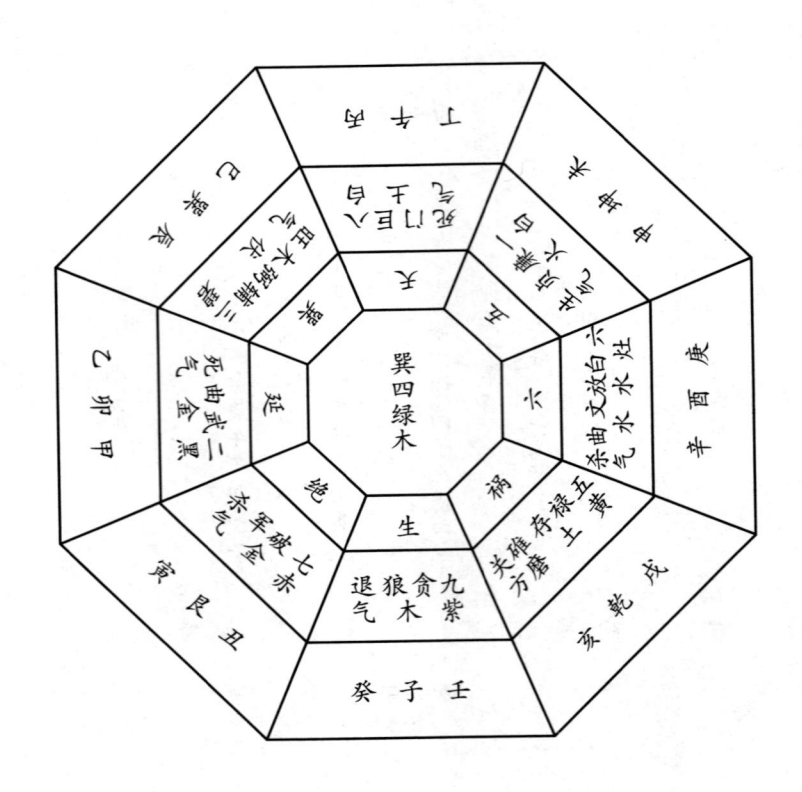

巽命得正北生气来路、灶向，有五子。得坎分房，修坎方子同。得东延年有四子。得南门、床、香火、灶向有三子。若东南只有女。犯艮主疮毒，伤季子，绝嗣；犯兑主痨喧麻痘，伤季子女，而有一子；犯坤伤长子、长女，而有二子；犯乾伤长子而终无子。

巽命	伏	离	坤	兑	乾	坎	艮	震
	巽	天	五	六	祸	生	绝	延

婚姻

巽命人宜配坎命妻，离震次之。求婚宜安床震方，易成。乾命祸害妻自缢。

子息

巽命灶口向坎有五子，向巽只有女。犯艮伤季子小仆。有……①

祸害

巽命犯艮，先伤季子，后自病夭绝。犯兑人命官非，伤季子女。犯乾伤老父，继伤长子、仆，大子不孝，母妻痨死，受父妻辱。又西北方有大头响喉人唆讼，得胜伤财。犯坤母妻窃财，又母争闹，夫妻不和，伤母妻及大子女媳、老婢，又失贼婢仆逃去，及火灾。

离命之宅

东四

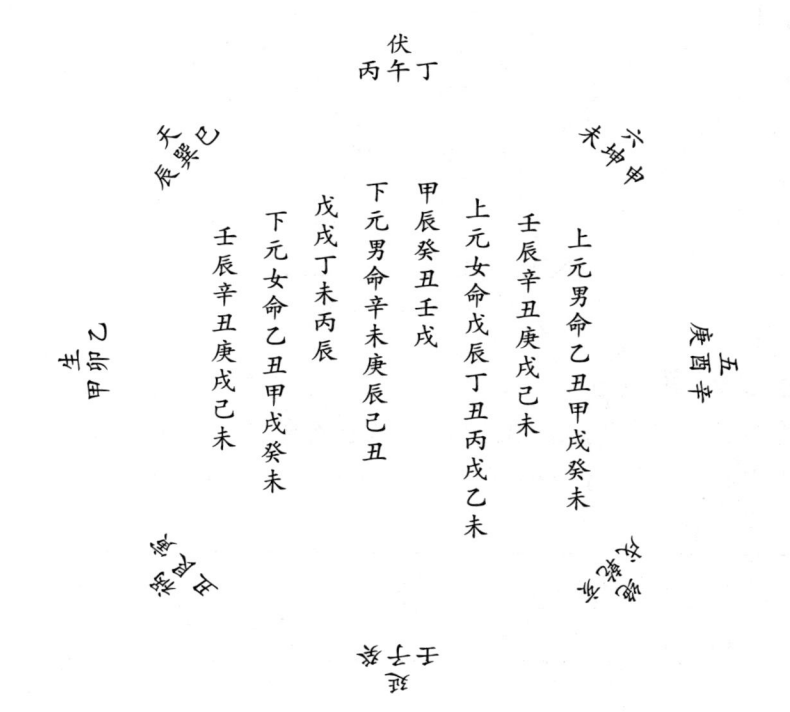

伏
丙午丁

六
未坤申

辰巽巳
上元男命乙丑甲戌癸未
壬辰辛丑庚戌己未

上元女命戊辰丁丑丙戌乙未
甲辰癸丑壬戌
下元男命辛未庚辰己丑
戊戌丁未丙辰
下元女命乙丑甲戌癸未
壬辰辛丑庚戌己未

五
庚酉辛

乙卯甲

壬
癸

① 原书如此。

正北水绕离局

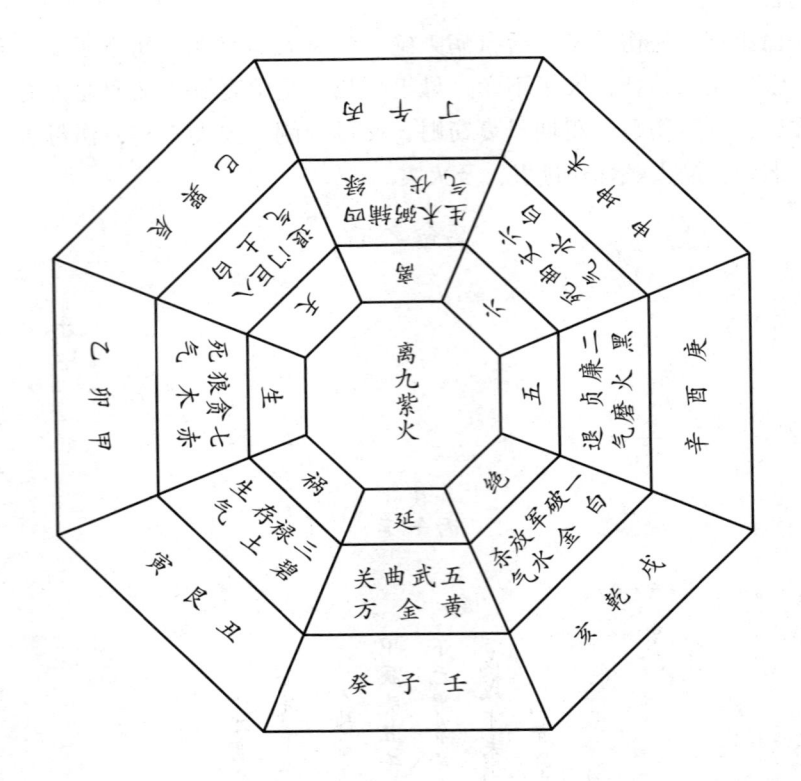

离命得震来路、灶口，有五子；得坎延年，有四子；得巽天医，有二子。犯乾绝命，长子痨噎绝嗣。犯艮祸害，先伤季子女，后有二子。犯坤六煞，伤长子女，后有一子。若犯绝命方灶口来路，虽子在千里之外，亦应伤子绝嗣，而自身亦不寿。

离命	伏	坤	兑	乾	坎	艮	震	巽
	离	六	五	绝	延	祸	生	天

婚姻

离命宜配震命妻，巽坎次吉。求婚宜安床坎方，易成。

子息

离命灶口向震有五子，向乾绝嗣，向坎四子，向巽三子。

疾病

离命犯乾伤肺、咳嗽、吐血；犯坤疟痢、脚肿；犯兑肺腐、咳嗽、痰多、心痛、损目；犯艮小肠鱼口、杨梅烂、疟痢。除病俱依前法。

灾祸

离命犯乾灾绝，又西北争打，破头流血，来路吉者不死，伤父及长子、大仆。若妇命犯之，受翁责骂，痨夭。犯坤吵闹，夫妻不睦，西南黄面老妇唆讼破家，伤母妻、大子、女、媳。若凶卦多而灶口又向坤，久必自中毒药。妇人犯之，受翁责骂，或有脚肿痛疾。犯兑伤母、妻妾、季子女，又妻窃财，小婢仆盗财逃走，失贼，又火灾。犯艮有东北黄童争讼破财，又伤小女子、婢仆。

坤命之宅

西四

六
丙午丁

未坤申

辰巽巳

丙午乙卯
下元男命己巳戊寅丁亥
上元女命庚午己卯戊子丁酉

己亥戊申丁巳
上元男命壬申辛巳庚寅

丙申乙巳甲寅癸亥
下元女命丁卯丙子乙酉

甲午癸卯壬子辛酉

庚酉辛
天

乙卯甲
祸

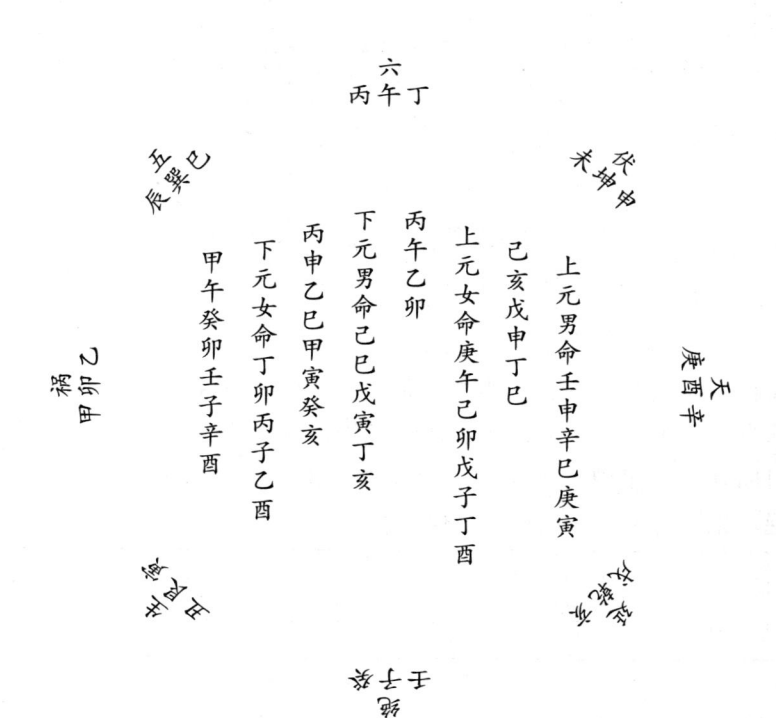

壬子癸

艮方水绕坤局

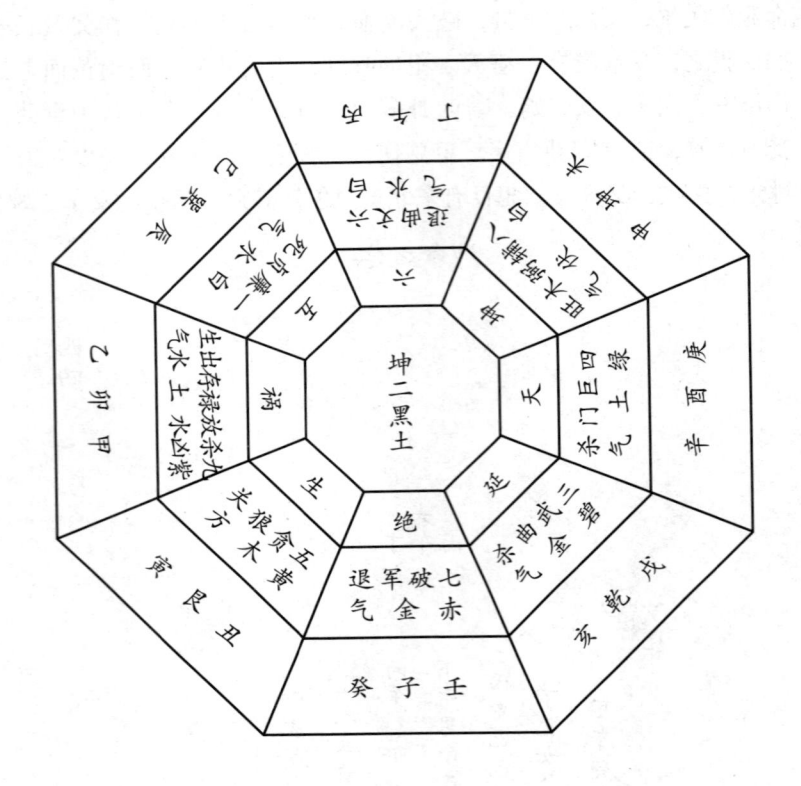

坤命得艮生气有五子、乾四子、兑三子，坤只有女。犯坎绝嗣。有一坤命客往坎方，一年家中子亡，皆伤寒慢惊痢痘，以坎肾也。又有一寡妇，坤命，灶口向坎，三年内二孙溺水。犯离伤仲子女，而有二子。犯震伤长子，以后竟绝。犯巽伤长子、长女，而有二子。

坤命	伏	兑	乾	坎	艮	震	巽	离
	坤	天	延	绝	生	祸	五	六

婚姻

坤命宜配艮命妻，乾兑次吉。求婚姻宜安床向乾，易就。

子息

坤命男，灶口向艮有五子，向兑三子，向乾四子。

疾病

坤命男女犯离，有心痛、痰火、吐血等症，用兑方天医来路除之。犯震巽有疟痢、疮毒等症。犯坎绝命，男则伤寒疟疾、虚弱无寿；女则闭经、血崩、痨噎。除病可用天医兑向，五日见效，十一日起床，两月除根；用延年乾向，二十五日见效起床，虽有三分残疾，而延年有寿也。灶向天医，则用来路延年方，如来路天医，则灶向宜用延年。余仿此。

灾祸

坤命人犯坎方，有投河、风波溺死等灾，又虚损，伤仲子，后伤长子绝嗣，小孩则慢惊风殇夭。犯离则有人命官非，又妻淫、伤妻妾、仲子、女婢，又痰火、心痛、仲妻忤逆，若有母则为仲女，以一家年岁长幼分仲季也。犯震有得胜官非破财，长子不孝，老仆不仁。又一壮年坤命人，添造震方房一间，予师阻之曰："修后一年，父必告汝忤逆。"其人曰："父爱我而恶弟，安有此事？"期年父果告之，破财。其人又问曰："北方大屋，我欲居住，何如？"师曰："北方屋虽美，而汝坤命，犯坎方绝命，须先于坤方或艮方出向居数月，方进此大屋，不但无灾，反有福寿。"其人不听，遂居之，年余而死。又一坤命女，修震方屋，被夫责辱不已，师令拆之而安。若坤命男犯巽方，老母妻媳窃财，婢仆逃走，失贼，又火灾伤母妻，又伤大子、大妻、大媳。

兑命之宅

西四

伏 庚酉辛

天 未坤申

五 丙午丁

巽 辰巽巳

上元男命丁卯丙子
乙酉甲午癸卯壬子辛酉
上元女命丙寅乙亥甲申
癸巳壬寅辛亥庚申
下元男命甲子癸酉壬子
辛卯庚子己酉戊午
下元女命壬申辛巳庚寅
己亥戊申丁巳

震 甲卯乙

艮 丑艮寅

坎 壬子癸

乾 戌乾亥

正东水绕兑局

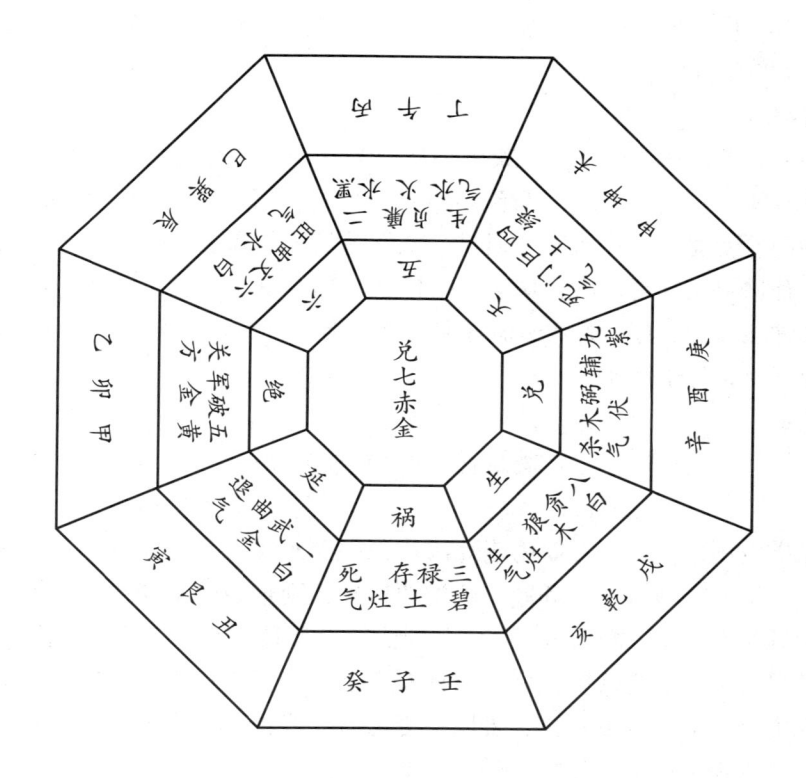

兑命得乾方来路、灶向有五子，艮四子，坤三子，兑只有女。犯震绝命则子疟痢，惊痫绝嗣。犯巽伤长子、女，而有二子。犯坎伤仲子、女，而终无子。

凡灶向凶而势不能改者，则我不食之，或家中有合命者食之，我则另添小灶或风炉亦可。只论灶口向三吉方为验。

兑命	伏	乾	坎	艮	震	巽	离	坤
	兑	生	祸	延	绝	六	五	天

婚姻

兑命配乾妻有五子，艮坤次吉。求婚宜安床艮方，易成。

子息

兑命得乾妻有五子，艮四子，坤三子，兑只有女。犯震绝嗣。

疾病

兑命犯离，痰火血光等症。犯震损目、疟痢、跌伤、腰背痛疼。犯巽忧怒、损目、伤手足。犯坎伤寒、痿弱等症，妇女经闭、小产等症。皆宜用天医延年方以解除之，则吉。

灾祸

兑命犯震，伤长子、仆，跌伤手足，腰背少安。有一兑命富翁，添造震方大屋数间，三年后二孙皆死绝，以后自身亦死。犯巽有东南长身哑妇唆讼，或母吵闹并妻淫，又伤大子，损目，跌伤手足。犯离主失贼、火灾，妻妾窃财，婢仆逃走，又妻吵闹，伤父母、仲女、婢。犯坎常有得胜官非破财，水灾，伤仲子、女、仆。若仲子命合宅吉方，则伤季子。曾见一兑命妇犯坎方，则有血崩疾，仲子溺死。

婚姻论 有亏行者不准

求婚世用吕才法，无如用改灶法最稳。妻元配夫元，大有补益。故妻之东四配东四夫，则有子又和睦；若配西四夫，则难嗣而不和矣。配生气有五子，配延年有四子，配天医有三子，配伏位本宫有女无子。配五鬼后有三子，配六煞只一子，配绝命则孤孀无子而难偕老，配祸害虽无子而有寿偕老。故论妻元配合，不专以妻命论，贵同夫妻配合，皆得生气为上吉，延年、天医次之。世之为子求婚，及未定婚者，宜留意焉。

子息论 有损德、天刑、年老不准

子嗣一节，世人不知其命，或知命而误用其方，以致伤子。今以各名成局，并集八方宅向游年绘图于前，以便趋避。吾师以体上帝好生之德，为人广嗣也，求之者，宜宝之。催丁则灶口宜向伏位，俟其年天乙贵人到向，谓之到命，必生子，极验。天乙贵人即坤也，轮法见前。

疾病论 凡冤谴鬼祸受病者不准

天地五行定位，乃东木、西金、南火、北水、中央五官，坤艮戊己土也。应于阳宅内之八卦者，如震巽二卦，若坤艮土命人犯之来路灶口，而有疟痢泻痔等症，以木克脾土也。又如离属火，克乾命人之肺金，生咳嗽及痨噎之疾。是以腹具五脏，应乎五行，而宅之方向卦爻，亦从此推之。又坎水克离火，命之心经，是以有心痛、痰火之症。坤艮二土卦克坎水，命之肾经，而生浮肿等症。又宅内犯乾兑二金卦，克震巽二木命人，应伤肝损目而自恼缢也。

灾祸论 凡积德行善者不准

灾祸是非，各随元命卦爻生克而推，细具于前，智者随机断之，无不响应。

求财论 凡强求败德者不准

元命合灶口吉向，可以求财。合生气大富，期月得大财，如生气木星应在亥卯未年月。合天医巨门土星，应在申子辰年月，发财有千余金。合武曲延年金星，日日进财，中富。合伏位辅弼木星，小富，日有小财进益，应亥卯未年月。屡试屡验，术者秘之。

修造论 凡大德大恶俱应迟

凡屋有坐有向，而命有东有西，今人专论坐之东西而不论命之东西者误，必须从命配山，乃为全吉。乾山巽向屋，而大门、香火、房床、店铺等宜安乾坤艮兑西四方位，灶口宜向西四方，而西四方宜高大。若灶座、坑厕、碓磨等安东四方，如此配合，西坐山之吉者也。西四命人居之吉，东四命人居之凶。是乾坤艮兑命宜居十二西坐山，坎离震巽命宜居十二东坐山也。

或人问曰："弃命从山，修造何如？"师曰："宅可改而命不可改，则当从命为吉。"又问："屋基难更山向，求何解法？"师曰："如艮山坤向，大厅屋于东命宅主不利，可于左厢旁厅小屋居之吉，或添造左廊吉，而东命宅主大利。其本山厅屋宜西命子孙居之，另添神堂、厕、磨，吉。否则与弟侄合命者居之，或租与人居住，各行后门，或空间为客座，而自不安床亦可。"

通天照水经摇鞭断宅歌

鬼入雷门伤长子。鬼者，廉贞火也。震为雷，应长男。此言乾方大门，正东震方起造高房，屋主有凶。此以大门方位为主，而论房高之方。如乾门使用大游年歌，乾六天五祸绝延生，顺轮至五鬼，以乾金克震木而伤长子也。如震方安床亦忌。盖乾是西宅之门，与正东四宅之门不合，故不论何人居之皆凶。尝见乾命人灶口向震，亦伤长子，配震妻有子难招。又造震方房，期月而长子死。又乾命女、男用震方来路，亦有此凶。乾命分房亦不可犯，以及茔元之方皆同。余可类推。

歌　断 北宫门对论

鬼入雷门伤长子，
此言乾方大门克震方房床，则为五鬼而伤长子，此以宫克宫论也。
火见天门伤老翁。
此言离火大门，克乾方房床为绝命，亦宫克宫也。
离侵西兑翁伤女，
此正南大门，克酉辛房床，与火见天门篇同，而兑少女也。
巽入坤位母离翁。
此巽木门克坤土房床，与"震坤老母寿难丰"之局同。
兑妨震巽长儿女，
此兑方大门向，震屋高损长男，巽屋高伤长女。
艮离阴妇搅家风。
此艮方大门，而离方屋高大，或安床于此，然禄存星阴象，火生主阴旺阳衰，故云"阴妇搅家风"是也。
艮火小口多疾病，
此艮方大门，而坎方屋高，犯五鬼廉贞火，而小口必多疾病。
坤坎中男命早终。
此坤方大门，而坎方屋高，已不安稳，犯破军，坤土克坎水，应伤仲子。

诸星吉凶

生气：贪狼木星吉，发长子。天医：巨门土星吉，发二房。延年：武曲金星吉，发小房。绝命：破军金星凶，败长男。五鬼：廉贞火星凶，败长房。祸害：禄存土星凶，败二房。六煞：文昌水星凶，败小房。

生气在水木火为得位，不宜金土。天医在火土金为得位，不宜木水。延年在金土水为得位，不宜木火。

飞宫诀

中宫飞出乾，却与兑相连，艮离寻坎位，坤震巽居边，巽复入中宫。

九宫所属

一白属坎水，二黑属坤土，三碧属震木，四绿属巽木，五黄属中土（权总四方，威领八面），七赤属兑金，八白属艮土，九紫属离火。①

玉辇经

乾亥戌山从巳起，坎癸壬地向申求。兑庚辛位逢蛇走，坤未申山甲上寻。离丙丁位是虎头，巽巳龙身猴为首。丑艮寅山逢亥位，震卯乙位向猪游。八卦长生起福德，无义之人不可求。

如乾亥戌三山，巳上起福德，丙瘟疫，午进财，丁长病，未诉讼，坤官爵，申官贵，庚自吊，酉旺庄，辛兴福，戌法场，乾癫狂，亥口舌，壬旺蚕，子进田，癸哭泣，丑孤寡，艮荣昌，寅少亡，甲娼淫，卯亲姻，乙欢乐，辰败绝，巽旺财。

玉辇开门放水六畜等图局

凡开门放水，大小不同，乡俗不定。有以五音论者，有以八卦论者，有

---

① 原文缺"六白属乾金"。

以生气吉星贪狼论者，有以山向风水八龙论者，有以来路爻象年命吉星属土八白九星论者，用法不同，合将通用俗图，开列于后。

假如坐西北向东南戌乾亥三山向，开门放水、六畜、碓、磨、碾、厕，备具式例，以博观览。

乾山向，巽巳水来长。庚酉旺方皆不利，大江朝入不寻常。流丁甲，出公卿，破伤辛兑守空房。辰巽若从当面去，其家长子切须防，抱养不风光。

亥山脑，贪狼巽巳好。申庚辛戌自南来，积玉堆金进横财。丁水去，衣锦回，马羊走人女怀胎。但破庚辛兼辰巽，三年两度哭哀哀，家业化成灰。

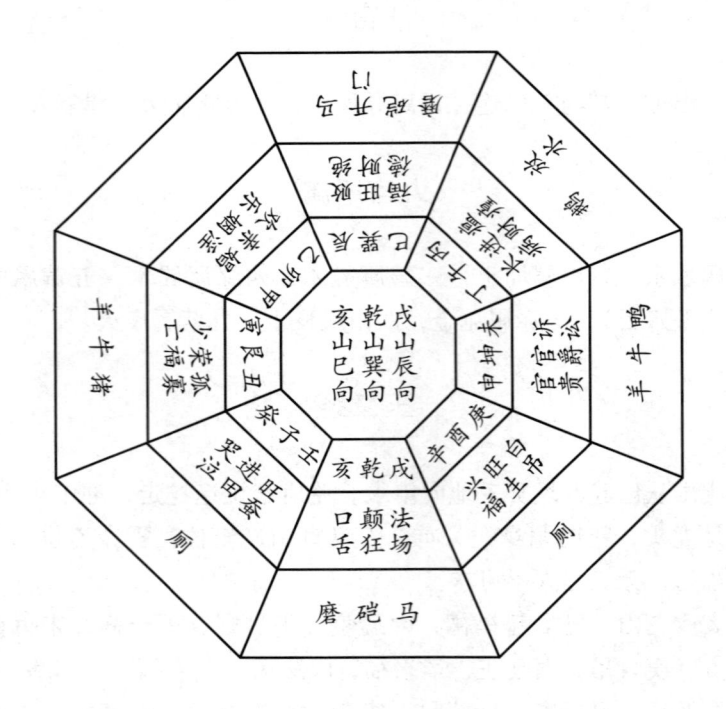

壬山奇，寅申贪狼是。巳卯朝山还更好，流归辰巽正相宜。家富足，出贤儿。巳丙去，长子受孤凄。但遇朝来为上相，破流寅甲定跷蹊，妻子两分离。

子山地，庚未及坤申。四位朝来多富贵，酉辛戌前妇人淫。龙走去，定遭刑，破流生旺不须寻。文曲朝来瘟火动，如流丙巽出公卿，来去要分明。

癸山丁，穴向未中裁。更得申宫朝拱入，须防辰巽返流回。丙宫注，永无灾，酉辛水射定为乖。朝入风声并落水，三年二载哭声哀，军贼损赍财。

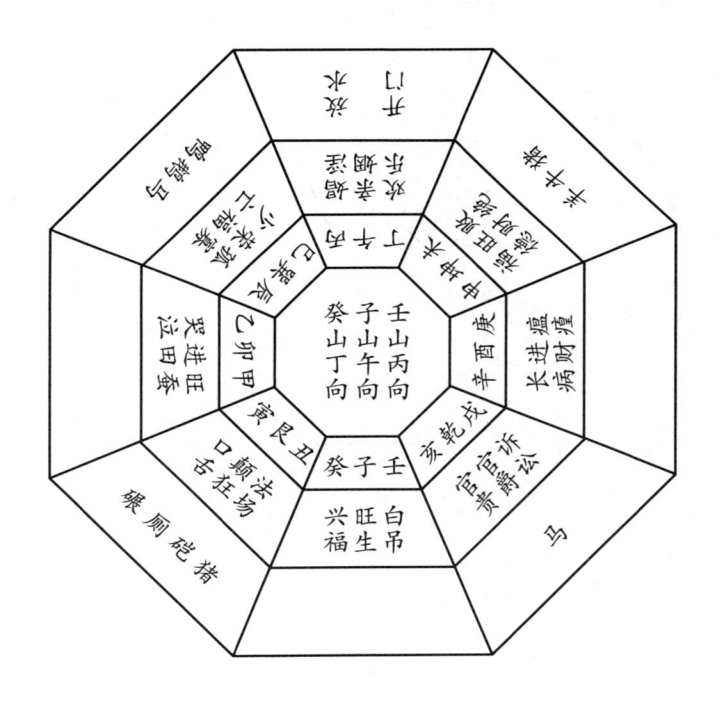

丑山高，未坤水之滔。万流朝来坐丁水，亥壬拱入穴坚牢，迁之奇安紫茜包。丙巽去，出英豪，龙马运行家退败，出入疾患主疯瘘，营造动枪刀。

　　艮山峰，龙虎兔来雄。乾位犬猪从左入，须寻卯向觅仙踪。庚丁去，出三公，丙辛水去亦无凶。只怕羊官并马位，这般来水似相冲，即便主贫穷。

　　寅山长，甲庚水过堂。亥壬子癸横来吉，流归辛戌正相当。蛇马鸡，最无良，宜去不宜横箭射，朝来人口败其家，媳妇守空房。

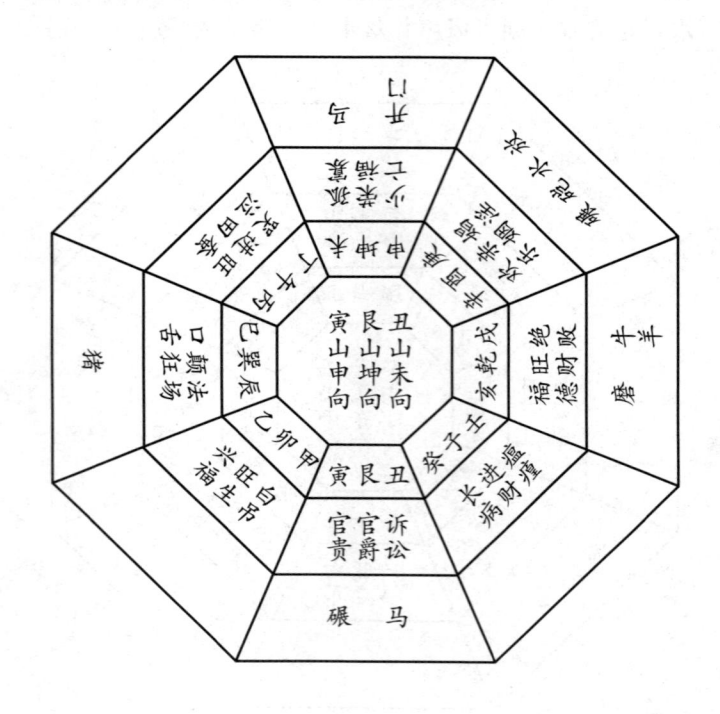

甲山庚，壬子及坤申，二水名为贪武位，但来朝入进昌荣。家宅好，永安宁。酉辛去，旺人丁，近过明堂人少死，安坟立宅主孤贫，灾祸起频频。

卯山强，金鸡最无良。乾宫猪犬皆为吉，折归庚兑出朝郎，税产不寻常。未坤水，实难当，穴前流水主瘟瘟。不见人家并寺院，年年少死动官方，家产落空房。

乙山辛，蛇马左边迎。牛虎右边朝进揖，两宫迁合更加荣。合此局，流乾壬，家赀赛过孟尝君。猴鼠两边君莫下，犬防来去定遭刑，室女被人唆。

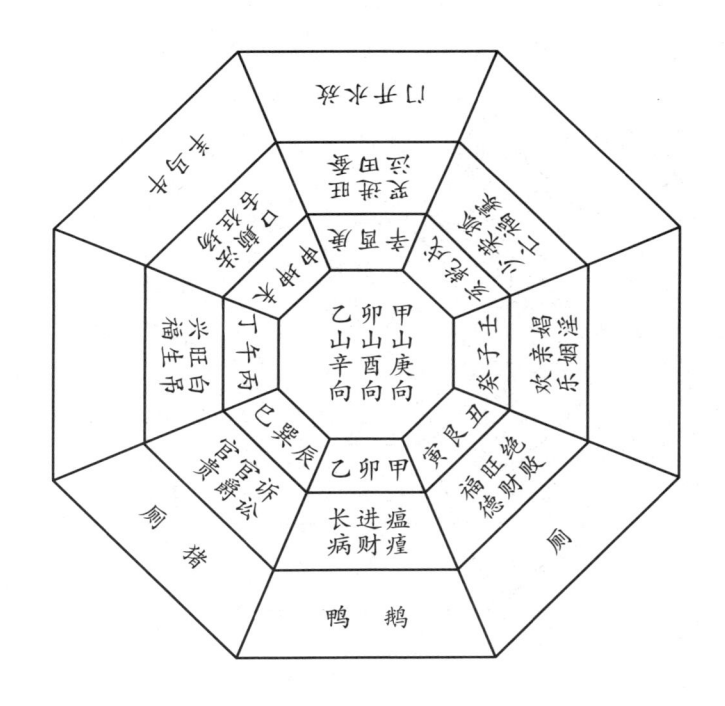

辰山奇，鸡犬不相宜。但喜甲庚壬子癸，朝坟朝穴最为奇。酉辛去，着朱衣，庚辰流破水头妻。但要龙真并穴正，千门万户足光辉。

巽山乾，申坎要朝坟，此水入来为第一，酉辛壬申不堪闻，来水定遭瘟。猴鼠去，命难存，人丁大折绝家门，昔日颜回因此地，至今世代永传名，术老细推寻。

巳山亥，乾壬戌水来。虎兔引龙东林入，世家富贵永无灾。庚癸去，旺田财，不宜午子逆行回。坤未申宫皆不利，频频流去养尸骸，水蚁侵棺材。

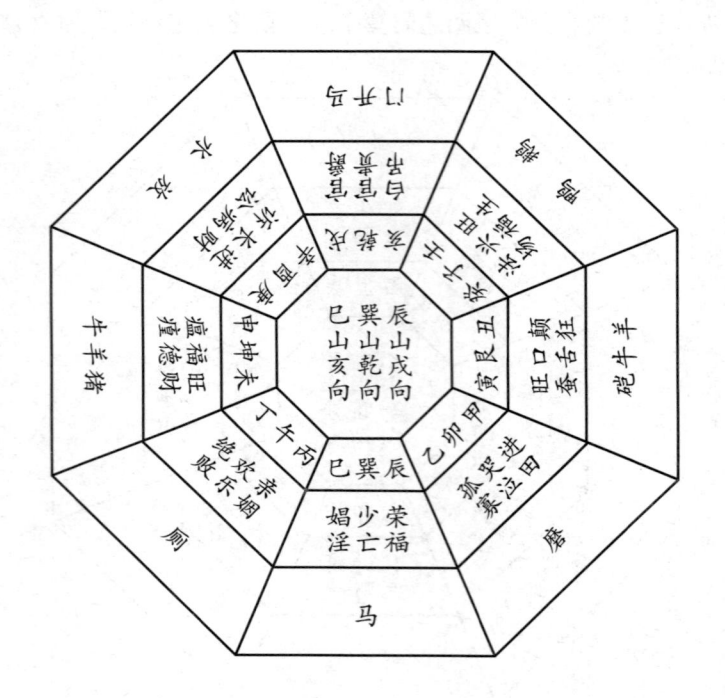

丙山壬，牛虎过山行去水。从六及西北，房房位位旺田庄，彭祖寿永长。巳丙抱，永吉昌，三五十年无破败。若还流戌定遭殃，刑克配他乡。

午山子，砂水莫相倾。丑艮寅中响潺潺，即要流归乾壬路，世代家豪富。未回头，风赶虎，投军做贼败祖宗。请君莹，仍向巽宫迁，儿孙拜相为宰辅，田地遍乡土。

丁山头，庚酉要横流。但爱龙真并穴正，水流甲乙足堪求，田地有方丘。龙猴蛇朝入，旺田牛，两宫皆富贵，大过小扬州。

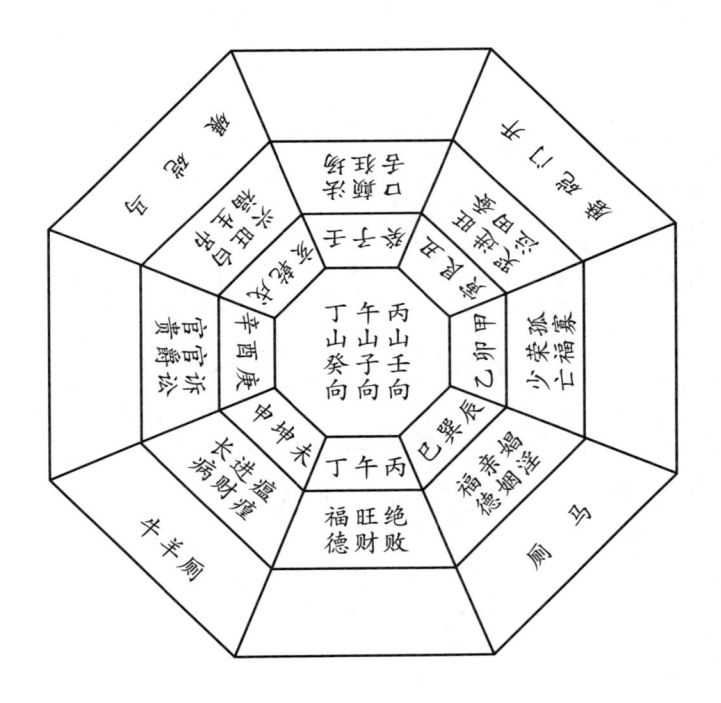

未山龙，卯乙怕相逢。子水朝来君可下，坤申后金般，同福永无穷。辰巽宫，此水最为凶，最忌回头侵入坎，宜流甲乙主财丰，富胜石崇翁。

坤山裁，亥壬子癸来。流归乙丙去无灾，安坟立宅足钱财。龙摆去，虎回头，家产化成灰。连年凶祸起，不闻欢乐只闻哀，室女定怀胎。

申山头，猪赶鼠牛走。三宫朝入子封侯，富贵在他州。申丙去，永无忧，宝马金鞍，侍冕旒。不论三房并两房，家家起屋架高楼，财旺主乡州。

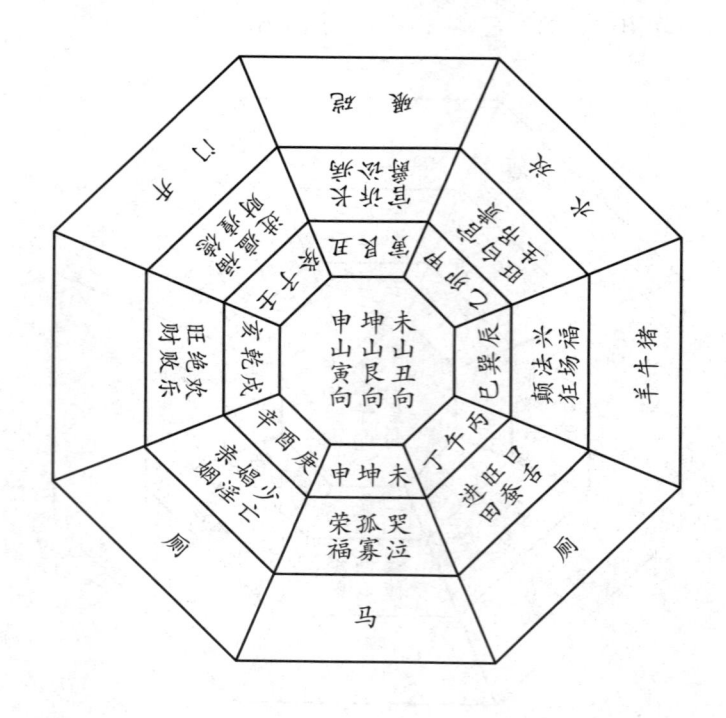

庚山辰，壬亥朝来皆大旺。但得二湾并五曲，一湾抱处得荣昌。龙安静，虎伏藏，闺中室女淑贤良。最怕死兔并死虎，若还逆转退田庄，岁岁动瘟瘴。

酉山金，大会总朝迎，四季流来添进宝，逆流艮土出公卿，世代任专城。庚辛立宅好安坟，四个禄存流尽出，儿孙跨马入朝门，个个尽超群。

辛山巽，水宜来坤申。左右两边横大穴，宜流丙申忌流辰。仔细认朝迎旺方，申癸穴下庚。赶龙蛇，元马兔，逆流坤艮定遭殃，少亡死绝房。

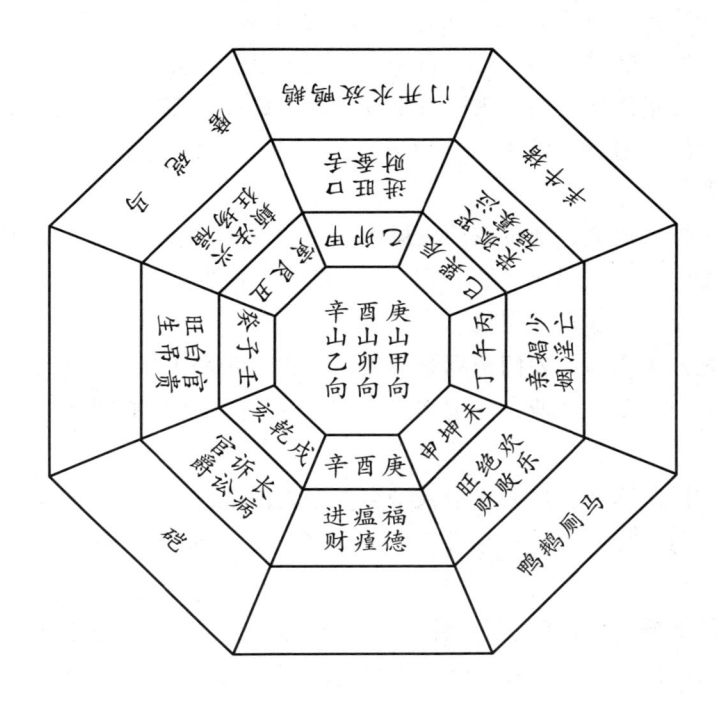

门楼玉辇经

福德安门大吉昌，年年进宝得田庄。主进甲音金银器，又生贵子不寻常。

此位安门，大吉之兆，主进牛马六畜，蚕谷旺相，又进东方甲音人契书，金银铜铁横财。应三年内进人口，生贵子，加官升职，进产业，平安大吉。

瘟瘴之位莫安门，三年五载染时瘟。更有外人来自缢，女人生产命难存。

此位安门，招时气麻痘痢疾，大小口生暴病、落水、蛇虫、水火雷伤之厄。女人产厄，非横遭刑，外人自缢，官事退财，破耗不利。

进财之位是财星，在此安门百事宜。六畜田蚕人口旺，加官进爵有声名。

此位安门进财谷，添人口，西方田宅契书，加官进宝，牛马田壮，乡人寄物，吉兆。

长病之位疾病重，此位安门立见凶。家长户丁目疾患，少年暴卒狱牢中。

此位安门，家长手足不仁，眼昏心痛，人口疾厄，少年儿孙暴卒，口舌官非败财，家贼勾连外人侵扰，人口不安。

词讼之方大不祥，安门招祸惹灾殃。田园财物阴人耗，时遭口舌恼人肠。

此位安门，争斗产业，非灾横祸，破败六畜，田蚕不利，小人邪害，耗散不安。

安门官爵最高强，仕人高擢入帝乡。庶人田地钱财旺，千般吉庆总相当。

此位安门，加官进爵，增添人口，良善发达。庶人田蚕六畜加倍，人财大旺。

官贵位上好安门，定主名扬位爵尊。田地资财人口旺，金银财物不须论。

此位安门生贵子，仕路高迁，进田宅契书，六畜横财，币帛田蚕，发福。

自吊位上不相当，安门立见有灾殃。刀兵瘟火遭横事，离乡自缢女人伤。

此位安门损人，自缢落水，官事破耗，男离乡，女产厄，六畜资财不利。

旺庄安门最吉利，进财进宝及田庄。北方水音人进契，大获蚕丝利胜常。

此位安门进田地，乡人产业，招北方妇人田地契书，六畜横财，进人口，发木命人。

兴福安门寿命长，年年四季少灾殃。仕人进职加官禄，庶人发福进田庄。

此位安门，福寿绵长，人口平安，男清女洁，仕人进擢，庶人发福，六畜大旺，出人忠孝。

法场位上大凶殃，若安此位受刑伤。官灾牢狱披枷锁，流徒发配出他乡。

此位安门，主遭不明人命官司，流徒他乡，妇人勾连，不利。

癫狂之位不可夸，生离死别及癫邪。田地退消人口败，水火瘟瘟绝灭家。

此位安门，主人疯邪淫乱，女人产厄，男酒女色，少年暴卒，父南子北，人口不安，财物耗散。

口舌安门最不祥，常招无辜横灾殃。夫妇相煎日逐有，无端兄弟斗争强。

此位安门，口舌不离，官事常有，忤逆不孝，媳妇詈姑，六畜无收，凡事不利。

旺蚕位上好修方，此位安来家道昌。六畜蚕丝皆大利，坐收米谷满仓箱。

此位安门，大旺田产，财帛胜常，增添子孙，勤俭好善，火命人起家，蚕丝倍旺。

进田位上福绵绵，常招财宝子孙贤。更主外人来寄物，金银财帛富田园。

此位安门，招田产契书，出人亲贤乐善，本命寄物发达，六畜加倍。

哭泣之门不可开，年年灾祸到家来。枉死少亡男与女，悲啼流泪日盈腮。

此位安门，常哭声，瘟疫疼痛，痘痢麻疹，男女少亡，阴人多病，破耗钱财，六畜不利。

孤寡之方灾大凶，修之寡妇坐堂中。六畜田蚕俱损败，更兼人散走西东。

此位安门，寡妇无倚，走出他乡，破家耗散，六畜不利。

荣福位上最堪修，安门端的旺人稠。发积家庭无灾祸，富贵荣华事业收。

此位安门，荣迁加转，田蚕旺相，财帛倍收，六畜胜常，火命发旺。

少亡之位不堪谈，一年之内哭声惨。好酒阴人自缢死，雷门伤子死天涯。

此位安门，损小口，招妻枉死，投河自缢，阴人多病，酒色破家。

娟淫之位不堪修，修之淫乱事无休。室女怀胎随人走，一家大小不知羞。

此位安门，男女酒色，娟淫无耻，败坏家风，妇人淫乱，室女怀胎，六畜不收。

亲姻位上好修方，修之亲戚尽贤良。常时往来多吉庆，金银财宝满箱仓。

此位安门，招财，进人口，六畜大旺，火命发达。

欢乐门修更进财，常有徵音人送来。田蚕六畜皆兴旺，发福声名响似雷。

此位安门，招南方绝户银钱币帛，六畜兴旺，阴人送帛，木命人发达。

绝败之方不可修，修之零落不堪愁。人丁损灭无踪迹，父子东西各自投。

此位安门，破败家财，遭瘟暴卒，自缢落水，风火木厄，不利。

旺财门上要君知，富贵升迁任发挥。显达人丁家业胜，一生丰厚寿眉齐。

此位安门，进商音人财物，且又永寿，火命人发达。

八宅明镜卷下

477

乾宅开门

乾山巽，亥山巳，戌山辰。

此宅利未申酉年月，入墓于丑，征应在宅主。本宅于兑方尽属吉星。艮有微疵，不若酉为第一。若坎则六杀，震则五鬼，巽则祸害，而离则绝命之破军，皆不利也。

乾宅为正巽向，不宜正开而论，宜开右一间巳门，合《玉辇经》曰"福德门"，又合西四宅。宜开白虎门，最为上吉。且乾金生巳，大门开巳，二旁门开兑，门在庚位，又不犯巽向杀曜为第一。或大门在坤，以老阴老阳配合，又合延年武曲金星，比和星助本宫，更合天地定位之局。又《衍文》一书不定坤门者，以三碧在坤，其吊之气又有微疵也。至吊紫白，乾系六白金星，吊得七赤星到本宫，是为坐旺。八白土在兑，是为生气，上上吉也。若开艮门，是为天医巨门之土星，土生乾金，星生乎宫，亦上吉之宅也。以三者较之，坤巳宜开大门，兑开二门，艮开便门，三吉备矣。

坎宅开门

子山午，壬山丙，癸山丁。

此宅利申子年月，入墓于辰，征应于申子。本宅坐宫全美，在旁可开小门，开后门在壬位、癸位，不离本宫，吉，不可侵亥丑位去。查坎宅配巽为生气，震为天医，离为延年，可开门路。然即此三方吊白亦有不尽吉处。若乾则六煞，坤则绝命，艮五鬼而兑祸害，尤不吉也。至吊紫白，坎系一白水星，吊得六白金到本宫，是坐生气。二黑到乾，八白到震，俱有杀气。然震为天医巨门，可开便门，以助正门之吉。如地形可开大门，又合东四宅，宜开东方门，吉。三碧在兑，为禄存；四绿在艮，为廉贞五鬼，俱为退气。七赤到坤，是为生气。九紫到巽，亦为死气。巽以贪狼而吊死气，亦安小门而助正门之吉。查书称巽门方"木入坎宫，凤池身贵"，且见坎宅开巽门而吉者亦多也。坤以破军而吊生气，故癸山丁向有开坤申门者，因在坎水即生方，而有生星照，兼能迎合左右之来水也，此不过存之以待左手不能开门者。五黄在离，属武曲延年，《地理衍文》谓之不利者，其直冲也。愚以原正合参，除衙门喜门正门外，凡百姓之家，丁向之房，不必开午，以禄破。二门直开，大门在丙位，乃纯吉也。子山午向，亦是二门直开，大门在丙位为尤吉也，俱喜在赦文位也。若壬山丙向，多是左水到右，方合水法，大门开巽收巽，是火之临官位，皆有贪狼星到，最为吉利，不得泥原"正一"书而为巽门不可开也。其丙向二门，仍对开为吉，大小门不应在巳位开，而走破丙向之禄也。次知丁午向，而大门开丙为第一，丙向大门开巽为第一。若丙向止是一门而进，竟以正对为吉。若午向开东乙卯天门路亦吉。若丁向丙门之外，在坤方开迎水之门亦吉。同一坎宅，用之则有分别，是在人因地形方便而定之也。

艮宅开门

艮山坤，丑山未，寅山申。

此宅利申酉戌年月，入墓在辰，征应在小房。配乾金为天医，坤为生气，兑为延年，俱可开门。至坎为五鬼，离为祸害，震为六煞，巽为绝命，皆不相配也。至吊紫白，艮为八白土星，吊得二黑土到本官，亦为坐旺。九紫到乾，是为生气，当以乾为第一门。一白在兑，虽气有未纯，实可开门穿井。三碧离，四绿坎，俱为杀气，而坎尤凶。五黄在坤，虽系贪狼，而贪属木，又与艮土略嫌，以坤开二门，乾为大门第一，庚酉辛方开大门为第二也。

震宅开门

卯山酉，甲山庚，乙山辛。

此宅利亥寅卯年月，入墓于未，征应于长房。本宅坐宫为伏位，吉。配巽为延年，离为生气，坎为天医，俱可开门作灶。若乾则五鬼，坤则祸害，艮则六杀，兑则绝命，俱不吉。至吊紫白，震系三碧木星，吊得一白星到本宫，是坐生气。二黑在巽，八白到坎，七赤到离，虽气有未纯，皆可开门。四绿到乾，实为旺气，是可井可灶方。若五黄在兑，大不利。按，八宅俱无可开后门之处，虽中宫伏位挨左右柱，可开后路便门，亦按此开之吉。震宅巽宅俱不宜直开门路，以金克木也。二门在庚，开合纳甲亦可。

巽宅开门

巽山乾，巳山亥，辰山戌。

此宅利亥子丑寅卯年月，入墓于未，征应在长女。配震为延年，坎为生气，离为天医，俱为吉配。开东方甲卯乙门，坎方壬子癸门俱吉。不宜直开门。若乾则祸害，坤则五鬼，艮则绝命，兑则六杀，皆非吉。至吊紫白，巽为四绿木星，吊得三碧木到本宫，是为坐旺。二黑土在震，虽气有未纯，亦合财官，故震为延年之方，可以开门。五黄在乾，一白为不利。六白到兑，亦为杀气。七赤在艮，与兑相合同。八白在离，虽死气之方，而无凶杀。九紫在坎，可以开井。

离宅开门

午山子，丁山癸，丙山壬。

此宅利寅卯巳午年月，入墓于戌，征应在中女。本宫伏位吉，配巽为天医，震为生气，坎为延年，俱正配。其中坎有冲克之病，若乾则绝命，坤则六杀，兑则五鬼，艮则祸害，非吉配。至吊紫白，离以九紫火星，吊得四绿木星到本宫，是坐生方。三碧在艮，亦是生气。七赤在震，虽气有未纯，实是生方。六白在坤，二黑在兑，六事皆吉。八白在巽，井灶咸利，便门皆可开。大门惟甲乙方为吉。若用二门，亦不宜正开，偏左壬位，转震而出则善矣。若子向不宜开子，在癸上开门亦吉，总在向上换一字，不正对，以壬癸两位，互换开门亦可。

坤宅开门

坤山艮，申山寅，未山丑。

此宅利申酉戌亥子年月，入墓于辰，征应在宅母。配乾为延年，艮为生气，兑为天医，俱吉配。若坎则绝命，离则六杀，震则祸害，巽则五鬼。至吊紫白，坤系二黑土星，吊八白土星到本宫，亦为助旺。别宫则未纯，依原"正一"书，丑艮寅可开正门路，乾兑以便门助之。吊紫白论，开门三吉方纯吉者少，不必拘泥。惟知西四宅乾坤艮兑，宜开白虎门路，吉。东四宅震巽坎离，宜开青龙门路，吉。在三吉方向，来水案向好，堂局好，正宅之向可向则向，不可向，另在吉方各自立向，更为有益，不可从出水立向也。

兑宅开门

酉山卯，庚山甲，辛山乙。

此宅利巳未申酉年月，入墓于丑，征应在少女。配乾为生气，坤为天医，俱成吉配，而乾重重生气尤佳。若坎则祸害，震则绝命。巽虽六杀，离虽五鬼，不相比和者，而吉存焉。至吊紫白，兑系七赤金星，吊得九紫火星在宫，坐不全美，后门不宜照中宫左右开，有乾坤二方可开在也。一白在艮，虽为退气，而延年助金。四绿在坤，我克为财，不嫌死气。五黄在震，木不克金。八白在乾，生生不息，利益无穷矣。以数较兑宅为乾门，为纯一不杂之方位也。原正一书辟艮门不用，历验兑泽开艮门者，未见其不吉也。甲卯乙向，对开亦吉。如两重门第，二门直开。外大门若乙卯向开在甲位，甲向开在艮位亦可。

上　元

康熙二十三年甲子起上元。

男女					
甲子坎艮	甲戌离乾	甲申艮兑	甲午兑艮	甲辰乾离	甲寅坤坎
乙丑离乾	乙亥艮兑	乙酉兑艮	乙未乾离	乙巳坤坎	乙卯巽坤
丙寅艮兑	丙子兑艮	丙戌乾离	丙申坤坎	丙午巽坤	丙辰震震
丁卯兑艮	丁丑乾离	丁亥坤坎	丁酉巽坤	丁未震震	丁巳坤巽
戊辰乾离	戊寅坤坎	戊子巽坤	戊戌震震	戊申坤巽	戊午坎艮
己巳坤坎	己卯巽坤	己丑震震	己亥坤巽	己酉坎艮	己未离乾
庚午巽坤	庚辰震震	庚寅坤巽	庚子坎艮	庚戌离乾	庚申艮兑
辛未震震	辛巳坤巽	辛卯坎艮	辛丑离乾	辛亥艮兑	辛酉兑艮
壬申坤巽	壬午坎艮	壬辰离乾	壬寅艮兑	壬子兑艮	壬戌乾离
癸酉坎艮	癸未离乾	癸巳艮兑	癸卯兑艮	癸丑乾离	癸亥坤坎

中　元

乾隆九年甲子起中元。

男女					
甲子巽坤	甲戌震震	甲申坤巽	甲午坎艮	甲辰离乾	甲寅艮兑
乙丑震震	乙亥坤巽	乙酉坎艮	乙未离乾	乙巳艮兑	乙卯兑艮
丙寅坤巽	丙子坎艮	丙戌离乾	丙申艮兑	丙午兑艮	丙辰乾离
丁卯坎艮	丁丑离乾	丁亥艮兑	丁酉兑艮	丁未乾离	丁巳坤坎
戊辰离乾	戊寅艮兑	戊子兑艮	戊戌乾离	戊申坤坎	戊午巽坤
己巳艮兑	己卯兑艮	己丑乾离	己亥坤坎	己酉巽坤	己未震震
庚午兑艮	庚辰乾离	庚寅坤坎	庚子巽坤	庚戌震震	庚申坤巽
辛未乾离	辛巳坤坎	辛卯巽坤	辛丑震震	辛亥坤巽	辛酉坎艮
壬申坤坎	壬午巽坤	壬辰震震	壬寅坤巽	壬子坎艮	壬戌离乾
癸酉巽坤	癸未震震	癸巳坤巽	癸卯坎艮	癸丑离乾	癸亥艮兑

下　元

明天启四年甲子起下元。

男女					
甲子兑艮	甲戌乾离	甲申坤坎	甲午巽坤	甲辰震震	甲寅坤巽
乙丑乾离	乙亥坤坎	乙酉巽坤	乙未震震	乙巳坤巽	乙卯坎艮
丙寅坤坎	丙子巽坤	丙戌震震	丙申坤巽	丙午坎艮	丙辰离乾
丁卯巽坤	丁丑震震	丁亥坤巽	丁酉坎艮	丁未离乾	丁巳艮兑
戊辰震震	戊寅坤巽	戊子坎艮	戊戌离乾	戊申艮兑	戊午兑艮
己巳坤巽	己卯坎艮	己丑离乾	己亥艮兑	己酉兑艮	己未乾离
庚午坎艮	庚辰离乾	庚寅艮兑	庚子兑艮	庚戌乾离	庚申坤坎
辛未离乾	辛巳艮兑	辛卯兑艮	辛丑乾离	辛亥坤坎	辛酉巽坤
壬申艮兑	壬午兑艮	壬辰乾离	壬寅坤坎	壬子巽坤	壬戌震震
癸酉兑艮	癸未乾离	癸巳坤坎	癸卯巽坤	癸丑震震	癸亥坤巽

游年歌

乾六天五祸绝延生，伏坎艮震巽离坤兑。
坎五天生延绝祸六，伏艮震巽离坤兑乾。
艮六绝祸生延天五，伏震巽离坤兑乾坎。
震延生祸绝五天六，伏巽离坤兑乾坎艮。
巽天五六祸生绝延，伏离坤兑乾坎艮震。
离六五绝延祸生天，伏坤兑乾坎艮震巽。
坤天延绝生祸五六，伏兑乾坎艮震巽离。
兑生祸延绝六五天，伏乾坎艮震巽离坤。